全国财政金融工作会议在广西南宁召开（2014年12月23日）

图为财政部副部长王保安出席会议并作题为“面对新形势，适应新常态，努力谱写全国财政金融工作新篇章”的重要讲话。

图为财政部金融司孙晓霞司长在会议上作工作报告。

金融企业财务管理与债务会计培训班在上海举办（2014年5月6日）

图为张秉国常务副会长在金融企业与债券会计培训班上作开幕讲话。

图为金融企业与债券会计培训班现场。

《国债基础知识与实务》教材编写工作座谈会在北京召开
（2014年5月27日）

图为张秉国常务副会长在座谈会上讲话。

图为杨政副会长在座谈会上讨论发言。

图为财政部国库司韦士歌处长在座谈会上发言。

《国债基础知识与实务》教材编写工作座谈会（2014年5月27日）

图为财政部国库司李小虹处长在座谈会上发言。

图为中国人民银行国库局李平处长在座谈会上发言。

图为座谈会现场。

宏观经济形势报告会暨政府债券投资政策培训班在银川举办
（2014年7月25日）

图为张秉国常务副会长在宏观经济形势报告会暨政府债券投资政策培训班上作开幕讲话。

图为财政部国库司杨瑞金副主任作题为“国债管理和地方债发行改革”的讲座。

图为国务院发展研究中心研究员张力群所作题为“2014年国内外宏观经济形势与政策取向分析”的报告。

《国债基础知识与实务》（初稿）评审座谈会在贵州召开
（2014年8月27日）

图为中国国债协会张秉国常务副会长主持会议并发言。

图为中国国债协会杨政副会长参加会议。

图为财政部国库司周成跃副司长发言。

图为财政部会计准则委员会狄愷副主任发言。

图为《国债基础知识与实务》（初稿）评审座谈会现场。

国债期货政策与实务培训班在厦门举办（2014年10月28日）

图为国债期货政策与实务培训班现场。

图为中国国债协会张秉国常务副会长在国债期货政策与实务培训班上作开班讲话。

图为财政部金融司周成跃巡视员作题为“国债期货在我国的发展及相关政策解读”的报告。

图为中国金融期货交易所戎志平副总经理在国债期货政策与实务培训班上致辞。

2014年10月，中国国债协会召开全员出席的会长办公会议。会议回顾了协会2014年以来的工作，研究了2015年工作计划和协会未来发展问题。

图为中国国债协会会长办公会议现场。

图为中国国债协会张秉国常务副会长出席会议并报告工作。

图为中国国债协会郑万春副会长出席会议。

图为中国国债协会吕世蕴副会长出席会议。

图为中国国债协会杨政副会长出席会议。

图为中国国债协会赵瑞安副会长出席会议。

财政部国库司组团赴英国进行政府债务管理战略培训（2014年7月）

图为培训班现场。

中国国债协会在京组织召开第七届全国性金融行业协会联席会议（2014年2月20日）

图为联席会议现场。

2014
中国国债市场年报

中国国债协会　编

中国财政经济出版社

图书在版编目（CIP）数据

2014 中国国债市场年报 / 中国国债协会编 . —北京：中国财政经济出版社，2015. 9
ISBN 978 - 7 - 5095 - 6350 - 2

Ⅰ. ①2…　Ⅱ. ①中…　Ⅲ. ①国债市场 - 中国 - 2014 - 年报　Ⅳ. ①F812. 51 - 54

中国版本图书馆 CIP 数据核字（2015）第 192381 号

责任编辑：肖　蕾　　　　责任校对：杨瑞琦
封面设计：张德林

中国财政经济出版社出版

URL：http：//www. cfeph. cn

E - mail：cfeph @ cfeph. cn

社址：北京市海淀区阜成路甲 28 号　邮政编码：100142
营销中心电话：88190406　北京财经书店电话：64033436　84041336
北京中兴印刷有限公司印刷　各地新华书店经销
880 × 1230 毫米　16 开　27. 5 印张　691 000 字
2015 年 9 月第 1 版　2015 年 9 月北京第 1 次印刷
印数：1—2 000　定价：48. 00 元
ISBN 978 - 7 - 5095 - 6350 - 2/F · 5117
（图书出现印装问题，本社负责调换）
本社质量投诉电话：010 - 88190744
打击盗版举报热线：010 - 88190492、QQ：634579818

编辑说明

2014年是贯彻落实党的十八届三中全会精神、全面深化改革的开局之年，是全面建成小康社会决定性阶段的重要一年。我国发展面临的国际国内环境复杂严峻，全球经济复苏曲折乏力，国内经济下行压力持续加大，多重困难和挑战相互交织。党中央、国务院团结带领全国各族人民，加强和改善党对经济工作的领导，牢牢把握发展大势，坚持稳中求进工作总基调，全面深化改革，保持宏观政策连续性和稳定性，创新宏观调控思路和方式，有针对性进行预调微调，扎实做好各项工作，实现了经济社会持续稳步发展，深化改革开放取得重大进展，经济发展进入新常态。

为贯彻落实党中央、国务院有关决策部署，2014年政府债券发行规模进一步增加，全年国债、地方政府债券发行平稳。全年国债发行达到1.76万亿元，比2013年增加900亿元；地方政府债券发行4000亿元（包括地方政府自发自还债券），比2013年增加500亿元。2014年，财政部深入推进国债发行市场化改革，做了大量的工作：一是不断完善储蓄国债销售管理体系，改进储蓄国债发行额度管理机制和定价机制，拓宽储蓄国债（电子式）销售渠道，加强凭证式国债管理；二是推进记账式国债发行市场化改革，健全完善招标发行体系，全面实施国债续发行和稳步开展国债预发行，积极推进国债期货交易业务；三是推动地方政府债券发行管理改革，指导地方政府债券自发自还试点工作，完善地方政府债券信用评级和信息披露管理机制；四是规范开展新一届国债承销团组建工作，按照市场化组建原则，科学合理制定新的组团办法；公平确定承销团目标数量、规范开展专家评审、有序完成组团工作。总之，这些改革使我国政府债券发行和管理改革取得了显著成效，有力保障了积极财政政策的顺利实施。

中国国债协会自2003年起编辑《中国国债市场年报》，已成为国债投资者不可缺少的重要参考资料，至今奉献给读者的是第十三册年报。《2014中国国债市场年报》共分为五篇。

第一篇“综合篇”。本篇包括三个部分：第一部分为宏观经济，重点反映2014年我国宏观经济运行情况和宏观经济政策实施情况。第二部分为2014年国债工作概述，概括总结了2014年政府主管部门国债发行管理改革以及市场成员国债承销工作情况。第三部分反映了国债改革理论研究探索情况。

第二篇“国债市场”。本篇从政府主管部门，市场中介机构等方面和角度，系统回顾了2014年国债管理改革和国债市场发展的情况及重大事件。同时，部分国债承销团成员从市场角度介绍了国债业务经验。

第三篇“数据统计”。本篇提供了历年国债发行相关数据资料，还重点反映了2014年国债发行、兑付情况及国债二级市场交易情况。

第四篇“政府债券管理文告”。本篇收集整理政府主管部门印发的有关国债和地方政府债券发行管理的文件和公告。归纳为综合类、记账式附息国债发行类、记账式贴现国债发行类、凭证式国债发行类、储蓄国债（电子式）发行类和地方政府债券发行类六类。

第五篇“附录”。本篇收录了2014年地方政府债券和金融债券相关发行兑付数据，为读者提供了更为广泛的债券市场资料。

本年报编辑工作，得到了财政部、中国人民银行、中国证监会等政府主管部门领导高度重视和政策指导；中央国债登记结算有限责任公司、上海证券交易所、深圳证券交易所等单位在有关篇章和数据收集方面给予了大力支持和帮助，在此一并致谢！

尽管我们不断努力改进年报编辑出版工作，但难免有不足、遗漏和错误之处，恳请广大读者给予批评指正，同时希望广大读者多提宝贵意见和建议，使年报内容更广泛、更全面、更符合市场需要。

《中国国债市场年报》编辑部

目　录

第一篇　综合篇

第二篇　国债市场

第三篇　数据统计

第四篇　政府债券管理文告

第五篇　附　录

第一篇
综　合　篇

一、宏观经济

2014 年中央经济工作会议主要精神

2014 年 12 月 9 日至 11 日中央经济工作会议在北京举行。

会议指出，2014 年以来，面对复杂多变的国际环境和艰巨繁重的国内改革发展稳定任务，我们贯彻落实 2013 年中央经济工作会议决策部署，加强和改善党对经济工作的领导，牢牢把握发展大势，坚持稳中求进工作总基调，全面深化改革，保持宏观政策连续性和稳定性，创新宏观调控思路和方式，有针对性进行预调微调，扎实做好各项工作，实现了经济社会持续稳步发展，全年主要目标和任务可望较好完成，经济运行处在合理区间，经济结构调整出现积极变化，深化改革开放取得重大进展，人民生活水平提高。同时，我国经济运行仍面临不少困难和挑战，经济下行压力较大，结构调整阵痛显现，企业生产经营困难增多，部分经济风险显现。

会议认为，科学认识当前形势，准确研判未来走势，必须历史地、辩证地认识我国经济发展的阶段性特征，准确把握经济发展新常态。

从消费需求看，过去我国消费具有明显的模仿型排浪式特征，现在模仿型排浪式消费阶段基本结束，个性化、多样化消费渐成主流，保证产品质量安全、通过创新供给激活需求的重要性显著上升，必须采取正确的消费政策，释放消费潜力，使消费继续在推动经济发展中发挥基础作用。

从投资需求看，经历了 30 多年高强度大规模开发建设后，传统产业相对饱和，但基础设施互联互通和一些新技术、新产品、新业态、新商业模式的投资机会大量涌现，对创新投融资方式提出了新要求，必须善于把握投资方向，消除投资障碍，使投资继续对经济发展发挥关键作用。

从出口和国际收支看，国际金融危机发生前国际市场空间扩张很快，出口成为拉动我国经济快速发展的重要动能，现在全球总需求不振，我国低成本比较优势也发生了转化，同时我国出口竞争优势依然存在，高水平引进来、大规模走出去正在同步发生，必须加紧培育新的比较优势，使出口继续对经济发展发挥支撑作用。

从生产能力和产业组织方式看，过去供给不足是长期困扰我们的一个主要矛盾，现在传统产业供给能力大幅超出需求，产业结构必须优化升级，企业兼并重组、生产相对集中不可避免，新兴产业、服务业、小微企业作用更加凸显，生产小型化、智能化、专业化将成为产业组织新特征。

从生产要素相对优势看，过去劳动力成本低是最大优势，引进技术和管理就能迅速变成生产力，现在人口老龄化日趋发展，农业富余劳动力减少，要素的规模驱动力减弱，经济增长将更多依靠人力资本质量和技术进步，必须让创新成为驱动发展新引擎。

从市场竞争特点看，过去主要是数量扩张和价格竞争，现在正逐步转向质量型、差异化为主的竞争，统一全国市场、提高资源配置效率是经济发展的内生性要求，必须深化改革开放，加快形成统一透明、有序规范的市场环境。

从资源环境约束看，过去能源资源和生态环

境空间相对较大，现在环境承载能力已经达到或接近上限，必须顺应人民群众对良好生态环境的期待，推动形成绿色低碳循环发展新方式。

从经济风险积累和化解看，伴随着经济增速下调，各类隐性风险逐步显性化，风险总体可控，但化解以高杠杆和泡沫化为主要特征的各类风险将持续一段时间，必须标本兼治、对症下药，建立健全化解各类风险的体制机制。

从资源配置模式和宏观调控方式看，全面刺激政策的边际效果明显递减，既要全面化解产能过剩，也要通过发挥市场机制作用探索未来产业发展方向，必须全面把握总供求关系新变化，科学进行宏观调控。

这些趋势性变化说明，我国经济正在向形态更高级、分工更复杂、结构更合理的阶段演化，经济发展进入新常态，正从高速增长转向中高速增长，经济发展方式正从规模速度型粗放增长转向质量效率型集约增长，经济结构正从增量扩能为主转向调整存量、做优增量并存的深度调整，经济发展动力正从传统增长点转向新的增长点。认识新常态，适应新常态，引领新常态，是当前和今后一个时期我国经济发展的大逻辑。

会议要求，面对我国经济发展新常态，观念上要适应，认识上要到位，方法上要对路，工作上要得力。要深化理解、统一认识，把思想和行动统一到中央认识和判断上来，增强加快转变经济发展方式的自觉性和主动性。要坚持发展、主动作为。经济发展进入新常态，没有改变我国发展仍处于可以大有作为的重要战略机遇期的判断，改变的是重要战略机遇期的内涵和条件；没有改变我国经济发展总体向好的基本面，改变的是经济发展方式和经济结构。要更加注重满足人民群众需要，更加注重市场和消费心理分析，更加注重引导社会预期，更加注重加强产权和知识产权保护，更加注重发挥企业家才能，更加注重加强教育和提升人力资本素质，更加注重建设生态文明，更加注重科技进步和全面创新。

会议认为，世界经济仍处在国际金融危机后的深度调整期，2015 年世界经济增速可能会略有回升，但总体复苏疲弱态势难有明显改观，国际金融市场波动加大，国际大宗商品价格波动，地缘政治等非经济因素影响加大。要趋利避害、顺势而为，防范各类风险。

会议指出，2015 年是全面深化改革的关键之年，是全面推进依法治国的开局之年，也是全面完成“十二五”规划的收官之年，做好经济工作意义重大。总体要求是：全面贯彻党的十八大和十八届三中、四中全会精神，以邓小平理论、“三个代表”重要思想、科学发展观为指导，坚持稳中求进工作总基调，坚持以提高经济发展质量和效益为中心，主动适应经济发展新常态，保持经济运行在合理区间，把转方式调结构放到更加重要位置，狠抓改革攻坚，突出创新驱动，强化风险防控，加强民生保障，促进经济平稳健康发展和社会和谐稳定。

会议提出了 2015 年经济工作的主要任务。

一、努力保持经济稳定增长

关键是保持稳增长和调结构之间平衡，坚持宏观政策要稳、微观政策要活、社会政策要托底的总体思路，保持宏观政策连续性和稳定性，继续实施积极的财政政策和稳健的货币政策。积极的财政政策要有力度，货币政策要更加注重松紧适度。要促进“三驾马车”更均衡地拉动增长。要切实把经济工作的着力点放到转方式调结构上来，推进新型工业化、信息化、城镇化、农业现代化同步发展，逐步增强战略性新兴产业和服务业的支撑作用，着力推动传统产业向中高端迈进。要高度关注风险发生发展趋势，按照严控增量、区别对待、分类施策、逐步化解的原则，有序加以化解。

二、积极发现培育新增长点

我国存在大量新的增长点，潜力巨大。发现和培育新的增长点，一是市场要活，使市场在资源配置中起决定性作用，主要靠市场发现和培育新的增长点。二是创新要实，推动全面创新，更多靠产业化的创新来培育和形成新的增长点，创新必须落实到创造新的增长点上，把创新成果变成实实在在的产业活动。三是政策要宽，营造有利于大众创业、市场主体创新的政策环境和制度环境，政府要加快转变职能，创造更好市场竞争环境，培育市场化的创新机制，在保护产权、维护公平、改善金融支持、强化激励机制、集聚优秀人才等方面积极作为。

三、加快转变农业发展方式

解决好“三农”问题始终是全党工作重中之重，必须继续夯实农业稳定发展的基础、稳住农村持续向好的局势，稳定粮食和主要农产品产量，持续增加农民收入。要坚定不移加快转变农业发展方式，尽快转到数量质量效益并重、注重提高竞争力、注重农业技术创新、注重可持续的集约发展上来，走产出高效、产品安全、资源节约、环境友好的现代农业发展道路。要深化农村各项改革，完善强农惠农政策，完善农产品价格形成机制，完善农业补贴办法，强化金融服务。要完善农村土地经营权流转政策，搞好土地承包经营权确权登记颁证工作，健全公开规范的土地流转市场。要完善职业培训政策，提高培训质量，造就一支适应现代农业发展的高素质职业农民队伍。

四、优化经济发展空间格局

要完善区域政策，促进各地区协调发展、协同发展、共同发展。西部开发、东北振兴、中部崛起、东部率先的区域发展总体战略，要继续实施。各地区要找准主体功能区定位和自身优势，确定工作着力点。要重点实施“一带一路”、京津冀协同发展、长江经济带三大战略，争取2015年有个良好开局。要通过改革创新打破地区封锁和利益藩篱，全面提高资源配置效率。推进城镇化健康发展是优化经济发展空间格局的重要内容，要有历史耐心，不要急于求成。要加快规划体制改革，健全空间规划体系，积极推进市县“多规合一”。要坚持不懈推进节能减排和保护生态环境，既要有立竿见影的措施，更要有可持续的制度安排，坚持源头严防、过程严管、后果严惩，治标治本多管齐下，朝着蓝天净水的目标不断前进。

五、加强保障和改善民生工作

坚持守住底线、突出重点、完善制度、引导舆论的基本思路，多些雪中送炭，更加注重保障基本民生，更加关注低收入群众生活，更加重视社会大局稳定。做好就业工作，要精准发力，确保完成就业目标。要更好发挥市场在促进就业中的作用，鼓励创业带动就业，提高职业培训质量，加强政府公共就业服务能力。扶贫工作事关全局，全党必须高度重视。要让贫困家庭的孩子都能接受公平的有质量的教育，不要让孩子输在起跑线上。要因地制宜发展特色经济，加大对基本公共服务和扶贫济困工作的支持力度。要更多面向特定人口、具体人口，实现精准脱贫，防止平均数掩盖大多数。

会议要求，要加快推进改革开放。要敢于啃硬骨头，敢于涉险滩，敢于过深水区，加快推进经济体制改革。要围绕解决发展面临的突出问题推进改革，推出既具有年度特点、又有利于长远制度安排的改革举措，继续抓好各项改革方案制定。要加快行政审批、投资、价格、垄断行业、特许经营、政府购买服务、资本市场、民营银行准入、对外投资等领域改革，使改革举措有效转化成发展动力。要尊重和发挥地方、基层、群众首创精神，从实践中寻找最佳方案。要抓好改革措施落地，狠抓落实，强化责任，加大协调力度。要强化督促评估，落实督办责任制和评估机制，让群众来评价改革成效。推进国企改革要奔着问题去，以增强企业活力、提高效率为中心，提高国企核心竞争力，建立产权清晰、权责明确、政企分开、管理科学的现代企业制度。

会议要求，面对对外开放出现的新特点，必须更加积极地促进内需和外需平衡、进口和出口平衡、引进外资和对外投资平衡，逐步实现国际收支基本平衡，构建开放型经济新体制。要完善扩大出口和增加进口政策，提高贸易便利化水平，巩固出口市场份额。要改善投资环境，扩大服务业市场准入，进一步开放制造业，推广上海自由贸易试验区经验，稳定外商投资规模和速度，提高引进外资质量。要努力提高对外投资效率和质量，促进基础设施互联互通，推动优势产业走出去，开展先进技术合作，稳步推进人民币国际化。

会议强调，做好2015年经济工作，要立足社会主义初级阶段基本国情，毫不动摇坚持以经济建设为中心，一心一意谋发展，咬定青山不放松，把我们自己的事办好。要精心谋划用好我国经济的巨大韧性、潜力和回旋余地，依靠促改革调结构，坚持不懈推动经济发展提质增效升级，努力做到调速不减势、量增质更优。要合理确定经济社会发展主要预期目标，保持区间调控弹性，稳定和完善宏观经济政策，继续实施定向调控、结构性调控。以政府自身革命带动重要领域改革，以大众创业、万众创新形成发展的新动力。要协调拓展内外需，同步推进新型工业化、信息化、城镇化、农业现代化，加强对实体经济的支持，大力加强生态环境保护，更加重视民生改善和社会建设，切实增强内需对经济增长的拉动力，实施新一轮高水平对外开放，保持经济中高速增长，推动经济发展迈向中高端水平。

会议要求，经济发展进入新常态，党领导经济工作的观念、体制、方式方法也要与时俱进。要加强党领导经济工作制度化建设，提高党领导经济工作法治化水平，增强党领导经济工作专业化能力，强化舆论引导工作。

会议指出，2015年中央将研究提出关于制定“十三五”规划的建议，各地区、各部门要按照中央统一部署，深入调研，抓紧工作，为制订好“十三五”规划做好准备。

国务院总理李克强在第十二届全国人民代表大会第二次会议上的政府工作报告（摘录）

一、2013 年工作回顾

过去一年，面对世界经济复苏艰难、国内经济下行压力加大、自然灾害频发、多重矛盾交织的复杂形势，全国各族人民在以习近平同志为总书记的党中央领导下，从容应对挑战，奋力攻坚克难，圆满实现全年经济社会发展主要预期目标，改革开放和社会主义现代化建设取得令人瞩目的重大成就。

——经济运行稳中向好。国内生产总值达到56.9万亿元，比上年增长7.7%。居民消费价格涨幅控制在2.6%。城镇登记失业率4.1%。城镇新增就业1310万人，创历史新高。进出口总额突破4万亿美元，再上新台阶。

——居民收入和经济效益持续提高。城镇居民人均可支配收入实际增长7%，农村居民人均纯收入实际增长9.3%，农村贫困人口减少1650万人，城乡居民收入差距继续缩小。规模以上工业企业利润增长12.2%。财政收入增长10.1%。

——结构调整取得积极成效。粮食产量超过1.2万亿斤，实现“十连增”。服务业增加值比重达到46.1%，首次超过第二产业。中西部地区生产总值比重继续提高，区域发展协调性增强。全社会用电量增长7.5%，货运量增长9.9%，主要实物量指标与经济增长相互匹配。

——社会事业蓬勃发展。教育、科技、文化、卫生等领域取得新进步。

一年来，我们坚持稳中求进工作总基调，统筹稳增长、调结构、促改革，坚持宏观政策要稳、微观政策要活、社会政策要托底，创新宏观调控思路和方式，采取一系列既利当前、更惠长远的举措，稳中有为，稳中提质，稳中有进，各项工作实现了良好开局。

一是着力深化改革开放，激发市场活力和内生动力。把加快转变职能、简政放权作为本届政府开门第一件大事。国务院机构改革有序实施，分批取消和下放了416项行政审批等事项，修订政府核准的投资项目目录，推动工商登记制度改革。扩大“营改增”试点，取消和免征行政事业性收费348项，减轻企业负担1500多亿元。全面放开贷款利率管制，在全国进行中小企业股份转让系统试点。启动不动产统一登记。

推动开放向深度拓展。设立中国上海自由贸易试验区，探索准入前国民待遇加负面清单的管理模式。提出建设丝绸之路经济带、21世纪海上丝绸之路的构想。打造中国—东盟自贸区升级版。与瑞士、冰岛签署自由贸易协定。实施稳定外贸增长的政策，改善海关、检验检疫等监管服务。

二是创新宏观调控思路和方式，确保经济运行处于合理区间。面对跌宕起伏的经济形势，我们保持定力，明确守住稳增长、保就业的下限和防通胀的上限，只要经济在合理区间运行，就集中精力抓住转方式调结构不放松，保持宏观政策基本取向不动摇，以增强市场信心、稳定社会预期。去年财政赤字控制在预算范围内，广义货币M2增长13.6%，符合调控要求。

在保持总量政策稳定的同时，积极盘活存量、用好增量。优化财政支出，整合压缩专项转移支付。中央党政机关和事业单位一般性支出压减5%，各地也压减一般性支出，腾出的资金用于改善民生、发展经济。对小微企业实行税收优惠，600多万户企业受益。通过审计，摸清全国政府性债务底数。加强金融监管和流动性管理，保持金融稳健运行。

三是注重调整经济结构，提高发展质量和效益。针对阻碍发展的结构性问题，运用市场手段和差别化政策，在优化结构中稳增长，在创新驱动中促转型，推动提质增效升级，为长远发展铺路搭桥。

巩固和加强农业基础。推进现代农业综合配套改革试点，支持发展多种形式适度规模经营。

加快产业结构调整。鼓励发展服务业，支持战略性新兴产业发展。积极化解部分行业产能严重过剩矛盾。

加强基础设施建设。

推进创新驱动发展。全社会研发支出占国内生产总值比重超过2%。深化科技体制改革，实施知识、技术创新等工程。

四是切实保障和改善民生，促进社会公平正义。在财政收支矛盾较大的情况下，我们竭诚尽力，始终把改善民生作为工作的出发点和落脚点，注重制度建设，兜住民生底线，推动社会事业发展。

保障群众基本生活。实施大学生就业促进计划。加强农村转移劳动力就业服务和职业培训。推进养老保险、社会救助制度建设。新开工保障性安居工程666万套，基本建成544万套。

推进教育发展和改革。启动教育扶贫工程。

深化医药卫生体制改革。基本医保总体实现全覆盖。基本药物制度覆盖80%以上村卫生室。28个省份开展大病医疗保险试点。启动疾病应急救助试点。全面实施国家基本公共卫生服务项目。

促进文化事业和文化产业健康发展。

五是改进社会治理方式，保持社会和谐稳定。

加强安全生产和市场监管。

推进依法行政，国务院提请全国人大常委会制定修订法律34件，提出废止劳动教养制度议案，制定修订行政法规47件。

全面贯彻中央八项规定精神，开展群众路线教育实践活动，坚决反对“四风”，严格执行“约法三章”。

过去一年政府工作中行之有效的思路和做法，要在今后的实践中继续坚持、不断探索与完善。同时，我们清醒认识到，前进道路上还有不少困难和问题。主要是：经济稳中向好基础还不牢固，增长的内生动力尚待增强。财政、金融等领域仍存在一些风险隐患，部分行业产能严重过剩，宏观调控难度增大。农业增产农民增收难度加大。一些地区大气、水、土壤等污染严重，节能减排任务艰巨。就业结构性矛盾较大。住房、食品药品安全、医疗、养老、教育、收入分配、征地拆迁、社会治安等方面群众不满意的问题依然较多，生产安全重特大事故时有发生。社会信用体系不健全。腐败问题易发多发，公职人员中不廉不勤现象仍然存在。

二、2014年工作总体部署

2014年，我国面临的形势依然错综复杂，有利条件和不利因素并存。世界经济复苏仍存在不稳定不确定因素。全球经济格局深度调整，国际竞争更趋激烈。我国支撑发展的要素条件也在发生深刻变化，深层次矛盾凸显，正处于结构调整阵痛期、增长速度换挡期，经济下行压力依然较大。同时，我国发展仍处在可以大有作为的重要战略机遇期，工业化、城镇化持续推进，区域发展回旋余地大，今后一个时期保持经济中高速增长有基础也有条件。我们必须防微虑远，趋利避害，一定要牢牢把握发展的主动权。

2014年政府工作的总体要求是：高举中国特色社会主义伟大旗帜，以邓小平理论、“三个代表”重要思想、科学发展观为指导，全面贯彻落实党的十八大和十八届二中、三中全会精神，贯彻落实习近平同志系列重要讲话精神，坚持稳中求进工作总基调，把改革创新贯穿于经济社会发展各个领域各个环节，保持宏观经济政策连续性稳定性，增强调控的前瞻性针对性，全面深化改革，不断扩大开放，实施创新驱动，坚持走中国特色新型工业化、信息化、城镇化、农业现代化道路，加快转方式调结构促升级，加强基本公共服务体系建设，着力保障和改善民生，切实提高发展质量和效益，大力推进社会主义经济建设、政治建设、文化建设、社会建设、生态文明建设，实现经济持续健康发展和社会和谐稳定。

2014 年经济社会发展的主要预期目标是：国内生产总值增长 7.5% 左右，居民消费价格涨幅控制在 3.5% 左右，城镇新增就业 1000 万人以上，城镇登记失业率控制在 4.6% 以内，国际收支基本平衡，努力实现居民收入增长和经济发展同步。加强对增长、就业、物价、国际收支等主要目标的统筹平衡。这里，着重对两个目标加以说明。

关于经济增长。我国仍是一个发展中国家，还处于社会主义初级阶段，发展是解决我国所有问题的关键，必须牢牢扭住经济建设这个中心，保持合理的经济增长速度。经过认真比较、反复权衡，把增长预期目标定在 7.5% 左右，兼顾了需要和可能。这与全面建成小康社会的目标相衔接，有利于增强市场信心，有利于调整优化经济结构。稳增长更是为了保就业，既要满足城镇新增就业的需要，又要为农村转移劳动力进城务工留出空间，根本上是为了增加城乡居民收入、改善人民生活。实现今年经济增长目标有不少积极因素，但必须付出艰辛努力。

关于价格水平。把居民消费价格涨幅控制在 3.5% 左右，考虑了 2013 年涨价翘尾影响和今年新涨价因素，也表明我们抑制通胀、保障民生的决心和信心。我国农业连年增产，工业品总体上供大于求，粮食等物资储备充裕，进出口调节能力较强，保持物价总水平基本稳定具备许多有利条件。但今年推动价格上涨的因素不少，不能掉以轻心，必须做好物价调控，切实防止对群众生活造成大的影响。

实现 2014 年经济社会发展的目标任务，要把握好以下原则和政策取向。

第一，向深化改革要动力。改革是最大的红利。当前改革已进入攻坚期和深水区，必须紧紧依靠人民群众，以壮士断腕的决心、背水一战的气概，冲破思想观念的束缚，突破利益固化的藩篱，以经济体制改革为牵引，全面深化各领域改革。要从群众最期盼的领域改起，从制约经济社会发展最突出的问题改起，从社会各界能够达成共识的环节改起，使市场在资源配置中起决定性作用和更好发挥政府作用，积极推进有利于结构调整的改革，破除制约市场主体活力和要素优化配置的障碍，让全社会创造潜力充分释放，让公平正义得以彰显，让全体人民共享改革发展成果。

第二，保持经济运行处在合理区间。完善宏观调控政策框架，守住稳增长、保就业的下限和防通胀的上限，继续实施积极的财政政策和稳健的货币政策。今年拟安排财政赤字 13500 亿元，比上年增加 1500 亿元，其中中央财政赤字 9500 亿元，由中央代地方发债 4000 亿元。财政赤字和国债规模随着经济总量扩大而有所增加，但赤字率稳定在 2.1%，体现了财政政策的连续性。货币政策要保持松紧适度，促进社会总供求基本平衡，营造稳定的货币金融环境。加强宏观审慎管理，引导货币信贷和社会融资规模适度增长。今年广义货币 M2 预期增长 13% 左右。要加强财政、货币和产业、投资等政策协同配合，做好政策储备，适时适度预调微调，确保中国经济这艘巨轮行稳致远。

第三，着力提质增效升级、持续改善民生。

三、2014 年重点工作

做好 2014 年政府工作，要以深化改革为强大动力，以调整结构为主攻方向，以改善民生为根本目的，统筹兼顾，突出重点，务求实效。

（一）推动重要领域改革取得新突破

改革是2014年政府工作的首要任务。要以经济体制改革为重点，区别情况，分类推进，抓好牵一发而动全身的举措，力求取得实质性进展，更多释放改革红利。

深入推进行政体制改革。2014年要再取消和下放行政审批事项200项以上。深化投资审批制度改革，取消或简化前置性审批，充分落实企业投资自主权，推进投资创业便利化。确需设置的行政审批事项，要建立权力清单制度，一律向社会公开。清单之外的，一律不得实施审批。全面清理非行政审批事项。基本完成省市县政府机构改革，继续推进事业单位改革。在全国实施工商登记制度改革，落实认缴登记制，由先证后照改为先照后证，由企业年检制度改为年报公示制度，让市场主体不断迸发新的活力。

加强事中事后监管。坚持放管并重，建立纵横联动协同管理机制，实现责任和权力同步下放、放活和监管同步到位。

抓好财税体制改革这个重头戏。实施全面规范、公开透明的预算制度。着力把所有政府性收入纳入预算，实行全口径预算管理。提高一般性转移支付比例，专项转移支付项目要减少三分之一，今后还要进一步减少。推进税收制度改革，把“营改增”试点扩大到铁路运输、邮政服务、电信等行业，清费立税，推动消费税、资源税改革，做好房地产税、环境保护税立法相关工作。进一步扩展小微企业税收优惠范围，减轻企业负担。抓紧研究调整中央与地方事权和支出责任，逐步理顺中央与地方收入划分，保持现有财力格局总体稳定。建立规范的地方政府举债融资机制，把地方政府性债务纳入预算管理，推行政府综合财务报告制度，防范和化解债务风险。

深化金融体制改革。继续推进利率市场化，扩大金融机构利率自主定价权。保持人民币汇率在合理均衡水平上的基本稳定，扩大汇率双向浮动区间，推进人民币资本项目可兑换。稳步推进由民间资本发起设立中小型银行等金融机构，引导民间资本参股、投资金融机构及融资中介服务机构。建立存款保险制度，健全金融机构风险处置机制。实施政策性金融机构改革。加快发展多层次资本市场，推进股票发行注册制改革，规范发展债券市场。积极发展农业保险，探索建立巨灾保险制度。发展普惠金融。促进互联网金融健康发展，完善金融监管协调机制，密切监测跨境资本流动，守住不发生系统性和区域性金融风险的底线。让金融成为一池活水，更好地浇灌小微企业、“三农”等实体经济之树。

增强各类所有制经济活力。完善国有资本经营预算，提高中央企业国有资本收益上缴公共财政比例。制定非国有资本参与中央企业投资项目的办法，在金融、石油、电力、铁路、电信、资源开发、公用事业等领域，向非国有资本推出一批投资项目。制定非公有制企业进入特许经营领域具体办法。实施铁路投融资体制改革，在更多领域放开竞争性业务，为民间资本提供大显身手的舞台。

（二）开创高水平对外开放新局面

扩大全方位主动开放。坚持积极有效利用外资。建设好、管理好中国上海自由贸易试验区，形成可复制可推广的体制机制，并开展若干新的试点。扩展内陆沿边开放。

从战略高度推动出口升级和贸易平衡发展。2014年进出口总额预期增长7.5%左右。

在走出去中提升竞争力。推进对外投资管理方式改革，实行以备案制为主，大幅下放审批权限。

统筹多双边和区域开放合作。

（三）增强内需拉动经济的主引擎作用

把消费作为扩大内需的主要着力点。通过增加居民收入提高消费能力，完善消费政策，培育消费热点。要扩大服务消费。要促进信息消费。要深化流通体制改革，清除妨碍全国统一市场的各种关卡，降低流通成本，促进物流配送、快递业和网络购物发展。充分释放十几亿人口蕴藏的巨大消费潜力。

把投资作为稳定经济增长的关键。加快投融资体制改革，推进投资主体多元化，再推出一批民间投资示范项目，优化投资结构，保持固定资产投资合理增长。中央预算内投资拟增加到4576亿元。

把培育新的区域经济带作为推动发展的战略支撑。深入实施区域发展总体战略。要谋划区域发展新棋局，由东向西、由沿海向内地，沿大江大河和陆路交通干线，推进梯度发展。实施差别化经济政策，推动产业转移，发展跨区域大交通大流通，形成新的区域经济增长极。

（四）促进农业现代化和农村改革发展

要坚持把解决好“三农”问题放在全部工作的重中之重，以保障国家粮食安全和促进农民增收为核心，推进农业现代化。坚守耕地红线，提高耕地质量，增强农业综合生产能力，确保谷物基本自给、口粮绝对安全，把13亿中国人的饭碗牢牢端在自己手中。

（五）推进以人为核心的新型城镇化

城镇化是现代化的必由之路，是破除城乡二元结构的重要依托。今后一个时期，着重解决好现有“三个1亿人”问题，促进约1亿农业转移人口落户城镇，改造约1亿人居住的城镇棚户区和城中村，引导约1亿人在中西部地区就近城镇化。

有序推进农业转移人口市民化。推动户籍制度改革，实行不同规模城市差别化落户政策。稳步推进城镇基本公共服务常住人口全覆盖，使农业转移人口和城镇居民共建共享城市现代文明。

加大对中西部地区新型城镇化的支持。

加强城镇化管理创新和机制建设。

（六）以创新支撑和引领经济结构优化升级

创新是经济结构调整优化的原动力。要把创新摆在国家发展全局的核心位置，促进科技与经济社会发展紧密结合，推动我国产业向全球价值链高端跃升。

加快科技体制改革。强化企业在技术创新中的主体地位。全面落实企业研发费用加计扣除等普惠性措施。把国家自主创新示范区股权激励、科技成果处置权收益权改革等试点政策，扩大到更多科技园区和科教单位。加大政府对基础研究、前沿技术、社会公益技术、重大共性关键技术的投入。深入实施人才发展规划。

产业结构调整要依靠改革，进退并举。进，要更加积极有为。优先发展生产性服务业。促进信息化与工业化深度融合。设立新兴产业创业创新平台。退，要更加主动有序。坚持通过市场竞争实现优胜劣汰，鼓励企业兼并重组。对产能严重过剩行业，强化环保、能耗、技术等标准，清理各种优惠政策，消化一批存量，严控新上增量。

（七）加强教育、卫生、文化等社会建设

促进教育事业优先发展、公平发展。

推动医改向纵深发展。巩固全民基本医保，通过改革整合城乡居民基本医疗保险制度。在全国推行城乡居民大病保险。

文化是民族的血脉。

推进社会治理创新。注重运用法治方式，实行多元主体共同治理。

（八）统筹做好保障和改善民生工作

就业是民生之本。坚持实施就业优先战略和更加积极的就业政策，优化就业创业环境，以创新引领创业，以创业带动就业。

收入是民生之源。要深化收入分配体制改革，努力缩小收入差距。

社保是民生之基。建立统一的城乡居民基本养老保险制度，完善与职工养老保险的衔接办法，改革机关事业单位养老保险制度，鼓励发展企业年金、职业年金和商业保险。完善失业保险和工伤保险制度。落实社会救助和保障标准与物价水平挂钩联动机制。

完善住房保障机制。

（九）努力建设生态文明的美好家园

关于2013年中央和地方预算执行情况与2014年中央和地方预算草案的报告（摘录）

财　政　部

一、2013年中央和地方预算执行情况

2013年，财政工作与财政改革发展有序推进，预算执行总体良好。

（一）加强和改善财政宏观调控情况

一是坚持不扩大财政赤字，把赤字占GDP的比重控制在2.1%。二是实施促进企业发展的财税优惠政策。三是清理财政存量资金。四是促进优化投资结构。五是抓好各项政策措施的检查落实。

（二）落实全国人大预算决议情况

1. 完善有利于转方式、调结构的财税政策。把短期调控与长期发展政策有机结合起来，加快推动经济转型升级。一是大力支持科技创新。二是推进产业结构调整。三是加强节能减排。中央财政安排专项资金支持开展大气污染防治。四是支持外贸转型升级。

2. 注重民生投入的使用绩效。

3. 进一步加强预算管理。一是加强预算编制和执行管理。细化部门预算编制，进一步压缩代编预算规模，严格控制预算执行中调整事项。二是加快推进预算绩效管理。实施预算绩效管理的部门范围和资金规模进一步扩大。三是强化地方政府性债务管理。基本摸清了地方政府性债务底数，对债务高风险地区进行了风险提示，促进加强债务管理和风险防控。四是深入推进预决算公开。中央财政和中央部门预决算公开内容进一步细化，中央部门预决算分别集中公开。

4. 加快推进财税体制改革。坚持顶层设计与分步实施相结合的原则，在研究提出深化财税体制改革总体思路的同时，不失时机地推出一系列改革措施。

5. 厉行勤俭节约。认真贯彻中央八项规定精神，按5%比例压减中央本级一般性支出，腾出的资金转入预算稳定调节基金，留待以后年度经预算安排使用。

（三）2013年预算收支情况

1. 公共财政预算。2013年全年财政收入比年初预算略有超收。全国财政收入129142.9亿元，比2012年（下同）增长10.1%。加上从中央预算稳定调节基金调入1000亿元，地方财政调入资金149.74亿元，使用的收入总量为130292.64亿元。全国财政支出139744.26亿元，增长10.9%。加上补充中央预算稳定调节基金1164.38亿元，以及地方政府债券还本支出1384亿元，支出总量为142292.64亿元。全国财政收支总量相抵，差额12000亿元。

中央财政收入60173.77亿元，为预算的100.2%，增长7.1%。加上从中央预算稳定调节基金调入1000亿元，使用的收入总量为61173.77亿元。中央财政支出68509.39亿元，完成预算的98.5%，增长6.8%（其中，中央本级支出20471.75亿元，增长9.1%，完成预算的101.3%，主要是执行中压减补助地方的零散项目，将部分原列中央对地方转移支付的基建投资、用车辆购置税安排的支出，调整用于增加铁路投资等，相应增列中央本级支出）。加上补充

中央预算稳定调节基金 1164.38 亿元，支出总量为 69673.77 亿元。收支总量相抵，中央财政赤字 8500 亿元，与预算持平。2013 年末中央财政国债余额 86750.46 亿元，控制在年度预算限额 91208.35 亿元以内。中央预算稳定调节基金余额为 1483.08 亿元。

地方本级收入 68969.13 亿元，增长 12.9%。加上中央对地方税收返还和转移支付收入 48037.64 亿元，地方财政调入资金 149.74 亿元，地方财政收入总量为 117156.51 亿元。地方财政支出 119272.51 亿元，增长 11.3%，加上地方政府债券还本支出 1384 亿元，支出总量为 120656.51 亿元。收支总量相抵，差额 3500 亿元。

2013 年中央预算收支执行具体情况如下：

（1）主要收入项目执行情况。国内增值税 20527.92 亿元，为预算的 98%。国内消费税 8230.27 亿元，为预算的 96.3%。进口货物增值税、消费税 14003.34 亿元，为预算的 88.2%，下降了 5.4%；关税 2630.29 亿元，为预算的 88.6%，下降了 5.5%，进口税收未完成预算，主要是进口增长低于预期以及高税率商品进口减少、大宗商品价格走低。企业所得税 14443.1 亿元，为预算的 110.1%，主要是企业利润增幅高于预期，以及清缴以前年度税款等一次性因素。个人所得税 3918.84 亿元，为预算的 102.7%。出口货物退增值税、消费税 10514.89 亿元，为预算的 94.6%。非税收入 3540.05 亿元，为预算的 128.5%。

2013 年中央财政收入比预算超收 113.77 亿元。主要是车辆购置税超收，按照专款专用的规定相应增加公路建设支出。

（2）主要支出项目执行情况。农林水事务支出 6005.4 亿元，完成预算的 96.9%，增长 0.2%。社会保障和就业支出 6571.75 亿元，完成预算的 100.3%，增长 14.2%。医疗卫生支出 2588.12 亿元，完成预算的 99.4%，增长 26.4%。教育支出 3883.91 亿元，完成预算的 94%，增长 2.7%。科学技术支出 2460.59 亿元，完成预算的 97.3%，增长 7.4%。文化体育与传媒支出 531.55 亿元，完成预算的 98.3%，增长 7.5%。住房保障支出 2320.94 亿元，完成预算的 104.1%，下降 10.8%。节能环保支出 1803.9 亿元，完成预算的 85.8%，下降 9.7%。

交通运输支出 4138.5 亿元，完成预算的 104.1%，增长 4.2%。粮油物资储备事务支出 1266.38 亿元，完成预算的 102.4%，增长 27.9%。国防支出 7201.97 亿元，完成预算的 100%，增长 10.7%。公共安全支出 1934.34 亿元，完成预算的 95.3%，增长 2.9%。一般公共服务支出 1381.54 亿元，完成预算的 102.3%，增长 3.9%。

（3）中央对地方税收返还和转移支付执行情况。中央对地方税收返还和转移支付 48037.64 亿元，完成预算的 98.3%，增长 5.9%。

2. 政府性基金预算。2013 年全国政府性基金收入 52238.61 亿元，全国政府性基金支出 50116.46 亿元。

中央政府性基金收入 4231.7 亿元，为预算的 116.9%，增长 27.5%。中央政府性基金支出 4259.47 亿元，完成预算的 96.8%，增长 27%。

地方政府性基金本级收入 48006.91 亿元，增长 40.3%，其中，国有土地使用权出让收入 41249.52 亿元。加上中央政府性基金对地方转移支付 1498.61 亿元，地方政府性基金收入为 49505.52 亿元。地方政府性基金支出 47355.6 亿元，增长 38.6%，其中，国有土地使用权出让收入安排的支出 40600.45 亿元。地方政府性基金收大于支的部分结转下年使用。

3. 国有资本经营预算。2013 年全国国有资本经营收入 1651.36 亿元，全国国有资本经营支出 1513.6 亿元。

4. 社会保险基金预算。2013 年全国社会保险基金收入 34515.56 亿元，为预算的 105.1%，其中，保险费收入 25938.81 亿元，财政补贴收入 7371.5 亿元。全国社会保险基金支出 28616.75 亿元，为预算的 102.5%。本年收支结余 5898.81 亿元，年末滚存结余 43441.85 亿元。

二、2014 年中央和地方预算草案

2014 年，我国经济发展环境依然错综复杂。从财政看，收支矛盾十分突出。受我国经济潜在增长率放缓、推进税收制度改革等因素影响，财政收入增长将趋于平缓。同时，支持全面深化改革、调整优化经济结构和促进各项社会事业发展，都需要增加投入。根据面临的财政经济形势，2014 年财政工作和预算编制，要全面贯彻落实党中央、国务院的各项决策部署，坚持稳中求进、改革创新，继续实施积极的财政政策；深化财税体制改革，推动相关领域改革，发挥财税体制改革在整体改革中的基础性和支撑性作用，促进加快转变经济发展方式，提高经济发展质量和效益；优化财政支出结构，盘活财政存量，用好财政增量，完善基本公共服务体系，促进社会事业发展，着力改善民生，严肃财经纪律，从严控制“三公”经费等一般性支出；推进预算公开透明，加强地方政府性债务管理，促进经济持续健康发展、社会和谐稳定。

（一）2014 年财税改革工作重点

1. 深化预算管理制度改革。一是深入推进政府和部门预决算公开。扩大部门预决算公开范围，除涉密部门外，中央和地方所有使用财政拨款的部门均应公开本部门预决算。二是实行中期财政规划管理。三是改进年度预算控制方式。四是建立跨年度预算平衡机制。五是全面清理规范财税优惠政策，维护法律的严肃性和公平竞争环境。六是建立定位清晰、分工明确的政府预算体系。七是加快建立权责发生制政府综合财务报告制度。

2. 推进税收制度改革。一是继续推进营改增改革，在全国范围内实施铁路运输和邮政服务业营改增试点，抓紧研究将电信业纳入营改增范围的政策，力争今年 4 月 1 日实施。二是实施鼓励企业年金和职业年金发展的个人所得税递延纳税优惠政策。三是实施煤炭资源税从价计征改革。四是进一步扩展小型微利企业税收优惠政策。五是改革完善消费税制度，调整消费税征收范围、环节和税率。六是加快房地产税立法进程。七是加快推动环境保护税立法工作。

同时，抓紧研究调整中央与地方的事权和支出责任，在转变政府职能、合理界定政府与市场边界的基础上，合理划分各级政府间事权和支出责任，适度加强中央事权和支出责任；保持现有中央和地方财力格局总体稳定，结合税制改革，考虑税种属性，进一步理顺中央和地方收入划分。积极协同推进养老、医药卫生、教育、科技、住房等相关领域改革。

（二）2014 年财税政策

1. 继续实施积极的财政政策。2014 年实施积极的财政政策。重点把握好三个方面的内容：一是优化财政支出结构，提高财政资金使用效益。二是完善有利于结构调整的税收政策，促进经济提质增效升级。三是切实加强地方政府性债务管理，有效防控财政风险。

2. 促进农业可持续发展和推进城镇化。一是支持生态友好型农业发展。二是推进农业走出去，积极利用国外资源。三是支持耕地修复保护。四是推进粮棉收储补贴制度改革。

3. 完善医药卫生和社会保障制度。一是推进医药卫生体制改革。二是完善养老保险制度。三是健全对低收入群体补助政策。四是继续实施更加积极的就业政策，强化政策落实力度，重点支持高校毕业生就业创业和农村劳动力转移就业。

4. 推进教育、科技、文化改革发展。一是区分教育的公共性层次，完善针对不同教育类型的财政支持政策。二是深化科技管理体制改革，支持落实创新驱动发展战略。三是支持完善公共文化服务体系，促进文化产业健康发展。

（三）2014 年收支预算

1. 公共财政预算。中央财政收入 64380 亿元，比 2013 年执行数（下同）增长 7%。从中央预算稳定调节基金调入 1000 亿元，合计收入总量预计为 65380 亿元。中央财政支出 74880 亿

元，增长9.3%（扣除预备费后增长8.6%）。其中，中央本级支出22506亿元，中央对地方税收返还和转移支付51874亿元，中央预备费500亿元。收支总量相抵，中央财政赤字预计为9500亿元，比2013年增加1000亿元。中央财政国债余额限额100708.35亿元。中央预算稳定调节基金余额为483.08亿元。

地方本级收入75150亿元，增长9%，加上中央对地方税收返还和转移支付收入51874亿元，地方财政收入合计预计为127024亿元。地方财政支出130031亿元，增长9%，加上地方政府债券还本支出993亿元，支出总量为131024亿元。地方财政收支差额4000亿元，比2013年增加500亿元，国务院同意由财政部代理发行或继续试点由地方政府自行发行地方政府债券弥补，并列入省级预算管理。

汇总中央和地方预算，全国财政收入139530亿元，增长8%。加上从中央预算稳定调节基金调入1000亿元，可安排的收入总量为140530亿元。全国财政支出153037亿元，增长9.5%，加上地方政府债券还本支出993亿元，支出总量为154030亿元。收支差额13500亿元，比2013年增加1500亿元，赤字率为2.1%左右。

2014年中央预算主要支出项目安排情况：农林水支出6487.47亿元，增长8.6%。社会保障和就业支出7152.96亿元，增长9.8%。教育支出4133.55亿元，增长9.1%。科学技术支出2673.9亿元，增长8.9%。文化体育与传媒支出512.29亿元，增长9.2%。医疗卫生与计划生育支出3038.05亿元，增长15.1%。住房保障支出2528.69亿元，增长9%。节能环保支出2109.09亿元，增长7.1%。交通运输支出4345.68亿元，增长5.1%。粮油物资储备支出1393.96亿元，增长10.1%。国防支出8082.3亿元，增长12.2%。公共安全支出2050.65亿元，增长6.1%。一般公共服务支出1245.15亿元，增长2.6%。资源勘探信息等支出605.77亿元，下降20.7%，主要是基本建设支出减少。商业服务业等支出366.69亿元，下降19.1%，主要是家电下乡补贴政策到期后，2014年不再安排补贴资金，相应减少支出。

中央对地方税收返还和转移支付51874亿元，增长8%。其中，一般性转移支付27217.87亿元，增长10.9%；专项转移支付19569.22亿元，增长6.1%。

2. 政府性基金预算。中央政府性基金收入4168.62亿元，下降1.5%。加上上年结转收入806.96亿元，中央政府性基金收入总量为4975.58亿元。中央政府性基金支出4975.58亿元，增长16.8%。其中，中央本级支出3422.37亿元，增长24%；对地方转移支付1553.21亿元，增长3.6%。

地方政府性基金本级收入43140.61亿元，下降10.1%。其中，国有土地使用权出让收入36371.31亿元，下降11.8%。加上中央政府性基金对地方转移支付1553.21亿元，地方政府性基金收入为44693.82亿元。地方政府性基金支出44693.82亿元，下降5.6%。其中，国有土地使用权出让收入安排的支出36871.14亿元，下降9.2%。

汇总中央和地方预算，全国政府性基金收入47309.23亿元，下降9.4%，加上上年结转收入806.96亿元，全国政府性基金收入总量为48116.19亿元；全国政府性基金支出48116.19亿元，下降4%。

3. 国有资本经营预算。中央国有资本经营收入1426亿元，增长34.7%。加上上年结转收入152.03亿元，中央国有资本经营收入总量为1578.03亿元。中央国有资本经营支出1578.03亿元，增长61.3%。其中，调入公共财政预算用于社会保障等民生支出184亿元，增长183.1%，占中央企业上缴国有资本收益的13%。

地方国有资本经营收入555.79亿元，地方国有资本经营支出555.79亿元。

汇总中央和地方预算，全国国有资本经营收入1981.79亿元，加上上年结转收入152.03亿元，全国国有资本经营收入总量为2133.82亿元；全国国有资本经营支出 2133.82 亿元。

4. 社会保险基金预算。全国社会保险基金收入 37666.51 亿元，增长 9.1%，其中，保险费收入 28087.56 亿元，财政补贴收入 8211.85 亿元。全国社会保险基金支出 32581 亿元，增长 13.9%。本年收支结余 5085.51 亿元，年末滚存结余 48527.36 亿元。

三、认真抓好 2014 年预算执行

（一）严格依法理财，夯实管理基础

（二）完善厉行节约长效机制，坚决反对铺张浪费

（三）强化监督检查，严肃财经纪律

2014 年中国货币政策大事记（摘录）

中国人民银行

1 月 7 日，中国人民银行联合科技部、银监会、证监会、保监会和国家知识产权局等六部门发布《关于大力推进体制机制创新 扎实做好科技金融服务的意见》（银发［2014］9 号），从鼓励和引导金融机构大力培育和发展服务科技创新的金融组织体系、加快推进科技信贷产品和服务模式创新、拓宽适合科技创新发展规律的多元化融资渠道等方面进行工作部署，要求金融机构推进体制机制创新，做好科技金融服务各项具体工作。

1 月 17 日，中国人民银行发布《关于开展常备借贷便利操作试点的通知》（银发［2014］19 号），在北京、江苏、山东、广东、河北、山西、浙江、吉林、河南、深圳开展分支机构常备借贷便利操作试点，主要解决符合宏观审慎要求的地方法人金融机构流动性需求，稳定市场预期，促进货币市场平稳运行。

1 月 26 日，印发《中国人民银行金融市场司关于商业银行理财产品进入银行间债券市场有关事项的通知》（银市场［2014］1 号），允许符合条件的银行理财产品入市并进行了相应规范。

1 月 28 日，中国人民银行发布《关于建立场外金融衍生产品集中清算机制及开展人民币利率互换集中清算业务有关事宜的通知》（银发［2014］29 号），建立场外金融衍生产品集中清算机制，促进场外金融衍生品市场安全高效运行和健康规范发展。

1 月 29 日，为贯彻落实 2014 年中国人民银行工作会议精神，发挥信贷政策导向作用，印发《中国人民银行办公厅关于做好 2014 年信贷政策工作的意见》（银办发［2014］23 号），要求人民银行各分支机构和各银行业金融机构加强对“三农”、“小微企业”、新型城镇化、产业结构调整、保障性安居工程、扶贫、就业等民生领域以及信贷政策导向效果评估和信贷资产证券化试点的金融服务工作。

1 月 30 日，为进一步改善宏观调控，规范再贷款的功能定位，充分发挥中央银行流动性管理和引导金融机构优化信贷结构的功能，更好地服务于中央银行履职，中国人民银行发布《关于调整再贷款分类的通知》（银发［2014］36 号），将再贷款由三类调整为四类，即将原流动性再贷款进一步细分为流动性再贷款和信贷政策支持再贷款，金融稳定再贷款和专项政策性再贷款分类不变。

2 月 14 日，中国人民银行印发《关于做好家庭农场等新型农业经营主体金融服务的指导意见》（银发［2014］42 号），鼓励和引导银行业金融机构积极推动金融产品、利率、期限、额度、流程、风险控制等方面创新，合理调配信贷资源，扎实做好家庭农场、专业大户、农民合作社、农业产业化龙头企业等新型农业经营主体各项金融服务工作。

2 月 20 日，中国人民银行授权上海总部发布《关于支持中国（上海）自由贸易实验区扩大人民币跨境使用的通知》（银总部发［2014］22 号），支持在自贸区内开展各项跨境人民币业务创新试点，鼓励和扩大人民币跨境使用。

2月21日，印发《中国人民银行办公厅关于做好2013年度涉农和小微企业信贷政策导向效果评估有关事项的通知》（银办发［2014］36号），从中小企业信贷政策导向效果评估平稳过渡到小微企业信贷政策导向效果评估，加强了评估工作的有效性和针对性，鼓励和引导金融机构着力改进和完善“三农”、小微企业金融服务。

3月1日，中国人民银行放开中国（上海）自由贸易试验区小额外币存款利率上限。自贸区的先行先试，将为在全国推进小额外币存款利率市场化积累可复制、可推广的经验，并为下一步深入推进利率市场化改革打好坚实基础。

3月5日，发布《中国人民银行公告［2014］第3号》，将商业银行柜台债券业务品种由记账式国债扩大至国家开发银行债券、政策性金融债券和中国铁路总公司等政府支持机构债券，进一步丰富居民投资选择，推动多层次债券市场建设。

3月5日，中国人民银行增加支农再贷款额度200亿元，支持金融机构做好春耕备耕金融服务。

3月6日，中国人民银行农村信用社改革试点专项中央银行票据发行兑付考核评审委员会决定对山西省浮山县农村信用社兑付专项票据，额度为1570万元，至此全国农村信用社专项票据兑付考核工作全面完成，资金支持政策全部落实到位。

3月6日，中国人民银行联合财政部、银监会、证监会、保监会、扶贫办和共青团中央发布《关于全面做好扶贫开发金融服务工作的指导意见》（银发［2014］65号），要求加强协作，合理配置金融资源，创新金融产品和服务，完善金融基础设施，优化金融生态环境，积极发展农村普惠金融，着力支持贫困地区经济社会持续健康发展和贫困人口脱贫致富。

3月11日，中国人民银行印发《关于切实做好家禽业金融服务工作的通知》（银发［2014］69号），针对H7N9流感疫情和家禽企业、养殖户的困难和资金需求，从保证正常生产经营的资金供应、灵活确定贷款期限和还款方式、合理确定贷款利率水平、建立金融服务应急机制、加大金融政策支持、加强政策协调配合等方面，提出有针对性的解决措施。

3月14日，中国人民银行、财政部、商务部、海关总署、国家税务总局、银监会联合发布《关于简化出口货物贸易人民币结算企业管理有关事项的通知》（银发［2014］80号）。

3月15日，中国人民银行宣布自2014年3月17日起，银行间即期外汇市场人民币兑美元交易价浮动幅度由1%扩大至2%，外汇指定银行为客户提供当日美元最高现汇卖出价与最低现汇买入价之差不得超过当日汇率中间价的幅度由2%扩大至3%。

3月18日，经中国人民银行授权，中国外汇交易中心宣布在银行间外汇市场开展人民币对新西兰元直接交易。

3月20日，中国人民银行印发《关于开办支小再贷款 支持扩大小微企业信贷投放的通知》（银发［2014］90号），在信贷政策支持再贷款类别下创设支小再贷款，专门用于支持金融机构扩大小微企业信贷投放，同时下达全国支小再贷款额度共500亿元。

3月28日，中国人民银行与德意志联邦银行签署了在法兰克福建立人民币清算安排的合作备忘录。

3月31日，中国人民银行与英格兰银行签署了在伦敦建立人民币清算安排的合作备忘录。

4月9日，中国人民银行联合财政部、银监会、证监会、保监会、扶贫办、共青团中央召开全国扶贫开发金融服务工作电视电话会议，安排部署贫困地区扶贫开发金融服务的各项工作。

4月22日，中国人民银行决定从4月25日起下调县域农村商业银行人民币存款准备金率2个百分点，下调县域农村合作银行人民币存款准备金率0.5个百分点。

4月23日，中国人民银行决定在分支行开展信贷资产质押试点。将信贷资产纳入央行合格抵押品范围，有利于解决中小金融机构合格抵押品相对不足问题，进一步完善央行抵押品管理框架。

4月25日，为贯彻落实国务院第43次常务会议精神，中国人民银行创设抵押补充贷款（PSL）为开发性金融支持棚改提供长期稳定、成本适当的资金来源。

4月25日，中国人民银行与新西兰储备银行续签双边本币互换协议，互换金额仍为250亿元人民币/50亿新西兰元。有效期三年，经双方同意可以展期。

5月8日，印发中国人民银行、银监会公告［2014］第8号，拓宽消费金融公司等非银行金融机构的融资渠道，合理调整金融租赁公司、汽车金融公司发行金融债券的条件，加大金融对消费的支持力度。

5月9日，中国人民银行、银监会、证监会、保监会、外汇局联合印发《关于规范金融机构同业业务的通知》（银发［2014］127号），就规范同业业务种类和会计核算、加强和改善同业业务内外部管理、推动开展规范的资产负债业务创新等方面提出了十八条规范性意见。

5月30日，中国人民银行使用中韩本币互换协议下4亿韩元（约合240万人民币）资金支持企业贸易融资，这是中国人民银行首次在双边本币互换协议下动用对方货币。

6月9日，中国人民银行决定从6月16日起对符合审慎经营要求且“三农”和小微企业贷款达到一定比例的商业银行（不含4月25日已下调过准备金率的机构）下调人民币存款准备金率0.5个百分点，对财务公司、金融租赁公司和汽车金融公司下调人民币存款准备金率0.5个百分点。

6月11日，为鼓励金融机构创新多种方式，加大对外贸的支持力度，中国人民银行发布《关于贯彻落实〈国务院办公厅关于支持外贸稳定增长的若干意见〉的指导意见》（银发［2014］168号）。

6月18日，为促进中国与英国之间的双边贸易和投资，便利人民币和英镑在贸易投资结算中的使用，满足经济主体降低汇兑成本的需要，经人民银行授权，中国外汇交易中心宣布在银行间外汇市场完善人民币对英镑的交易方式，发展人民币对英镑直接交易。

6月28日，中国人民银行与法兰西银行签署了在巴黎建立人民币清算安排的合作备忘录。

6月28日，中国人民银行与卢森堡中央银行签署了在卢森堡建立人民币清算安排的合作备忘录。

7月1日，为进一步完善人民币汇率市场化形成机制，中国人民银行发布《关于银行间外汇市场交易汇价和银行挂牌汇价管理有关事项的通知》（银发［2014］188号），取消银行对客户各币种挂牌买卖价差管理。

7月3日，中国人民银行与韩国银行签署了在首尔建立人民币清算安排的合作备忘录。

7月18日，中国人民银行与阿根廷中央银行续签了双边本币互换协议，互换规模为700亿元人民币/900亿阿根廷比索，有效期三年，经双方同意可以展期。

7月21日，中国人民银行与瑞士国家银行签署了双边本币互换协议，互换规模为1500亿元人民币/210亿瑞士法郎，有效期三年，经双方同意可以展期。

8月21日，中国人民银行与蒙古银行续签了双边本币互换协议，互换规模扩大为150亿元人民币/4.5万亿蒙古图格里克，有效期三年，经双方同意可以展期。

8月26日，中国人民银行、银监会、证监会和保监会联合发布《关于鲁甸地震灾后恢复重建金融服务工作的指导意见》（银发［2014］252号），指导金融机构全面做好云南鲁甸地震灾后恢复重建的金融服务工作。

8月27日，为贯彻落实国务院常务会议关于“加大支农、支小再贷款和再贴现力度”的要求，提高金融服务“三农”等国民经济薄弱环节的能力，中国人民银行对部分分支行增加支农再贷款额度200亿元，引导农村金融机构扩大涉农信贷投放，促进降低“三农”融资成本。

9月，中国人民银行创设中期借贷便利（Medium－term Lending Facility，MLF），对符合宏观审慎管理要求的金融机构提供中期基础货币，中期借贷便利利率发挥中期政策利率的作用，促进降低社会融资成本。

9月16日，中国人民银行与斯里兰卡中央银行签署了双边本币互换协议，互换规模为100亿元人民币/2250亿斯里兰卡卢比，有效期三年，经双方同意可以展期。

9月28日，为促进贸易投资便利化，中国人民银行办公厅发布《关于境外机构在境内发行人民币债务融资工具跨境人民币结算有关事宜的通知》（银办发［2014］221号）。

9月29日，为促进中国与欧元区成员国之间的双边贸易和投资，便利人民币和欧元在贸易投资结算中的使用，满足经济主体降低汇兑成本的需要，经人民银行授权，中国外汇交易中心宣布在银行间外汇市场完善人民币对欧元的交易方式，开展人民币对欧元直接交易。

9月30日，为进一步改进对保障性安居工程建设的金融服务，继续支持居民家庭合理的住房消费，促进房地产市场持续健康发展，中国人民银行和银监会联合发布《关于进一步做好住房金融服务工作的通知》（银发［2014］287号）。

10月11日，中国人民银行与韩国银行续签了双边本币互换协议，互换规模为3600亿元人民币/64万亿韩元，有效期三年，经双方同意可以展期。

10月13日，中国人民银行与俄罗斯联邦中央银行签署了双边本币互换协议，互换规模为1500亿元人民币/8150亿卢布，有效期三年，经双方同意可以展期。

10月17日，印发《中国人民银行金融市场司关于非金融机构合格投资人进入银行间债券市场有关事项的通知》（银市场［2014］35号），允许符合条件的非金融机构合格投资人通过非金融机构合格投资人交易平台进行债券投资交易。

10月27日，为促进中国与新加坡之间的双边贸易和投资，便利人民币和新加坡元在贸易投资结算中的使用，满足经济主体降低汇兑成本的需要，经中国人民银行授权，中国外汇交易中心宣布自10月28日起在银行间外汇市场开展人民币对新加坡元直接交易。

11月2日，中国人民银行发布《关于跨国企业集团开展跨境人民币资金集中运营业务有关事宜的通知》（银发［2014］324号）。

11月3日，中国人民银行与卡塔尔中央银行签署了规模为350亿元人民币/208亿元里亚尔的中卡双边本币互换协议。同日，双方签署了在多哈建立人民币清算安排的合作备忘录。

11月6日，为拓宽境内外人民币资金双向流动渠道，便利人民币合格境内机构投资者境外证券投资活动，中国人民银行印发《关于人民币合格境内机构投资者境外证券投资有关事项的通知》（银发［2014］331号）。

11月8日，中国人民银行与加拿大中央银行签署了双边本币互换协议，互换规模为2000亿元人民币/300亿加元，有效期三年，经双方同意可以展期。同日，双方签署了在加拿大建立人民币清算安排的合作备忘录。

11月10日，为顺利实施沪港股票市场交易互联互通机制试点，规范相关资金流动，中国人民银行、证监会联合印发《关于沪港股票市场交易互联互通机制试点有关问题的通知》（银发［2014］336号）。

11月10日，中国人民银行与马来西亚国家银行签署了在吉隆坡建立人民币清算安排的合作备忘录。

11月17日，中国人民银行与澳大利亚储备银行签署了在澳大利亚建立人民币清算安排的合作备忘录。

11月22日，中国人民银行采取非对称方式下调金融机构人民币贷款和存款基准利率。其中，金融机构一年期贷款基准利率下调0.4个百分点至5.6%；一年期存款基准利率下调0.25个百分点至2.75%。同时结合推进利率市场化改革，将金融机构存款利率浮动区间的上限由存款基准利率的1.1倍调整为1.2倍；其他各档次贷款和存款基准利率相应调整，并对基准利率期限档次作适当简并。

11月22日，中国人民银行与香港金融管理局续签了双边本币互换协议，互换规模为4000亿元人民币/5050亿港元，有效期三年，经双方同意可以展期。

11月28日，印发《中国人民银行金融市场司关于做好部分合格机构投资者进入银行间债券市场有关工作的通知》（银市场［2014］43号），推动农村金融机构和信托产品、证券公司资产管理计划、基金管理公司及其子公司特定客户资产管理计划、保险资产管理公司资产管理产品等四类非法人投资者规范进入银行间债券市场。

11月30日，《存款保险条例（征求意见稿）》在中国政府法制信息网公开向社会征求意见。征求意见稿共23条，就存款保险制度的覆盖范围、偿付限额、基金来源和运用、风险差别费率机制以及存款保险基金管理机构职责等方面内容作出了规定。

12月14日，中国人民银行与哈萨克斯坦国家银行续签了双边本币互换协议，互换规模为70亿元人民币/2000亿哈萨克斯坦坚戈，有效期三年，经双方同意可以展期。

12月15日，在银行间外汇市场推出人民币对哈萨克斯坦坚戈区域交易，促进双边贸易和投资便利化。

12月16日，印发《全国银行间债券市场债券预发行业务管理办法》（中国人民银行公告［2014］第29号），在银行间债券市场推出债券预发行交易，对预发行券种范围、交易和结算方式等做出要求，并提出了相应的风险控制措施。预发行交易的推出有利于提高债券发行定价的透明度和竞争性，完善债券收益率曲线，活跃二级市场交易。

12月22日，中国人民银行与泰国银行续签了双边本币互换协议，互换规模为700亿元人民币/3700亿泰铢，有效期三年，经双方同意可以展期。同日，双方还签署了在泰国建立人民币清算安排的合作备忘录。

12月23日，中国人民银行印发《关于存款口径调整后存款准备金政策和利率管理政策有关事项的通知》（银发［2014］387号）。中国人民银行于2015年起对存款统计口径进行调整，将存款类金融机构吸收并原在同业往来项下统计的证券及交易结算类存放、银行业非存款类存放、SPV存放、其他金融机构存放以及境外金融机构存放纳入各项存款统计范围。上述新纳入各项存款口径的存款计入存款准备金交存范围，适用的存款准备金率暂定为零。上述存款的利率管理政策保持不变，利率由双方按照市场化原则协商确定。

12月23日，中国人民银行与巴基斯坦国家银行续签了双边本币互换协议，互换规模为100亿元人民币/1650亿巴基斯坦卢比，有效期三年，经双方同意可以展期。

12月24日，中国人民银行、发展改革委、工业和信息化部、财政部、交通运输部、银监会、证监会、保监会、外汇局联合印发《关于金融支持船舶工业加快结构调整促进转型升级的指导意见》（银发［2014］390号），引导金融机构做好对船舶工业发展的金融服务工作，推动船舶工业结构调整和转型升级。

12月29日，中国人民银行印发《关于完善信贷政策支持再贷款管理 支持扩大“三农”、小微企业信贷投放的通知》（银发［2014］396号），调整信贷政策支持再贷款发放条件，下调支农、支小再贷款利率，明确量化标准，对信贷政策支持再贷款业务管理进行全面规范完善。

2014年，人民币合格境外机构投资者（RQFII）试点已扩大至10个国家（地区），包括：中国香港地区、中国台湾地区、英国、新加坡、法国、韩国、德国、卡塔尔、加拿大和澳大利亚，总投资额度为8700亿元人民币。

二、国债管理和国债市场的改革与发展

继往开来 团结协作 推动国债发行管理工作迈上新台阶

——财政部国库司刘祝余司长在2015—2017年国债承销团组建会议上的讲话

前段时间，财政部会同中国人民银行、证监会、银监会等部门按市场化原则，顺利完成了新一届（2015—2017年）国债承销团组建工作。现召开新一届国债承销团组建会议，主要是回顾总结上一届国债承销团主要工作，介绍新一届国债承销团组建情况，提出下一步重点工作。

一、2012—2014年国债发行管理取得显著成效

国债发行是财政筹资的重要手段，是国家宏观调控的重要工具。自2012—2014年国债承销团运作以来，为贯彻落实党中央、国务院有关决策部署，国债规模不断扩大，国债发行市场化改革深入推进，有力保障了积极财政政策的顺利实施。

（一）圆满完成近5万亿元国债发行任务

3年来，面对复杂多变的市场环境，国债承销团成员积极参与国债发行，配合财政部顺利完成了国债筹资任务。2012年、2013年、2014年分别发行国债1.43万亿元、1.67万亿元和1.76万亿元，发行规模连创历史新高，3年共筹集资金约4.9万亿元，为实施积极财政政策提供了有力的资金保障。与此同时，3年来，财政部和地方财政部门在国债承销团成员的支持下，还完成了1万亿元的地方政府债券发行工作，有力促进了地方社会经济持续健康发展。

（二）不断完善储蓄国债销售管理体系

1. 改进储蓄国债发行额度管理机制。2013年开始，财政部会同人民银行以实际销量为重要参考依据，对各承销团成员的发行额度分配比例每半年进行一次调整，激发了承销团成员的承销积极性，提高了储蓄国债销售量。

2. 探索完善储蓄国债定价机制。为适应利率市场化进程加快的新形势，提高储蓄国债市场竞争力，2013年，在金融机构存款基准利率未调整的情况下，财政部主动将3年期和5年期储蓄国债利率分别提高了24个和9个基点，有效促进了储蓄国债的顺利发行。

3. 拓宽储蓄国债（电子式）销售渠道。2012年，财政部会同中国人民银行正式开展储蓄国债（电子式）网上银行销售试点。2014年，进一步完善网上银行销售管理机制，强化风险防控管理，并继续扩大网上银行销售机构范围。目前已有17家银行可通过网上银行销售储蓄国债（电子式），进一步丰富了储蓄国债销售渠道，提高了投资者购买便利性。

4. 加强凭证式国债管理。2012年，财政部

配合人民银行启动凭证式国债改革，将凭证式国债发行对象改为个人投资者，发行方式由各承销团成员包销改为代销，拓宽了居民投资渠道，进一步发挥了储蓄国债的惠民功能。

（三）推进记账式国债发行市场化改革

1. 健全完善招标发行体系。在多年实践基础上，不断健全完善“1 年期以下国债采用多重价格招标、关键期限国债采用混合式招标、超长期国债采用单一价格招标”的发行体系，通过鼓励充分竞争揭示国债真实价格，促进市场健康发展。

2. 全面实施国债续发行。续发行机制有助于减少“债券碎片”，形成规范有序的国债到期结构，提高国债二级市场的流动性。2012 年，财政部开始推行国债续发行框架，采取年内短周期续发行为主的模式。目前，记账式国债已实现 3 年期和 5 年期新发 1 次、续发 1 次，7 年期和 10 年期新发 1 次、续发 2 次。

3. 稳步开展国债预发行。国债预发行相当于对即将发行的国债进行远期交易，有助于加强国债一、二级市场价格的衔接，提高国债定价基准作用和市场效率。2013 年，财政部、中国人民银行、证监会印发通知，正式启动国债预发行试点工作，确定了 7 年期国债作为首批预发行试点券种，并率先在上交所债券市场开始试点。2014 年 6 月，预发行试点券种从 7 年期国债扩大至全部关键期限国债。2014 年 12 月，国债预发行在银行间债券市场推出。

4. 积极推进国债期货交易业务。国债期货有利于促进完善国债的市场化定价机制，为金融机构提供更多的避险工具和资产配置方式。近年来，财政部积极配合有关部门研究推进国债期货交易业务。2013 年 9 月，5 年期国债期货成功挂牌上市，运行平稳，交割顺利，国债期现货价格走势联动性良好，价格发现、风险规避等功能得到初步发挥。

国债发行管理工作取得的上述成绩，离不开 2012—2014 年国债承销团成员的大力支持和配合。3 年来，国债承销团成员不仅为圆满完成国债承销任务付出了艰辛的努力，而且为国债发行市场化改革、国债市场持续健康发展提供了有力支持。

二、2015—2017 年国债承销团组建工作圆满完成

组建新一届国债承销团是 2014 年财政部国债管理的一项重要工作。根据国务院清理规范行政审批事项有关要求，“国债承销团成员资格审批”事项被取消，财政部组建国债承销团的主要依据《国债承销团成员资格审批办法》也相应废止，财政部与国债承销团成员的关系已由原来的行政管理变为市场化的合同甲乙双方关系，也就是一种典型的契约关系。新一届国债承销团完全是按照市场化原则组建的，组建方式与以往相比有很大区别。

（一）科学合理制定新的组团办法

为适应国债承销工作的新形势，指导、规范国债承销团组建工作，财政部会同中国人民银行、证监会等有关部门，在前期开展专题研究、广泛征求各方面意见的基础上，于 11 月初制定发布了《国债承销团组建工作管理暂行办法》，作为组建国债承销团的制度依据。

与原来的《资格审批办法》相比，新《办法》充分体现了市场化原则，主要表现在几个方面：一是组建方式更加科学合理。《办法》规定组建采用存量考核、增量竞争方式，即原国债承销团中表现优秀的机构可直接加入新一届承销团，其他机构通过专家评审方式竞争加入，这样既能保持国债承销工作的稳定性，也有利于吸收综合实力强的新机构，提高承销团的活力。二是组建信息更加公开透明。《办法》明确规定了国债承销团成员选择的具体方案，包括每次组团时存量考核和增量竞争名额的数量比例、专家评审指标体系和评分方法等，并要求主动向社会公开。三是组建过程更加客观公正。《办法》规定，评审工作由评审委员会作为第三方独立进行，实行全程监督，且专家评分指标体系充分征

求了各方面意见，并得到广泛认同。四是责任主体关系平等。《办法》删除了《资格审批办法》中有关财政部对承销团成员行政管理权限的内容，要求财政部与承销团成员在平等自愿基础上签订承销协议，在协议中明确双方权利和义务。

（二）规范开展新一届国债承销团组建工作

承销团组建《办法》发布后，财政部会同人民银行、证监会对新一届国债承销团组建方案进行了认真研究，确定了承销团成员目标数量、报名材料核实办法、专家库形成方式、专家抽取及专家评审基本流程、国债承销主协议内容等，并印发了新一届国债承销团组建通知，明确了新一届国债承销团报名要求、具体评分方法等事项。

报名机构有关情况和数据是选择成员的重要依据。为保证准确性，财政部就报名机构情况和相关数据征求了人民银行、证监会、银监会等有关方面的意见，相关部门给予了大力支持，确保了后续工作得以顺利开展。

为规范国债承销团专家评审工作，保证评审公平、有序开展，财政部还制定了《2015—2017年国债承销团专家评审内部操作规程》，对评审专家选取、评审现场管理、评审打分原则等进行了规定，并发函邀请国债协会等9家机构推荐了55名专家，形成了专家库。12月15日下午，财政部监督检查局采用随机抽签方式抽取了7名评审专家。12月16日，组织开展了专家评审工作，形成了2015—2017年国债承销团成员候选名单。

（三）及时向社会公示承销团成员候选名单

根据《办法》有关规定，12月17日至24日，财政部向社会公示了2015—2017年国债承销团成员候选名单。公示期间，部分落选机构对落选原因进行了询问，财政部向其解释了有关制度规定和候选名单的产生过程后，均未对候选名单提出异议，有的表示再努力争取加入下一届承销团。现在公示已经结束，2015—2017年国债承销团成员名单最终确定。其中，储蓄国债承销团成员38家，36家为原承销团成员，2家为新加入机构；记账式国债承销团成员50家，46家为原承销团成员，4家为新加入机构。

可以说，此次组团充分体现了市场竞争、优胜劣汰的原则。有13家机构参与竞争储蓄国债承销团的4个名额，有14家机构参与竞争记账式国债承销团的5个名额。从最终结果来看，国债业务综合排名居后的老成员被淘汰，综合实力较强的新机构加入，符合国债承销团组建初衷，也得到了各方面的认可。

三、下一步国债管理的几项重点工作

为贯彻落实党的十八届三中全会《决定》提出的“发展并规范债券市场”、“健全反映市场供求关系的国债收益率曲线”等要求，根据中央经济工作会议关于继续实施积极财政政策的总体部署，下一阶段，财政部将积极加强与各有关部门、承销团成员的团结协作，深化国债管理制度改革，着力健全反映市场供求关系的国债收益率曲线，推动国债市场健康发展。

（一）进一步深化储蓄国债管理改革。

1. 建立健全利率市场化条件下的储蓄国债定价机制。长期以来，储蓄国债定价一直是以中国人民银行制定的金融机构同期限存款基准利率为基础，上浮一定比例。随着利率市场化进程的加快，中国人民银行在不久前取消了5年期存款基准利率，并进一步扩大了3年期存款利率浮动区间，储蓄国债定价机制必须进行调整。财政部将抓紧会同中国人民银行研究储蓄国债新的定价机制，使储蓄国债定价既能符合财政合理成本筹资要求，又满足投资者需求，保障储蓄国债顺利发行。

2. 改进储蓄国债（电子式）发行管理机制。近年来，储蓄国债（电子式）发行管理规范化水平不断提高，但同时，也发生了个别承销团成员超额度销售储蓄国债的情况，一定程度上影响了国债声誉，损害了投资者利益。为进一步规范储蓄国债（电子式）发行管理，降低承销团成员超额度销售违规风险，财政部研究确定了储蓄国债发行管理机制改进方案，将研究实现国债发行关键环节业务操作信息化、自动化，进一步强化发行额度控制管理。

3. 完善储蓄国债（电子式）信息管理系统。目前的储蓄国债（电子式）信息管理系统是按照2009年储蓄国债（电子式）管理试行办法开发的，近几年，财政部不断对储蓄国债（电子式）发行机制进行完善，但对信息系统一直没有进行大的升级，许多管理要求还未通过信息系统实现自动化管理。2015年，财政部将组织推进国债登记公司和国债承销团成员完成相关信息系统升级改造工作，提高储蓄国债管理的信息化水平。

（二）积极推进记账式国债市场化改革。

1. 研究开展记账式国债发行券款对付（DVP）。券款对付是证券与资金交收同步进行，并互为条件的结算方式，即“一手交钱、一手交券”，具有高效率、低风险的特点，被国际结算组织在世界范围内推荐使用。目前，我国记账式国债发行操作为“先交钱、后交券”，存在1个工作日的时间间隔，且招标日与上市日一般间隔5个工作日，这样会使国债承销团成员面临国债价格波动风险。在记账式国债发行结算中使用DVP，将实现缴款与债权确认的同步完成，有利于大幅提高结算效率，切实保障国债认购人权益。2014年，财政部在前期研究基础上，形成了实施DVP的初步思路。下一步，财政部将抓紧制定相关改革方案，择机实施改革。

2. 推进关键期限国债票面利率标准化工作。国债要素标准化是发达市场经济国家普遍做法。近年来，我们积极推进国债要素标准化工作，已完成了国债期限、发行方式、付息频率的标准化，有力地促进了国债市场的发展。但目前票面利率标准化尚未实现，仍存在票面利率基本变动单位（0.01%）过小、票面利率较零散等问题。票面利率标准化有利于进一步提高国债市场运行效率，夯实国债收益率曲线的市场基础，增强国债收益率曲线的定价指导作用。2014年，财政部对发达国家有关经验做法进行了深入研究，结合我国实际，形成了相关工作基本思路。下一步，财政部将研究制定我国国债票面利率标准化方案，适时开始实施。

3. 进一步完善国债发行机制。完善国债续发行机制，形成稳定、规范关键期限国债续发行模式，减少债券碎片，提高二级市场流动性和国债收益率曲线深度。完善国债预发行机制，推动银行间债券市场制定预发行交易细则并启动国债预发行；指导交易所债券市场完善预发行机制，促进一、二级市场衔接，丰富投资者利率管理工具。

4. 推动国债二级市场发展。2012年开始，财政部会同人民银行积极开展国债做市支持机制研究，提出了国债做市支持机制的基本原则和初步方案，下一步，将适时研究推出国债做市支持制度，增强国债定价的准确性，提高国债市场运行效率。

四、2015—2017年国债承销团成员工作要求

今后几年，国债发行、改革任务比较繁重，需要新一届国债承销团成员的积极配合，共同努力完成。

（一）高度重视国债承销工作

应该说，从近几年国债承销团成员的整体表现来看，绝大多数机构对国债承销工作都很重视，但也有个别机构不够重视，有的是领导重视，具体工作人员不重视，影响到国债承销工作，有的甚至因为个别业务人员责任心不强、操作失误的原因影响了综合考评和专家评审结果，未能加入新一届国债承销团。国债承销工作的重要性，大家都非常清楚，今天参会的成员代表，都是各机构分管国债承销业务的领导，希望你们能够重视国债承销工作，而且要通过建立层层负责的工作责任制，层层传导。采取考核、奖惩等多方面措施，切实强化具体负责同志和经办同志的责任意识。

（二）着力加强内部规范管理

国债承销工作直接面向全社会，事关国家信

誉和政府形象，进行规范性操作是最根本的要求。近几年，国债承销机制不断健全，业务规范化水平得到了显著提高，但同时，也发生了个别违规操作行为。为促进承销团成员切实加强规范化管理，我们在新一届储蓄国债承销团承销协议中约定，如成员发生超额度销售等违规行为，我们将进行通报批评；情节严重的，将通知其退出国债承销团。为此，各承销团成员务必全面梳理国债承销工作业务流程，认真查找问题，完善相关制度机制，健全岗位工作规范，确保国债承销工作规范开展。

（三）进一步加强业务培训

近年来，国债改革创新力度较大，几乎每年都有新的改革措施出台，而且每年我们都会根据国债发行管理需要和国债市场情况，对业务操作规则进行调整。这就对国债业务人员提出了较高要求，不仅要及时了解国债业务发展变化情况，更要准确把握和熟悉改革措施和业务规则，否则会影响工作成效。财政部每年都会举办国债业务培训班，但受众面毕竟有限，难以覆盖所有国债业务从业人员。希望各承销团成员能够密切跟踪国债改革进展情况，建立内部学习交流长效机制，加强对本机构业务人员的专业培训。

（四）不断完善国债业务相关信息系统

国债工作专业性强，业务环节多、流程长，操作比较复杂，很多工作需要靠信息系统完成。因此，完善的国债业务信息系统是国债承销的重要基础，承销团成员要认真做好业务信息系统维护工作，并根据国债业务发展的新要求，升级完善相关系统。

（五）新加入国债承销团的成员要切实做好各项准备工作

2015年第1期记账式国债将于1月上旬发行，第1期储蓄国债将于3月上旬发行，新入团成员前期工作准备时间应该说非常紧张。为确保国债承销工作顺利开展，新入团成员要抽调专门力量，组成专业化团队，抓紧时间做好制度建设、业务培训、系统开发调试等各项准备工作。

（六）加强沟通交流，共同促进国债市场发展

国债承销团成员都是金融市场上实力很强的机构，从业人员具有丰富的金融债券专业知识和实践经验，在以往的国债改革中为财政部提供了理论和实践很多支持。今后，财政部还将联合承销团成员对改革有关事宜开展专题研究，希望大家能够积极参与，也希望各成员能结合自身特点，发挥自身优势，主动对国债市场进行专题研究，与财政部分享研究成果，大家群策群力，为推动国债事业发展一起努力。

2015年国债发行工作即将开始，希望各承销团成员珍惜荣誉，认真行使权利、履行义务，以强烈的事业心和使命感，积极参与国债承销，为国债管理改革和国家经济社会发展作出新的贡献。

充分利用世行技援项目 深化国债管理制度改革

——财政部国库司翟钢司长在中国国债管理战略国际研讨会上的讲话

女士们、先生们、朋友们：

上午好！新春伊始，很高兴能在美丽的海口与国内外政府债务管理与债券市场专家齐聚一堂，共同研究探讨中国国债管理战略这一重要话题。首先，我代表财政部国库司向远道而来的世界银行（以下简称世行）拉斯·杰森（Lars Jessen）先生和国际货币基金组织迈克尔·帕帕安努（Michael Papaioannou）先生，这两位国际上顶尖的政府债务管理专家，能够光临本次研讨会并发表专题演讲表示衷心感谢，也向发言介绍投资管理和风险管理机构经验的几位国内专家的大力支持帮助，以及省区市财政厅（局）和国债承销、做市机构代表的热情参会，表示诚挚谢意！下面我讲几点意见。

一、此次中国国债管理战略技援项目的研究背景

本次研讨会是“中国国债管理战略计量分析”世界银行技援项目的一项重要活动。中国国债管理战略计量分析技援项目是继 2001 年国债一级市场技援项目和 2010 年国债二级市场技援项目之后，财政部国库司在国债领域第三次得到世界银行技术援助，是前两次国债市场技援项目的延续和深化。运用计量分析手段制定及实施中国国债管理战略，是“十二五”规划有关深化国债管理制度改革的重要内容，是贯彻落实十八届三中全会关于建立规范合理的中央和地方政府债务管理和风险预警机制的重要举措。

此次技援项目主要内容是借鉴发达国家国债管理战略的制定及实施经验，结合中国国债市场实际状况，研究建立中国国债管理战略计量分析工具，也就是开发及利用中国国债筹资成本与市场风险管理计量分析模型。开展国债管理战略计量分析的目标是科学地制定国债年度发行计划和中长期国债管理战略，定量优化国债组合结构和债务筹资节奏，尽可能节省国债利息支出和有效管控市场筹资风险，促进国债市场稳健运行和国家财政可持续发展。

二、技援项目对促进国债市场发展具有重要作用

科学理论是行动的指南。国债一级市场、二级市场世行技援项目报告都凝聚着众多国内外专家的智慧和真知灼见，按照两份技援项目报告提出的政策建议，财政部国库司在项目执行过程以及近 10 多年期间，结合国债市场实际情况，坚持国债一级市场和二级市场发展并重，主要采取了以下几项国债管理措施。

一是坚持市场化改革取向，不断提高国债发行效率。1996 年首次采用公开招标方式发行记账式国债，开创了市场化发行国债和国债利率市场化的先河。2004 年综合比较单一利率招标和多种利率招标方式的各自特点，推出混合利率招标方式，同时取消利率上限等约束条件，大幅提高了市场化定价水平。目前，所有记账式国债全部通过电子招标系统招标发行，招标方式包括单一利率招标、多种利率招标和混合利率招标，以混合利率招标方式为主。近几年来，每年 50—

60 次的招标操作均能平稳顺利进行，发行效率很高，有效保障了二级市场正常运行。

二是定期滚动发行关键期限国债，建立完善国债收益率曲线。2003 年开始发行 7 年期国债，之后逐年加入新的期限，目前形成 1 年、3 年、5 年、7 年和 10 年五个关键期限国债品种。同时，进一步完善国债期限结构，一方面不断延长国债发行期限，2001 年开始滚动发行 15 年和 20 年期国债，2002 年发行 30 年期国债，2009 年成功发行 50 年期国债，成为继英国、法国之后第三个发行 50 年期国债的国家；另一方面，2006 年开始注重增加发行 1 年以下短期国债。2012 年开始采用定期续发方式发行附息国债，2013 年着手建立关键期限国债续发机制，有利于形成稳定、完整、可靠的国债收益率曲线，增加二级市场深度与广度。

三是提前公布国债发行计划，提高国债管理透明度。为便于国债承销团成员做好国债承销工作，满足国债投资者购买需求，财政部一直坚持公开公平原则，致力于提高国债管理透明度。2000 年开始财政部坚持每个季度召开一次国债筹资分析会，充分征求主要市场成员意见，制定并公布下一个季度国债发行计划，内容包括该季度要发的全部国债。2003 年开始在年初公布全年关键期限记账式国债发行计划，目前关键期限国债发行额约占当年记账式国债发行总额的 80%。国债发行透明度的显著提高，增强了国债市场的预见性和稳定性，有效降低了国债发行对二级市场造成不利冲击，保证了国债市场健康稳定运行。

四是建立完善国债承销团制度，注重发挥承销团成员在二级市场发展中的作用。2000 年开始在银行间债券市场组建了记账式国债承销团，2002 年在交易所债券市场组建了记账式国债承销团。2006 年财政部、中国人民银行和证监会联合发布了《国债承销团成员资格审批办法》，建立了统一规范和相对稳定的记账式国债承销团制度。2012 年又取消了国债承销团成员资格的行政审批事项，主要依靠市场化机制加强承销团管理。目前，记账式国债承销团成员由商业银行、证券公司和保险公司 50 家成员组成，其中多数成员都是人民银行公开市场业务一级交易商和银行间债券市场做市商，保障了国债一级市场和二级市场的有效衔接。

五是着力发展二级市场，健全二级市场运行机制。2001 年推出国债净价交易方式，使得国债买卖报价及结算方式与国际惯例接轨。2004 年推出买断式回购，丰富了国债交易工具，满足了投资者多样化的交易需求。2003 年开始跨市场发行记账式国债，2005 年所有记账式国债实现跨市场发行和交易，2009 年上市商业银行获准进入交易所债券市场，有效地促进国债市场的互通互联。2011 年在银行间债券市场建立了新发关键期限国债报价做市制度，目前正在着手建立国债做市支持机制。2013 年配合证监会在中国金融期货交易所市场推出 5 年期国债期货，以及在上交所试点 7 年期国债预发行，进一步丰富了二级市场运行机制。

三、此次技援项目对于提升债务管理能力具有重要意义

刚才提到，此次世行技援项目是前两次的延续，我想更是深化和升华。如果说前两次世行技援项目研究是以定性分析为主的话，那么此次国债管理战略技援项目将更加注重定量分析研究，标志着定量分析工具开始步入国债管理工作，国债管理工作开始以定性分析为主向定性分析与定量分析并重方向转变。目前开展国债管理战略计量分析研究，对于提升政府债务管理水平和加强债务管理能力建设具有重要意义。

首先，开展国债管理战略计量分析研究具有直接的经济效益。国债管理战略计量分析的实质是优化国债结构，节省利息支出，也就是通过调整结构产生经济效益。2013 年我国国债发行规模为 1.7 万亿元，年底余额为 8.6 万亿元。我们预估，通过优化国债结构，即便是发债成本节省 0.1%，就发债规模而言每年可节约利息支出 17

亿元，就国债余额而言将节省86亿元利息支出。据了解，资本市场比较发达的德国，每年通过调整国债结构能够节省5亿—7.5亿欧元利息支出。我想，中国优化国债结构产生经济效益乃至社会效益的空间，肯定是不小的。

其次，对于加强地方政府债务管理能力建设具有重要参考价值。此次技援项目，我们是以国债管理战略名义立项的。从国际经验看，尽管地方政府债务管理在发行市场机制和二级市场建设方面与国债管理存在这样那样的差异，但是在优化债务结构，改善债务管理质量方面有着很大的共同之处。因此，开展国债管理战略计量分析研究，其原理和方法在很大程度上适用于地方政府债务管理工作，对于贯彻落实十八届三中全会提出的“建立规范合理的中央和地方政府债务管理和风险预警机制”具有重要作用。

关于国债管理战略中的“战略”一词，我想强调的是，它不仅是指当年国债计划的制定和执行，而且更主要的是指今后几年、乃至5年—10年国债计划的制定和执行过程。这就要求我们在国债管理工作中一定要真正向前展望、超前思维、提前谋局。与此同时，政府债务管理与投资资产管理是相互对应、相辅相成的两个方面，共同面临着市场风险的监测和管理工作。希望大家利用世行技援项目这一契机和平台，畅所欲言，献计献策。也希望本次技援项目能够做得更加扎实有效，早日用于债务管理实践，并在实践中逐步完善。

最后，我代表财政部国库司向协办此次研讨会的海南省财政厅、中央国债登记结算公司和国债协会，表示诚挚谢意。预祝本次研讨会圆满成功，谢谢大家！

掌握国债期货政策和实务投资技巧
促进我国国债期货市场发展

——中国国债协会张秉国常务副会长在“国债期货政策与实务培训班”上的讲话摘录

当前，国内外经济金融形势依然错综复杂。国际经济形势和主要经济体货币政策出现分化，美国经济的积极迹象较多，欧元区再次加大货币政策宽松力度，部分新兴经济体实体经济仍面临较多困难。我国经济运行仍处在合理区间，改革效应不断释放，新的增长动力正在生成，金融运行总体平稳，物价基本稳定，但是要对困难和挑战有充分估计。2014 年是全面贯彻落实党的十八届三中全会精神、全面深化改革的第一年，改革任务重大而艰巨。宏观调控要坚持稳中求进的工作总基调、保持定力，主动作为，不断创新宏观调控思路与方式，在区间管理的基础上，注重实施定向调控和结构性调控，强力推改革，大力调结构，着力惠民生，保持经济平稳运行。

党的十八届三中全会明确提出“健全多层次资本市场体系”，“加快推进利率市场化，健全反映市场供求关系的国债收益率曲线”等一系列重要论断，为当前和未来一个时期金融和债券市场发展指明了方向。国债是最典型的固定收益债券，其价格对利率波动十分敏感，国债期货所具有的价格发现、套期保值等功能能有效规避利率风险，促进国债的发行与交易。不仅如此，作为重要的金融衍生工具，国债期货对宏观经济运行也将产生深远影响，其有利于推进利率市场化进程，提高金融市场稳定性；有利于促进直接融资发展，提高资源配置效率；有利于推动金融创新，提高金融机构服务实体经济的能力。

2013 年 9 月 6 日，国债期货在中国金融期货交易所挂牌上市。上市以来，国债期货市场运行平稳，呈现投资者参与有序，市场交易理性；价格波动合理，与现货价格联动性良好；主力合约成功切换，交割平稳顺畅；市场监管有效，运行规范等几大特点。国债期货在促进国债发行、提升国债现货市场流动性、推进国债市场互联互通、健全反映市场供求关系的国债收益率曲线、及时反映货币政策信息以及加快金融机构产品和业务创新等方面的功能作用已经开始显现。从国际成熟市场经验来看，国债期货市场是一个长期培育、逐步发展的过程。渐次推出多个期限的国债期货产品，建立完善的国债期货产品体系，是国债期货市场走向成熟的必由之路。因此，已成功起步的我国国债期货市场，未来还有巨大发展空间。

为帮助大家进一步了解和掌握国债期货相关政策和实务投资技巧，协会携手中金所精心筹备了本期培训班，特别邀请财政部、中国人民银行、银监会有关领导，以及中金所和相关中资外资市场机构的知名专家为大家授课，是一次难得的学习、交流和提高的机会。今天上午，财政部金融司周成跃巡视员将为大家介绍“国债期货在我国的发展情况”并对相关政策进行解读。中金所的专家将介绍“国债期货合约与规则设计”的有关内容。下午，中国人民银行的专家将讲解“利率市场化与国债期货”；银监会的专家将讲解“利率市场化进程中的商业银行转型及金融衍生产品应用”；银河证券的专家将讲解

“国债期货套期保值理论与实践”。明天上午，中信证券的专家将分析“当前宏观经济运行与债券市场”情况。暖流资产的专家将介绍他们实际参与国债期货市场的有关经验和做法。相信上述领导和专家的精彩讲座和现场交流，一定会帮助大家提高对国债期货相关政策的理解和认识，了解和掌握国债期货投资业务的要点和技巧，从而对会员机构的金融和债券投资业务开展起到切实帮助。

按照中央“八项规定”要求，本期培训班时间紧凑、主题明确、内容丰富，力求做到勤俭节约、务实高效。希望大家珍惜宝贵的学习机会，课上认真听讲，课间积极交流，做到学有所得，不虚此行。

三、国债理论与实践的探究

国债发行与国债收益率曲线

——财政部国库司周成跃副司长在第11届上海衍生品市场论坛上的演讲

党的十八届三中全会明确提出，要健全反映市场供求关系的国债收益率曲线。作为金融市场工作者，我们都知道国债收益率曲线在一个国家资本市场发展当中的作用。它不仅在各国风险管理中被视为公认的基准，也是企业债券、证券化资产等金融资产的定价基准。同时，国债收益率曲线是发达国家进行宏观调控的基础。央行通过调整基准利率、公开市场操作等手段，对国债收益率曲线的高度、曲度等进行调整，达到调控金融市场的宏观调控目的。

一、国债收益率曲线将进一步完善和应用

十八届三中全会提出健全国债收益率曲线的意义何在？我们理解，这表明了中央对于资本市场发展的高度重视，这将为资本市场的加快发展奠定坚实的基础。党中央能把这个问题提到一个国家战略的高度来认识，也为我们国债市场的未来发展指明了工作方向。

其实大家对我国的国债收益率曲线并不陌生。我国从事编制国债收益率曲线较早的公司是中央国债登记结算公司，从1999年开始编制国债收益率曲线，至今已15年有余。在中央国债登记结算公司发布国债收益率曲线以后，国内也有不少金融机构和中介机构在编制这条曲线，应该说，我们在这方面投入的研究力量比较大。

财政部对国债收益率曲线的认识也有很长的时间。多年来，财政部一直在积极努力进行国债收益率曲线的建设。首先是研究方面。2007年财政部和有关部门、机构一起，专门成立了一个国债收益率曲线课题组，对国债收益率曲线的编制方法等技术层面进行了认真研究，这其中包括数据如何采集，到哪里采集，数据如何处理等。因为大家知道，这一条曲线是一个市场交易的反映，但很多真实的交易，不一定是合理的交易，所以不合理的部分还需被剔除，这当中有一个数据处理的问题。

在实践方面，财政部也做了大量的应用工作。早在2009年财政部发行地方债的时候，我们就运用了国债收益率曲线的数据，来引导地方债券市场的发行定价，为地方债券发行提供了比较明确的参考。

此外，财政部努力完善国债收益率曲线的市场基础工作。

下一步，财政部将按照中央的明确要求，进一步建设、完善并积极运用国债收益率曲线。也许，财政部网站很快将公布国债收益率曲线。

二、降低管理因素对收益率曲线的影响

从国债的角度来讲，影响国债收益率曲线的

因素有哪些？对此我先做一个简单的介绍。

国债收益率曲线本身是二级市场的表现，但国债一级市场对于国债收益率曲线是有影响的。一方面，对国债收益率曲线变化影响的主要因素是宏观经济，包括整个社会资金供求关系、通货膨胀率、GDP 增长速度等。这些宏观因素，是影响国债收益率曲线变化的绝对因素。另一方面，国债发行规模、期限结构安排、发行时间、发行方式等，也会影响国债收益率曲线的变化，但这些不是主要因素。其中国债发行规模和期限结构这两个因素，从国债管理角度来讲，是影响收益率曲线比较重要的因素。

大家可能会问，财政部将如何从国债管理角度影响国债收益率曲线？我想告诉大家，我们将尽可能在执行中将国债管理方面的因素对收益率曲线的影响程度降至最小。也就是说，在可能的范围内，不对二级市场和收益率曲线产生大的影响。

我谈的第二个问题，就是从财政部角度，要以国债管理改革促进国债收益率曲线的完善。大家注意到，我们的提法是“完善”，说明我们已经建立了一条国债收益率曲线。从国债管理改革发展的角度来看，大概有以下四个方面的工作要做：

第一，要统一国债市场。我想大家可能也比较清楚，财政部近几年在市场统一发行、市场融合等方面做了一些工作，基本实现了跨市场发行、跨市场交易，以后还要进一步推进。

第二，要保持市场运行的连续性。在某些期限上没有交易点，画曲线的时候就找不到点，只能自己画一个连接点。那么，能通过什么方式保证市场交易的连续性呢？我们采取了续发行的方式。这个意义在于扩大单只国债的交易数量，使市场交易更加活跃。同时，我们也正在和人民银行一起研究，对做市予以必要支持，保证市场买卖的连续性。

第三，要进一步提高市场的透明度。目前我们已经做到将国债发行规模、发行时间、发行方式、发行期限结构等都提前告诉大家，未来还可以做得更好。

第四，支持衍生产品的发展。财政部一直支持开发远期交易、利率互换、国债预发行、期货交易等各种交易工具。

三、努力完成国债市场标准化建设

国债市场化程度对于完善曲线具有重要意义。中国国债市场的发展历程可分为三个阶段。第一个阶段是市场建立阶段，大概是 1981 年到 2000 年；第二个阶段是我们现在所处的阶段，即市场发展阶段。目前应该说我们走入了这个阶段的后期，可能在未来不远的时间进入第三个阶段。

第三个阶段是什么？这个阶段就是融入全球债券市场阶段，我想大家对此很有信心。其实，第二个阶段是为第三个阶段奠定坚实的基础，在我们现在所处的发展阶段大概需要做三件事情。

第一是市场化，包括国债发行方式的市场化、利率市场化。实际上，国债利率在前一阶段已经完成了市场化，目前所有的国债都通过市场化的方式完成发行。

第二是电子化，现在无论是交易还是发行，基本上都实现了电子化。

第三是标准化，包括期限标准化、票面利率标准化等。目前，我们已完成了期限标准化和发行方式标准化。

我们注意到，发达国家都已经完成了上述“三化”的过程，而我们与其主要差距就是尚未实现标准化。标准化非常重要，一个开放的市场如果没有标准化，将很难被接受和看懂，很难让境外投资者进来。标准化意味着品牌，看一个品牌，就会知道产品的质量。所以，我们将在近两年时间内完成中国国债的标准化建设。这不是很难的事情，我可以肯定地告诉大家，这项工作一定能够完成。

如此，我们就有可能通过努力发展到第三个阶段。当然，第三个阶段是很难的。它有两个前提条件：第一个条件是资本市场的开放，第二个条件是汇率市场化、自由化。这需要多长时间，我们确实不是很清楚，但可以看到我们金融改革的步伐正在加快。

我可以告诉大家的是，中国国债市场的吸引力在全世界非常大。简言之，我国国债市场是一个安全系数比较高的市场，利率水平目前在世界国债市场中也是比较高的。

由于这两个较高的因素，目前全球很多的投资者都在观察，甚至希望进入我们的国债市场，这也是我们的发展方向，即要融入全球债券市场。

我想今后若干年，中国的国债市场一定会发展较快。我们可以想象到那个时候，无论是纽约还是伦敦的债券交易员，都可能会在深夜（中国的白天）交易着中国国债，这样的日子应该不会很遥远。

国债充抵交易保证金问题研究

财政部、中国金融期货交易所课题组

国债充抵交易保证金是境外市场的通行做法，有利于降低市场运行成本，提升市场运行效率，同时有利于盘活国债存量，提高国债现货市场流动性。2013 年底，财政部国库司和证监会期货部牵头组织有关单位共同开展了国债充抵交易保证金问题研究，联合课题组历时数月，经过多次专题研讨和充分听取各方意见，于 2014 年 8 月顺利完成了课题研究。该项研究从实务角度出发，在研究境内外市场国债充抵交易保证金的业务模式和具体实践做法基础上，从我国法律制度的现状出发，具体分析了国债充抵期货、国债预发行、国债远期和利率互换交易保证金的必要性和可行性，并提出了相关业务的操作实施建议。依托联合课题研究成果，2015 年 1 月 1 日起，中国金融期货交易所与中央国债登记结算有限责任公司已启动开展国债作为期货保证金业务。该项研究的主要内容如下：

一、国债担保品业务概述和意义

担保品是担保物权的标的，一般是指债务人或第三人为保证债权的实现而提供的特定的不动产、动产或财产性权利。在金融市场日益发达的今天，担保品的使用范围也日益广泛，抵押品、质押品等概念频频在各类业务中被使用，但均包含着“对相关法律关系实现的履约担保”这一含义。优质担保品应该具备流动性好、违约风险低、价值稳定且易发现、使用成本低等条件，国债作为具有国家信用的有价证券，是最理想的优质担保品。

国债充抵衍生品交易保证金业务是一项重要的国债衍生业务，是境外市场的普遍做法。以国债充抵衍生品交易保证金可以提高投资者的资金使用效率，降低市场交易成本、提高市场运行效率，提升市场运行质量，同时可以拓展国债的使用范围，有利于提高国债二级市场流动性，盘活存量国债，是推动国债期现货市场持续健康发展的重要举措，更有助于健全反映市场供求关系的国债收益率曲线。因此，及时开展相关研究具有高度的理论价值和重要的实践意义。

二、我国国债担保品业务发展现状

从国内市场实践来看，国债作为担保品已经为市场各方所广泛认可，并已在诸多业务中开展了长期实践。在财政部国库现金管理、中国人民银行公开市场操作、大额支付系统自动质押融资、小额支付系统质押额度管理、常备借贷便利等宏观调控中，以及交易所市场标准券回购、融资融券、转融通、银行间市场质押式回购、债券借贷等业务中，国债担保品都发挥了重要作用，为国债担保品的进一步发展积累了丰富经验。

担保品管理一直是国际金融市场关注的重点问题。近年来，尤其是 2008 年世界金融危机爆发以来，在全面防控风险的大环境下，各国监管机构和投资者对于担保品管理的重视程度空前加强。监管机构甚至为此专门推出了一系列的监管新规，包括美国金融改革法案、欧洲市场基础设施监管规则、巴塞尔 III 新资本协议等，以求通过更加严格的担保品管理要求防范预控金融风险。作为我国银行间市场和交易所市场的基础设施提供者中央结算公司和中国结算公司都已建立了完备的担保品管理系统，可以提供担保品的选择、计算、盯市、替换、调整等一系列的服务，可以克服担保品自身可能存在的流动性不足、价值波动、违约等一系列的缺陷，为担保品管理业务的进一步发展奠定了坚实基础。

中央结算公司通过对系统原有的质押券管理功能进行集中整合、升级改造，构建了专门的担保品管理服务系统，目前系统管理着3000余家机构投资者的2万多亿元担保品余额。中央结算公司担保品管理系统可实现自动化的质押券选择、计算、质押、解押、盯市、替换、调整等功能，能够支持质押式回购、买断式回购、远期交易、债券借贷、国库现金管理、大额支付系统自动质押融资、小额支付系统质押额度管理、商业银行协议存款等多种业务中的质押券管理。2012年8月，为支持转融通业务开展，中国结算公司推出了担保品第三方管理服务。中国结算公司根据中国证券金融公司的委托，为其提供了转融通保证金管理服务，进一步提高了中国结算公司在担保品管理领域的服务能力与业务范围，积累了宝贵的业务经验。中国结算公司的担保品管理系统主要是为转融通业务中的债权债务双方（即：担保品提供方与收取方）提供的担保品管理服务，具体包括担保品缴存、提取、替换、买卖、返还、盯市追缴、权益处理、违约处置、查询统计等。

三、境外有价证券充抵保证金制度的经验借鉴

为充分发挥保证金的担保品属性，提高投资者的资金使用效率，降低投资者交易成本，境外期现货交易场所除了接受现金交易之外，广泛接受各类有价证券作为衍生品交易的担保品和保证金，其做法通常是现货交易的抵押品或者是规定期货未平仓合约的保证金的某一比例可以有价证券充抵。境外市场允许抵缴的有价证券种类一般以政府债券、银行担保信用证、银行保函及股票等最为常见，其中政府债券是最主要的担保品种类。有价证券的不同种类适用不同的折扣比率，政府债券的折扣比率较高（95%左右），一般依到期日远近而制定不同的折扣比率，到期日越近折扣比率越高。从境外市场的业务实践来看，交易所对担保品的控制权和处置权是开展该项业务的基本前提，即充抵保证金的担保品必须由交易所绝对控制，一旦结算会员违约，交易所能够按照确定的程序及时处置担保品，因此转移占有模式成为境外交易所开展国债充抵交易保证业务的共同选择。同时，境外交易所通过设置充抵证券的折扣比率、最高充抵额、逐日盯市等制度等，控制和防范相关风险。从全球主要交易所的保证金构成来看，最近两年芝加哥商业交易所（CME）非现金保证金占比达到93%（2012年）和81%（2013年），其中政府债券占比超过60%；欧洲期货交易所（EUREX）非现金保证金占比达到58%（2012年）和67%（2013年）。

表1　CME和EUREX的保证金构成

		CME		EUREX	
		金额（亿美元）	占比	金额（亿欧元）	占比
2012年	现金	56	7%	194	42%
	非现金	774	93%	264	58%
	总保证金	830	100%	458	100%
2013年	现金	201	19%	162	33%
	非现金	881	81%	322	67%
	总保证金	1082	100%	484	100%

四、我国法律对国债担保品业务的规范及存在问题

国债充抵交易保证金业务的顺利开展有赖于正确的路径选择和合理的制度构建，目前我国开展国债充抵交易保证金的担保安排有两种可考虑的途径：一是基于《担保法》和《物权法》构建的权利质押模式，充抵交易保证金的国债质押冻结在客户的国债托管账户；二是借鉴融资融券

业务采用的转移占有模式，充抵交易保证金的国债最终转移过户至交易所的国债托管账户。转移占有模式是境外交易所国债担保品业务的通行做法，在安全性和担保品处置效率方面优于质押模式，与我国证券期货市场的分级结算体系易于契合，并已在我国证券市场的融资融券和转融通业务中进行了成功实践。但是，国债的转移占有模式不属于我国《物权法》规定的担保种类。权利质押模式的优势在于法律依据明确，但是直接质押模式难以适应我国证券期货市场分层管理体系，需要依靠转质押模式加以实现，同时现行权利质押的违约清偿程序复杂，违约处置的时效性和确定性不足。从市场长远发展来看，我们认为我国证券市场融资融券业务所构建的转移占有担保模式已为相关业务的开展提供了宝贵的经验和示范，应作为我国开展国债充抵衍生品交易保证金的最佳模式和最终目标，建议以《证券法》修改和《期货法》立法为契机，从法律层面解决转移占有模式在我国证券期货市场的法律依据问题。

五、期货市场国债充抵保证金业务研究

价格发现与套期保值是期货市场的两大基本功能，也是期货市场服务实体经济的主要载体，对于完善市场经济体系、稳定经济运行具有重要作用。国债充抵期货保证金是境外市场的通行做法，从境外市场成功经验来看，国债充抵期货保证金，对于促进期货市场价格发现与风险管理功能发挥都有显著作用。一方面，可以提高投资者的资产使用效率，降低期货交易成本，有利于提高期货市场的流动性，促进期货价格发现功能的发挥；另一方面，能够让持有国债的投资者更加便利、高效地进行资产风险管理，有利于期货套期保值功能的发挥。我国《期货交易管理条例》明确规定标准仓单、国债等价值稳定、流动性强的有价证券可作为期货保证金，商品期货交易所也据此开展了标准仓单充抵期货保证金业务。经过长期的业务实践，标准仓单充抵期货保证金业务已经成为我国商品期货市场的一项基本业务，在整个期货市场中发挥着重要作用。从国债现货市场来看，国债作为担保品已经为市场各方广泛认可，并已在诸多业务中开展了长期实践，中央结算公司和中国结算公司都已经建立了完备的担保品管理体系。因此，现阶段开展国债充抵期货保证金业务符合我国期货市场法规规定，操作上具有现实可行性。

担保模式选择是国债充抵期货保证金业务的核心，我们认为转移占有模式是开展国债充抵期货保证金业务的最佳模式和最终目标，但基于当前我国法律框架安排，建议分步推进：第一，从我国期货市场长期稳定发展出发，借鉴融资融券和转融通业务实践，期货交易所与中国结算直接以转移占有模式开展国债充抵期货保证金业务；第二，为有利于业务的顺利推进，按照银行间市场现行业务体系，期货交易所与中央结算以权利质押模式作为过渡方案，待《证券法》修订或相关新法律法规出台，明确转移占有模式的法律依据之后，再以国际通行的转移占有模式开展国债作为期货交易保证金业务。在科学确定担保设定模式基础上，应审慎构建国债充抵期货保证金业务的风险控制体系，保障该项业务平稳运行，具体建议如下：第一，建议初期可接收的证券范围设定为财政部在境内发行的记账式国债。第二，为防范风险积累，每日应当按照市价对国债价值进行动态评估。第三，为预防国债的价格波动风险，在国债市价基础上应设定一定的折扣比率。第四，应当设定适当的资金配比，充抵期货保证金的国债不能超过规定比率。第五，参考金融期货投资者适当性制度安排，设定国债充抵期货保证金的最低限额。

六、国债预发行中国债充抵保证金业务研究

由于预发行交易存在期很短，通常国际市场交易者均无须缴纳保证金而只凭交易双方对彼此的信用作承诺。即使一定要收取保证金，则要求

也会比一般需要缴交保证金的金融衍生性产品低，且充当保证金除了现金以外，广泛接受国债等各类有价证券作为国债衍生品交易的担保品和保证金。

2013 年 3 月财政部、中国人民银行和证监会联合发布的《关于开展国债预发行试点的通知》明确规定："国债预发行交易实行履约担保制度"。但是通知对履约担保的具体形式没有规定，这为开展国债充抵预发行交易保证金业务提供了有效支持和广阔空间。但在实际操作中，我国国债预发行交易保证金均采用现金作为唯一交纳方式，目前国债预发行履约保证金设为 10%，对投资者的资金占用较大。而对于国债预发行参与者来说，一般都有大量国债闲置，特别是目前国债预发行的参与主体是上市商业银行，其持有到期账户中持有大量国债，用国债充抵国债预发行保证金可以减少国债预发行业务对其现金占用，在不影响其投资收益的前提下，可以提高投资者的资金使用效率，提高市场参与者参与国债预发行等创新业务的积极性。在国债预发行业务中，保证金仅是市场参与者履约担保的保证，在交易存续期间并无债券交付，一般在担保品管理上并不要求常用的逐日盯市，也不用像期货合约一样每日结算盈亏。因此，国债预发行保证金对于结算支付功能的要求低于期货保证金，建议可允许国债预发行保证金全部可由国债充抵。

七、国债远期和利率互换中国债充抵保证金业务研究

目前银行间市场的债券远期和利率互换等利率衍生品交易基本上均采用授信交易模式。授信交易模式本身仍然存在一定的信用风险，同时随着利率衍生品交易量的迅速增长，市场成员现有的授信额度往往不能满足其交易需要，而且监管机构相继发布了衍生品监管规定，针对参与者从事衍生品交易的信用风险提出了严格的资本金要求，市场参与者对国债充抵保证金的需求强烈。《全国银行间债券远期交易管理规定》为国债充抵国债远期和利率互换交易保证金奠定了坚实的法律基础，中国银行间市场金融衍生产品交易主协议（NAFMII 主协议）也制定了完善的履约保障机制，同时现有相关业务系统可以支持国债充抵债券远期和利率互换交易保证金。为使国债能够切实发挥充抵债券远期、利率互换等衍生品交易的保证金功能，建议在法律层面明确担保品快速处置机制，并建立有效的实施机制，完善衍生品交易、结算、担保品管理等环节的相关基础设施。

第二篇

国 债 市 场

一、政府主管部门

2014 年国债管理及市场运行情况

财政部国库司

2014 年国债筹资规模处于历年较高水平。财政部坚持稳中求进，继续深化国债管理制度改革，不断完善国债市场机制，以比较合理的发债成本和市场风险完成国债筹资任务，市场运行平稳有序，为有效实施积极的财政政策提供了资金保障。

一、2014 年国债筹资及国债余额

2014 年国债预计筹资额为 18362.60 亿元，其中弥补中央财政赤字 9500 亿元，偿还国债到期本金 8862.60 亿元。受国债还本增加 95.05 亿元因素影响，全年预计筹资额调整为 18457.65 亿元。2014 年实际筹资 17876.57 亿元，比调整后的预计筹资额减少 581.08 亿元，主要是落实国债余额管理制度有关规定，根据国库存款余额较高情况适当少发了国债。

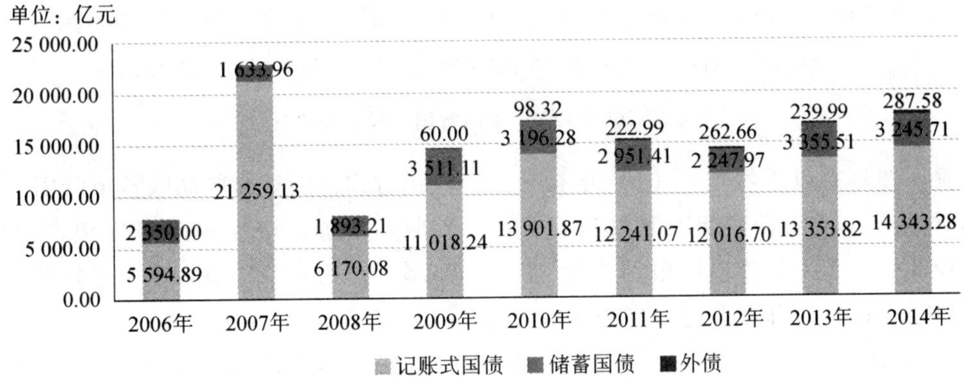

图 1　2006—2014 年国债筹资概况

从发债结构看，2014 年储蓄国债筹资 3245.71 亿元，记账式国债筹资 14343.28 亿元，举借外债 287.58 亿元（见图 1），分别占全年实际筹资额的 18.2%、80.2%、1.6%。从筹资进度看，第一季度筹资 2336.35 亿元，占全年的 13.1%，保持在当季国债到期还本额 2724 亿元以内；第二、三、四季度分别筹资 5354.21 亿元、5243.21 亿元、4942.80 亿元，占全年 30.0%、29.3%、27.6%。年末国债余额为 95655.45 亿元，控制在年末国债限额 100708.35 亿元以内（见图 2）。

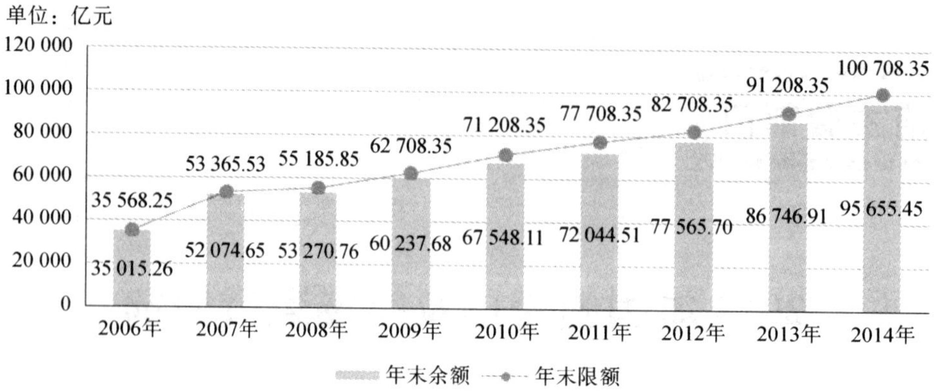

图 2　2006—2014 年末国债余额及限额

二、储蓄国债管理

2014 年发行 19 次储蓄国债，包括 9 次凭证式国债和 10 次电子式国债，实际筹资 3245.71 亿元，占全年实际举债筹资额的 18.2%，比上年减少 1.6 个百分点（见图 3）。平均发行期限为 3.77 年，比上年缩短 0.03 年。

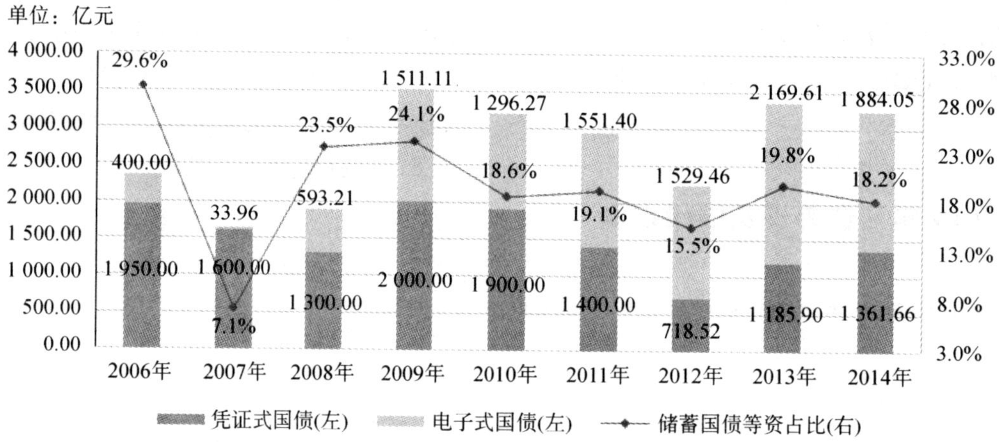

图 3　2006—2014 年储蓄国债筹资及占比

储蓄国债管理具有以下特点：（1）年初公布全年发债计划，包括品种、期限和发行日期等，透明度较高。（2）品种和期限结构稳定。凭证式国债和电子式国债筹资占比分别为 42%、58%，3 年、5 年期国债占比为 60%、40%，与上年大体相同。（3）按月滚动发行。从 3 月至 11 月，每月 10 日发行 3 年、5 年期国债各 1 次，各月发行期均为 10 天。（4）发行利率不变。3 年期国债利率为 5.00%，比同期限存款利率高 0.75 个百分点（见图 4）；5 年期国债利率为 5.41%，比同期限存款利率高 0.66 个百分点。（5）销售形势较好。储蓄国债采用承销团成员代销方式，受理财产品收益下降因素影响，其相对收益增加，全年实际售出额占计划发行额的 95.5%，比上年增加 2.3 个百分点。

三、记账式国债管理

2014 年发行 59 次记账式国债，包括 42 次关键期限国债和 17 次非关键期限国债，实际筹资 14343.28 亿元，占全年实际举债筹资额的 80.2%，比上年增加 1.4 个百分点（见图 5）。平均发行期限为 8.35 年，比上年延长 0.10 年。

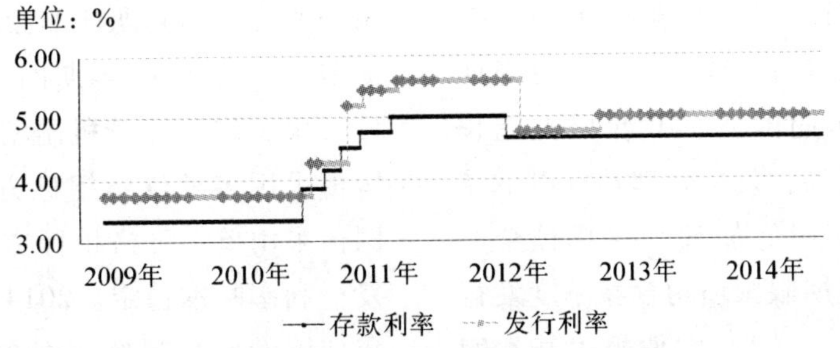

图 4　2009—2014 年 3 年期储蓄国债发行利率与存款利率

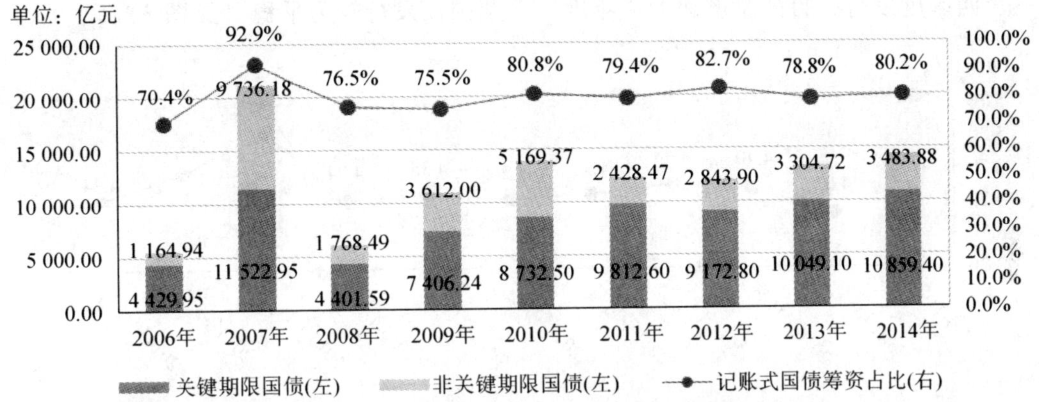

图 5　2006—2014 年记账式国债筹资及占比

2014 年关键期限国债筹资 10859.40 亿元，占记账式国债实际筹资额的 75.7%。关键期限国债包括 1 年、3 年、5 年、7 年和 10 年期国债，发债管理具有以下特点：（1）年初公布全年发债计划，透明度较高。（2）以 7 年和 10 年为主，期限结构稳定。7 年和 10 年期国债共发行 23 次，实际筹资 6253 亿元，占关键期限国债筹资额的 57.6%。（3）定期发行及续发。7 年期国债每月一次，全年发行 12 次；采用新发一次、续发两次模式，全年发行 4 只国债。（4）采用混合式招标定价机制，向记账式国债承销团成员发行。（5）筹资成本降低。上半年利率逐步走低，10 年期国债发行利率从 1 月份 4.45% 降至 6 月份 4.00%；8 月份微升至 4.23%，其后稳步下行，11 月份降至 3.58%，为全年最低水平；12 月份微升至 3.77%，比年初降低 68 个基点（见图 6）。

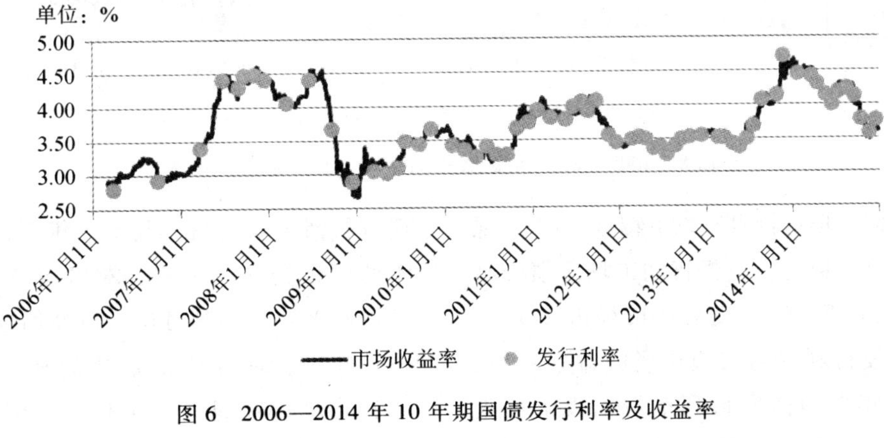

图 6　2006—2014 年 10 年期国债发行利率及收益率

2014 年非关键期限国债筹资 3483.88 亿元，占记账式国债实际筹资额的 24.3%。非关键期限国债包括 1 年以下短期国债、10 年以上超长期国债和 2 年的中期国债，发债管理具有以下特点：（1）透明度高。年初公布 50 年期国债全年发行计划，其他非关键期限国债均含在季度发行计划中，并于季初公布。（2）发债规律基本固定。如 9 个月、6 个月、3 个月的短期国债依次于第二、三、四季度发行，目的是增加下一年度第一季度国债到期还本额即可发债规模，均衡发债节奏。又如 50 年期国债在上半年、下半年各发一次。（3）定价机制相对稳定。1 年以下短期国债采用多种价格招标方式，10 年以上超长期国债采用单一价格招标方式。（4）超长期国债发行利率基本稳定。2014 年 5 月份、11 月份 50 年期国债发行利率分别为 4.67% 和 4.24%。从 2009 年首次发行以来的利率水平看，50 年超长期国债发行较为平稳（见图 7）。

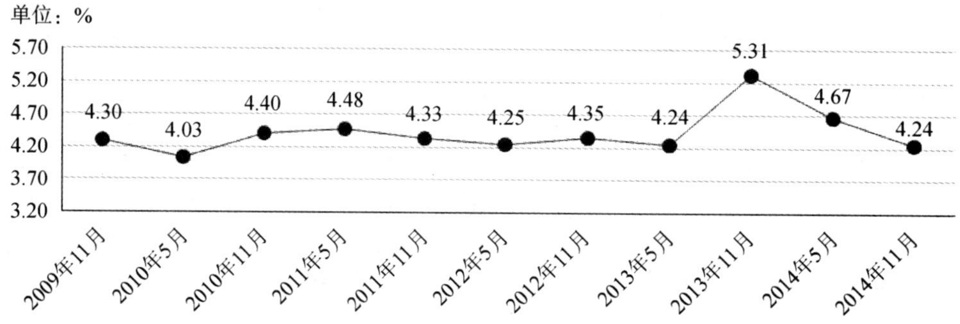

图 7　2009—2014 年 50 年期记账式国债发行利率

四、国债市场运行

2014 年记账式国债现货交易 5.86 万亿元，比上年略增 0.21 万亿元；占年末记账式国债余额的比率即换手率为 0.69，比上年略低 0.01（见图 8）；国债期货成交 8785.17 亿元，比上年增加 5721.28 亿元。记账式国债利率走势稳中有降，市场运行平稳。

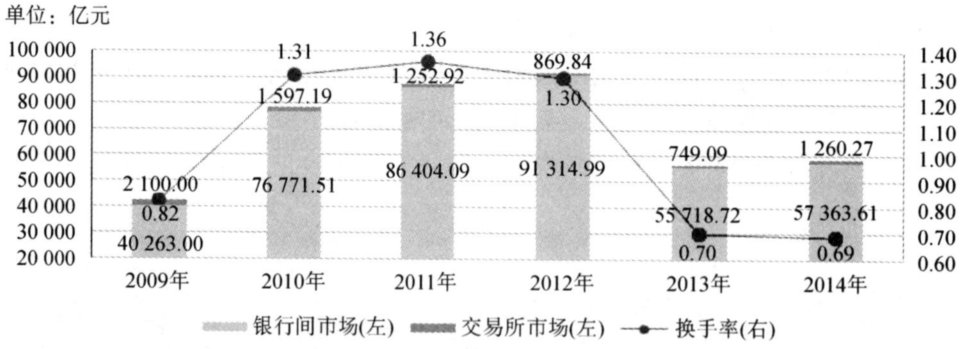

图 8　2009—2014 年记账式国债现货交易额及换手率

2014 年国债市场运行具有以下特点：（1）现货交易以银行间市场为主。银行间市场国债交易 5.74 万亿元，占 97.9%，交易所市场占 2.1%。（2）一级市场发行利率与二级市场收益率吻合，走势一致。10 年期国债发行利率与二级市场收益率平均相差 3 个基点（见上图 6）。（3）期货、现货行情关联度高。鉴于 5 年期国债期货是以 7 年期国债为交割债券，2014 年 7 年期国债新发月份错开期货交割月份，以便增加可交割债券规模；期货、现货价格走势的相关系数为 99%。（4）市场化功能进一步拓展。记账式国债可以作为回购、远期、债券借贷等交易方式的基础工具，2014 年允许记账式国债充抵期货交易的保证金。（5）关键期限国债做市是健全收益率曲线的重要基础。2014 年关键期限国债做市成交 5751 亿元，占现货交易总额的 9.8%。借鉴国际通行做法，2014 年 11 月份开始在财政部网站发布关键期限国债收益率曲线（见图 9）。

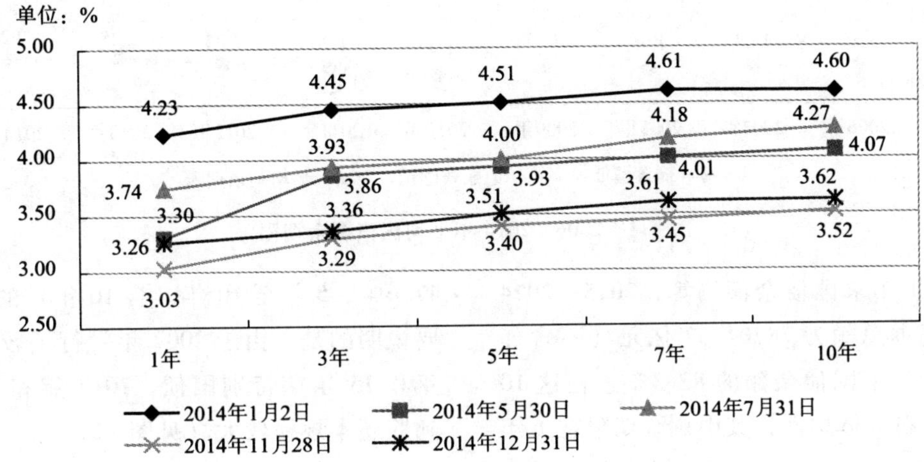

图 9 2014 年关键期限国债收益率曲线

数据来源：中央国债登记结算有限责任公司

五、国债余额规模及结构

2014 年国债余额增加 8904.99 亿元，年末余额为 95655.45 亿元，包括储蓄国债 9684.27 亿元、记账式国债 84992.04 亿元和外债 979.14 亿元（见图 10）。2014 年中央财政赤字率为 1.5%，国债负担率为 15.0%。

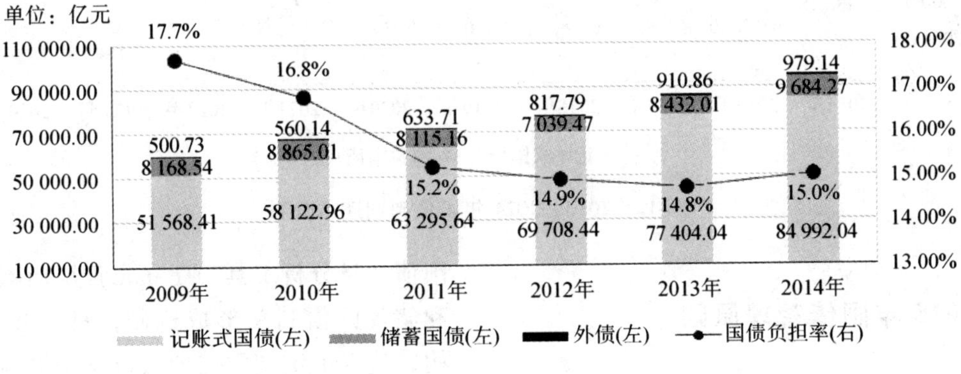

图 10 2009—2014 年国债余额、品种结构及负担率

2014 年国债余额结构具有以下特点：（1）品种结构大体稳定。内债余额占年末国债余额的 99%，其中储蓄国债占 10.1%，记账式国债占 88.9%；外债占 1%（见图 10），与上年大体相当。（2）平均国债剩余期限为 7.85 年，比上年缩短 0.28 年。其中储蓄国债剩余期限为 2.26 年；记账式国债剩余期限为 8.50 年（见图 11）。（3）投资者结构稳定。储蓄国债全部为个人持有。记账式国债绝大多数是由机构投资者持有，其中商业银行持有比例最高，占记账式国债余额的 69.6%，比上年增加 0.8 个百分点。

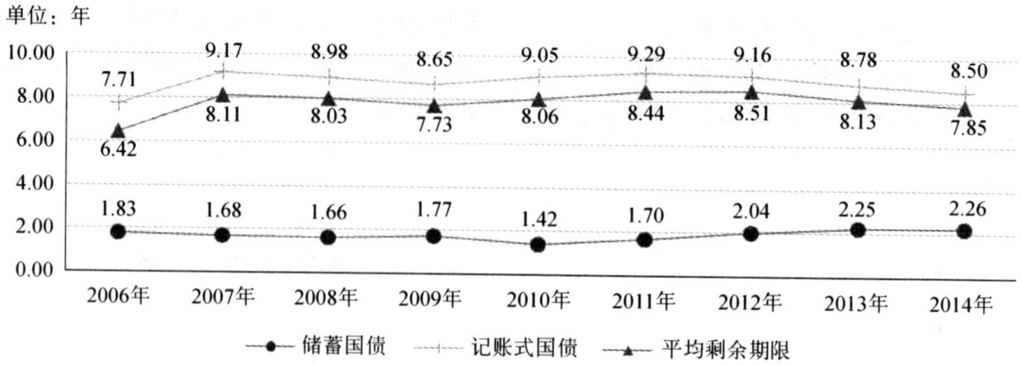

图 11　2006—2014 年平均国债剩余期限

按照 2014 年末国债余额测算，2015—2024 年国债到期还本总额为 78704.37 亿元（不含外债），占 2014 年末国债余额的 82.3%。在这 10 年内，偿债分布大体均衡，其中剩余期限在 1 年及以下的占 12.4%，1 年至 5 年（含 5 年）的占 47.6%，5 年至 10 年（含 10 年）的占 40%。需要说明的是，由于 2007 年发行了较大规模的 10 年和 15 年期特别国债，2017 年和 2022 年国债到期还本规模较大（见图 12）。

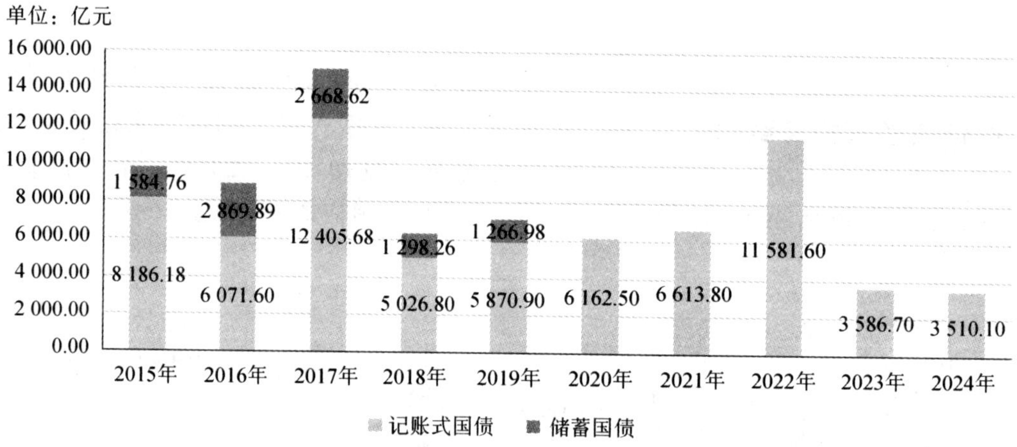

图 12　2015—2024 年国债到期还本分布

六、2015 年国债管理原则

2015 年是新预算法实施的第一年，也是全面完成“十二五”规划的收官之年。根据党的十八届三中全会决定关于“健全反映市场供求关系的国债收益率曲线”以及新预算法关于“举借债务应当控制适当的规模，保持合理的结构”精神，2015 年国债管理将坚持以下原则：按照中央预算安排和财政收支状况，合理确定发债规模，将年末余额控制在限额以内；开发运用国债计量分析工具，建立完善短期国债定期发行和储蓄国债利率形成机制，进一步优化国债结构；建立关键期限国债做市支持机制，切实改善市场供求关系，健全国债收益率曲线；努力把握债券市场态势，统筹安排国债和地方政府债券发行节奏，贯彻落实继续实施积极财政政策并适当加大力度的方针，为确保以合理的发债成本和市场风险完成财政筹资任务，促进国债市场和地方债券市场持续健康发展，锐意改革，真抓实干，作出积极贡献。

2014 年储蓄国债发行情况综述

中国人民银行国库局

2014 年，财政部与中国人民银行组织 38 家储蓄国债承销团面向个人投资者发行了四期凭证式国债和十期储蓄国债（电子式），较好地完成了全年发行计划。

一、发行总体情况

2014 年，储蓄国债承销团累计面向社会实际发行储蓄类国债 3245.71 亿元，完成全年 3400 亿元发行计划的 95.46%。其中，凭证式国债发行 1361.66 亿元，同比增长 14.82%，完成 1500 亿元发行计划的 90.78%；储蓄国债（电子式）发行 1884.05 亿元，同比减少 13.16%，完成 1900 亿元发行计划的 99.16%。

（一）凭证式国债发行情况

全年发行情况主要呈现以下几个特点：一是发行计划完成率达到 90.78%，基本属于热销状态。二是计划完成率呈逐期提高态势，第四期计划完成率达到了 99.65%，为近几年来罕见。三是分期限看，全年三年期完成率为 93.81%，五年期完成率为 86.32%，三年期完成率大幅高于五年期，另外，2014 年发行了一次一年期品种，但是由于利率 3.6% 低于同期限的理财产品，完成率仅为 91.87%。四是投资群体持续扩大，全年约有 125 万人次购买了凭证式国债，比 2013 年增长 33%，单笔平均投资金额为 10.87 万元，比 2013 年增长 36%。具体情况见表 1：

表 1　　2014 年凭证式国债发行情况

发行日期	品种	第几期发行	发行对象	发行期	缴款日期	期限（年）	发行方式	票面利率%	计划发行额（面值）	实际发行额（面值）	发行价格（每 100 元面值）	实际缴款额（亿元）
2014.03	凭证式国债	第 1 期	个人投资者	03.10—03.19	03.24	3	代销	5	300	257.40	100	257.40
2014.03	凭证式国债	第 1 期	个人投资者	03.10—03.19	03.24	5	代销	5.41	200	138.95	100	138.95
2014.05	凭证式国债	第 2 期	个人投资者	05.10—05.19	05.22	1	代销	3.6	30	27.56	100	27.56
2014.05	凭证式国债	第 2 期	个人投资者	05.10—05.19	05.22	3	代销	5	150	147.88	100	147.88
2014.05	凭证式国债	第 2 期	个人投资者	05.10—05.19	05.22	5	代销	5.41	120	114.42	100	114.42
2014.09	凭证式国债	第 3 期	个人投资者	09.10—09.19	09.23	3	代销	5	240	231.37	100	231.37
2014.09	凭证式国债	第 3 期	个人投资者	09.10—09.19	09.23	5	代销	5.41	160	145.14	100	145.14
2014.11	凭证式国债	第 4 期	个人投资者	11.10—11.19	11.21	3	代销	5	180	179.51	100	179.51
2014.11	凭证式国债	第 4 期	个人投资者	11.10—11.19	11.21	5	代销	5.41	120	119.43	100	119.43

分机构看，中国工商银行、中国农业银行、中国银行、中国建设银行、交通银行、中国邮政储蓄银行六大银行代销额度全年合计为 75.26%，为近五年来最高。加权平均计划完成率为 91.68%，比 2013 年提高了将近 10 个百分点，其中，中国邮政储蓄银行完成率最高，达到

了 99.32%；其他 32 家承销机构占发行计划的 24.74%，实际完成率为 88.02%。中小银行计划完成率低于六大银行，这是自凭证式国债发行以来历史性的转变，显示出大银行在储蓄国债销售地位越来越重，在未来的国债销售政策制定方面必须要考虑这一变化。

表 2　2014 年凭证式国债分机构发行情况　单位：亿元

期次	发行情况	中国工商银行	中国农业银行	中国银行	中国建设银行	交通银行	中国邮政储蓄银行	小计	其他银行	合计
一期	计划	123.50	61.50	47.50	91.00	21.00	29.00	373.50	126.50	500.00
	实际	88.03	53.32	45.85	70.36	17.92	29.00	304.48	91.87	396.35
	完成率	71.28%	86.70%	96.53%	77.32%	85.33%	100.00%	81.52%	72.62%	79.27%
二期	计划	74.10	36.90	28.50	54.60	12.60	17.40	224.10	75.90	300.00
	实际	67.17	36.90	28.50	53.82	12.38	17.39	216.16	73.69	289.85
	完成率	90.65%	100.00%	100.00%	98.57%	98.25%	99.94%	96.46%	97.09%	96.62%
三期	计划	90.40	52.40	43.60	72.40	17.60	27.20	303.60	96.40	400.00
	实际	78.53	51.02	43.60	70.40	17.60	26.57	287.72	88.80	376.52
	完成率	86.87%	97.37%	100.00%	97.24%	100.00%	97.68%	94.77%	92.12%	94.13%
四期	计划	67.80	39.30	32.70	54.30	13.20	20.40	227.70	72.30	300.00
	实际	67.12	39.30	32.70	53.93	13.20	20.40	226.65	72.30	298.95
	完成率	99.00%	100.00%	100.00%	99.32%	100.00%	100.00%	99.54%	100.00%	99.65%
合计	计划	355.80	190.10	152.30	272.30	64.40	94.00	1128.90	371.10	1500.00
	实际	300.85	180.54	150.65	248.51	61.10	93.36	1035.01	326.66	1361.67
	完成率	84.56%	94.97%	98.92%	91.26%	94.88%	99.32%	91.68%	88.02%	90.78%

分地区看，国债发行的地域差异也出现分化。北京是储蓄国债发行最重要地区，年销售额基本占到当年全国实际发行量的 15% 左右，2014 年也保持了这一水平；分地区发行排名前六位的北京、江苏、上海、广东、山东、山西合计发行量达到 45.59%，而排名后六位的海南、甘肃、青海、厦门、宁夏、西藏合计发行量仅为 2.23%。

表 3　2014 年凭证式国债分地区发行情况（%）①

排名	地区	凭证式一期	凭证式二期	凭证式三期	凭证式四期	加权平均占比
1	北京市	13.44	16.08	15.23	16.63	15.08
2	江苏省	7.29	8.76	8.64	8.60	8.21
3	上海市	6.20	8.27	7.86	8.15	7.45
4	广东省	4.38	6.45	5.88	6.49	5.62
5	山东省	3.86	4.73	4.96	5.66	4.69
6	山西省	4.07	4.74	4.83	4.81	4.55
7	辽宁省	2.86	3.78	3.53	4.15	3.48
8	黑龙江	2.79	3.32	3.54	3.58	3.25

① 本表中的比率是该省（市）实际销售量占全国总销量的比率。

续表

排名	地区	凭证式一期	凭证式二期	凭证式三期	凭证式四期	加权平均占比
9	河北省	2.30	2.83	2.95	3.27	2.77
10	湖北省	2.18	3.00	2.46	2.79	2.54
11	天津市	2.20	2.71	2.32	2.85	2.46
12	四川省	2.16	2.57	2.52	2.69	2.44
13	陕西省	2.09	2.46	2.51	2.71	2.40
14	安徽省	2.19	2.67	2.47	2.18	2.36
15	大连市	2.09	2.24	2.26	2.28	2.20
16	吉林省	1.59	1.82	1.95	2.01	1.82
17	浙江省	1.33	1.80	1.90	2.09	1.73
18	深圳市	1.40	1.90	1.68	1.77	1.65
19	湖南省	1.66	1.58	1.68	1.50	1.62
20	青岛市	1.35	1.56	1.66	1.71	1.55
21	河南省	1.20	1.49	1.71	1.85	1.52
22	新疆区	1.33	1.43	1.72	1.39	1.47
23	重庆市	1.18	1.46	1.33	1.47	1.33
24	内蒙古	1.17	1.27	1.19	1.35	1.23
25	云南省	1.00	1.16	1.13	1.27	1.12
26	江西省	1.02	1.01	1.00	1.00	1.01
27	广西区	0.86	1.09	0.96	0.98	0.96
28	宁波市	0.66	0.88	0.88	0.93	0.82
29	贵州省	0.54	0.54	0.69	0.75	0.62
30	福建省	0.49	0.65	0.66	0.65	0.60
31	海南省	0.65	0.62	0.53	0.54	0.59
32	甘肃省	0.62	0.58	0.41	0.53	0.54
33	青海省	0.41	0.40	0.37	0.35	0.39
34	厦门市	0.37	0.40	0.36	0.34	0.37
35	宁夏区	0.31	0.34	0.30	0.24	0.30
36	西藏区	0.03	0.03	0.06	0.09	0.05
合计		79.27	96.62	94.13	99.65	90.78

（二）储蓄国债（电子式）发行情况

全年整体发行特点主要有：一是基本处于火爆状态，除第5期和第6期外，全年其余各期完成率均达到了100%，全年整体计划完成率达到了99.16%。二是五年期发行进度明显快于三年期，五年期在发行第一天基本就销售完毕，三年期则会持续到发行期结束。三是投资群体略有缩小，全年约有166万人次购买，比2013年减少22万人次，降幅约为14%，单笔平均投资额11.3万元，与2013年持平（见表4）。

表 4　　2014 年储蓄国债（电子式）发行总体情况

发行日期	品种	第几期发行	发行对象	发行期	缴款日期	期限（年）	发行方式	发行价格（每100元面值）	票面利率%	计划发行额（面值）	实际发行额（面值）	实际缴款额（亿元）
2014.04	电子式国债	第 1 期	个人投资者	04.10—04.19	04.15/04.20	3	代销	100	5	240	240	240
2014.04	电子式国债	第 2 期	个人投资者	04.10—04.19	04.15/04.20	5	代销	100	5.41	160	160	160
2014.06	电子式国债	第 3 期	个人投资者	06.10—06.19	06.16/06.20	3	代销	100	5	240	240	240
2014.06	电子式国债	第 4 期	个人投资者	06.10—06.19	06.16/06.20	5	代销	100	5.41	160	160	160
2014.07	电子式国债	第 5 期	个人投资者	07.10—07.19	07.15/07.21	3	代销	100	5	240	224.08	224.08
2014.07	电子式国债	第 6 期	个人投资者	07.10—07.19	07.15/07.21	5	代销	100	5.41	160	159.97	159.97
2014.08	电子式国债	第 7 期	个人投资者	08.10—08.19	08.15/08.20	3	代销	100	5	240	240	240
2014.08	电子式国债	第 8 期	个人投资者	08.10—08.19	08.15/08.20	5	代销	100	5.41	160	160	160
2014.10	电子式国债	第 9 期	个人投资者	10.10—10.19	10.15/10.20	3	代销	100	5	180	180	180
2014.10	电子式国债	第 10 期	个人投资者	10.10—10.19	10.15/10.20	5	代销	100	5.41	120	120	120

分机构看，中国工商银行、中国农业银行、中国银行、中国建设银行、交通银行、中国邮政储蓄银行六大银行合计实际销售占比为 79.34%；其他 32 家承销机构占比为 19.82%；分地区看，储蓄国债（电子式）发行地区分化比凭证式国债更大，前六位的北京、上海、江苏、广东、山东、辽宁合计发行量达到 54.54%，而排名后六位的贵州、甘肃、青海、厦门、宁夏、西藏合计发行量仅为 1.72%（见表 5、表 6）。

表 5　　2014 年储蓄国债（电子式）分机构发行情况　　单位：亿元

期次	发行情况	中国工商银行	中国农业银行	中国银行	中国建设银行	交通银行	中国邮政储蓄银行	小计	其他银行	合计
1，2 期	基本代销额度	96.40	48.80	26.80	72.80	34.80	45.20	324.80	75.20	400.00
	实际销售额	109.54	51.58	28.83	67.02	30.23	45.41	332.61	67.39	400.00
	实际销售占比	27.38%	12.90%	7.21%	16.76%	7.56%	11.35%	83.16%	16.84%	100.00%
3，4 期	基本代销额度	96.40	48.80	26.80	72.80	34.80	45.20	324.80	75.20	400.00
	实际销售额	110.45	43.06	34.07	50.96	34.96	45.61	319.11	80.89	400.00
	实际销售占比	27.61%	10.76%	8.52%	12.74%	8.74%	11.40%	79.77%	20.23%	100.00%
5，6 期	基本代销额度	109.60	47.20	31.60	58.80	32.40	45.60	325.20	74.80	400.00
	实际销售额	101.94	49.77	37.81	41.16	31.81	38.06	300.55	83.50	384.05
	实际销售占比	25.48%	12.44%	9.45%	10.29%	7.95%	9.51%	75.12%	20.89%	96.01%
7，8 期	基本代销额度	109.60	47.20	31.60	58.80	32.40	45.60	325.20	74.80	400.00
	实际销售额	107.89	52.99	34.58	41.16	34.69	40.73	312.04	87.96	400.00
	实际销售占比	26.97%	13.25%	8.65%	10.29%	8.67%	10.18%	78.01%	21.99%	100.00%
9，10 期	基本代销额度	82.20	35.40	23.70	44.10	24.30	34.20	243.90	56.10	300.00
	实际销售额	75.40	27.76	20.59	66.00	25.46	28.03	243.24	56.76	300.00
	实际销售占比	25.14%	9.25%	6.86%	22.00%	8.49%	9.44%	81.18%	18.82%	100.00%
合计	基本代销额度	412.00	192.00	116.80	263.20	134.40	181.60	1300.00	300.00	1900.00
	实际销售额	505.22	225.16	155.88	266.30	157.15	197.84	1507.55	376.50	1884.05
	实际销售占比	26.59%	11.85%	8.20%	14.02%	8.27%	10.41%	79.34%	19.82%	99.16%

表 6 2014 年储蓄国债（电子式）分地区发行情况（%）

序号	地区	第 1，2 期	第 3，4 期	第 5，6 期	第 7，8 期	第 9，10 期	加权平均占比
1	北京市	17.53	18.66	15.90	18.12	17.32	17.52
2	上海市	8.73	8.77	8.65	9.26	9.51	8.96
3	江苏省	8.82	8.69	8.89	8.34	9.27	8.78
4	广东省	9.36	8.94	8.00	7.51	8.80	8.51
5	山东省	4.99	5.34	5.70	5.57	5.44	5.41
6	辽宁省	5.77	5.13	4.67	4.69	5.89	5.20
7	山西省	4.21	4.42	4.46	4.80	4.46	4.47
8	黑龙江省	3.56	3.63	3.49	3.43	4.02	3.61
9	湖北省	3.01	2.61	2.75	2.79	2.63	2.76
10	天津市	2.50	2.48	2.47	2.62	2.54	2.52
11	河北省	2.60	2.25	2.33	2.46	2.64	2.45
12	陕西省	2.64	2.24	2.30	2.43	2.42	2.41
13	吉林省	2.26	2.33	2.35	2.08	2.87	2.35
14	大连市	2.32	2.30	2.08	2.34	2.06	2.23
15	深圳市	2.16	2.45	2.16	2.23	2.00	2.21
16	安徽省	2.25	2.00	2.11	2.31	2.20	2.17
17	四川省	2.11	2.13	2.20	2.37	1.95	2.16
18	浙江省	1.56	1.65	1.83	1.93	1.67	1.73
19	河南省	1.50	1.29	1.49	1.82	1.76	1.56
20	青岛市	1.26	1.50	1.54	1.96	1.48	1.55
21	重庆市	1.47	1.58	1.49	1.40	1.38	1.47
22	湖南省	1.33	1.23	1.24	1.29	1.17	1.26
23	内蒙古	1.00	1.13	0.94	1.02	1.02	1.02
24	宁波市	0.72	0.95	0.85	0.91	0.87	0.86
25	广西区	0.94	0.90	0.84	0.77	0.66	0.83
26	云南省	0.76	0.85	0.86	0.93	0.68	0.82
27	江西省	0.78	0.82	0.84	0.83	0.58	0.78
28	新疆区	0.78	0.89	0.79	0.84	0.38	0.75
29	福建省	0.58	0.53	0.59	0.57	0.48	0.55
30	海南省	0.58	0.62	0.56	0.48	0.42	0.54
31	贵州省	0.56	0.45	0.47	0.53	0.48	0.50
32	甘肃省	0.50	0.38	0.37	0.39	0.29	0.39
33	青海省	0.32	0.33	0.28	0.30	0.26	0.30
34	厦门市	0.31	0.29	0.26	0.33	0.26	0.29
35	宁夏区	0.21	0.21	0.24	0.33	0.13	0.23
36	西藏自治区	0.02	0.03	0.02	0.02	0.01	0.02
合计		100.00	100.00	96.01	100.00	100.00	99.16

注：本表中的比率是该省（市）实际销售量占全国总销量的比率。

从投资者群体看，与 2013 年 192 万人次，单笔平均投资金额 11.3 万元相比，2014 年因发行量减少，投资者人次减少为 166 万元，单笔平均投资金额持平。

三、影响因素

（一）有利因素

1. 储蓄国债拥有较为固定的投资群体。经过多年的发展和推动，储蓄国债因其较高的收益和安全、简便、投资门槛低等特点，拥有了较为固定的投资群体。调查表明：储蓄国债投资群体以城镇中老年工薪阶层为主，相对固定，忠实的投资者习惯以到期后再次购买的滚动投资方式投资；年轻高学历高收入群体有不断扩大趋势。

2. 物价指数不断走低，降息预期强烈，储蓄国债保值增值功能升温。国家统计局数据显示，2014 年宏观经济数据低于预期，居民消费物价指数逐月走低，增长率基本在 2% 以下。由于经济下行压力较大，市场普遍存在降息预期，使得固定利率的储蓄国债保值增值效应凸显。

3. 理财产品收益率宽幅震动，信托产品风险时有暴露，储蓄国债安全性优势凸显。以余额宝为代表的互联网金额产品收益在 2014 年年初达到 6%，但是五月以后仅略高于 4%，均低于储蓄国债（三年期）5% 的利率水平；信托行业集合资金信托产品违约风险高企，延期兑付甚至无法兑付现象时有发生。面对不断加大的产品风险，投资者避险意识增强，对安全性高的产品需求不断增加。在此背景下，作为具有较高收益的储蓄国债自然是稳健型投资者的重要选择。

（二）不利因素

1. 个人金融产品的激烈竞争降低了储蓄国债收益率的相对优势。以 2014 年 3 月发行的凭证式（一期）国债为例，发行时正值余额宝收益处于 6% 以上的高点，5 年期品种的完成率不足 70%。储蓄国债、定期存款、理财产品、货币基金对相同的投资群体具有一定的替代效应，在市场风险不能充分暴露的情况下，收益率高的产品其销售量较高。

2. 政策性银行金融债柜台交易对储蓄国债发行产生一定冲击。2014 年 5 月以来，国开债、口行债陆续在工商银行、农业银行柜台销售，以一年期品种为主，收益率基本达到 4% 以上，发行时点一般在当月发行的储蓄国债发行前 3 天左右，个人投资者也可以购买，因此分流了一部分储蓄国债投资者。

四、采取措施

（一）保持国债发行利率优势

为保证储蓄类国债顺利发行，财政部与中国人民银行多次研究，2014 年 3 年期和 5 年期储蓄类国债利率继续保持 5% 和 5.41% 的水平，在近期物价不断走低的环境下，保持着较大的市场优势。

（二）充分发挥市场调节功能

经过前期调研和广泛征求意见，财政部会同中国人民银行制定下发了《2014 年储蓄国债发行额度管理办法》，定期调整了储蓄国债承销团成员代销额度比例，在规范管理的同时，充分发挥市场调节功能，调动了承销团成员的积极性和主动性。

（三）加强发行组织管理工作

各地财政厅局与中国人民银行分支机构及储蓄国债承销团成员采取主动措施，认真组织每期储蓄类国债发行工作，强化管理、创新形式，并注重对国债投资者的权益保护工作，有效推动当地储蓄国债销售工件，取得了良好的发行效果。

（四）加强国债宣传，推动国债下乡

2014 年，在开展常规宣传的同时，财政部和中国人民银行指导分支机构和承销团成员利用互联网进行国债宣传，特别是通过开通各种国债微信公共平台，使得国债知识和信息能够迅速地向年轻人投资者群体传播。另外，凭证式国债到期约定转存业务及国债下乡活动的开展，也有力地推动了储蓄国债的发行。

2014年交易所债券市场概况

中国证监会公司证券监管部

一、托管情况

截至2014年底，交易所债券市场托管量2.57万亿元。其中，国债2653.36亿元，地方政府债17.1亿元，铁道债24.29亿元，政策性银行债300亿元，公司债9736.09亿元，企业债10520.6亿元，可转债1123.75亿元，可分离债98亿元，可交换债40亿元，中小企业私募债870.2亿元，企业资产支持证券337.09亿元。

二、发行情况

2014年，交易所债券市场合计发行4590.42亿元。其中，政策性银行债发行300亿元，公司债发行2954.25亿元，可转债发行320.99亿元，可交换债发行40亿元，中小企业私募债发行532.09亿元，信贷资产支持证券发行26.31亿元，企业资产支持证券发行416.78亿元。

三、交易情况

2014年，交易所债券市场现券成交金额2.82万亿元。其中，政府债成交1260.24亿元，政策性银行债成交243.89亿元，公司债成交5167.51亿元，企业债成交12506.48亿元，可转债成交7972.96亿元，可分离债成交265.89亿元，可交换债成交22.78亿元，中小企业私募债成交620.98亿元，企业资产支持证券成交130.6亿元。2014年，交易所债券市场回购成交金额90.72万亿元。

四、债券指数走势

从2014年初到12月底，上证国债指数从139.52点上涨至145.68点，上涨6.16点，涨幅4.42%。上证企业债指数从166.56点上涨至181.1点，上涨14.54点，涨幅8.73%。深证企业债指数从124.95点上涨至127.59点，上涨2.64点，涨幅2.11%。

五、市场利率走势

截至2014年底，上交所国债质押式回购1天加权利率收于5.64%，比上年底下跌1058.92BP，年度最高27.36%；上交所国债质押式回购7天加权利率收于2.59%，比上年底下跌546.16BP，年度最高12.71%；上交所国债质押式回购91天加权利率收于3.92%，比上年底下跌201.29BP，年度最高5.87%；上交所国债质押式回购182天加权利率收于4.1%，比上年底下跌135.71BP，年度最高12.18%。

六、债券产品创新

一是推进可交换债发行工作。宝钢集团已于2014年12月10日在上交所成功发行首单可交换公司债券。二是开展证券公司短期债券试点工作。2014年10月，交易所债券市场推出证券公司短期债券，截至2014年底，共注册1848亿元，完成发行421亿元。三是推动并购债试点工作。昆明市高速公路建设开发公司申报的首单并购债已于2014年12月26日在上交所备案并于2015年1月20日成功发行。四是会同财政部、人民银行等联合发布《关于关键期限国债开展预发行试点的通知》，将国债预发行券种由7年期国债扩大至全部关键期限国债。五是启动信贷资产证券化产品在交易所上市交易工作。首单为平安银行1号小额消费贷款资产支持证券，已于2014年6月25日在上交所成功上市。

七、基础制度建设

一是修订《公司债券发行试点办法》。2015年1月16日，证监会完成修订并正式发布实施《公司债券发行与交易管理办法》，为适应债券市场改革发展、加强市场监管、强化投资者保护夯实制度基础。二是发布《证券公司及基金管理公司子公司资产证券化业务管理规定》。将资产证券化业务管理人范围由证券公司扩展至基金管理子公司，取消事前行政审批，实行基金业协会备案和基础资产负面清单管理。三是加强债券质押式回购风险管理工作。在统筹兼顾市场发展、防控风险的基础上，分布压缩回购质押库中的高风险债券，确保证券市场结算安全和稳健运行。

二、市场中介机构

2014 年国债市场年度分析报告

中央国债登记结算有限责任公司

一、记账式国债发行量较上年小幅增长

2014 年，财政部共发行记账式国债 14363.3 亿元，较 2013 年增长 7.39%；发行储蓄国债（电子式）1884.05 亿元，较 2013 年的 2169.61 亿元下降 33.9%。2014 年国债发行有以下几个特点：

（一）短期和长期品种发行量占比提高，中期品种发行量占比下降

3 年以下短期品种以及 7—10 年以上长期品种的债券发行量占比均有所提高，而 3—5 年和 5—7 年中期品种的发行量占比则分别由 2013 年的 12.35% 和 26.38% 下降到 10.52% 和 22.16%。

表 1　2013 年、2014 年记账式国债发行期限结构比较

发行期限（年）	2013		2014	
	发行面额（亿元）	占比（%）	发行面额（亿元）	占比（%）
1 年以下（含 1 年）	2287.80	17.11	2889.10	20.11
1—3 年	1920.20	14.36	2150.80	14.97
3—5 年	1652.10	12.35	1510.40	10.52
5—7 年	3527.60	26.38	3182.90	22.16
7—10 年	2566.70	19.19	3070.10	21.37
10 年以上	1420.00	10.62	1560.00	10.86
汇总	13374.40	100.00	14363.30	100.00

数据来源：www.chinabond.com.cn

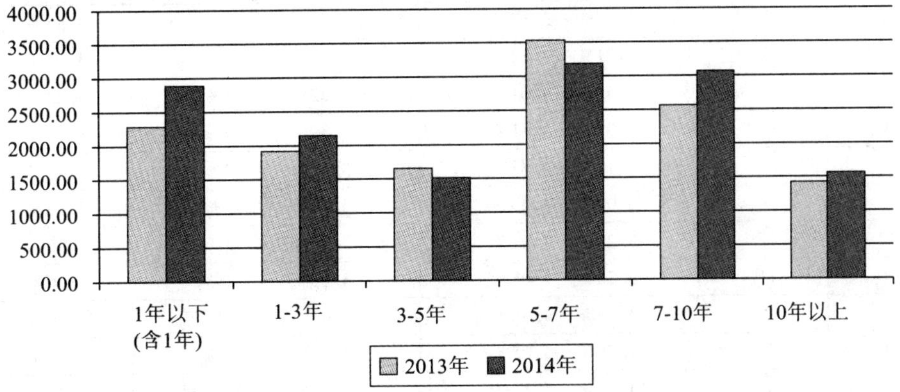

图 1　2013 年、2014 年记账式国债发行期限结构比较

数据来源：www.chinabond.com.cn

（二）记账式国债发行次数略有增长，储蓄国债发行次数与上年持平

2014 年银行间市场共发行记账式国债 59 次，较 2013 年的 52 次增长了 13.46%；储蓄国债发行 10 次，与 2013 年发行次数持平。

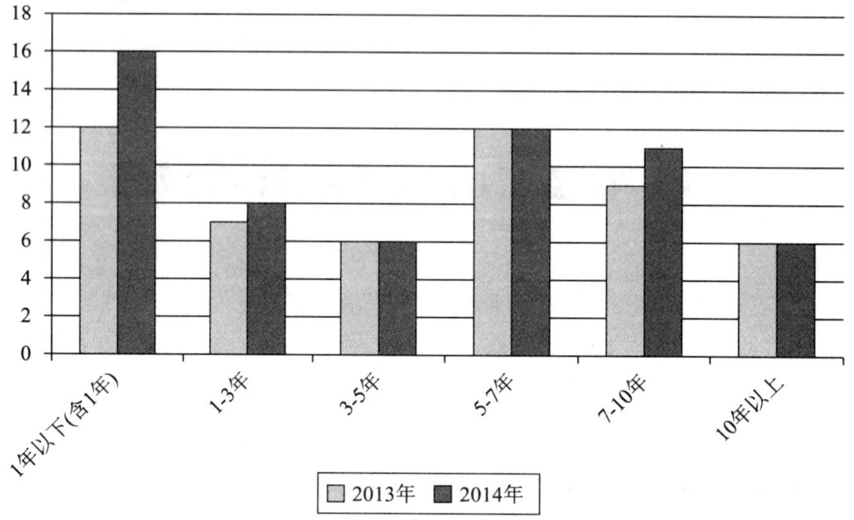

图 2　2012 年、2013 年记账式国债各期限品种发行次数

数据来源：www.chinabond.com.cn

（三）一级市场发行利率水平下移，波动幅度显著提升

从发行利率角度看，2014 年以来债券的发行利率出现了明显下行，10 年期国债发行利率下降幅度达 20%。2014 年共发行记账式国债 59 次/14363.3 亿元，整个发行利率区间在 3.32%—4.77%。从各期限品种发行频率来看，2014 年 1 年、3 年和 10 年期品种发行频率高于 2013 年。伴随着利率市场化进程的不断推进，债券价格的波动性明显增加，2014 年 10 年期国债收益率的两日波动绝对值的均值为 2.09BP，标准差为 2.27BP，较 2013 年同期增长 16%。

表 2　　2013 年、2014 年发行频率和发行利率比较

期限	发行频率（次）		利率区间		平均利率	
	2013 年	2014 年	2013 年	2014 年	2013 年	2014 年
3M	2	3	3.71%—4.76%		4.24%	
6M	2	3	3.83%—3.87%		3.85%	
9M	4	2	2.71%—3.73%		3.04%	
1Y	4	8	2.62%—4.01%	3.32%—4.04%	3.23%	3.62%
2Y	3	3	2.92%—3.77%	3.39%—3.99%	3.22%	3.76%
3Y	4	5	3.10%—3.77%	3.66%—4.00%	3.44%	3.83%
5Y	6	6	3.09%—4.13%	3.53%—4.47%	4.15%	4.01%
7Y	12	12	3.29%—4.07%	3.70%—4.44%	3.56%	4.12%
10Y	9	11	3.38%—4.08%	3.77%—4.42%	3.66%	4.08%
20Y	2	2	3.99%—4.32%	4.63%—4.77%	4.16%	4.70%
30Y	2	2	4.76%—5.05%	4.30%—4.76%	4.91%	4.53%
50Y	2	2	4.24%—5.31%	4.24%—4.67%	4.78%	4.46%
合计	52	59	2.62%—5.31%	0.00%—4.77%	3.63%	3.09%

数据来源：www.chinabond.com.cn

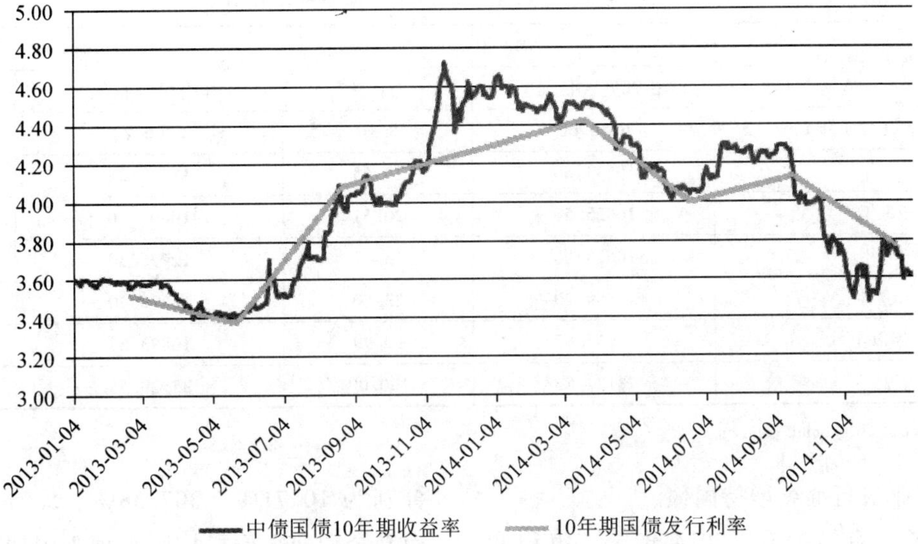

图 3 2013—2014 年记账式国债 10 年期发行利率走势

数据来源：www. chinabond. com. cn

二、国债存量继续稳步增长

2014 年末，在中央登记结算公司托管的国债面额达到 9.14 万亿元，比上年末增长 9.99%。其中记账式国债 8.55 万亿元，占 93.54%，储蓄国债（电子式）余额 5922.44 亿元，占 6.46%。

（一）短期品种托管量占比提高，长期品种托管量占比下降

从记账式国债的待偿期看，1 年期以下和 1—3 年国债余额占比较上年分别增长了 0.69 和 7.97 个百分点。7—10 年和 10 年以上国债余额占比较上年分别下降了 2.13 个和 0.24 个百分点。

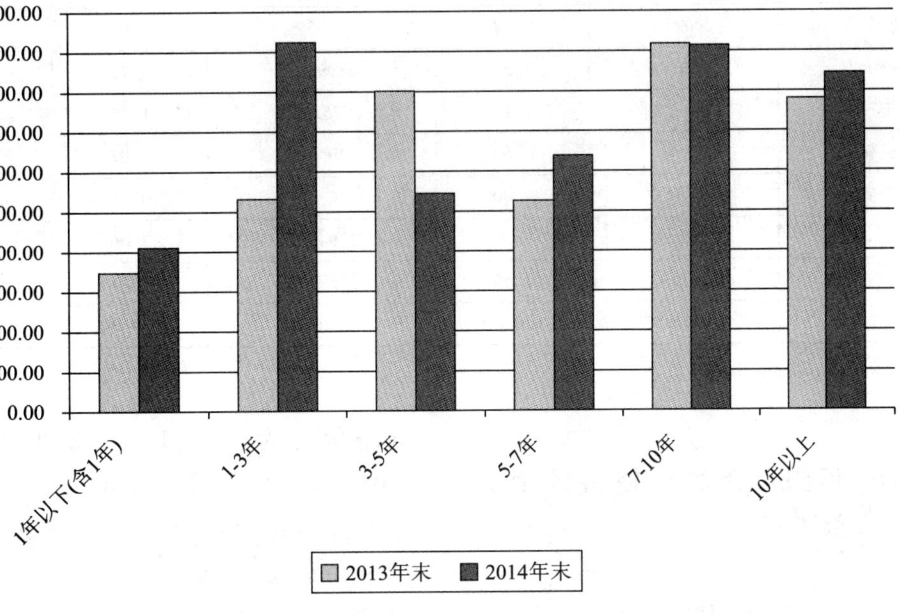

图 4 2013 年、2014 年记账式国债托管量期限比较

数据来源：www. chinabond. com. cn

表 3 2013、2014 年记账式国债托管量期限比较表

剩余期限（年）	2013 年末		2014 年末	
	托管量（亿元）	占比%	托管量（亿元）	占比%
1 年以下（含 1 年）	6956.60	8.90	8206.20	9.59
1—3 年	10644.80	13.63	18477.28	21.60
3—5 年	16025.58	20.51	10897.70	12.74
5—7 年	10523.00	13.47	12776.30	14.94
7—10 年	18359.20	23.50	18278.40	21.37
10 年以上	15613.67	19.99	16893.67	19.75
汇总	78122.85	100.00	85529.55	100.00

数据来源：www.chinabond.com.cn

（二）商业银行继续增持国债

从投资者持有结构看，2014 年末，银行和保险持有量较大，分别占总量的 69.62% 和 3.57%。与 2013 年末相比，商业银行、证券公司、保险机构和信用社表现为国债的增持，增幅分别为 10.71%、307.38%、5.21% 和 6.84%；而基金和非金融机构则表现为国债减持，减持幅度分别为 2.89% 和 31.4%。此外，托管在交易所的国债余额 2014 年末为 2653.36 亿元，较 2013 年末增长 10.82%。

表 4 2014 年、2013 年各机构持有量占比

成员属性	2014 年末托管面额（亿元）	占比（%）	2013 年末托管面额（亿元）	占比（%）	2014 年末较 2013 年末持有量增幅（%）
特殊结算成员	15785.92	18.46	15634.45	20.01	0.97
商业银行	59543.35	69.62	53801.39	68.87	10.71
信用社	751.78	0.88	703.62	0.90	6.84
非银行金融机构	260.00	0.30	260.00	0.33	0.00
证券公司	290.83	0.34	71.39	0.09	307.38
保险机构	3050.94	3.57	2899.97	3.71	5.21
基金类	947.68	1.11	975.93	1.25	-2.89
非金融机构	18.43	0.02	19.30	0.02	-31.40
个人投资者	2.34	0.00	3.14	0.00	-25.44
交易所	2653.36	3.10	2394.37	3.06	10.82
其他	2222.92	2.60	1357.28	1.74	62.71
合计	85527.55	100.00	78120.84	100.00	9.48

数据来源：www.chinabond.com.cn

三、2014 年国债市场价格持续上涨，收益率曲线震荡下行

（一）中债国债总指数持续上涨

截至 2014 年 12 月 31 日，中债国债总指数（净价）为 115.3189，较 2013 年 12 月末的 107.9388 点上涨了 6.84%；中债国债总指数（财富）为 154.7911 点，较 2013 年 12 月末的 139.5265 点上涨了 10.94%，创下 2002 年以来的第二大年度涨幅。

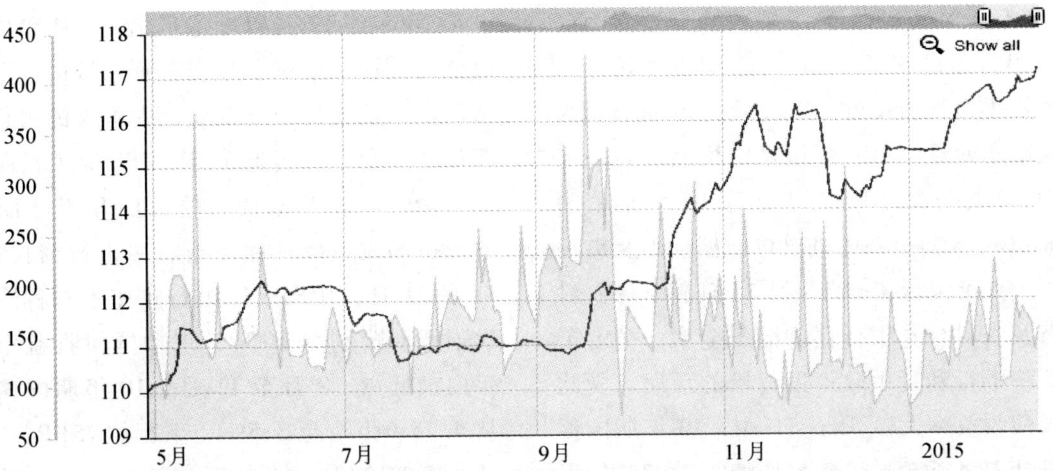

图 5　2014 年中债国债总指数（净价）走势

数据来源：www. chinabond. com. cn

（二）国债收益率曲线走势分为四个阶段

结束了 2013 年的“熊市”，2014 年债券市场从“小牛”走到“大牛”，迎来了久违的春天。整体来看，2014 年国债收益率走势分为四个阶段：

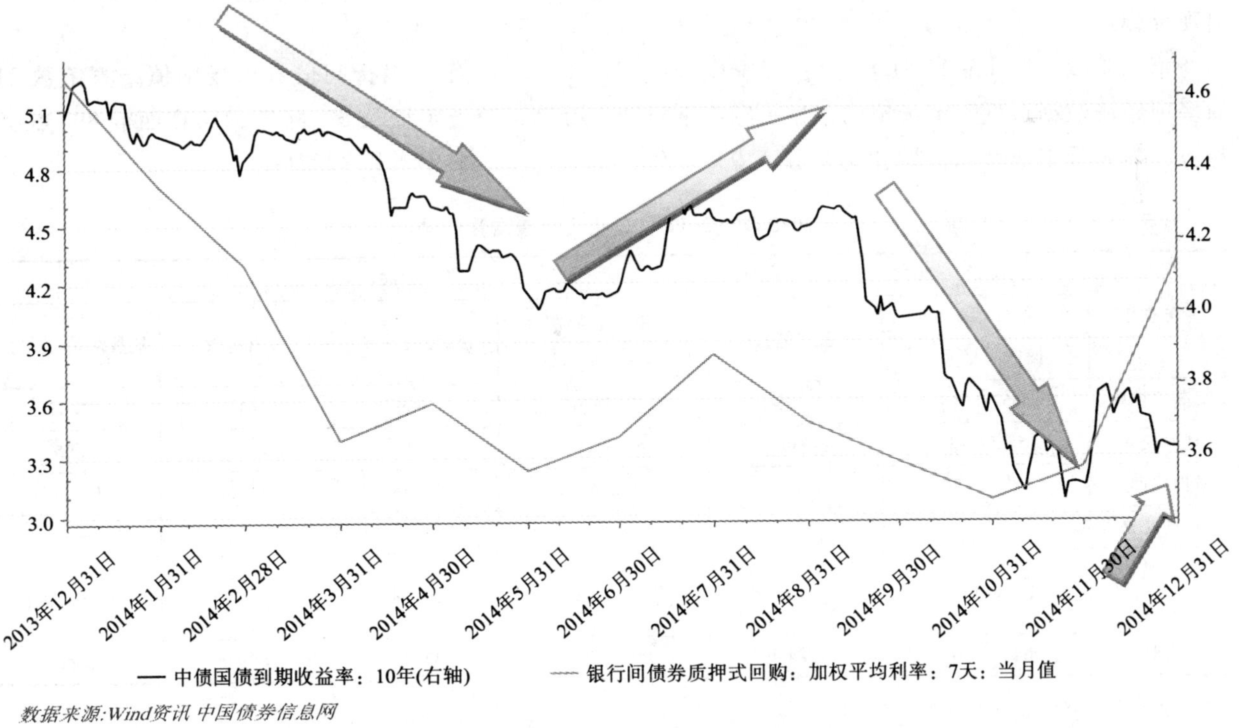

图 6　2014 年国债收益率曲线走势图

数据来源：Wind 资讯 中国债券信息网

第一阶段（1 月至 5 月）：受春节提现、财政存款上缴及新股 IPO 等因素影响，2014 年初资金面较为紧张，7 天回购利率平均维持在 4.5% 以上水平。其中，7 天回购利率在 1 月 20

日最高冲高至10%。为了缓解资金紧张局面，中国人民银行通过SLF、SLO等新型货币政策工具向市场提供短期流动性，有效缓解市场的紧张情绪。从基本面看，2014年以来中国经济表现疲软。其中，3月公布的1—2月规模以上增加值增速降至8.6%，4月公布的进出口数据远不及市场预期。中国人民银行宣布自4月25日起下调农村商业银行及农村合作银行存款准备金率，坚定了市场对经济下行和货币政策偏宽松的预期。受此影响，国债收益率大幅下行。其中，10年期国债收益率从年初4.6%下行至5月底的4.07%，下行幅度接近60BP，奠定了债券市场的“小牛”行情。

第二阶段（6月至7月）：尽管中国人民银行在6月中旬宣布对“三农”和“小微企业”贷款达到一定比例的商业银行定向降准，但受IPO重启、银行分红等因素影响，资金利率出现大幅上行，债券市场受到较大压力，国债收益率出现反弹。

第三阶段（8月至11月下旬）：三季度公布的多项经济数据远低于市场预期，显示经济下行趋势，如8月工业增加值同比增长仅6.9%，创下了2008年12月以来最低值；8月和9月的货币金融数据、信贷和社会融资总量也远不及市场预期。为了支持经济发展，中国人民银行通过下调正回购利率、实施MLF、PSL等工具向市场释放流动性。在基本面、政策面和资金面的支持下，市场收益率一路下行，牛市行情拉开序幕。11月21日，中国人民银行宣布不对称降息并再次下调回购利率10BP，带动国债收益率下行至年内最低点。8月至11月，10年期国债收益率从4.25%下行至3.5%，下行约75BP。

第四阶段（11月下旬至12月）：随着政策面利好的逐步兑现，市场进入了观望期。临近年底，资金面也逐步紧张，带动市场收益率出现一些反弹。其中，10年期国债收益率较11月最低点上行12BP至3.62%水平。

四、银行间市场国债交易结算量大幅增长

2014年，银行间债券市场国债结算笔数21万笔，较上年增长32.46%；结算面额89.35万亿元，较上年增长37.71%。

表5　　2013年、2014年记账式国债结算比较

业务类别	2013年		2014年			
	卖出（正回购）面额（亿元）	卖出笔数	卖出（正回购）面额（亿元）	面额增长（%）	卖出笔数	笔数增长（%）
买断式回购	5578.58	2895	17678.60	216.90	8617	197.65
现券交易	55694.41	40301	57291.91	2.87	47493	17.85
质押式回购	587500.20	115287	818264.14	39.28	153652	33.28
远期交易	0	0	0	——	0	——
债券借贷（双边）	10.45	16	220.48	2009.86	193	1106.25
合计	648783.63	158499	893455.13	37.71	209955	32.46

数据来源：www.chinabond.com.cn

（一）现券交易量小幅增长

银行间债券市场2014年国债现券交易结算面额5.73万亿元，较上年增长2.87%；现券交易结算笔数4.7万笔，较上年增长17.85%。在参与国债现券交易的各类机构中，银行的交易占比为77.69%，其次是证券公司，其占比为17.34%。从债券流向来看，其他投资者和非银行金融机构是净买入机构，分别净买入1812.04

亿元和5.3亿元；商业银行、基金类、证券公司和信用社是净卖出机构，分别净卖出1183.65亿元、165.5亿元、151.27亿元和132.6亿元。

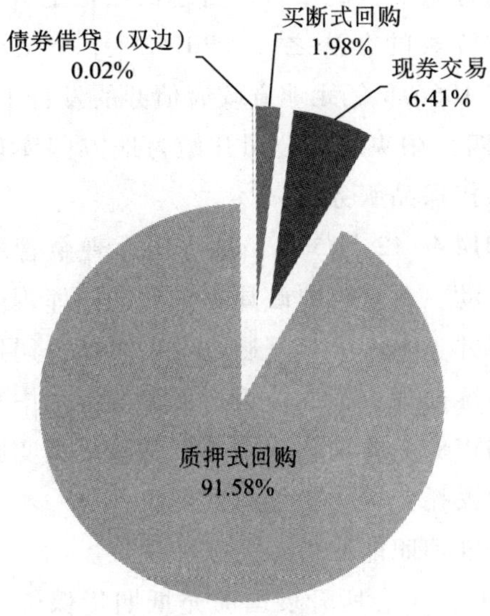

图7 2014年记账式国债各交易类别占比

数据来源：www.chinabond.com.cn

（二）质押式回购交易量增长明显

2014年国债质押式回购交易结算总笔数达15.37万笔，较上年增长33.28%；结算面额为81.83万亿元，较上年增长39.28%。在参与质押式回购交易的各类机构中，银行的交易量占比为89.16%，其次是信用社和保险机构，两者的交易量占比分别为3.8%和3.3%。

（三）买断式回购交易量大幅增长

2014年，记账式国债买断式回购交易结算8617笔，较上年增长197.65%；结算面额17678.6亿元，较上年增长216.9%。

（四）银行间市场现券年度换手率小幅下降

2014年，在中央登记结算公司登记托管债券的现券年度换手率达到107.83%，与上年同期相比下降9.69个百分点。其中，主要债券品种企业债与中期票据流动性排名靠前，年度换手率分别为268.66%和171.88%；其余依次为政策性银行债、集合票据、非银行金融机构债、记账式国债、央行票据、地方政府债、商业银行债、二级资本工具和资产支持证券，分别为163.48%、138.31%、131.64%、66.98%、53.28%、29.53%、9.15%、8.47%、5.71%和0.78%。

表6　2013年、2014年狭义换手率比较 单位：%

券种	2014年	2013年	与上年相比换手率增加
记账式国债	66.98	71.29	-4.31
地方政府债	9.15	26.79	-17.64
央行票据	29.53	192.1	-162.57
政策性银行债	163.48	146.42	17.06
政府支持机构债券	53.28	123.57	-70.29
商业银行债券	8.47	22.72	-14.25
资本工具	5.71	26.67	-20.96
非银行金融机构债券	131.64	17.82	113.82
企业债券	268.66	673.03	-404.37
资产支持证券	0.78	0	0.78
中期票据	171.88	324.10	-152.23
集合票据	138.31	174.4	-36.09
银行间市场债券平均换手率	107.83	117.5	-9.69

数据来源：www.chinabond.com.cn

注：狭义换手率＝全年现券交易结算量/日均托管量×100

（五）柜台市场记账式国债交易量小幅增加

2014年，柜台债券业务品种在记账式国债基础上增加了国家开发银行债券、政策性银行债券和中国铁路总公司等政府机构债券。其中，柜台交易的记账式国债数量达到 123 只，较上年增加 9 只，覆盖了从 1 年期到 10 年期的所有关键期限品种，记账式国债柜台交易累计成交 19.31 亿元，比上年提高 3.15%。储蓄国债柜台市场销售量为 1884.05 亿元，比上年同期下降 13.16%。

五、国债市场创新成果明显

（一）财政部发布中国关键期限国债收益率曲线

自 2014 年 11 月 2 日起，财政部网站每日发布中国关键期限国债收益率曲线，由中央国债登记结算有限责任公司负责编制提供。近十几年来，在中国人民银行、财政部和相关各方的共同努力下，我国国债市场取得了长足发展，国债收益率曲线的编制条件在逐渐改善，技术趋于成熟。在利率市场化改革过程中，国债最重要的金融功能——金融市场基准的作用也已日益显现。作为一国本币资产的基础价格，国债收益率更是得到了国家层面的高度重视，党的十八届三中全会提出要求“健全反映市场供求关系的国债收益率曲线”，此次财政部发布国债收益率曲线是对全会要求的响应，是中国国债市场发展的标志性成果。

（二）国债收益率曲线的深度应用得到进一步扩展

2014 年 11 月 14 日，农业银行刊登了非公开发行优先股发行情况报告书，该优先股 11 月 5 日起息，并于 11 月 28 日起在上证所综合业务平台挂牌转让，其发行定价采用市场权威机构编制的中债国债收益率曲线 5 年期收益率为基准浮动。另外，经统计截至 2014 年底，在债券市场创新品种中，先后还有 29 只永续债也是采用中债国债收益率曲线作为发行定价基准，国债收益率曲线的深度应用得到了有效扩展。

（三）地方政府债券开启自发自还序幕

2014 年 5 月 22 日，财政部发布了《2014 年地方政府债券自发自还试点办法》，十省市地方政府债券自发自还，地方政府发行政府债券实行年度发行额管理，全年发行债券总量不得超过国务院批准的当年发债规模限额，并且剥离了融资平台公司的政府融资职能。在目前经济下行压力较大的背景下，此次自发自还试点正是解决地方政府融资难的办法之一。2014 年十个试点省市共完成 1066.8 亿元地方政府债券的发行工作。

（四）中央结算公司开始为地方国库现金管理提供担保品服务

2014 年 12 月 5 日，地方国库现金管理工作正式启动，北京市财政局完成首期国库现金管理招标，并于 12 月 10 日通过中央结算公司担保品管理系统办理中标商业银行债券质押。中央结算公司的担保品管理首次服务于财政政策实施，标志着中央托管机构担保品管理服务进一步支持政府经济管理职能取得了突破性进展。

（五）中金所开展国债充抵期货保证金的业务试点

2014 年 12 月 27 日，中国金融期货交易所发布修订后的《中国金融期货交易所交易细则》和《中国金融期货交易所结算细则》，开展国债作为期货保证金的业务试点。国债充抵期货保证金制度是国际市场的通行做法，有利于降低市场运行成本，有利于提高国债市场流动性。

六、进一步完善国债市场的发展建议

展望 2015 年，债券市场可能较难延续 2014 年的“大牛”格局，但在新的一年经济发展进入“新常态”背景下，债券市场将在促改革、稳增长和防风险三者平衡中寻找发展机遇，进一步发挥其支持实体经济发展的重要作用。2015 年在经济“新常态”格局下，建议进一步从完善债券市场体制机制入手，推动市场改革创新，从而提升市场流动性、降低交易成本、促进价格发现，使国债收益率曲线的金融资产定价基准的作用得以进一步发挥。

（一）进一步加大力度，健全反映市场供求关系的国债收益率曲线

1. 建议增加短期和超长期国债的发行频率。

根据实践经验观察，短期限和超长期限（10年以上）国债的活跃度不如中长期限国债，从完善国债收益率曲线的角度考虑，建议适当增加短期限和超长期限国债的发行数量，提高发行频率，这将有助于短端和长端国债市场的进一步活跃，为国债收益率曲线的形成提供更丰富的市场价格信号。

2. 建议适当减少国债续发行的频率，增加关键期限国债的新发行频率。近两年来，财政部比较重视对已发行的关键期限国债进行续发，这对于提高关键期限国债的流动性起到了积极作用。但是由于国债的利息收入免征所得税，投资者在对折价或溢价国债进行交易时会考虑其税收效应，尤其是在市场收益率出现大幅变动，国债价格折溢价现象十分明显时，债券的收益率已不能很好地体现新发国债的收益率水平，不利于国债收益率曲线的编制。故建议适当增加关键期限国债的新发行频率，以降低税收效应对同期限国债收益率的影响。

3. 进一步加大国债收益率曲线的基准性应用推广。为进一步强化国债收益率曲线的基准性应用，促进存贷款市场利率体系的完善，应鼓励商业银行以公允的国债收益率曲线为基准进行存贷款定价及内部转移定价，鼓励发行人以国债收益率曲线为基准发行浮动利率债券，使国债收益率曲线的深度应用得到进一步有效扩展。

（二）进一步完善做市商制度，丰富做市商评价指标体系

完善债券市场做市支持机制，提高市场流动性，是健全反映市场供求关系的国债收益率曲线的重点措施之一。

现行做市商评价指标体系自2010年实施以来在激励约束做市商行为、促进市场价格发现、提高市场流动性方面都取得了积极成效。从近几年的报价质量来看，2012年之前报价点差逐步收窄、报价稳定性逐步提升，但自2013年以来报价质量有所下降，报价点差明显放大、稳定性也有所降低。从进一步完善做市商制度角度考虑，建议对评价指标体系作适当调整，以适应债券市场的不断创新。

1. 对现行做市商评价指标体系进行适当补充调整。一是，建议进一步细分长期限做市债券待偿期限。银行间市场交易商协会2010年公布的《银行间债券市场做市商工作指引》修订稿（以下简称“指引”），其中对长期限债券做市的评价力度在权重及系数设置方面已体现了一定的强化，建议进一步在期限划分上进行细分，将目前的仅有7年以上一个分段，细分出10年以上期限，以此鼓励做市商对长期限债券尤其是10年期以上债券的报价，并有效评估相应做市质量。二是，政府债券的做市也需分期限段进行评价，并通过设定体现一定激励导向的期限调整系数，以此鼓励做市商对1年以下短期限和10年以上长期限政府债券的做市。三是，浮动利率债券报价对市场发展具有同样重要的作用，相对较高的期限调整系数不利于激发做市商对浮动利率债券报价的积极性，建议适当降低。四是，建议在总体评价之外，对各类债券做市进行单独评价，同时发行人在组建承销团时将做市商评价指标纳入其中，主承销商需承担主承销债券的做市义务。

2. 建议进一步加大做市支持力度。一是，为做市商提供更加便捷、灵活的流动性支持，比如以中央托管结算机构作为第三方开展自动质押融资以及自动质押融券业务，通过集中、专业的质押券管理，使做市商有效调剂债券及资金头寸，解决其做市过程中券款不足问题，从而进一步提高做市报价量和成交量。二是，考虑到随卖机制可以在一定程度上解决做市商库存债券不足的问题，建议在适当时机推行，其中关于随卖价格的机制安排，为保证其公允性，可将第三方估值机构提供的公允市场价格作为参考。

3. 建议加强尝试做市报价数据的信息披露。随着银行间债券市场尝试做市业务的进一步制度化、规范化，尝试做市商队伍已扩容至48家，其做市报价行为已对银行间债券市场的价格发现形成了重要影响，该部分报价数据对于市场公允价值的形成具有较强的参考作用，但目前该类数

据较难被第三方中介机构获取，建议加强尝试做市报价数据的信息披露。

4. 在完善国债期货制度的基础上，允许国债承销团和国债做市商业银行进入国债期货市场。国债承销团和国债做市商业银行进入国债期货市场，一是可以为国债承销团成员锁定利率风险，提高国债承销团成员的积极性，提高国债发行价格的有效性。二是可以保障做市商的头寸，对冲做市商的风险，鼓励国债做市商做市。但允许国债承销团和国债做市商业银行进入国债期货市场的前提，是要进一步完善国债期货的相关制度，对此有以下两点建议：一是采用可交割券第三方公允价值与标准券公允价值之比作为转换因子。目前国债期货的转换因子以标准券的票息3%为基础进行折现，并没有考虑不同期限可交割券的期限利差，而这只有在收益率曲线平坦化且收益率为3%时才能真实反映可交割券的实际价格。二是建议国债期货标准券票面利率采用合约上市日时该品种对应的第三方估值机构的国债收益率。从国债现货市场来看，国债价格具有明显的息票效应和税收效应，即当票面利率与该券对应待偿期的到期收益率有较大差异时，该券的收益率会明显偏离该待偿期的一般国债的收益率，这使得国债期货定价也因为息票效应而可能存在偏差，降低套期保值效率。

（三）建议进一步完善对债券买卖业务征收营业税的相关规定

国家税务总局于2014年9月发布了《关于债券买卖业务营业税问题的公告》（以下简称“公告”），规定“金融企业从事债券买卖业务，以债券的卖出价减去买入价后的余额为营业额，买入价应以债券的购入价减去债券持有期间取得的收益后的余额确定”，明确对利息征收营业税。建议进一步对以下问题完善相关规定：

1. 建议明确“买入价”和“卖出价”是指“净价”。国债市场上已经实行了净价交易，全价结算。但包括《公告》在内的相关税收政策文件均未明确说明使用全价还是净价来计算营业税金及附加，各地方也一直对该问题存在争议。另外，考虑到若以全价为基础征收营业税，则存在对利息收入重复征税的问题。故建议明确“买入价”和“卖出价”是指“净价”。

2. 建议明确“持有期间取得的收益”是指“持有期间对应的利息收益”。《公告》中未明确“持有期间取得的收益”是指“实际收到的利息”还是“持有期间对应的利息收益”。若是对“实际收到的利息”征税会使得税赋在不同投资人之间分配不合理，投资人会不愿意交易持有时间较长的、以及临近付息日的债券，从而对这部分债券会重定价。故建议明确“持有期间取得的收益”是指“持有期间对应的利息收益”。

3. 建议持有至到期与债券交易的利息收入税务处理应保持一致。目前相关制度中规定对转让环节中的债券利息征税，但没有明确对持有至到期债券利息是否征收营业税，两环节处理不统一，可能会导致投资者在选择投资方式时受到非市场化因素的影响，故建议明确对持有至到期与债券交易的利息收入或者都征税或者都不征税。

（四）进一步加快境外投资者入市步伐

在人民币国际化进程中，一个很重要的安排是对外开放境内债券市场。目前，政策层面已经在逐步放开境外投资者入市的限制，部分境外机构也已在逐步入市。但是从整体上看，进入的速度与市场实际的需求相比还有较大的差距。建议在以下几方面作进一步完善：一是有效缩短审批周期，加快批准更多的合格机构投资者进入银行间债券市场。二是目前境外投资者进入银行间债券市场仅能进行债券发行认购以及现券交易，为进一步活跃二级市场，并加深境外投资者的参与程度，建议放开对其开展回购业务的限制。三是目前境外投资者仅能以丙类户身份参与银行间债券市场，需由境内托管行作为其结算代理人，建议分层管理，允许具备条件的境外投资者直接开立乙类户，便于其更加便捷、深度的参与市场发展。

在加快引入境外投资者的同时，也需加强资格管理，将现行的以准入为主要审核关卡的方式，转变为事前核准为辅、事中及事后监督检查为主的资格管理模式。

（五）在利率市场化进一步推进的过程中，要着力培养运用公允收益率曲线进行资产定价的意识

当前，我国利率市场化改革仅剩最后一个重要步骤，即放开对存款利率上限的管制。利率市场化改革的最终完成，将有利于提高市场参与各方对利率信号的敏感度，进一步增强货币政策在利率体系中传导的有效性，提升债券市场和信贷市场的价格一体化程度，同时也有利于提升债券市场价格信号的有效性。至于放开上限管制的条件，我们认为要尽快推出存款保险制度，将商业银行风险显性化，避免出现存款利率市场化后银行业恶性竞争的局面，这是存款利率上限放开的前提条件；至于放开上限管制的时机，我们认为可以参考商业银行债AAA级收益率曲线与存款利率之间的关系，两者同为商业银行的负债成本，具有可比性，当两者的利率水平基本相同时，正是取消存款利率上限的最佳时机。存款利率上限放开后，存款市场的竞争将推动商业银行积极调整资产结构，提高向中小企业的放贷比例，有利于解决中小企业融资难的问题。

另外，虽然贷款利率早已放开管制，但经过观察与了解，商业银行在实际对贷款定价时仍主要是在官定贷款利率基准的基础上加减一定点差而得，仍未采用更为市场化的定价手段。在利率市场化改革不断推进的大背景下，我们建议要逐渐培养、增强对金融资产进行市场化定价的意识和手段，跟踪公允的收益率曲线，比如以公允的国债收益率曲线为基准进行存贷款定价，或者直接以公允的商业银行债收益率曲线来确定商业银行的存款利率，以不同信用等级的企业债收益率曲线来确定贷款利率。

（六）进一步加大财政支出力度，发挥积极财政政策对实体经济的支持作用

国务院总理李克强2014年10月29日主持召开国务院常务会议，部署推进消费扩大和升级，促进经济提质增效。会议指出，消费是经济增长重要引擎，是我国发展巨大潜力所在。我们认为，经济增长需要货币政策、财政政策和产业政策的协调配合。当前，货币政策已经取得成效，不宜再对货币总量进行大规模调整。

在保持货币政策松紧适度的情况下，更需要财政政策和产业政策的协调配合、精准施策，为中国经济转型升级创造稳定的宏观经济环境。财政政策方面，要进一步完善城乡居民养老保险制度和医疗保障制度，加大财政补贴力度，尤其是要增加农民的养老保险金，让老百姓敢于消费、乐于消费；要进一步加大对教育体系的财政支出，增加义务教育的年限；要从扩大支出、减轻税负两个角度继续加大对中小企业的支持；另外，适当扩大国债及地方政府债的发行规模，以提高社会保障水平及促进公共基础设施建设。产业政策方面，要继续加大力度，对拉动经济、改善环境有刺激作用的产业给予政策支持，如铁路建设、绿色消费产业（节能、新能源）及养老健康等消费领域。

七、从中债收益率曲线和中债指数看2015年宏观经济形势

债券市场经过十几年的快速增长，品种和期限结构日趋完整，形成了由各类机构参与的完全市场化的定价体系，融合了资金供求关系、流动性、市场利率水平、信用风险情况等各种信息。实证观察证明，从中债收益率曲线和中债指数的变动中可以分析出对宏观经济变量未来变化的预期。

（一）中债收益率曲线对2015年宏观经济景气程度的预期

中国人民银行调查统计司在2013年的课题研究①成果表明，“我国银行间市场10年期与2年期国债收益率之间的利差对宏观经济景气一致

① 中国人民银行调查统计司课题组《我国国债收益率曲线与宏观经济的先行关系及货币政策传导研究》，刊登于《金融监管研究》2013年第1期。

指数①具有先行作用，先行期达 12 个月，可以为货币政策提供有价值的参考。”

在此基础上，中央结算公司相关专家做了进一步分析方法延伸，基于国债收益率曲线和宏观经济景气一致指数的历史数据建立了拟合效果较理想的回归方程。使用 2014 年国债收益率曲线 10—2 年期限点差序列预测 2015 年的宏观经济走势，结果显示，2015 年宏观经济大致呈现上半年低位企稳，三季度后弱势复苏，在“新常态”格局下形成新的平衡点。

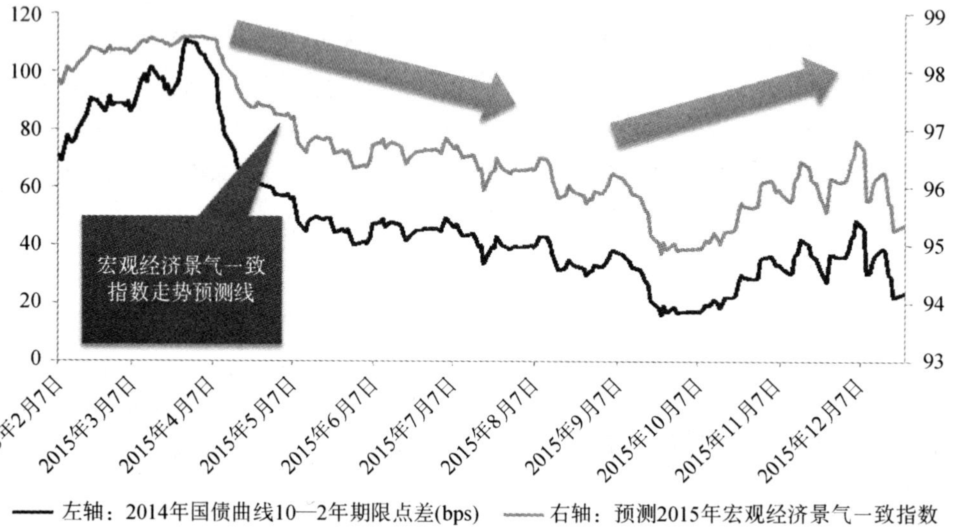

图 8 国债长短期利差及宏观经济景气度预测线（2015 年）

（二）中债指数对 2015 年通胀水平的预期

在对通胀水平的预测方面，中央结算公司相关专家基于历史数据作了实证检验，从结果看作为反映债券市场整体价格水平的中债新综合净价指数与 CPI 有较高的即时相关性，通过协整检验也证明了两者具有长期稳定的均衡关系，时差相关分析图谱显示，中债新综合净价指数可以提前 20 个月对 CPI 的趋势变化提供较有效的预测。最新的预测数据显示，CPI 在 2015 年上半年将持续回落，下半年开始企稳回升。

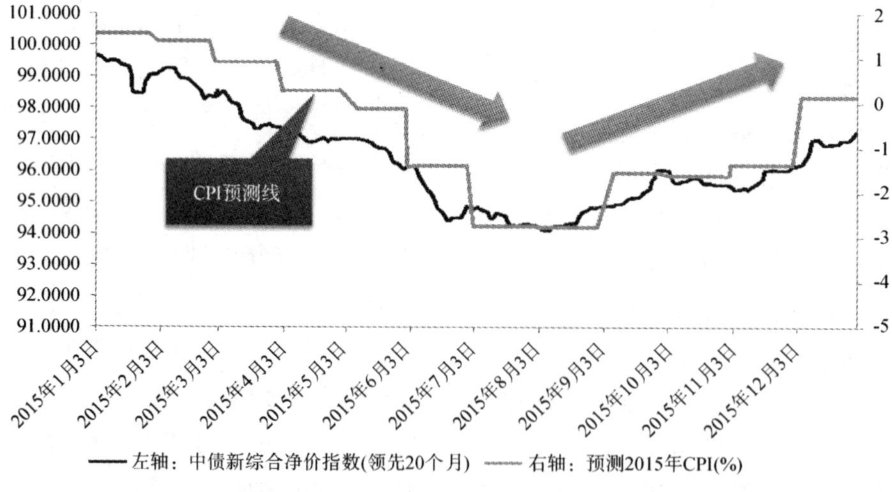

图 9 中债新综合净价指数及 CPI 预测线（2015 年）

① 宏观经济景气一致指数由国家统计局按月发布。

对2015年宏观经济情况的定性分析结论与上述定量预测结果基本一致。目前，我国经济正在从高速增长转向中高速增长，经济发展方式、结构及动力都面临转型和深度调整。结合2014年经济形势，制造业去产能压力仍在，地产销售虽略有起色，但传导至地产投资增速及相关上下游产业仍需时日，通缩压力不可小觑，基建投资虽可部分对冲下行压力，但受地方政府债务甄别结果、“一带一路”等政策因素影响较大，外围环境尤其2015年美国大概率加息对我国经济的影响存在不确定性，宏观经济可能于2015年上半年低位企稳，下半年弱势复苏，在“新常态”格局下形成新的平衡点。

从政策面角度看，2015年宏观政策的调控方向已定调为“继续实施定向调控、结构性调控”，并且强调“积极的财政政策要有力度，货币政策要更加注重松紧适度”。故判断2015年财政扩张政策将加码，“有力度”的财政政策为经济运行在合理区间保驾护航，货币政策将在保持资金面适度宽松以及助推社会融资成本下行的目标下，以结构性宽松、定向倾斜重点支持领域为主要特点。

上海证券交易所 2014 年债券市场综述

上海证券交易所

2014 年，上海证券交易所（以下简称上交所）债券市场发展较快，债券挂牌只数、托管量和交易量均达到历史高值。

截至 2014 年底，上交所债券挂牌 2603 只，较 2013 年底增加 917 只，增幅 54%。债券托管量 22877 亿元，较 2013 年底增加 5658 亿元，增幅 33%。其中，国债 170 只，托管量 2601 亿元；地方债 97 只，托管量 17 亿元；政策性金融债 3 只，托管量 300 亿元；公司债（含企业债）1823 只，托管量 16064 亿元；可转债 20 只，托管量 1062 亿元；分离交易可转债 2 只，托管量 98 亿元；私募债券（含中小企业私募债券与证券公司短期公司债券）365 只，托管量 647 亿元；其他证券（含保险公司债、证券公司债和资产支持证券）123 只，托管量 2088 亿元。2014 年发行且在上交所上市的国债 42 只，地方债 43 只，公司债 634 只，可转债 6 只，私募债券 231 只，其他证券 130 只。

2014 年上交所债券总成交 86.69 万亿元，比 2013 年增加 24.10 万亿元，增幅 39%，其中国债成交 1248 亿元，政策性金融债成交 301 亿元，公司债成交 15532 亿元，可转债成交 7661 亿元，分离交易可转债成交 266 亿元，私募债券成交 410 亿元，资产支持证券成交 63 亿元，债券回购成交 84.14 万亿元。

从债券二级市场来看，2014 年上证国债指数继续保持 2013 年以来的上涨行情，呈现稳定上行趋势。从 2014 年初到年底，上证国债指数从 139.52 点上涨至 145.68 点，较年初上涨 6.16 点，涨幅 4.42%。2014 年信用债市场，除了 12 月份因股市资金分流等导致指数略微下行外，呈现稳步上行趋势。上证企业债指数从年初的 166.56 点上涨至 181.1 点，上涨 14.54 点，涨幅 8.73%；上证公司债指数从年初的 146.15 点上涨至 157.11 点，上涨 10.96 点，涨幅 7.50%。

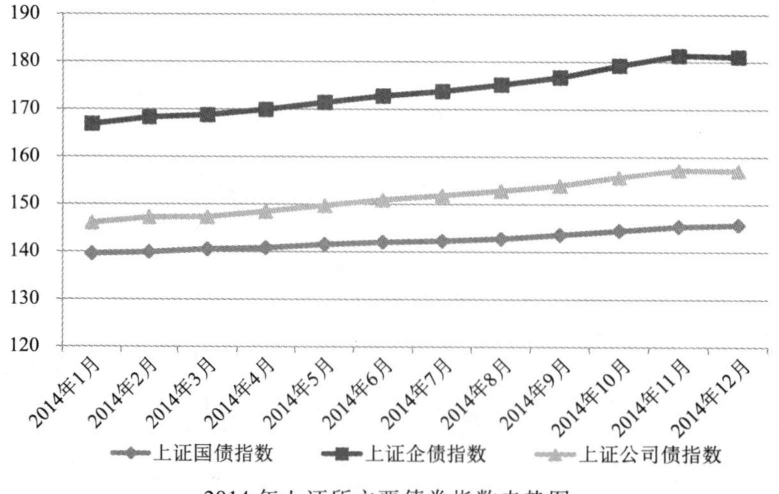

2014 年上证所主要债券指数走势图

2014 年上交所有序推进债券产品创新，大力推进债券市场建设：一是着力抓债券市场“上规模”，全年债券市场挂牌量、托管量和交易量均创历史新高；二是相继推出了信贷资产支持证券、证券公司短债、可交换债券、并购重组私募债等创新产品，同时研究探索债券质押式协议回购和开展债券借贷业务试点等其他创新产品；三是完善债券市场基础设施，开展债券上市交易规则、机制及系统的整合工作；四是强化债券市场风险防范机制，完善债券风险警示、投资者适当性动态管理等措施。

下一步，上交所将继续贯彻落实“新国九条”关于规范发展债券市场的要求，按照证监会工作部署研究推进机构间债券市场建设，继续扩大债券市场规模，加快债券产品与业务创新，培育市场投资主体，同时强化债券风险防范和监控方式，力求推进债券市场机制突破，大力推进以便捷企业融资为导向的债券市场建设。

深圳证券交易所2014年国债市场概述

深圳证券交易所

在财政部和证监会的领导下，2014年深圳证券交易所（以下简称深交所）贯彻落实“大力发展固定收益市场”的任务要求，稳妥推进国债市场的基础性建设，积极从技术和业务两个方面为国债市场投资者提供优质市场服务，为国债的发行和交易流通提供高效的市场平台和良好的市场环境，积极促进国债市场稳步健康发展。

一、深市国债市场整体情况

2014年，深市国债新增挂牌81只，现券成交额12.80亿元。截至2014年12月31日，深市国债挂牌数量267只（其中地方政府债券97只），托管面值61.07亿元。

二、深交所整体工作情况与成果

（一）优化债券信息披露服务平台

为进一步提高市场服务水平，2014年深交所继续优化固定收益品种业务专区和固定收益信息平台，逐步完善形成了集交易信息披露、发行人信息披露、数据统计、规则查询等功能为一体的信息披露服务渠道。

（二）完善债券回购交易效率效果初显

为进一步夯实固定收益市场基础制度，提高固定收益市场效率，深交所发布实施了《深圳证券交易所债券交易实施细则》，并于2012年12月10日起统一债券回购品种，提高债券回购交易效率。近两年深交所债券质押式回购成交额大幅增加，2014年债券回购成交额6.57万亿元，分别是2013年、2012年同期的1.3倍和2.99倍。

（三）强化债券市场监管，保障国债市场安全平稳运行

作为证券市场的一线监管机构，深交所一贯高度重视保护投资者的合法权益，始终保障国债市场安全平稳运行。2014年深交所继续强化安全意识，做到了全年国债发行、上市、派息、兑付等基础性业务及时准确无误完成，有效地杜绝了风险隐患事故的发生，很好地维护了国债“金边债券”的市场形象。

（四）积极开展国债市场创新研究工作

产品和制度创新是资本市场可持续发展的源动力，2014年深交所继续加大国债的创新研究，广泛进行市场调查研究，学习借鉴国外成熟债券市场的发展经验，并结合我国资本市场的特点和现状，积极研究开发适应我国国债市场发展特点、满足市场各方参与者需求的国债创新制度和产品，对提高国债跨市场转托管效率和电子化程度、促进交易所和银行间债券市场互联互通等创新工作进行了深入研究，积极推动国债的市场化发展进程。

三、下一步工作计划

国债发行是配合国家宏观经济政策实施的重要金融产品，也是金融市场定价的基础性产品。展望新的一年，深交所将在财政部和中国证监会的领导下，进一步提高服务质量和服务水平，优

化国债市场运行环境，配合做好国债招标发行、上市交易、派息兑付工作，继续强化国债市场监管，有效防范化解市场风险，维护国债市场的健康稳定运行，做好市场宣传和服务工作，增强国债市场的影响力和吸引力。同时，深入推进债券市场产品和制度的创新研究，积极推动国债的市场化进程，促进国债市场快速健康发展。

中国国债协会 2014 年工作总结及 2015 年工作计划

中国国债协会

2014 年，是中国国债协会（以下简称“协会”）第四届理事会工作第一年。协会在各政府主管部门领导的高度重视和悉心指导以及在广大会员全力支持下，紧密围绕财政金融中心工作，求真务实，努力进取，取得了较好成绩。2015 年，协会将进一步优化为政府主管部门和协会会员的“两个服务”，积极开展各项工作，以求协会长期稳步发展。

一、2014 年协会主要工作

以通讯方式召开第四届理事会第二次会议；完成《国债基础知识与实务》培训教材编写工作；举办会员培训班 3 次；编辑内部刊物《政府债务与金融》6 期；编辑出版《2013 中国国债市场年报》；协会网站发稿近4000 余篇，网站访问量 32 万余人次；接听解答广大投资者国债咨询电话 1200 余次；成功举办协会“金债杯”羽毛球友谊赛。具体工作情况如下：

（一）以通讯方式召开第四届理事会第二次会议，增补新的协会领导，完成协会换届后向民政部备案工作

2013 年 12 月下旬，中国国债协会第四届理事会第一次会议在江西景德镇市召开。原计划提名中国工商银行副行长郑万春同志为中国国债协会副会长候选人，但由于组织审批程序未完成，故未能在会上进行表决。理事会结束后，组织审批程序完成。协会于 1 月 21 日以通讯方式召开第四届理事会第二次会议，提请审议增补郑万春同志为第四届理事会副会长候选人。1 月 29 日传真投票表决结束，所发出 102 份通知回收计票结果，一致同意增补郑万春同志为中国国债协会第四届理事会副会长。

（二）力尽可能，认真做好服务会员工作

1. 举办金融企业财务管理与债券会计培训班。2014 年 5 月 6 日，协会在上海国家会计学院举办“金融企业财务管理与债券会计培训班”，目的是为了帮助会员单位及时了解和掌握金融企业财务、会计方面的最新政策制度，进一步提高会员单位财务、会计管理水平，促进金融和债券投资业务的开展。协会邀请财政部金融司、会计司有关专家授课。来自协会会员单位及相关金融机构的百余名学员参加培训。

张秉国常务副会长到会并讲话。他在讲话中指出，财务、会计管理工作直接影响债券市场深入发展、国债创新产品不断推出以及金融财税制度改革深入推进，金融财务管理和会计核算领域的新政策、新制度和新规则的出台。在 2014 年年初召开的国债发行工作例会上，财政部明确提出全国银行间市场推出国债预发行业务试点，扩大预发行券种；着力完善国债收益率曲线等新的改革措施。这些新业务的推出，将为协会会员单位开展资金业务和金融资产管理以及提高财务、会计管理水平提供新的机会和手段。他深信参加培训的同志们会有较大收获。

培训班上，财政部金融司郑丹丹副处长在题为“金融投资与金融企业财务管理”的讲座中，回顾梳理了近期宏观经济金融形势，深入分析了

近期人民币汇率走势、资金价格上涨、货币政策调整、金融投资风险、利率市场化推进等经济金融领域热点问题。她还详细介绍和讲解了我国金融企业财务管理体制改革历程和当前金融企业财务管理制度的重点。会计司冷冰副处长在题为“《企业会计准则》——金融工具准则”的讲座中，介绍了《企业会计准则》中涉及金融工具的各项有关内容；梳理了各监管部门对创新资本工具的相关监管规定；以实例方式重点讲述了2014年3月财政部最新出台的《金融负债与权益工具的区分及相关会计处理规定》。

2. 举办宏观经济形势报告会暨政府债券投资政策培训班。2014年7月25日，协会在银川举办“宏观经济形势报告会暨政府债券投资政策培训班”。张秉国常务副会长到会并讲话。财政部国库司杨瑞金副主任、国务院发展研究中心张立群研究员、财政部预算司和中信证券专家莅临授课。来自协会会员单位及相关金融机构的130余名学员参加培训。

张秉国常务副会长在培训班讲话分析了当前经济金融形势，介绍了财政部上半年在国债发行管理方面的工作和成果，以及下一步财政部在国债、地方债方面要进一步落实和完善的工作。他指出，协会举办本期培训班，就是为了帮助会员单位准确把握当前宏观经济运行趋势和债券市场走势，及时学习、了解国债、地方债最新政策制度，更好地做好下半年金融和债券投资业务。

培训班上，部国库司杨瑞金副主任为学员们讲解了我国国债管理制度基本情况，重点介绍了近年来国债发行管理改革创新情况及下一步工作思路。国务院发展研究中心张立群研究员深入分析了当前宏观经济形势和宏观调控政策取向。财政部预算司操佳佳同志介绍了近年来我国地方政府性债务管理措施、债务现状、存在的问题以及下一步管理思路。中信证券邓海清博士对当前货币政策与债券市场形势进行了较为详细的分析预测。

3. 举办国债期货政策与实务培训班。2014年10月28日至29日，协会在厦门举办“国债期货政策与实务培训班”，中国金融期货交易所参与协办。张秉国常务副会长到会讲话，中金所戎志平副总经理在会上致辞，财政部金融司周成跃巡视员、中国人民银行金融研究所伍旭川处长、银监会创新监管部刘丽娜处长，以及中金所、中信证券、银河证券、暖流资产等多位专家授课。来自协会会员单位的130余名学员参加了培训。

张秉国常务副会长在开班讲话中指出，国债期货自上市以来，在促进国债发行、提升国债现货市场流动性、推进国债市场互联互通、健全反映市场供求关系的国债收益率曲线、及时反映货币政策信息以及加快金融机构产品和业务创新等方面的功能作用已经开始显现。已成功起步的我国国债期货市场未来发展有着巨大的空间。协会举办本期培训班，就是为了帮助会员单位提高对国债期货相关政策的理解和认识，了解和掌握国债期货投资业务的要点和技巧，从而对会员机构的金融和债券投资业务开展起到切实帮助。

戎志平副总经理在致辞中指出，5年期国债期货在中金所挂牌上市以来，国债期货市场运行平稳，但二级市场交易量尚不足。目前，商业银行、保险公司参与国债期货交易的工作正稳步推进。2014年9月推出了10年期和3年期国债期货仿真合约，为正式合约上市奠定了良好基础。

周成跃巡视员为学员们讲解了我国国债现货和期货市场的发展情况，并对相关政策进行了解读。他指出，国债现货市场的改革发展是国债期货市场成长的基础。经过多年发展，国债市场化程度较高，信息透明度越来越强，已经完全具备大力发展国债期货业务的基础。他希望，市场机构认真学习国债期货交易制度与规则，主动参与衍生品交易，做好投资风险管理。伍旭川处长结合世界各主要经济体利率市场化经验，指出利率市场化与国债期货的价格发现、套期保值、期现套利等功能息息相关，要稳步推进利率市场化进程。刘丽娜处长从宏观、中观层面分析了利率市场化对银行系统的影响，并从微观角度介绍了国内外利率市场化转型期金融衍生品在风险管理中的应用。中金所债券事业部汪明文总监助理详细介绍了中金所国债期货合约与规则设计及下一阶段工作安排。中信证券邓海清博士分析了今明两年宏观经济运行及债券市场走势。银河证券债券投资部郭济敏执行总经理介绍了国债期货套期保值理论与操作技巧。暖流资产合伙人程鹏先生介绍了所在机构实际参与国债期货交易的成功经验与做法。

4. 加强国债宣传工作。近年来，财政部国库司为方便记账式国债承销团成员单位国债投资与经营业务，编制印发载有国债业务知识和国债招标、还本付息信息的宣传台历，深受各方欢迎。为了坚决执行中央“八项规定”，国库司决定今年不再编印这种台历了。协会了解这一情况后，为了配合国库司做好国债发行兑付管理工作，根据会员单位需求，协会今年以“2014 年国债发行、兑付备忘录”的形式按季编印国债发行、兑付工作月历，加印载入在协会内刊《国债与金融》中进行宣传。在该月历中，应储蓄国债承销团成员要求还增加了储蓄国债发行与兑付计划的资料。这一宣传方式，受到会员单位、储蓄国债承销团成员（均为协会会员单位）的普遍好评。

5. 召开部分在京会员座谈会，了解会员心声，反映会员诉求。2014 年 8 月 19 日，协会在京召开部分会员座谈会，就协会新一届理事会工作、地方政府债券自发自还试点工作、国债承销考核及行业自律工作听取会员的意见和建议。共有 18 家会员单位近 30 位代表参加了会议。

会上，与会会员单位普遍对协会新一届理事会的工作给予了充分的肯定；对下一届国债承销团组建和考核工作提出了很有针对性的意见和建议；对地方政府债券自发自还试点工作发表了真知灼见。比如：提高自发自还地方债发行市场化程度，探索科学合理的地方债信用评级体系；提高地方政府信息披露程度，完善自发自还地方债承销团组建机制；加强对地方债承销团的行业自律工作，对进入地方债承销团的非国债承销团成员，要通过政府债券承销辅导，使之了解相关政策并提高报价水平，以减少对市场的冲击。同时，参加座谈会的会员们也对协会今后工作提出了很好的意见。比如：加强宣传工作和改进宣传平台，丰富培训、考察工作形式和内容，积极开展课题研究和学术交流，要加强国债尤其是地方债行业自律管理等。

对于上述意见与建议，协会领导高度重视，并召开会议进行了分析研究，其中有的意见或建议在协会今年工作中已有落实，有的拟在今后工作中创造条件加以改善与落实。凡涉及政府主管部门相关工作的意见或建议，在协会报告主管部门后，有的已在政府相关部门草拟的相关政策或文件中得以体现。

6. 建立 QQ 群，多渠道密切与会员联系。为了加强并方便协会单位会员业务人员之间的信息沟通、经验交流和业务联系，协会决定建立会员信息交流平台暨“国债协会会员交流 QQ 群”。2 月 25 日，协会向全体会员发出《关于建立协会会员信息交流平台的通知》，得到了会员的积极响应。协会会员交流 QQ 群于今年 3 月 15 日开通，共有 188 人加入到 QQ 群里。

7. 为会员单位提供免费、及时、优质的服务。考虑到物价不断上涨，协会多年未对会员收费进行调整的情况，在 2013 年年底协会换届会上，理事会会议通过决议，适当调增会员单位会费缴纳标准。执行这项决议后，协会 2014 年举办的活动对会员单位均免予收费。同时所举办的活动比上年有所增加，更加务实，贴近需要。举办的三次业务培训活动参加人员均超百。其中有 2 次达到 130 余人。参训人员之多是近些年来所没有的。

8. 成功举办“金债杯”羽毛球友谊赛，丰富会员单位的文体活动。协会主办的“金债杯”羽毛球友谊赛于 2014 年 5 月 24 日在北京成功落下帷幕。这是协会成立 20 多年来首次举办的文体活动。本次友谊赛是在北京和上海两个分赛区小组赛的基础上进行决赛的。共有 15 家常务理事单位会员机构参赛。友谊赛分为男子单打、男子双打、男女混合双打。经过多轮激烈角逐，来自北京的中国工商银行、中国农业银行、北京银行代表队和来自总行设在上海的兴业银行代表队进入决赛。最终，兴业银行代表队以精湛的球艺发挥、默契的团队配合摘取桂冠。

此次友谊赛得到了协会常务理事单位的重视和积极响应，相关国债业务人员踊跃参与。选手们表示，协会举办此类活动，丰富了会员单位的文体活动，加强了会员单位彼此之间以及会员单位与协会的沟通联系，增进了相互间的了解和友谊，它必将促进国债协会与会员单位未来的合作与发展。

（三）努力开拓，切实做好服务政府主管部门工作

1. 协助国库司做好国债管理与政策研究工作。一是配合做好储蓄国债暗访调查工作。为了规范储蓄国债发行管理工作，3 月 18 日，在 2014 年第一期凭证式国债发行期，国库司组织 5 个小组对储蓄国债承销团成员在京部分网点凭证式国债销售工作进行暗访。协会秘书长、副秘书长均参加了暗访工作，从中既得到了锻炼，又为改进储蓄国债销售工作尽了一份努力。

二是配合国库司进行国债承销团课题研究工作和国债承销团评审专家推荐工作。多年来，我国国债承销团是通过行政审批的方式组建。2013 年，财政部主动申请取消此项行政审批工作。为了做好 2015—2017 年国债承销团组建工作，合理确定国债承销团成员的权利与义务，建立科学的准入、考核和退出机制，国库司为此专门成立了国债承销团组建课题组进行研究，并让协会承担其部分研究内容。为了配合司里做好此项工作，较好地完成任务，协会委派专业人员参加了课题研究。通过走访单位、召开会议，获取相关信息和资料后，协会撰写了有价值的分析报告报送国库司。在整个课题研究工作取得重大成果基础上，适应依法治国、依法行政之需要，国库司对 2015—2017 年国债承销团组建工作做出重大改革，确定采用专家评审办法组建承销团，使承销团组建及评审工作更加公开、透明、规范。国库司为了充分发挥协会中介组织作用，于 11 月份指定协会从会员单位中推荐 10 名同志作为新一届国债承销团评审专家候选人。协会以高度认真负责态度，召开会长办公会扩大会议，研究推选出 10 名同志报送司里。受国库司之关爱与呵护，协会有两位同志被誉为评审专家，其中有一位还参加了首次评审工作。

三是协助国库司做好国际研讨会相关工作。3 月 27—28 日，国库司在海南省海口市召开中国国债管理战略国际研讨会，协会承担的会议资料中英文翻译工作，得到国库司主要领导的充分肯定。

四是积极参与《国债条例》（征求意见稿）讨论工作。3 月 19 日，协会应邀参加国库司组织召开的国债条例征求意见会。2012 年，协会受司里委托组织过《国债条例》课题研究。为配合司里做好《国债条例》起草立法工作，协会组织召开会议，对征求意见稿进行了研究，并以书面方式向司里报送了协会意见。其中，协会一是从国家高度、行业角度和长远观点出发，对条例初稿修改提出了一些建议。二是从法律规范角度对比研究了全国性金融行业协会和财政部所属协会的职能作用，结合国债协会自身特点建议在《国债条例》（征求意见稿）中从法律层面赋予协会以自律、服务、协调、维权四项基本职能，并独立成章，以便协会在服务政府主管部门、服务会员中依法履行职能。

五是根据形势发展需要，大力加强国债咨询服务。储蓄国债咨询服务是国库司赋予协会的一项主要工作。这项工作政策性很强，面对的服务对象大多是普通老百姓。在某种意义上讲，储蓄国债咨询服务工作也是财政部对外窗口之一。因此，大力加强这项工作十分必要。2014 年，储蓄国债在发行规模、方式等方面有了新的变化。储蓄国债发行机制的灵活性和收益的稳定性，越来越受到广大百姓投资者的青睐，百姓就购买储蓄国债相关政策的咨询电话随之大量增加。尤其是今年利率市场变化、资本市场波动的时点上，百姓咨询问题集中体现在国债政策和投资策略上。为此，协会加强了对员工的教育和培训，要

求解答百姓咨询电话要耐心细致，政策解释要准确全面。经过努力，协会的咨询服务工作赢得了广大百姓投资者的信赖和认可。今年协会解答广大投资者国债咨询电话 1200 余件，比上年有较多增加。解答结果无一投诉。

2. 协助预算司进行地方政府性债务管理改革政策研究工作。一是探讨地方政府性债务管理问题。9 月份，协会参与预算司地方政府性债务存量处置途径、地方政府债务风险化解国际经验及措施、新预算法和《国务院关于加强地方性政府债务管理的意见》出台后的影响及对策等问题的研究，并参与起草《意见》的解读。

二是对信用评级行业进行初步调查研究。根据预算司的要求，协会于 4 月初对我国信用评级市场情况进行了调查研究，走访了东方金诚国际信用评估有限公司、中债资信评估有限责任公司和大公国际资信评估有限公司等 3 家信用评估公司。通过调研，了解了我国的信用评级机构与评级业务主要流程和信用评级资质审批与相关的政策法规，探讨了地方政府信用评级所需信息披露问题。对开展我国地方政府信用评级提出了若干建议，供预算司决策参考。

三是对地方政府发行专项债券进行政策研究。受预算司委托，9—12 月份，协会配合预算司对“地方政府债券”的相关政策进行较为系统研究，在此基础上参与起草相应的管理办法。12 月 6 日，协会受预算司委托，在北京召开地方政府债券研讨会，邀请政府相关主管部门、部分省市区财政厅局、地方政府债券中介机构等与会研讨，对地方政府债券管理改革提出意见与建议。

四是参与地方债招标价格出现偏差问题研究。2014 年以来，国务院批准北京等 10 个省市进行地方政府债券自发自还试点。随后，广东省、山东省先后出现地方政府债券发行利率低于同期限国债发行利率现象。国务院、财政部对此高度重视。8 月底，协会协助预算司对 2014 年部分地方政府债券自发自还试点地区出现的发行利率“倒挂”现象进行分析研究，由预算司形成报告上报国务院。

（四）完成《国债基础知识与实务》培训教材编写工作

由协会组织的国债业务培训教材编写工作得到财政部、中国人民银行相关司局的高度重视与大力支持。5 月 27 日，协会在京召开《国债基础知识与实务》教材编写工作座谈会。财政部国库司和中国人民银行国库局相关领导，以及协会 5 家常务理事会员单位参加了座谈会。会议成立了教材编委会，研究讨论教材目录和编写内容，明确教材编写分工。

协会牵头编写《国债基础知识与实务》这本教材，主要目的是使协会将来对国债从业人员的培训有所遵循，规范培训工作。同时，力求使这本教材今后可供大专院校财政、金融专业教学参考使用以及为普通投资者进行国债投资提供自学读本。教材初稿编写出来后，协会于 8 月份在贵阳市组织召开了初稿评审座谈会。财政部国库司和会议准则委员会、中国人民银行国库局有关领导，各执笔人应邀参加了会议，对教材初稿进行了深入讨论，并提出了进一步修改的指导性意见。此后又几次组织有关专家分头对稿子进行了审阅修改。目前，教材稿已终审完毕，不久即可付梓印刷。

（五）加强协会秘书处内部建设，为协会今后发展夯实基础

1. 积极参加党的群众路线教育实践活动，培养发展新生力量。党的群众路线教育实践活动开展以来，协会党小组根据部机关党委统一部署，积极参加金融司党支部各种活动。年初，机关组织机关党员领导干部集中脱产培训，并要求部属事业单位自行培训。考虑到协会党员较少，外出脱产培训不太现实，协会党小组要求党员充分利用业余时间，一丝不苟地按照机关党委的要求进行自学，结合思想实际和工作实际按时写好总结汇报材料，切实将实践教育活动成果体现在改进协会日常工作中，体现在提高“两个服务”质量上。一年来协会所做出的富有成效的工作，凝聚着全体员工经过党的群众路线实践活动迸发

出的积极性和辛勤付出。

近年来，协会党小组一直注重加强对入党积极分子的培养工作，有意识地安排其参加有关政治学习和政治活动，增强对党的认识和纯洁入党动机，以党员标准严格要求自己。通过组织培养教育和党员同志关心帮助以及个人积极努力，“七一”前夕，1名要求入党积极分子光荣地加入了中国共产党。

2. 增强组织纪律性，严格执行中央规定。长期以来，协会一直租用中国农业发展银行的办公用房。由于设计原因，协会办公用租房存在超标问题。根据中央规定要求，2014年6月，正值租房协议到期之际，协会召开会长办公会，研究决定于7月腾退三间办公室，将协会办公用房面积严格控制在标准之内。

2014年11月，协会收到财政部和中组部关于规范离退休领导干部在社会团体兼职问题文件后，即召开会长办公会研究决定，严格按照通知中具体要求办理，并通知协会相关部门具体负责落实。有关协会贯彻落实情况报告已呈报财政部人事教育司。

3. 利用各种机会，为协会秘书处员工提高素质、增强工作能力创造机会。一是委派青年员工参加了团中央组织的主题为“根在基层、情系民生”的走基层活动。二是委派员工参加国库司组织的有关国债和地方债业务的国际研讨会、全国财政系统地方政府债务管理培训。三是定期派人参加国库组织的国债季度筹资分析会。四是派员积极参加由财政部举办的各类培训班。五是对好学上进、求知欲望强、不断给自己“充电”员工遇有困难或需要时，协会尽可能帮助解决。

此外，协会工会小组密切配合金融司分工会积极开展各项活动，并积极组织员工参加财政部第15届职工运动会，做好运动会的后勤保障工作，为金融司分工会夺得部机关团体总分第四名做出了努力。2014年，协会工会小组长由于工作突出，被授予“财政部优秀工会工作者”光荣称号。

二、2014年工作体会

回顾2014年，协会工作开展呈现一些新的气象、新的特点，取得了较好成绩，主要归功于：

首先，新一届理事会、新一届协会领导班子高度重视和全力支持协会各项工作的开展。与此同时，协会开展的各项活动，紧密围绕财政金融工作中心和加强国债、地方政府债券管理实际，都得到广大会员的衷心拥护和大力支持以及积极参与。

其次，政府主管部门的鼎力支持是协会做好工作的重要保障。今年以来，部内有关司局加大了对协会工作的支持力度。金融司在行政工作方面给予协会有力领导和大力支持；国库司除常规业务指导外，在国债管理与政策、国债业务培训、国债课题研究、国债培训基础教材编写等方面给协会“压担子”，放手让协会去做，对协会履行职责给予全方位指导、支持与帮助；预算司对国债协会高度重视，把加强对地方政府性债务管理中有关工作放心大胆地交给协会去做；财政部人事教育司在调动协会人员积极性，指导协会换届后续工作圆满完成等方面给予协会宝贵支持；部办公厅在协会财务管理方面给予精心指导和帮助。所有这些，都为协会优质服务政府主管部门和服务会员、做好协会工作提供了有力支撑。

总结过去一年来的工作，我们深深体会到，协会各项工作能够顺利开展并取得较好的成绩，得益于财政部、中国人民银行、证监会等政府主管部门的高度重视和悉心指导，得益于广大会员的积极支持和大力帮助。但我们也清醒地认识到，协会工作与政府主管部门、广大会员的期望和要求还有一定的差距。如行业自律管理职能作用未能充分发挥，为政府主管部门服务的主动性还需加强，协会工作人员综合能力素质还需进一步提高等等。这些问题需要协会着力研究并采取有效措施加以解决。

三、2015年协会工作设想

2015年协会工作总体目标是：以财政金融工作为中心，围绕加强国债和地方政府债券管理工作，优化服务政府、服务会员，促进金融市场、债券市场以及协会工作稳步发展。

（一）继续做好服务会员的工作

1. 筹备召开协会第四届理事会第三次会议。拟于2015年2月上旬召开协会第四届理事会第三次会议。会议主要内容是报告协会2014年工作和2015年工作计划，报告协会2014年财务工作情况；表决通过有关事项。

2. 举办宏观经济金融形势分析会、报告会。根据会员单位工作需要，适时召开经济金融形势分析报告会，帮助会员分析了解经济金融形势，更好地把握国家经济金融政策和市场走向，做好债券投资业务。

3. 做好业务培训工作。结合会员业务需求制订系统的年度培训计划和方案。一是结合国债预发行业务在银行间债券市场的开办，做好对会员单位的业务培训工作；二是拟举办会计准则和会计政策培训班；三是拟开展储蓄国债基础知识与实务的培训；四是在国债业务品种创新制度出台时，将根据会员单位需求，有计划、分步骤组织培训。培训方式将力争根据人员类型的不同，举办不同层面的培训。培训师资要兼顾高层专家学者和一线业务专家，使理论和实践并重。授课方式尽可能将授课和模拟操作相结合，注重培训效果。

4. 组织召开会员座谈会、业务交流会，加强协会会员间交流，促进经验分享，反映市场诉求。充分考虑会员分属于不同金融行业、不同地区的实际情况，组织跨行业、同行业、跨地区和同地区的会员业务座谈和经验交流会议。同时，适时召开记账式国债承销团成员、储蓄国债承销团成员、地方政府债券承销团成员座谈会，在加强信息交流、增进业务联系、促进经验分享的同时，听取会员意见与建议，反映会员合理诉求。

5. 组织文体活动，丰富会员业余生活，增强协会与会员及会员彼此之间联系。

（二）继续做好服务政府主管部门的工作

1. 积极配合政府主管部门，确保年度政府债券筹资任务顺利完成和地方政府债务管理制度改革顺利实施。

一是努力发挥行业自律管理职能，动员国债承销团成员和协会会员认真履行承销义务，积极参与国债和地方政府债券招投标发行，严格执行招投标规则和协会会员自律公约，促进各期债券顺利发行。二是配合财政部、中国人民银行和证监会等相关主管部门做好对国债承销团成员和国债做市商的考评、培训等工作，协助办好与国债发行管理相关的工作会议。三是充分利用协会刊物、网站、咨询电话等“对外窗口”，大力宣传政府债券政策，普及政府债券知识，促进政府债券发行管理。

2. 协助政府主管部门推进有关国债管理改革，加大国债理论研究力度。协助财政部国库司推进《国债条例》立法进程，做好相关配合工作；配合做好记账式国债预发行、储蓄国债网络销售等新的改革措施实施和推广；在政府主管部门指导下，组织会员单位及相关研究机构开展国债管理方面课题研究，当好政府主管部门的参谋助手。

3. 研究分析储蓄国债发行情况，提出操作性较强的政策建议。在政府主管部门的帮助与支持下，收集近年来储蓄国债各省市发行数据、各承销团成员代销数据。在此基础上，加强调查研究，找出储蓄国债发行工作的薄弱环节、薄弱地区，总结储蓄国债销售规律，有针对性地提出操作性较强的建议，为国库司制定相关政策提供参考。

4. 协助政府主管部门做好地方政府债务管理政策研究及其有关制度制定工作。《新预算法》和《国务院关于加强地方政府性债务管理的意见》出台后，我国地方政府性债务管理改革工作正在积极推进，财政部对此正在进行系统研究，并将制定一系列的政策和规章制度。协会要积极加强与预算司的联系，了解改革动态与进展，继续配合协助预算司做好地方政府性债务管理改革的政策研究和相关制度制定工作，为确保国务院文件贯彻落实，保证改革顺利进行做出更加积极的努力、发挥更加有力的作用。

（三）拓宽协会服务范围和服务领域，更好发挥协会职能作用

1. 争取有实质性地开拓关于地方政府债券市场的行业工作。在财政部相关司局支持下，探索开展地方债券市场行业自律工作、为地方政府债务管理专业干部提供相关业务培训、为地方政府自主发行专项债券提供业务咨询与辅导。

2. 研究地方政府债券市场行业自律配套政策。根据国务院和财政部有关地方政府债券发行管理改革精神，研究地方政府债券行业自律问题，制定相应的规章制度。探讨地方政府信用评级市场准入、退出和自律管理机制。为规范地方政府债券市场发展，在防范主权风险以及可能产生的财政金融风险方面，积极推动有关方面进行有益尝试。

3. 发展与地方政府债券市场相关的机构加入协会。发展地方政府债券承销成员、地方政府信用评级机构入会，努力扩大协会服务面，为增强行业自律职能打基础。

（四）加强协会秘书处内部建设，提升协会服务水平，增强发展后劲。

1. 要树立“服务至上，求真务实，开拓进取”的理念，不断拓展协会服务范围，注重提高服务质量。

2. 要加强人才培养及其使用，努力打造一支政治思想过硬、业务能力强、紧密团结协作、执行力强的员工队伍。

3. 要进一步规范财务管理，确保协会工作高效、有序运转。

三、部分承销团成员国债业务经验介绍

中国建设银行

中国建设银行作为记账式国债承销团甲类成员和地方政府债券承销团成员，始终高度重视国债和地方政府债的承销工作，积极履行承销商的各项职责和义务，为国家和地方建设提供所需资金。其中，中国建设银行记账式国债承销多年综合排名第一。总结中国建设银行国债承销工作，主要有以下几点经验：

一是，从高管层到交易员都高度重视记账式国债和地方政府债的承销工作。在国债承销、投资比例、绩效考核等方面对国债业务给予倾斜，高度珍惜国债承销商的业务荣誉，分管行长多次就国债和地方政府债承销工作给予悉心指导。

二是，在国债承销工作中，认真履行记账式国债承销团甲类成员的各项义务。包括严格遵守各项招标发行规则；每月向财政部报送金融市场分析报告、每季度对记账式国债发行和管理政策提出意见和建议、每年报送上一年度国债承销和交易情况总结报告；积极参加记账式国债改革创新试点工作，参加了“中国国债管理战略计量分析”、“地方政府债券市场亚行技援项目”等课题研讨。

三是，在二级市场积极参与国债交易，维护国债市场正常秩序。中国建设银行始终重视宏观和债券市场研究，以准确把握和预测债券市场走势，在不断提高一级市场投标准确度的同时，积极参与国债二级市场交易，增加国债双边报价数量，报价品种覆盖各关键期限国债。

（中国建设银行供稿）

交通银行

2014年，在财政部、中国人民银行、中国国债协会等相关领导机构的关心指导以及市场同仁的大力支持下，交通银行在记账式和储蓄式国债的承销、销售、交易方面取得了长足的进步。

党的“十八大”以来，中央明确了调整经济结构的思路方向，并且把解决民生问题放到了更加重要的位置。经济增长由量变向质变转变，预期增长率也相应被下调。2014年，国债收益率从年初即一路下行。交通银行审时度势，秉持稳健原则，在复杂多变的宏观经济环境和跌宕起伏的债券市场利率环境下，较为准确地把握住了全年金融市场走势。凭借前瞻性的研究分析、敏锐的投资决策和精细化的组合管理水平，交通银行及时调整了债券投资策略，合理选择债券投资品种，很好地把握住了债券投资节奏，进一步优化了投资组合结构。

作为中国银行间债券市场最早和最主要的参与者之一，交通银行始终积极参与银行间债券市场投资、承销与交易。作为财政部首批国债承销团甲类成员之一，交通银行屡次荣获记账式国债和储蓄式国债承销优秀奖。交通银行人民币债券业务品种齐全，涵盖债券投资、债券承销发行、现券交易、拆借回购、结算代理业务、利率互换、债券借贷、债券远期交易及衍生产品交易和代理业务等。整体而言，交通银行债券业务始终处于行业领先地位。2014年，交通银行被中央国债登记结算有限责任公司评选为年度中国债券市场优秀发行人、优秀承销商、优秀自营商、优秀托管机构。

交通银行在债券业务经营理念上始终坚持安全性、流动性和效益性原则，在此前提下紧跟市场发展的步伐，不断加大资金运作力度，优化资金运用结构，强化内部控制和风险管理，提高全行资金使用效益。

一、记账式国债

2014年共承销43期、2012—2014承销年度排名第7。2014年记账式国债现货交易量排名第5，在银行类排名第4。

在记账式国债承销方面，交通银行在每次投标前都会结合自身情况和市场状况制定投标策略，积极参与国债发行一级市场；在交易方面，我们会密切关注市场变动，积极参与国债交易二级市场，同时，为了维护市场流动性，我们也认真履行一级做市商的职责；此外，交通银行还积极参加各类座谈会、研讨会，加强同业沟通，为促进国债市场健康发展贡献力量。

二、储蓄式国债

根据财政部、中国人民银行的储蓄国债发行计划，2014年交通银行共参与承销四期凭证式国债、十期储蓄国债（电子式），全年累计发行218.26亿元，实现储蓄国债销售收入1.055亿元，创国债销售业务开办以来年度最高收入。其中，凭证式国债收入大幅提升，带动总收入稳定增长。

储蓄国债（电子式）网银销售再创新高，累计发售40.64亿元，同比增长5.67%；通过个人网银渠道认购的销量占总销量的25.86%，同比提升3.83%。各年期限国债网银销量均有提升，三年期销售22.81亿元，同比增长0.41亿元，五年期销售17.83亿元，同比增长1.77亿元。

为做好每一期国债的发行，交通银行总行在发行前期进行了充分的准备工作，结合当下市场情况利用国债中长期固定收益的特点，制定好行之有效的销售策略，指导分行做好客户的资产配置，拟定相关销售要求，制定营销短信模板，更鼓励分行广开思路，纷纷展开积极的营销攻势，销售时，上下齐动，取得了较好的销售成绩。

除了传统模式外，不断创新发行举措——凭证式国债优化了总行指定日期进行额度回收模式，分行额度逐步由原来的保留三日逐步向次日回收，同时优化回收后的额度放置总行集中抢售，由此提高国债计划发行完成率。实践发现效果明显，本年有多期凭证式国债计划100%完成。

三、地方债

2014年是地方政府试点发行自发自还地方政府债务的元年，交通银行高度重视此项工作，从总行到分行层面积极加入自发自还地方债承销团，并且安排资金加大承销力度。同时，也继续做好承销财政部代发地方政府债务的承销工作，结合自身情况努力配合财政部和地方政府发行债券的工作。最后，我们也加大对地方债的研究力度，也对外分享自己的研究成果，为地方债务发行规则的完善、收益率曲线的建设、地方债务的置换等工作积极建言献策。

2014年全年共承销地方债43期，其中自发自还30期，全部完成承销任务。

今后，交通银行将不断总结工作经验，完善工作流程，细化投研体系，更好地履行甲类承销团成员的职责，全力支持财政部、中国人民银行的工作，保证国债和地方债的顺利发行，力争取得更好的成绩。

（交通银行供稿）

国家开发银行

国家开发银行作为记账式国债承销团成员，高度重视记账式国债的承销工作，积极履行承销商的各项职责和义务。2014 年国家开发银行全年承销国债 359 亿元，增幅 90%，承销量达到国家开发银行历年承销最高水平，在 50 家承销商中排名第 12，较前一年排名大幅提高了 12 名，取得了优秀的成绩。

一、领导高度重视业务开展，国债与国家开发银行债发行互为借鉴

财政是立国之本，是经济稳定发展的支柱，是国计民生的重要保证。对于国债的承销和交易，行领导及各部门给予了高度重视。国家开发银行不仅在债券银行中唯一具有国债一级承销资格，而且组建了专业团队进行管理操作。四年内，国家开发银行国债承销排名上升 36 名。在银行间市场中，利率债投资群体相近，市场动向趋同，国家开发银行通过参与国债承销工作，有利于分析利率债一级市场投资人行为，更好地为市场发展服务，提供符合投资人需求的金融产品。同时，财政部在预发行、国债期货、换券、承销团组建等业务走在市场前沿，有利于国家开发银行借鉴相关经验。

二、严格履行国债承销团义务，建立行内制度确保合规

国家开发银行作为国债承销团成员，严格遵守记账式国债承销主协议的相关规定，按照每期招标发行办法、招标区间进行合理投标。为确保工作准确合规，在完善投资操作流程、规章制度的基础上，国家开发银行内部发布了《国家开发银行资金局国债、中国人民银行公开市场承分销业务操作手册》，规范了业务流程，并根据业务的不断发展，适时更新，以保证紧跟时代。

三、结合业务实际，灵活开展承销业务

由于中国人民银行对国家开发银行一直比照政策性银行管理，对国家开发银行债券投资规模设定限额，目前国家开发银行投资规模仅为大行的 4% 左右。考虑到国债承销工作的重要性，国家开发银行将中短期国债作为国家开发银行流动性管理以及头寸运用的重要工具。因 1 年期以内的国债品种无承销义务，同时利率较低，投资人兴趣较小，国家开发银行通过大量投资，避免了往年常出现的贴现国债流标的情况，维护了国债市场的稳定，为国债收益率曲线的建立发挥了作用。

考虑到国家开发银行自营投资总量有限，国家开发银行利用自己在债券市场中的影响力，积极开发券商、城商行、农信社等客户，并给予相应的市场指导与投资建议，吸引多重资金参与国债发行。

四、加强市场研究，进行波动操作，提高收益

2014 年国家开发银行对宏观经济周期、债务周期变化关系进行了深入的研究，同时结合作

为中国人民银行公开市场一级交易商的优势，准确把握住2014年“牛市”走势。为保证收益，国家开发银行合理安排投资节奏，在上半年利率相对高位，加大了国债等各类债券的配置力度。在基于利率走势的判断下，并结合信息优势以及对市场情绪的把握，主动参与二级市场交易，通过波段操作提高组合收益率，促进和完善国债收益率曲线的形成。

五、积极参与国债做事报价，提高国债流动性

2014年，债券市场国债收益率振幅较大，给国家开发银行国债做市业务提出了更高的要求。国家开发银行积极主动参与市场交易，在双边报价上，坚持涵盖国债全部关键期限，保持报价量和报价点差位居市场前列，向市场提供了较为完整的、可供交易的国债收益率曲线；在报价过程中，根据交易活跃程度及到期期限等因素，对双边报价券种和价格进行及时调整，增加有效交易需求，提供市场流动性。2014年国家开发银行国债交割量约为350亿元。

六、参与财政部课题研究

国家开发银行结合在债券市场发行、承销、交易等多方面的市场经验，积极参与财政部组织的课题研究工作，配合财政部完善我国国债一、二级市场建设，为其他债券品种的发展打下基础。2014年，国家开发银行完成了《记账式国债换券研究》和《国债承销团组建研究》两项课题。在此期间，国家开发银行组织了投资与发行团队共同研究、探讨，为我国国债市场建设献策献计，支持我国债市市场深化发展。

（国家开发银行供稿）

中国邮政储蓄银行

2014年，在财政部、中国人民银行、中国国债协会等相关领导机构的指导帮助下，在市场同仁的大力支持下，中国邮政储蓄银行积极认真开展国债承分销和交易等业务，并取得了一定的进步。

一、记账式国债

（一）承销交易联动，加大国债承销力度

2014年中国债市在经济走势羸弱、货币政策宽松的环境下走出“大牛”行情，各品种、各期限债券均有不错表现。中国邮政储蓄银行加强市场研判，把握市场交易机会，通过在一级市场投标的方式来加仓，后续择机卖出，增加承销量的同时，也加大了国债的二级交易量。

（二）进一步完善总分行营销体系，做好国债承分销工作

在利率市场化的大背景下，银行负债成本提高、存款增速放缓、盈利压力加大，另外同业投资等创新高收益业务的发展，使债券投资可运用的资金减少，原有的依靠自身投资模式难以出色完成国债承销工作，因此在2013年度工作的基础上，中国邮政储蓄银行加强营销分销工作，进一步完善总分行营销体系。为了调动分行营销的积极性，总行采取营销成功分行可获得金融市场其他业务优先开展等激励措施，充分发挥分行营销作用，巩固地方小型金融机构的国债营销体系，进一步加强了国债一级市场承分销的相关工作。

（三）注重市场研究和人员培训、强化管理

中国邮政储蓄银行金融市场部成立了由研究、分析、投资交易以及风控人员组成的债券投资小组，定期对债券市场的最新动向进行分享，及时沟通对宏观经济以及市场走势的研究成果，并对新的产品进行探讨，提高交易员的投资交易技能，2014年中国邮政储蓄银行着重研究了长期利率走势。

另外中国邮政储蓄银行金融市场部定期进行投标应急演练，模拟应急操作处理，降低操作风险，2014年实现了国债承销工作的零违规事件。

（四）加大国债做市力量，提高国债交易量

中国邮政储蓄银行作为尝试做市商，一直认真履行做市责任。2014年中国邮政储蓄银行加大对各个券种的做市力量，其中，国债做市涵盖了1、3、5、7、10年关键期限。中国邮政储蓄银行通过加强市场研究、加大做市交易团队的建设力度和以接近市场价格回复请求报价和发送双边报价等措施，提高做市活跃度。2014年中国邮政储蓄银行获得了“最佳做市机构奖”，交易员获得了“最佳做市交易员”的称号。通过加大做市力度，也相应地提高了国债交易量。

二、储蓄式国债

2014年中国邮政储蓄银行共承销14期国债，承销总销量291.80亿元。其中，凭证式国债4期，总销量93.66亿元，储蓄国债（电子式）10期，总销量198.14亿元。凭借出色的承销成绩，中国邮政储蓄银行储蓄国债承销比例近一步得到上调，其中储蓄国债（电子式）承销比例由2013年的11.3%提升至11.4%、凭证式国债承销比例由5.8%提升至6.8%。

（一）加大国债宣传力度

2014年中国邮政储蓄银行进一步加大国债宣传力度，开展多种形式的国债宣传工作：

1. 结合国债涉及面广、影响力大等特点，将国债宣传与业务发展相结合，在人群密集的广场、社区搭建讲台，宣讲国债发行、兑付等相关政策规定，发放国债知识宣传手册，全面开展客户宣传工作。

2. 通过各地区有影响的媒体进行国债促销宣传，开通并公布咨询热线，对各期国债发行信息、购买程序及资金划拨等具体事宜提供咨询服务。

（二）开展“送债下乡”，满足农村居民国债投资需求

受居住环境、通讯手段及传播媒体等客观条件限制，多数农村居民缺乏国债投资知识、无从得知国债发售信息或由于路途遥远无法抢购成功。中国邮政储蓄银行以遍布县域和农村的网点为依托，多次开展“送债下乡”活动，在县城和农村地区广泛开展国债宣传，农村网点普遍在醒目位置张贴国债宣传画，摆放国债宣传材料，对前来办理各种存取款业务的农村居民客户进行告知、解答与宣传，提高县城和农村居民国债投资意识。2014年中国邮政储蓄银行县城及农村地区储蓄国债销量达到140亿元，占全部销量的比例达到48%，较2013年提升5个百分点。

（三）做好客户服务工作

各期国债发行前中国邮政储蓄银行理财经理都会主动联系目标客户，向客户介绍国债的品种以及购买、计息及兑付方式，提前为客户办好相关账户，并提醒客户将认购款存入账户，以免认购当天出现金额不足认购不成功等情况。销售当天，各国债营业网点相关人员在销售当日提早到达单位，进行销售组织管理及销售现场秩序维护工作，国债营业网点配备专职服务人员对投资者进行业务宣传、现场咨询及解释。各国债营业网点在发行前和发行中均以明显标志明示网点代理销售国债，销售结束时及时向客户进行公示。

（中国邮政储蓄银行供稿）

中国光大银行

一、记账式国债承销交易

2014年，全球经济形势和金融政策分化加剧，中国经济总体运行在合理区间。中国人民银行综合运用各种工具，保持流动性合理充沛。债券市场全年走出一轮波澜壮阔的“大牛市”，国债收益率较年初下行110BP，金融债下行160BP。

（一）把握市场节奏，主动参与国债投资

国债作为财政筹资的重要工具在国民经济中占有重要的地位。国债由于具有信用等级高、流动性强和税收优惠等特点，在银行间债券市场中发挥着无风险利率基准的重要作用。中国光大银行一直将国债作为债券投资、资产负债管理和流动性储备的重要标的。在全行资产负债计划中占有非常重要的地位，在债券投资组合中所占比例逐年提高。在各级领导的关心指导下，中国光大银行高度重视国债承销工作，近几年一直保持国债承销团甲类成员资格，国债承销分销力度维持在较高水平，国债承销团排名保持在全国股份制银行前列。在2014年的国债承销工作中，中国光大银行积极拉长国债组合久期，主动增持中长期国债，锁定了长期收益。

在日常工作中，中国光大银行密切关注国债发行计划，根据行内流动性状况、市场走势和债券组合等因素制定配置计划。在每次投标过程中，综合考虑各种因素所带来的影响，努力提高投标精确度，确保完成甲类成员承销任务。发行结束后认真分析发行结果，总结承销经验，为下一次国债发行做好准备。

同时，中国光大银行作为记账式国债甲类成员，充分发挥甲类成员优势，在市场成员中积极介绍国债投资价值，努力挖掘客户需求，与许多承销团外机构形成了良好的业务往来关系。活跃了国债市场，也获得了市场成员的认可。

2014年国务院批准十个省市试点发行地方政府债券。作为债券市场中的新品种，中国光大银行对地方政府债券承销工作高度重视，在业务流程、投资品种规划和分行沟通等各个方面做出了大量的工作，有力支持了试点发行工作的完成。

（二）积极发挥做市商功能，认真履行做市商义务

2014年，光大银行一如既往地积极参与国债的二级市场交易。首先履行做市商义务，坚持关键期限国债的每日做市报价，优化报价券种，保证必需持仓，跟踪市场波动调整价格，在合规的基础上，力求为国债市场提供连续良好的流动性；其次密切把握关注市场变化积极把握波段操作机会，活跃了国债二级市场；第三，关注国债期货等创新业务，积极参与中金所及期货公司组织的各种国债期货业务培训和研讨会，为参与国债创新业务做准备。

2015年，全球经济仍将处在国际金融危机后的调整恢复期。面对中国经济增速逐步向潜在水平回归，中国人民银行将总体保持货币政策的稳健方向，灵活运用多种货币政策工具，确保货币供应总量松紧适度，进一步降低社会融资成本。2015年国债发行规模比2014有所提高，地方政府债券自主发行省份和规模比2013年也有较大增长。面对复杂的市场形势，中国光大银行仍会将国债作为主要配置品种，完成甲类成员各

项承销任务。

二、储蓄国债销售

中国光大银行高度重视储蓄国债业务的发展，严格遵守财政部、中国人民银行的各项规定，正确认识国债作为投资领域中无风险产品的特性，并将国债作为客户资产配置中重要的组成部分，现将中国光大银行在储蓄国债营销宣传、客户服务方面的做法分享如下：

（一）售前工作

1. 做好国债的培训工作。要求各支行做好每一期次国债的培训工作及产品的销售情景演练和二次培训工作。

2. 通过客户关系管理系统有针对地筛选对国债有偏好或风险承受能力较低的谨慎型的客户，对客户进行短信或电话的通知和邀约，告知客户国债销售事宜。

3. 在日常工作中，要求理财经理在为客户进行理财服务时，充分使用中国光大银行国债业务系统及相关业务知识，为客户灌输资产配置的理念。国债的受众群体一般为中老年客户，这类客户群体的风险承受能力较低，在银行购买理财产品的时候最为看重的就是低风险、“保本保息”。这样理财经理就会有针对性地向客户介绍国债产品无风险的属性，在客户购买其他理财产品的同时，为客户进行有效资产配置。

4. 做好国债的宣传和咨询工作。要求各分支行于国债发行前在网点显著位置摆放统一广告牌，张贴国债发售“公示”，待国债销售完毕后及时张贴国债发售完毕“公示”。各分支行门楣电子屏及网点显示屏要求滚动播放国债发售内容，发售当日提早进行班前准备，对排队购买客户做好次序维护和安抚工作，并要求各支行配备专职营销人员和专职窗口，进行客户分流，满足不同需求，保证国债的顺利发行。

（二）销售期工作

1. 在国债发售期间，中国光大银行特制定“支行联系人”制，每位联系人负责3—5家支行，做好支行的额度咨询和营销沟通工作。

2. 用细心发现客户。一是做到“眼勤”，要求大堂服务人员和柜员在向客户提供咨询服务和办理业务时，都会对客户账户进行查看，特别是针对老年客户他们是国债购买的主力人群；二是做到“嘴勤”，对于初步筛选出来的客户，多一句关心，询问一下客户账面上的钱是否有意购买国债。

3. 用多种销售渠道赢得客户。在销售国债的当天，中国光大银行会利用一切的渠道为客户进行业务办理。对手持现金和存单的客户大堂人员会将客户引导至现金柜台办理；对持卡客户我们会引导客户到非现金的柜台办理，对于可以在网银购买的国债，中国光大银行会安排专人辅导客户在电脑上通过网银进行购买。通过上述多种方式销售，可以最大限度的满足客户购买需求。

（三）售后工作

1. 各分支行在营业室统一宣传栏内张贴“国债发售完毕公示”。

2. 及时安抚未认购成功的客户，并留下未认购成功的客户联系方式，以便下期国债发行时提前告知客户。

3. 每期国债兑付前，要求各支行对客户进行梳理，对于国债即将到期的客户进行电话、短信和邮件提示，提示客户及时兑付，以便客户本金和利息及时到账。

（中国光大银行供稿）

中信建投证券

作为我国较早从事国债承销业务的券商之一，中信建投一直积极致力发展国债承销、现券、期货和预发行等相关业务，在国债业务方面取得显著成绩。经过中信建投固定收益团队的共同努力，2014年国债承销量在券商类承销团成员中位于第四名，国债现货和期货交易排名均在同业中名列前茅。这些成绩的取得一方面是团队成员的共同协作的成果，另一方面得益于同业合作伙伴多年的大力支持，在此深表感谢。

中信建投固定收益团队一直秉承共赢共荣的发展理念，为合作客户在固定收益领域提供全面的金融服务，满足客户的各类需求。在国债承销工作中，中信建投积极跟踪市场行情变化，全面把握新发利率和续发收益率的发行趋势，对于发行水平做出前瞻性的预测。同时根据不同客户的投资配置需求，给出个性化的投标参考建议，以满足客户利益为最终目标。凭借专业的服务、良好的沟通、精准的市场判断，中信建投在各类市场机构中取得良好的口碑，形成稳定的客户群体。在此基础之上，中信建投在2014年继续加大客户的开发力度，积极扩大国债投资的客户群体。此外，在市场行情出现重大变化，投资需求明显萎靡的情况下，中信建投积极履行承销商的责任，通过牺牲部分公司利益来保证一定比例的中标量，确保当期国债的顺利发行。

在国债期货业务方面，中信建投作为最早参与的机构之一，积极加入国债期货筹备和研究工作。2012年初中信建投派出专职业务人员借调中金所参与国债期货的研发和推进工作。在国债期货业务正式推出之后，中信建投加大研究和开发力度，交易量和持仓量持续放大，目前成为国债期货交易最活跃机构之一。此外，中信建投积极响应号召，作为首批机构参与国债预发行工作，为国债市场创新发展贡献力量。

（中信建投证券供稿）

上海银行

感谢中国国债协会对于上海银行2014年度国债业绩的肯定，并给予上海银行一个平台分享开展国债业务中的经验。长期以来，上海银行认真履行了国债承销团成员的权利和义务，进一步加强承销力度、拓展客户网络、创新交易策略、增强市场影响，努力壮大上海银行国债业务的规模。2014年上海银行在国债业务的开展中取得了不凡的成绩，记账式国债综合排名第20，其中承销量排名第19，国债现券交易量排名第7；储蓄式国债综合排名第10，完成销售40.97亿元，销售完成率达120%。

一、记账式国债业务经验

（一）立足一级市场，挖掘自身需求，拓展客户网络

针对记账式国债承销业务，上海银行对内挖掘自身需求、对外拓展客户网络。2014年上海银行自营承销与代客承销记账式国债的比例约为4:6，双管齐下，大幅提升了上海银行承分销业务的竞争力。

1. 内部深挖潜力。上海银行根据国债地方债免税的政策，制定内部考核机制，将返税后的国债地方债到期收益率作为考核对象，大幅增加了上海银行自有资金对记账式国债和地方债的配置需求。截至2014年末，上海银行投资账户持有记账式国债与代发代还地方债合计占比约为85%，在支持国债地方债发行的同时，获取了高额的返税利润。

2. 外部拓展客户。上海银行积极营销非国债承销团成员，努力做到精诚服务、精准预测、精细操作、精密风控，为客户提供全方位的竞标服务，积累了一批合作紧密的核心客户。截至2014年末，上海银行客户网络覆盖各类型金融机构，长期合作客户的数量超过30家，其中2014年度新增客户8家。

（二）借助二级市场，创新交易策略，扩大市场影响

上海银行非常重视自身在二级市场的交易能力，积极提升做市能力，研究并创新交易策略，有效增强上海银行的定价能力和市场影响力。

1. 市场份额稳定增长。上海银行扎实推进二级市场交易业务，稳步提升市场份额。2014年上海银行现券交易量市场排名第13位，利率互换交易量市场排名第14位，债券借贷交易量市场排名第5位，各业务板块市场份额居前。在财政部公布的记账式国债现货交易量排名中，上海银行已连续四年位列前十。

2. 做市能力不断提升。上海银行努力精进做市报价能力，认真履行做市商的职责，为现券二级市场流动性提供支持。2014年度，上海银行做市报价量超过1200亿元，报价笔数近4500笔，市场排名第19位；做市成交量超过50亿元，成交笔数近250笔，市场排名第9位。

3. 交易策略推陈出新。上海银行认真研究新型交易工具，探索创新交易策略。2014年先后推出了人民币债券与资金套利交易、人民币债券与利率互换套利交易，债券借贷做空交易等创新交易策略，灵活运用各种交易工具，不断提升交易能力，并收获丰厚交易利润。2014年上海银行交易账户净价差盈利年化收益率达25%，创历年新高。

（三）加强一、二级以及衍生品业务的联动

上海银行对一、二级以及衍生品业务团队实行统一管理，减少沟通成本，提高各板块联动效率。

1. 一、二级团队相互协助，提高效率。二级团队为一级团队分析市场走势，把握市场情绪变化，并将自身持债需求转化为一级承销量，提升上海银行承销规模。一级团队为二级团队准确定位中标利率区间，协助二级团队获得更好的中标价格，并在中标利率可能异于市场预期时，及时提示二级团队提前做好应对策略。此外，一、二级团队共享客户资源，协同拓宽客户网络，提升一级营销和二级询价的效率。

2. 衍生品团队辅助一、二级团队。衍生品团队组合交易建仓时，会激发上海银行一级市场认购需求，增加上海银行一级团队承销规模。对于二级团队持仓债券，衍生品团队准备了多种套利套保交易策略，在市场剧烈波动时为二级团队有效锁定收益与风险。

二、储蓄式国债业务经验

（一）加强储蓄国债销售管理

1. 多渠道开展宣传预热，扩大国债销售信息知晓度。每次发售前，上海银行均通过门户网站、短信、微信、网点电子户外屏等方式提前发布国债销售信息，使广大客户能知道国债的发行时间、发行利率以及购买方式。同时，网点的理财客户经理也会在平时的产品销售过程中记录有国债购买意向的客户，一旦知晓国债发售计划，第一时间通知客户做好购买准备。特别是在发售电子国债前，提前做好国债账户开户工作，从而大大减少客户购买时的等待时间，方便市民购买。

2. 立足养老客群需求，因地制宜制定销售策略。上海银行是上海市代发养老金的主力银行之一，养老客户也是购买国债的主要客群。国债发售日一般为每月 10 日，与上海银行养老金客户代发高峰日重叠。针对养老金融支行营业时间早于一般网点的实际情况，为满足客户的购买需求，确保不同开门时间的网点都有国债销售，上海银行采取了灵活的额度投放管理，即在 8:00、8:30、9:00 分三次投放国债额度，确保各个时间开门的网点都有国债销售。

3. 持续做好网点大堂服务，提高客户满意度。网点大堂服务人员是上海银行接待国债客户的第一窗口，因此做好网点大堂服务人员的国债业务培训工作尤为关键。每次发售前，上海银行均通过发文形式明确本期国债的各项要素，要求各网点组织大堂服务人员进行研究学习，了解储蓄国债的基本常识，加强营销意识。2014 年，上海银行在国债的发行期内安排了数次对营业网点的暗访调研工作，网点大堂服务人员均严格按照要求做好国债宣传工作。

（二）加强内控防范管理

1. 在管理层级上，上海银行坚持全行统一管理模式，建立了总行—分行/管理总部—支行—网点的四层管理体系，严格把控风险。在内部制度管理上，制订了凭证式国债管理规程、储蓄国债（电子式）管理办法、相应的会计核算办法、操作手册，详细规定了电子国债业务的管理、资金清算、账务核算、系统操作等各项要求，从内部管理上保证了国债业务的严谨性。

2. 每年开展凭证式国债检查工作，通过自查、互查和抽查相结合，对所有辖属网点逐个进行检查，对于检查过程中发现的问题，积极查找原因并落实整改。

3. 针对历年来同业发生的数起国债额度“超卖”事件，上海银行及时转发财政部、中国人民银行的通报给各储蓄国债业务条线人员传阅，引以为戒。同时，进一步加强储蓄国债业务在售卖额度相关流程中的业务规范，根据财政部、中国人民银行的要求及时做好额度设置、额度上缴等工作。在国债发行过程中，实时监控国债销售情况，落实、强化集中额度监管，加强对分支行操作人员的指导。发行结束后，做好发行工作的总结、销售数据专项分析、国债手续费奖励分配、国债业务定期检查等工作。

以上是上海银行在开展国债业务中积累的经验。近年来，国债市场发展迅速，日益成熟，但仍有部分情况需要完善。例如，自发自还地方债的发行定价模式不成熟，超长期限国债市场化程度不高等问题。展望 2015 年，上海银行希望国债协会能继续构筑主管部门和国债承销商、做市商与交易商之间的桥梁，为我国国债市场的蓬勃发展共同努力。

（上海银行供稿）

南京银行

2014年的国债市场，延续了此前的快速发展势头，并在发展进程中不断自我完善。

南京银行一直致力于打造债券特色银行，作为银行间债券市场第一批做市商，较早拥有全国银行间市场相关业务资格，连续多年被评为“银行间市场交易100强”、“优秀结算成员”、“优秀做市商”、“优秀中债估值成员”及各类债券优秀承销团成员等称号。

在国债业务方面，南京银行作为凭证式国债与储蓄国债（电子式）承销团成员以及记账式国债甲类承销团成员，积极响应财政部的号召，一直认真履行承销团成员的责任和义务，配备了专业的投资、交易、研究、销售人员。多年来在努力做好记账式、凭证式、储蓄式国债的承分销工作之外，注重国债的现货交易发展，推动国债市场的流动性建设，在新推出的国债预发行、国债期货等业务方面也进行了深入的调查研究和积极参与，同时还认真参与财政部组织的课题研究，为国债市场建设和完善积极出谋划策。

一、国债承分销业务保持优势，自营与代客两手抓

2014年财政部成功发行记账式附息国债51期（含续发），实际发行总量13163.3亿元，记账式贴现国债8期，共计1200.0亿元，发行地方政府债券13期2908亿元（不包含地方政府自发自还的共计30只1092亿元），凭证式国债1500亿元，储蓄国债（电子式）1881.71亿元，有力地保障了积极财政政策的实施和我国经济的平稳运行。

2014年，银行间市场在各种利多因素下，国债收益率曲线大幅回落，在较为有利的市场环境下，南京银行积极抓住市场机遇，将自营投资策略和国债承分销业务相结合，在市场机会来临之际，对国债的建仓果断而精准，充分把握住市场在“走牛”时所带来的波段机会。在获得投资收益和利润的同时，也扩大了国债承销量，为南京银行在争取成为优秀的国债承销商道路上添砖加瓦。

此外，在机构代客分销业务上，作为城市商业银行，在整体规模有限的情况下，高度重视客户分销业务，内部设有专业的销售团队，对客户进行各级分类，完善营销触角，对参与市场的各类成员都进行深入挖掘、细分。对于不同的客户实施不同的服务理念，尤其立足于中小金融机构客户，在新成立的鑫合金融家俱乐部的大平台基础上，为各个客户提供各期国债的投资分析、投标技巧、资产配置服务等等，全方位的贴心服务，实现了良好的合作共赢。通过一系列兢兢业业的努力，培养了一批忠实客户，为南京银行国债承销打下了坚实基础。

在对个人客户的销售业务上，南京银行辖内营业网点全部开通债券柜台交易系统，为广大城乡居民就近提供安全、便捷、高效的国债认购、兑付、财产证明及质押贷款等一系列服务；另一方面，南京银行积极优化电子交易渠道，开通凭证式国债网上购买功能，为客户提供便捷的国债销售渠道，做好储蓄国债网上销售准备工作。

二、国债现货交易量稳步增长，积极推进柜台国债交易

在国债交易业务方面，南京银行注重现货交易，积极推动国债市场的流动性建设，作为做市商，南京银行积极按照做市商新规对关键期限国债进行双边报价和做市，同时也积极向其他老券以及新发地方政府债提供流动性。

在柜台国债交易业务方面，南京银行作为8家拥有柜台国债交易资格的商业银行之一，积极推进记账式国债柜台业务，对网点一线员工进行培训，并把业务宣传作为重点，印发宣传手册材料、向投资者介绍其独特的投资交易价值。

三、积极应对创新品种，对国债期货等创新业务做好充分准备

2013年9月国债期货正式上市，虽然商业银行暂未获准参与国债期货业务，但自该业务推出以来，行内成立了跨部门的国债期货小组，由行领导亲自带队，统一协调分工，强调重视风控结算在国债期货业务中的把关作用，各成员定期互通准备进度。前中后台人员都参加了期货从业人员资格考试认证。并且，南京银行积极参加中国金融期货交易所以及期货公司组织的各种国债期货业务培训和研讨会，与中金所及多家期货公司建立了密切联系。

展望未来，2015年债券市场面对着更加复杂多变的经济金融形势。新的一年中，财政部对于国债市场的流动性建设、业务品种的创新等方面都有新的思路和指导方向。2015年有望推出国债招标票面标准化业务，这将使得国债招标的一级市场和二级流通市场之间的联系更加紧密，招标的过程和结果将更为市场化，在预发行和国债期货业务中，也有望引入更为丰富的业务品种，不断完善和壮大整个国债市场。南京银行也将积极配合和参与相关的创新业务，拓展业务思路，积极创新，加强同业合作，在我国利率市场化的大潮流中贡献自己的力量！南京银行将倍加珍惜记账式和储蓄国债承销团资格的荣誉，再接再厉，为国债承销工作和国债市场发展作出应有的贡献！

（南京银行供稿）

杭州银行

随着债券市场的快速发展，杭州银行一直坚持稳中求进，坚持有质量可持续发展，在服务地区性金融的同时，也致力于发展债券业务，一直积极参与全国银行间市场交易，近年来保持了持续、快速、健康的发展势头。以债券承销业务作为债券业务的品牌和基石，杭州银行在 2013 年和 2014 年连续两年包揽记账式国债、国家开发银行金融债、中国农业发展银行金融债、中国进出口银行金融债承销优秀奖。

一、以自营一、二级联动为特色，做国债市场的积极参与者

杭州银行作为记账式国债承销团成员和投资人，是国债坚定的拥簇者。记账式国债具备零风险权重、免征利息税、市场流动性好等特点，是商业银行资产负债管理的必备投资品种。秉持审慎经营的原则，记账式国债一直是杭州银行银行账户投资和现券交易的主要品种。同时，杭州银行作为银行间市场一级交易商和做市商，通过记账式国债一级发行、二级现券交易做市联动机制，积极为区域内的中小投资者参与国债市场、活跃国债市场交易等贡献力量。

二、以市场定位为特色，做国债投资的积极服务者

杭州银行作为地区性城市商业银行，在服务地区性金融的过程中，与浙江省内各金融机构，包括其他城市商业银行及农村商业银行、信用联社等合作紧密。在此基础上，杭州银行以专业的金融市场业务，为省内金融机构架设通道和信息交流平台，大力发展债券承销业务，并形成区域性优势。近年来，随着承销业务的发展，杭州银行逐步将承销客户群体由区域推向全国，建立了以城市商业银行—农村商业银行—农村信用联社为主体的分销渠道，向全国各类型金融机构打开记账式国债的投资窗口。

三、以专业化为特色，做国债市场的热情回馈者

杭州银行自开展债券承销业务以来，就开始着力打造专业的债券承销团队，其敬业的精神、精准的判断、高品质的服务，在银行间市场有口皆碑。

近年来，随着我国债券市场的发展、国内经济形式政策环境的变化，每年记账式国债发行总量和发行频率逐年增长。杭州银行作为国债承销商，一直兢兢业业地参与每期记账式国债招标，通过积极的市场询量询价，精准专业的市场判断，及时高效的将市场信息回馈给每一个投资人。无论是经验丰富的金融机构，或是银行间市场的新进参与者，均是杭州银行热衷服务的客户。杭州银行的专业和服务也渐渐赢得了客户的信赖和支持。

四、以产品多元化为特色，做投资者需求的满足者

除记账式国债外，杭州银行同时还是国家开发银行、中国农业发展银行和中国进出口银行金融债的承销团成员，并且在三大政策性金融债承销排名中均位列前十，进一步巩固和加深了杭州

银行与银行间市场承销团成员的关系，拓宽了业务合作的渠道和模式。同时，四大利率债券互为补充，也更好地满足了不同市场投资者在不同时期的投足需求，成为杭州银行债券承销业务的品牌和基石。

杭州银行经过近年稳健高效的发展，经历过2013年的跌宕和2014年“牛市”，逐步向成熟、专业、特色化经营蜕变，而债券承销业务将作为杭州银行金融市场业务的招牌和联系市场的纽带，一直为我国国债以及银行间债券市场的发展贡献自身的力量。

（杭州银行供稿）

北京农商银行

2014年，北京农商银行作为财政部记账式国债承销团及储蓄式国债承销团成员，严格遵照财政部各项规定要求，以金融市场业务部准事业部改革为契机，突出“专业化经营、系统化管理、集约化控制”，狠抓结构调整和业务创新，强化国债的承销、分销、交易、服务各环节精细化管控，在扩大国债销售规模的同时，全方位提高综合业务水平，推动国债业务迈上新台阶。

一、强化投资和交易联动，加大记账式国债承销力度

北京农商银行领导高度重视金融市场业务改革转型，多次就国债业务发展提出工作要求，于2014年率先启动金融市场部准事业部改革，这对资产配置和国债投资交易提出了更高的要求。

（一）跟踪市场研判策略，适当增加国债配置

面对经济下行压力和转型，北京农商银行落实全年经营转型要求，按照年度投资策略和资产负债整体安排，适当配置记账式国债，一方面确保了全行流动性储备资产的要求，另一方面随着债券市场行情走强，取得可观的投资收益。2014年北京农商银行取得了记账式国债现货交易量第22位，在2012—2014年记账式国债承销团成员综合排名位列第40位的好成绩。

（二）搭建业务合作网络，以承销带动分销

在积极承销记账式国债的同时，北京农商银行十分重视加强与同业合作，主动向银行间各类市场成员分销国债。作为国务院批准的首家省级农商银行，北京农商银行发挥自身优势，主动向各类中小农村金融机构推荐投资国债，并以国债分销为纽带，带动相关业务发展并建立长期稳定合作关系。同时，北京农商银行充分利用农信银资金清算中心和农商银行发展联盟的纽带作用，加强与全国农商银行、农村信用社等机构的业务联系，搭建起机构间交流合作网络平台。北京农商银行还取得了非金融企业债务融资工具报价商资格，为非金融机构合格投资人提供点击成交方式的债券报价，进一步丰富和拓展了债券分销渠道。

（三）细化内部考核机制，突出过程动态管理

北京农商银行不断优化、健全考核机制，以税收因素还原后收益率作为考核收益率，高度重视国债利息免税优势。据测算，还原后的国债收益率明显高于同期限政策性金融债及部分优质企业债券，满足了北京农商银行投资收益要求，成为重要的债券配置品种。

北京农商银行不断扩大国债二级市场交易量，一方面配合资产结构调整，盘活存量债券，加大对持仓债券的交易力度，进一步活跃国债交易市场；另一方面，通过加大对债券市场的研究分析力度，紧跟经济形势，预判市场走势，把握交易机会，运用波段操作赚取价差收益，为全行利润做出一定贡献。

二、扎根城乡精耕细作，储蓄式国债业务取得新成效

2014年北京农商银行代销储蓄国债14期共计47.6亿元，圆满完成销售任务，并在2012—

2014年度储蓄国债承销团成员综合排名中位列第11名。

（一）发挥网点主渠道优势，提高综合服务能力

目前北京农商银行拥有694家营业机构，居北京市各银行机构之首，其中10个郊区县网点约占全部营业网点的60%，是唯一一家金融服务覆盖北京市所有182个乡镇的金融机构。在储蓄国债代销工作中，北京农商银行充分发挥网点遍布城乡的优势，为广大城乡居民就近提供安全、便捷、高效的国债认购、兑付等“一揽子”综合服务，着力满足客户购买储蓄国债的需求。

（二）坚持“送债下乡”，持续开展金融知识宣传普及

储蓄国债作为认可度高、收益稳定、可提前支取的投资品种，获得农村居民的认可。为满足农村居民日益增长的投资理财需求，北京农商银行重点在农村地区开展多种多样的储蓄式国债宣传活动，对客户实施差异化产品服务，取得了良好的效果。北京农商银行还主动履行社会责任，在城乡地区特别是远郊区县定期组织金融知识宣传活动，深入到田间地头、集市农贸市场，利用宣传折页、短信、网站、显示屏等多种方式普及理财知识，通过群众喜闻乐见的方式“送债下乡”、“送金融知识下乡”，有助于农村地区客户进一步增进对国债投资的认知和了解。

（三）抓好组织推动，加强销售全过程管理

国债发售前，北京农商银行在各营业网点单独设立公示牌或展板，提前张贴国债销售相关公示，并对网点柜员做好培训，向客户介绍推介储蓄国债产品，做好发行前各项准备工作；发行期间，北京农商银行在网点设置专柜，配备理财经理，提供关于国债知识的现场咨询服务。每次国债发售期结束，各发售网点及时对销售及组织工作进行总结，坚持问题导向查找不足，总结好的经验和做法，促进储蓄国债销售服务得到不断提升。

（四）实施差异化管理，做好督导考核

在销售过程中，北京农商银行结合实际采用基本额度和机动额度相结合方式，实行“全程立体督导”，根据市场环境、地区差异和国债计划销售额度，灵活确定机动额度分配比例。在国债发行期间，各分支机构业务负责人定期到基层网点巡回检查，总行根据销售完成情况对网点进行电话或现场督导，每日对销售量及剩余额度进行统计和公布，努力做到额度分配合理，确保监督考核到位。

（五）发展互联网金融，拓展电子销售渠道

2014年北京农商银行首批获得储蓄国债（电子式）网上银行销售资格，目前系统已通过测试验收。2014年，北京农商银行在继续巩固网点销售传统渠道优势的同时，积极推进电子渠道销售储蓄国债试点工作，通过网上银行、微信银行、凤凰E账户等互联网金融新模式，多管齐下激发多渠道销售潜力，为客户创造更加友好便捷的国债投资体验。

2014年北京农商银行国债业务取得一些成绩，也感谢财政部、中国国债协会、外汇交易中心、中央结算公司等部门的指导帮助以及同业的大力支持。2015年北京农商银行将继续努力，着力推进改革转型，扎实做好金融服务，不断谱写国债业务创新发展的新篇章。

（北京农商银行供稿）

第三篇

数 据 统 计

历年国家内债发行条件一览表（一）

发行年度	类　别	计息日	票面利率（%）		百元发行价格（元）	期限（年）	备　注
			单位	个人			
1981	无记名国债						
	其中：	7月1日	4	4	100	5—9	单位购买的于1988年以前到期部分，最长计息期9年（截至1990年6月30日），年利率4%，于1990年7月1日全部到期。到期券面尾号共60个：01—09、12—15、19、22、25—30、34、36、40、41、43—46、51、53—58、63、65—72、74—78、80、81、84、86、89、90、93—95、99。个人购买部分到期一次还本付息，最长计息期9年（截至1990年6月30日），年利率4%，于1990年7月1日全部到期。
		7月1日	4		100	11	单位购买的于1989年到期部分，推迟3年偿还，于1992年7月1日到期，计息期11年，年利率4%。到期券面尾号共20个：00、10、11、16、20、21、24、31、35、39、52、59、62、64、73、79、82、87、88、91。
		7月1日	4、8		100	12	单位购买的于1990年到期部分，转为1990年转换债，转换债期限5年，年利率8%，该部分债券于1993年7月1日提前偿还，计息期共计12年，利息分段计付：前9年（1981.7.1—1990.6.30）年利率4%，后3年（1990.7.1—1993.6.30）年利率8%。到期券面尾号共20个：17、18、23、32、33、37、38、42、47—50、60、61、83、85、92、96、97、98。
1982	无记名国债						
	其中：	7月1日		8	100	5—9	个人购买部分最长计息期为9年（截至1991年6月30日），年利率8%，于1991年7月1日全部到期。
		7月1日	4		100	5—9	单位购买的于1988年以前到期的40%部分，最长计息期9年（截至1991年6月30日），年利率4%，于1991年7月1日全部到期。
		7月1日	4		100	10	单位购买的于1989年到期的20%部分，推迟3年偿还，于1992年7月1日到期，计息期10年，年利率4%。
		7月1日	4、8		100	11	单位购买的于1990年到期的20%部分，转为1990年转换债，转换债期限5年，年利率8%，该部分债券于1993年7月1日提前偿还，计息期共计11年，利息分段计付：前8年（1982.7.1—1990.6.30）年利率4%，后3年（1990.7.1—1993.6.30）年利率8%。
		7月1日	4、8		100	11	单位购买的于1991年到期的20%部分，转为1991年转换债，转换债期限5年，年利率8%，该部分债券于1993年7月1日提前偿还，计息期共计11年，利息分段计付：前9年（1982.7.1—1991.6.30）年利率4%，后2年（1991.7.1—1993.6.30）年利率8%。

续表

发行年度	类　别	计息日	票面利率（%）		百元发行价格（元）	期限（年）	备　　注
			单位	个人			
1983	无记名国债						
	其中：	7月1日		8	100	5—9	个人购买部分最长计息期为9年（截至1992年6月30日），年利率8%，于1992年7月1日全部到期。
		7月1日	4		100	5—9	单位购买的于1988年以前到期的20%部分，最长计息期9年（截至1992年6月30日），年利率4%，于1992年7月1日全部到期。
		7月1日	4		100	9	单位购买的于1989年到期的20%部分，推迟3年偿还，于1992年7月1日到期，计息期9年，年利率4%。
		7月1日	4、8		100	10	单位购买的于1990年到期的20%部分，转为1990年转换债，转换债期限5年，年利率8%，该部分债券于1993年7月1日提前偿还，计息期共计10年，利息分段计付：前7年（1983.7.1—1990.6.30）年利率4%，后3年（1990.7.1—1993.6.30）年利率8%。
		7月1日	4、8		100	10	单位购买的于1991年到期的20%部分，转为1991年转换债，转换债期限5年，年利率8%，该部分债券于1993年7月1日提前偿还，计息期共计10年，利息分段计付：前8年（1983.7.1—1991.6.30）年利率4%，后2年（1991.7.1—1993.6.30）年利率8%。
		7月1日	4、8		100	10	单位购买的于1992年到期的20%部分，转为1992年转换债，转换债期限5年，年利率8%，该部分债券于1993年7月1日提前偿还，计息期共计10年，利息分段计付：前9年（1983.7.1—1992.6.30）年利率4%，后1年（1992.7.1—1993.6.30）年利率8%。
1984	无记名国债						
	其中：	7月1日		8	100	5—9	个人购买部分最长计息期为9年（截至1993年6月30日），年利率8%，于1993年7月1日全部到期。
		7月1日	4		100	8	单位购买的于1989年到期的20%部分，推迟3年偿还，于1992年7月1日到期，计息期8年，年利率4%。
		7月1日	4、8		100	9	单位购买的于1990年到期的20%部分，转为1990年转换债，转换债期限5年，年利率8%，该部分债券于1993年7月1日提前偿还，计息期共计9年，利息分段计付：前6年（1984.7.1—1990.6.30）年利率4%，后3年（1990.7.1—1993.6.30）年利率8%。
		7月1日	4、8		100	9	单位购买的于1991年到期的20%部分，转为1991年转换债，转换债期限5年，年利率8%，该部分债券于1993年7月1日提前偿还，计息期共计9年，利息分段计付：前7年（1984.7.1—1991.6.30）年利率4%，后2年（1991.7.1—1993.6.30）年利率8%。

续表

发行年度	类别	计息日	票面利率（%）		百元发行价格（元）	期限（年）	备注
			单位	个人			
1984		7月1日	4、8		100	9	单位购买的于1992年到期的20%部分，转为1992年转换债，转换债期限5年，年利率8%，该部分债券于1993年7月1日提前偿还，计息期共计9年，利息分段计付：前8年（1984.7.1—1992.6.30）年利率4%，后1年（1992.7.1—1993.6.30）年利率8%。
		7月1日	4		100	9	单位购买的于1993年到期的20%部分，计息期9年，年利率4%，于1993年7月1日全部到期。
1985	无记名国债						
	其中：	7月1日		9	100	5	到期一次还本付息。
		7月1日	5、8		100	10	单位购买的于1990年到期后转为1990年转换债，转换债期限5年，年利率8%，该债券于1995年7月1日到期偿还，计息期共10年，利息分段计付：前5年（1985.7.1—1990.6.30）年利率5%；后5年（1990.7.1—1995.6.30）年利率8%。
1986	无记名国债						
	其中：	7月1日		10	100	5	到期一次还本付息。
		7月1日	6、8		100	10	单位购买的于1991年到期后转为1991年转换债，转换债期限5年，年利率8%，该债券于1996年7月1日到期偿还，计息期共10年，利息分段计付：前5年（1986.7.1—1991.6.30）年利率6%；后5年（1991.7.1—1996.6.30）年利率8%。
1987	无记名国债						
	其中：	7月1日		10	100	5	到期一次还本付息。
		7月1日	6、8		100	10	单位购买的于1992年到期后转为1992年转换债，转换债期限5年，年利率8%，该债券于1997年7月1日到期偿还，计息期10年，利息分段计付：前5年（1987.7.1—1992.6.30）年利率6%；后5年（1992.7.1—1997.6.30）年利率8%。
	国家重点建设债券	交款日		10.5	100	3	到期一次还本付息。
		7月1日	6、8		100	8	单位购买的于1990年到期后转为1990年转换债，转换债期限5年，年利率8%，该债券于1995年7月1日到期偿还，计息期共8年，利息分段计付：前3年（1987.7.1—1990.6.30）年利率6%；后5年（1990.7.1—1995.6.30）年利率8%。

续表

发行年度	类 别	计息日	票面利率（%）		百元发行价格（元）	期限（年）	备 注
			单位	个人			
1988	无记名国债						
	其中：	7月1日		10	100	3	到期一次还本付息。
		7月1日	6、8		100	8	单位购买的于1991年到期后转为1991年转换债，转换债期限5年，年利率8%，该债券于1996年7月1日到期偿还，计息期共8年，利息分段计付：前3年（1988.7.1—1991.6.30）年利率6%；后5年（1991.7.1—1996.6.30）年利率8%。
	财政债券（五年期）	7月15日	7.5		100	5	到期一次还本付息。
	财政债券（二年期）	7月15日	8		100	7	该债券在1990年到期后延期偿还，推迟期为5年，于1995年7月15日到期偿还，计息期共7年，年利率8%。
	国家建设债	交款日	9.5	9.5	100	2	到期一次还本付息。
1989	无记名国债	7月1日	14		100	3	到期一次还本付息。
	保值公债	9月1日	14.14		100	3	到期一次还本付息，到期保值贴补率为零。
	特种国债	交款日	15		100	5	到期一次还本付息。
1990	无记名国债	7月1日	14		100	3	到期一次还本付息。
	财政债券	8月15日	10		100	5	到期一次还本付息。
	特种国债	交款日	15		100	5	到期一次还本付息。
1991	无记名国债	7月1日	10		100	3	到期一次还本付息。
	财政债券	10月15日	9		100	5	到期一次还本付息。
	特种国债	交款日	9		100	5	到期一次还本付息。
1992	无记名国债（一期）	4月1日	10.5		100	5	从1993年7月11日起保值，每百元利息为60元整。
	无记名国债（二期）	7月1日	9.5		100	3	从1993年7月11日起保值，每百元利息为65.74元。
	财政债券	10月15日	9		100	5	到期一次还本付息。
1993	无记名国债（一期）	3月1日	15.86		100	5	从1993年7月11日起保值，到期保值贴补率为零。
	无记名国债（二期）	3月1日	13.96		100	3	从1993年7月11日起保值，每百元利息为71.99元。
	非实物国债	7月1日	15.86		100	5	按年支付利息。
	财政债券	10月15日	14		100	5	到期一次还本付息。
1994	记账式国债	1月25日	9.8		100	半年	不计入年度规模。
	记账式国债	2月7日	11.98		100	1	到期一次还本付息。
	无记名国债	4月1日	13		100	2	到期一次还本付息。
	凭证式国债	交款日	13.96		100	3	到期一次还本付息，到期保值贴补率为零。
	特种定向债券	4月1日	15.86		100	5	到期一次还本付息，到期保值贴补率为零。

续表

发行年度	类别	计息日	票面利率（%）		百元发行价格（元）	期限（年）	备注
			单位	个人			
1995	无记名国债	3月1日	14.5		100	3	到期一次还本付息。
	凭证式国债						到期一次还本付息。
	（一期）	交款日	14		100	3	
	（二期）	交款日	14		100	3	
	记账式国债	8月26日	11.98		100	1	
	特种定向债券	7月1日	15.86		100	5	到期一次还本付息，到期保值贴补率为零。
1996	无记名国债（一期）	3月10日	14.5		100	3	到期一次还本付息。
	无记名国债（二期）	8月6日	10.96		100	3	到期一次还本付息。
	凭证式国债	交款日	13.06		100	5	到期一次还本付息。
	记账式国债						
	（一期）	1月12日			89.2	1	贴现。
	（二期）	2月12日			95	半年	贴现，不计入年度规模。
	（三期）	3月15日			97.58	3个月	贴现，不计入年度规模。
	（四期）	4月2日			89.25	1	贴现。
	（五期）	6月14日	11.83		100	10	按年支付利息。
	（六期）	11月1日	8.56		100	7	按年支付利息。
	特种定向债券	9月3日	8.8		100	5	按年支付利息。
1997	无记名国债（一期）	5月1日	9.18		100	3	到期一次还本付息。
	凭证式国债						
		购买日	8.64		100	2	到期一次还本付息。
		购买日	9.18		100	3	
		购买日	10.17		100	5	
	记账式国债						
	（一期）	1月22日			82.39	2	贴现。
	（二期）	9月5日	9.78		100	10	按年支付利息。
	特种定向债券	9月22日	8.8		100	5	按年支付利息。
1998	凭证式国债						
		购买日	7.11 5.85		100	3	到期一次还本付息。 2月20日（含本日）至7月2日（含本日）购买的凭证式国债利率为：三年期7.11%；五年期7.86%。 7月3日（含本日）至11月30日（含本日）购买的凭证式国债利率为：三年期5.85%；五年期6.42%。
			7.86 6.42		100	5	
	记账式国债	12月23日	5.01		100	7	按年支付利息。
	专项国债（记账一期）	5月18日	6.8		100	7	按年支付利息。

续表

发行年度	类别	计息日	票面利率（%）		百元发行价格（元）	期限（年）	备注
			单位	个人			
1998	附息国债						
	（一期）	9月4日	5.5		100	10	按年支付利息。
	（二期）	12月25日	5.2		100	10	按年支付利息。
	定向债券	11月4日	5.68		100	5	按年支付利息。
	特种定向债券	11月20日	5.85		100	5	按年支付利息。
1999	凭证式国债						
	（一期）						到期一次还本付息。
		购买日	4.72		100	3	
		购买日	5.13		100	5	
	（二期）						
		购买日	3.02		100	3	
		购买日	3.25		100	5	
	（三期）						
		购买日	2.78		100	3	
		购买日	2.97		100	5	
	记账式国债						
	（一期）	2月26日	4.88		100	7	按年支付利息。
	（二期）	4月29日	4.72		100	10	按年支付利息。
	（三期）	6月18日	3.2		100	7	按年支付利息。
	（四期）	7月13日	2.72		100	3	按年支付利息。
	（五期）	8月20日	3.28		100	8	按年支付利息。
	（六期）	9月3日	△+0.3		100	10	浮动利率，按年支付利息。
	（七期）	9月23日	2.6		100	2	按年支付利息。
	（八期）	9月23日	3.3		100	10	按年支付利息。
	（九期）	10月25日	3.31		100	5	按年支付利息。
	（十期）	11月10日	△+0.6		100	7	浮动利率，按年支付利息。
	（十一期）	11月25日	3.32		100	5	按年支付利息。
	（十二期）	12月17日	2.92		100	3	按年支付利息。
	定向国债						
	（一期）	8月13日	△+0.5		100	7	浮动利率，按年支付利息。
	（二期）	10月15日	3.5		100	5	按年支付利息。

注：△=本付息期起息日当日1年期银行存款利率。

数据来源：历年国债发行文件。

历年国家内债发行条件一览表（二）

发行年度	品 种	面 值（亿元）	期 限	发行价格（元）	票面利率（%）	发行时间	发行场所
2000年	实际发行	4657.00					
	一、凭证式	1900.00					
	（一期）	100.00	2年	100.000	2.55	3月1日—4月20日	全社会
		350.00	3年	100.000	2.89		
		50.00	5年	100.000	3.14		
	（二期）	120.00	2年	100.000	2.55	5月1日—6月30日	
		300.00	3年	100.000	2.89		
		180.00	5年	100.000	3.14		
	（三期）	480.00	3年	100.000	2.89	9月15日—12月15日	
		320.00	5年	100.000	3.14		
	二、记账式	2519.50					
	（一期）	200.00	7年	100.000	△+0.65	2月24日	银行间
	（二期）	280.00	10年	100.000	△+0.55	4月18日	银行间
	（三期）	200.00	2年	100.000	2.44	5月18日	银行间
	（四期）	140.00	10年	100.000	△+0.62	5月23日	交易所
	（五期）	200.00	5年	100.000	3.00	6月21日	银行间
	（六期）	125.50	7年	100.000	3.50	8月17日	银行间
	（七期）	200.00	10年	100.000	△+0.47	9月21日	银行间
	（八期）	102.00	5年	100.000	3.40	10月20日	银行间
	（九期）	500.00	10年	100.000	△+0.3	10月31日	国有独资银行
	（十期）	120.00	7年	100.000	△+0.38	11月14日	交易所
	（十一期）	200.00	1年	100.000	2.35	11月24日	银行间
	（十二期）	252.00	7年	100.000	△+0.6	12月20日	银行间
	三、定向国债	237.50					
	（一期）	37.50	5年	100.000	3.50	8月8日	两金
	（二期）	200.00	2年	100.000	2.42	12月2日	社保基金
	注：△=本付息期起息日当日1年期银行存款利率						

续表

发行年度	品　种	面　值（亿元）	期　限	发行价格（元）	票面利率（%）	发行时间	发行场所
2001年	实际发行	4883.50					
	一、凭证式	1800.00					
	（一期）	480.00	3年	100.000	2.89	3月1日—4月30日	全社会
		120.00	5年	100.000	3.14		
	（一期续发）	200.00	5年	100.000	3.14	4月10日—4月30日	
	（二期）	350.00	3年	100.000	2.89	5月15日—7月14日	
		150.00	5年	100.000	3.14		
	（三期）	350.00	3年	100.000	2.89	9月14日—11月13日	
		150.00	5年	100.000	3.14		
	二、记账式	3083.50					
	（一期）	200.00	10年	100.000	△+0.57	3月21日	银行间
	（二期）	200.00	3年	100.000	2.88	4月18日	银行间
	（三期）	120.00	7年	100.000	3.27	4月22日	交易所
	（四期）	120.00	15年	100.000	4.69	6月4日	银行间
	（五期）	180.00	7年	100.000	3.71	6月20日	银行间
	（六期）	200.00	5年	100.000	3.36	7月11日	银行间
	（七期）	240.00	20年	100.000	4.26	7月29日	交易所
	（八期）	200.00	2年	100.000	2.46	8月3日	银行间
	（九期）	200.00	10年	100.000	△+0.52	8月30日	银行间
	（十期）	200.00	10年	100.000	2.95	9月22日	交易所
	（十一期）	160.00	20年	100.000	3.85	10月22日	银行间
	（十二期）	200.00	10年	100.000	3.05	10月28日	交易所
	（十三期）	200.00	5年	100.000	2.86	11月26日	银行间
	（十四期）	200.00	7年	100.000	2.90	12月10日	银行间
	（十五期）	200.00	7年	100.000	3.00	12月16日	交易所
	（十六期）	263.50	3年	100.000	2.51	12月19日	银行间

注：△=本付息期起息日当日1年期银行存款利率

续表

发行年度	品　种	面　值（亿元）	期　限	发行价格（元）	票面利率（%）	发行时间	发行场所
2002 年	实际发行	5934.40					
	一、凭证式	1473.00					
	（一期）	420.00	3 年	100.000	2.42	3 月 10 日—5 月 9 日	全社会
		180.00	5 年	100.000	2.74		
	（二期）	150.00	3 年	100.000	2.07	7 月 16 日—8 月 15 日	
		150.00	5 年	100.000	2.29		
	（三期）	167.50	3 年	100.000	2.12	9 月 1 日—9 月 30 日	
		167.50	5 年	100.000	2.36		
	（四期）	123.00	3 年	100.000	2.22	11 月 1 日—11 月 30 日	
		115.00	5 年	100.000	2.48		
	二、记账式	4461.40					
	（一期）	200.00	10 年	100.000	2.70	3 月 18 日	银行间
	（二期）	360.00	5 年	100.000	2.22	4 月 10 日	银行间
	（三期）	200.00	10 年	100.000	2.54	4 月 18 日	交易所
	（四期）	260.00	2 年	100.000	1.90	5 月 10 日	银行间
	（五期）	260.00	30 年	100.000	2.90	5 月 24 日	银行间
	（六期）	255.00	7 年	100.000	2.00	6 月 6 日	银行间
		205.00	7 年	100.000	2.00		银行柜台
	（七期）	260.00	3 年	100.000	1.90	6 月 20 日	银行间
	（八期）	265.00	1 年	98.130	贴现	7 月 12 日	银行间
	（九期）	173.30	10 年	100.000	2.70	7 月 19 日	银行间
	（十期）	200.00	7 年	100.000	2.39	8 月 16 日	交易所
	（十一期）	200.00	7 年	100.000	2.64	8 月 23 日	银行间
	（十二期）	191.00	3 年	100.000	2.30	9 月 18 日	银行间
	（十三期）	240.00	15 年	100.000	2.60	9 月 20 日	交易所
	（十四期）	224.00	5 年	100.000	2.65	10 月 24 日	交易所
	（十五期）	340.00	7 年	100.000	2.93	12 月 6 日	银行间、交易所
		260.00	7 年	100.000	2.93		银行柜台
	（十六期）	368.10	2 年	99.880	2.30	12 月 16 日	银行间

续表

发行年度	品 种	面 值（亿元）	期 限	发行价格（元）	票面利率（%）	发行时间	发行场所
2003 年	实际发行	6283.40					
	一、凭证式	2504.60					
	（一期）	300.00	3 年	100.000	2.32	2 月 20 日—3 月 31 日	全社会
		300.00	5 年	100.000	2.63		
	（二期）	450.00	3 年	100.000	2.32	4 月 1 日—7 月 31 日	
		450.00	5 年	100.000	2.63		
	（三期）	250.00	3 年	100.000	2.32	9 月 1 日—11 月 30 日	
		250.00	5 年	100.000	2.63		
	（四期）	203.40	1 年	100.000	1.98	11 月 20 日—12 月 20 日	
		301.20	2 年	100.000	2.25		
	二、记账式	3778.80					
	（一期）*	700.00	7 年	100.000	2.66	2 月 19 日	跨市场
	（二期）	260.00	10 年	100.000	2.80	4 月 9 日	银行间
	（三期）	260.00	20 年	102.140	3.40	4 月 17 日	交易所
	（四期）	260.00	5 年	100.000	2.45	4 月 24 日	银行间
	（五期）*	260.00	3 年	100.340	2.32	6 月 23 日	银行间
	（六期）	260.00	5 年	100.000	2.53	7 月 25 日	银行间
	（七期）	460.00	7 年	100.000	2.66	8 月 20 日	跨市场
	（八期）	163.80	10 年	98.000	3.02	9 月 17 日	交易所
	（九期）	220.00	15 年	100.000	4.18	10 月 24 日	银行间
	（十期）	220.00	2 年	100.000	2.77	11 月 10 日	银行间
	（十一期）	360.00	7 年	100.000	3.50	11 月 19 日	跨市场
	（十二期）	255.00	1 年	97.510	贴现	12 月 11 日	银行间
	（十三期）	100.00	3 个月	99.410	贴现	12 月 29 日	银行间

注：1. 记账式（一期）国债于 5 月 22 日续发行 350 亿元（面值），加权平均承销价格为每百元面值 100.92 元。
2. 记账式（五期）国债缴款日为 9 月 23 日，承销价格为含息全价。

续表

发行年度	品　种	面　值（亿元）	期　限	发行价格（元）	票面利率（%）	发行时间	发行场所
2004年	实际发行	6924.30					
	一、凭证式	2510.40					
	（一期）	315.00	3年	100.000	2.52	3月1日—3月31日	社会
		135.00	5年	100.000	2.83		
	（二期）	679.40	3年	100.000	2.52	4月1日—5月31日	社会
		286.10	5年	100.000	2.83		
	（三期）电子	237.00	2年	100.000	2.40	6月10日—6月25日	个人
	（四期）	350.00	3年	100.000	2.65	7月1日—8月31日	社会
		150.00	5年	100.000	3.00		
	（五期）电子	157.90	2年	100.000	2.40	9月6日—9月17日	个人
	（六期）*	140.00	3年	100.000	2.65/3.37	10月1日—11月30日	社会
		60.00	5年	100.000	3.00/3.81		
	二、记账式	4413.90					
	（一期）	381.60	1年	97.700	贴现	3月15日	跨市场
	（二期）	267.60	3年	100.000	3.20	4月9日	银行间
	（三期）	304.60	5年	100.000	4.42	4月20日	跨市场
	（四期）	367.50	7年	100.000	4.89	5月25日	跨市场（柜台）
	（五期）	332.30	2年	93.760	贴现	6月15日	跨市场
	2001年（五期）续发	270.00	3年11个月	98.660	3.71	7月8日	银行间
	2004年（三期）续发	337.00	4年9个月	101.530	4.42	7月19日	跨市场
	（六期）	242.40	10年	100.000	4.86	8月10日	银行间
	（七期）	372.90	7年	100.000	4.71	8月25日	跨市场（柜台）
	2004年（五期）续发	303.00	1年9个月	94.590	贴现	9月20日	跨市场
	（八期）	336.10	5年	100.000	4.30	10月20日	跨市场
	（九期）	253.20	3个月	99.414	贴现	11月4日	银行间
	（十期）	389.10	7年	100.000	4.86	11月25日	跨市场（柜台）
	（十一期）	256.60	2年	100.000	2.98	12月15日	跨市场

注：由于中国人民银行10月29日上调金融机构存贷款利率，2004年凭证式（六期）国债的票面利率调整如下：10月29日（含当日）后购买的本期国债，其持有到期票面利率3年期上调至3.37%，5年期上调至3.81%；10月29日（不含当日）前购买的本期国债，其持有到期票面利率仍按原规定执行，即3年期2.65%，5年期3.00%。

续表

发行年度	品 种	面 值（亿元）	期 限	发行价格（元）	票面利率（%）	发行时间	发行场所
2005年	实际发行	7042.00					
	一、凭证式	2000.00					
	（一期）	245.00	3年	100.000	3.37	3月1日—3月31日	全社会
		105.00	5年	100.000	3.81		
	（二期）	245.00	3年	100.000	3.37	4月10日—4月30日	
		105.00	5年	100.000	3.81		
	（三期）	350.00	3年	100.000	3.37	5月1日—6月30日	
		150.00	5年	100.000	3.81		
	（四期）	210.00	3年	100.000	3.24	8月1日—9月30日	
		90.00	5年	100.000	3.60		
	（五期）	350.00	3年	100.000	3.24	10月15日—11月30日	
		150.00	5年	100.000	3.60		
	二、记账式	5042.00					
	（一期）	300.00	10年	100.000	4.44	2月28日	跨市场
	（二期）	300.00	1年	97.930	贴现	3月15日	跨市场
	（三期）	333.90	5年	100.000	3.30	4月26日	跨市场
	（四期）	339.20	20年	100.000	4.11	5月15日	跨市场
	（五期）	337.80	7年	100.000	3.37	5月25日	跨市场（柜台）
	（六期）	353.80	1年	98.619	贴现	6月15日	跨市场
	（七期）	350.80	2年	100.000	1.58	7月15日	跨市场
	（八期）	324.50	3年	100.000	1.93	8月15日	跨市场
	（九期）	319.40	7年	100.000	2.83	8月25日	跨市场（柜台）
	（十期）	331.70	1年	98.870	贴现	9月15日	跨市场
	（十一期）	333.50	5年	100.000	2.14	10月20日	跨市场
	（十二期）	344.10	15年	100.000	3.65	11月15日	跨市场
	（十三期）	328.40	7年	100.000	3.01	11月25日	跨市场（柜台）
	（十四期）	333.90	2年	100.000	1.75	12月15日	跨市场
	（十五期）	411.00	3个月	99.662	贴现	12月26日	跨市场

续表

发行年度	品 种	面 值（亿元）	期 限	发行价格（元）	票面利率（%）	发行时间	发行场所
2006年	实际发行	8883.30					
	一、凭证式	1950.00					
	（一期）	420.00	3年	100.000	3.14	3月1日—3月31日	全社会
		180.00	5年	100.000	3.49		
	（二期）	280.00	3年	100.000	3.14	4月1日—4月30日	
		120.00	5年	100.000	3.49		
	（三期）	280.00	3年	100.000	3.14	6月1日—6月30日	
		120.00	5年	100.000	3.49		
	（四期）	280.00	3年	100.000	3.39	9月1日—9月30日	
		120.00	5年	100.000	3.81		
	（五期）	105.00	3年	100.000	3.39	11月10日—11月30日	
		45.00	5年	100.000	3.81		
	二、记账式	6533.30					
	（一期）	330.00	7年	100.000	2.51	2月27日	跨市场（含柜台）
	（二期）	330.00	3个月	99.665	贴现	3月16日	跨市场
	（三期）	340.00	10年	100.000	2.80	3月27日	跨市场
	（四期）	309.60	3年	100.000	2.12	4月17日	跨市场
	（五期）	308.00	5年	100.000	2.40	5月16日	跨市场
	（六期）	305.60	7年	100.000	2.62	5月25日	跨市场（含柜台）
	（七期）	300.00	3个月	99.597	贴现	6月6日	跨市场
	（八期）	325.70	1年	100.000	1.92	6月15日	跨市场
	（九期）	310.90	20年	100.000	3.70	6月26日	跨市场
	（十期）	319.80	3年	100.000	2.34	7月17日	跨市场
	（十一期）	300.00	6个月	98.941	贴现	7月25日	跨市场
	（十二期）	300.00	5年	100.000	2.72	8月15日	跨市场
	（十三期）	331.10	7年	100.000	2.89	8月31日	跨市场（含柜台）
	（十四期）	300.00	3个月	99.558	贴现	9月5日	跨市场
	（十五期）	306.10	1年	100.000	1.96	9月15日	跨市场
	（十六期）	300.00	10年	100.000	2.92	9月26日	跨市场
	（十七期）	310.60	3年	100.000	2.29	10月16日	跨市场
	（十八期）	300.00	5年	100.000	2.48	10月25日	跨市场
	（十九期）	300.00	15年	100.000	3.27	11月15日	跨市场
	（二十期）	345.90	7年	100.000	2.91	11月27日	跨市场（含柜台）
	（二十一期）	260.00	3个月	99.492	贴现	12月14日	跨市场
	三、储蓄国债（电子式）	400.00					
	（一期）	150.00	3年	100.000	3.14	7月1日—7月15日	个人
	（二期）	250.00	3年	100.000	3.39	10月16日—10月31日	

续表

发行年度	品 种	面 值（亿元）	期 限	发行价格（元）	票面利率（%）	发行时间	发行场所
2007 年	实际发行	23483.44					
	一、凭证式	1600.00					
	（一期）	210.00	3 年	100.000	3.39/3.66	3 月 1 日—3 月 17 日/3 月 18 日—3 月 31 日	全社会
		90.00	5 年	100.000	3.81/4.08		
	（二期）	350.00	3 年	100.000	3.66	4 月 1 日—4 月 30 日	
		150.00	5 年	100.000	4.08		
	（三期）	210.00	3 年	100.000	3.66/4.11	5 月 10 日—5 月 18 日/5 月 19 日—5 月 31 日	
		90.00	5 年	100.000	4.08/4.62		
	（四期）	160.00	3 年	100.000	5.2/5.47	9 月 6 日—9 月 14 日/9 月 15 日—9 月 30 日	
		40.00	5 年	100.000	5.74/6.01		
	（五期）	240.00	3 年	100.000	5.74	12 月 5 日—12 月 20 日	
		60.00	5 年	100.000	6.34		
	二、记账式	6347.20					
	（一期）	300.00	7 年	100.000	2.93	2 月 6 日	银行间、交易所（柜台）
	（二期）	260.00	1 年	100.000	2.10	3 月 15 日	银行间、交易所（柜台）
	（三期）	300.00	10 年	100.000	3.40	3 月 22 日	银行间、交易所（柜台）
	（四期）	306.00	3 年	100.000	2.77	4 月 16 日	银行间、交易所（柜台）
	（五期）	300.00	5 年	100.000	3.18	4 月 23 日	银行间、交易所
	（六期）	300.00	30 年	100.000	4.27	5 月 17 日	银行间、交易所
	（七期）	337.80	7 年	100.000	3.74	5 月 24 日	银行间、交易所（柜台）
	（八期）	300.00	3 个月	99.440	贴现	6 月 7 日	银行间、交易所
	（九期）	301.50	1 年	100.000	2.61	6 月 14 日	银行间、交易所（柜台）
	（十期）	350.70	10 年	100.000	4.40	6 月 25 日	银行间、交易所（柜台）
	（十一期）	383.80	3 年	100.000	3.53	7 月 16 日	银行间、交易所（柜台）
	（十二期）	280.00	6 个月	98.653	贴现	7 月 26 日	银行间、交易所
	（十三期）	280.00	20 年	100.000	4.52	8 月 16 日	银行间、交易所
	（十四期）	326.90	7 年	100.000	3.90	8 月 23 日	银行间、交易所（柜台）
	（十五期）	280.00	3 个月	99.411	贴现	9 月 6 日	银行间、交易所
	（十六期）	280.00	1 年	100.000	2.95	9 月 13 日	银行间、交易所（柜台）

续表

发行年度	品 种	面 值（亿元）	期 限	发行价格（元）	票面利率（%）	发行时间	发行场所
2007年	（十一期）续发	295.80	3年	100.900	3.53	10月15日	银行间、交易所（柜台）
	（十七期）	280.00	5年	100.000	4.00	10月22日	银行间、交易所
	（十八期）	324.70	7年	100.000	4.35	11月26日	银行间、交易所（柜台）
	（十九期）	300.00	3个月	99.203	贴现	12月6日	银行间、交易所
	（二十期）	260.00	1年	100.000	3.66	12月13日	银行间、交易所（柜台）
	三、特别国债	15502.28					
	（一期）	6000.00	10年	100.000	4.30	8月29日	银行间
	（二期）	319.70	15年	100.000	4.68	9月18日	银行间（柜台）
	（三期）	350.90	10年	100.000	4.46	9月24日	银行间（柜台）
	（四期）	363.20	15年	100.000	4.55	9月29日	银行间（柜台）
	（五期）	349.70	10年	100.000	4.49	11月5日	银行间（柜台）
	（六期）	355.60	15年	100.000	4.69	11月19日	银行间（柜台）
	（七期）	7500.00	15年	100.000	4.45	12月11日	银行间
	（八期）	263.18	10年	100.000	4.41	12月17日	银行间（柜台）
	四、储蓄国债（电子式）	33.96					
	（一期）	33.96	2年	100.000	3.42	6月11日—6月30日	个人

注：1. 由于中国人民银行3月18日上调金融机构存贷款利率，2007年凭证式（一期）国债的票面利率调整如下：3月18日（含当日）后购买的本期国债，其持有到期票面利率3年期上调至3.66%，5年期上调至4.08%；3月18日（不含当日）前购买的本期国债，其持有到期票面利率仍按原规定执行，即3年期3.39%，5年期3.81%。

2. 由于中国人民银行5月19日上调金融机构存贷款利率，2007年凭证式（三期）国债的票面利率调整如下：5月19日（含当日）后购买的本期国债，其持有到期票面利率3年期上调至4.11%，5年期上调至4.62%；5月19日（不含当日）前购买的本期国债，其持有到期票面利率仍按原规定执行，即3年期3.66%，5年期4.08%。

3. 由于中国人民银行9月15日上调金融机构存贷款利率，2007年凭证式（四期）国债的票面利率调整如下：9月15日（含当日）后购买的本期国债，其持有到期票面利率3年期上调至5.47%，5年期上调至6.01%；9月15日（不含当日）前购买的本期国债，其持有到期票面利率仍按原规定执行，即3年期5.2%，5年期5.74%。

续表

发行年度	品 种	面 值（亿元）	期 限	发行价格（元）	票面利率（%）	发行时间	发行场所
2008年	实际发行	8558.21					
	一、凭证式	1300.00					
	（一期）	240.00	3年	100.000	5.74	3月1日—3月15日	社会
		60.00	5年	100.000	6.34		
	（二期）	320.00	3年	100.000	5.74	4月15日—4月30日	社会
		80.00	5年	100.000	6.34		
	（三期）	140.00	3年	100.000	5.74	6月10日—6月30日	社会
		60.00	5年	100.000	6.34		
	（四期）	140.00	3年	100.000	5.74	8月1日—8月10日	社会
		60.00	5年	100.000	6.34		
	（五期）	140.00	3年	100.000	5.53/5.17	10月20日—10月29日/10月30日—11月4日	社会
		60.00	5年	100.000	5.98/5.53		
	二、储蓄国债（电子式）	593.21					
	（一期）	243.21	3年	100.000	5.74	5月16日—5月31日	个人
	（二期）	150.00	3年	100.000	5.74	9月16日—9月30日	个人
	（三期）	200.00	3年	100.000	5.17	11月25日—12月4日	个人
	三、记账式	6665.00					
	（一期）	289.70	7年	100.000	3.95	2月13日	银行间、交易所（柜台）
	（二期）	280.00	15年	100.000	4.16	2月28日	银行间、交易所
	（三期）	279.40	10年	100.000	4.07	3月20日	银行间、交易所（柜台）
	（四期）	260.70	3年	100.000	3.56	4月14日	银行间、交易所（柜台）
	（五期）	280.00	5年	100.000	3.69	4月21日	银行间、交易所
	（六期）	280.00	30年	100.000	4.50	5月8日	银行间、交易所
	（七期）	271.50	7年	100.000	4.01	5月19日	银行间、交易所（柜台）
	（八期）	280.00	3个月	99.222	贴现	5月26日	银行间、交易所
	（九期）	271.10	1年	100.000	3.42	6月10日	银行间、交易所（柜台）

续表

发行年度	品种	面值（亿元）	期限	发行价格（元）	票面利率（%）	发行时间	发行场所
2008年	（十期）	266.50	10年	100.000	4.41	6月23日	银行间、交易所（柜台）
	（十一期）	245.90	3年	100.000	3.92	7月14日	银行间、交易所（柜台）
	（十二期）	260.00	6个月	98.348	贴现	7月24日	银行间、交易所
	（十三期）	240.00	20年	100.000	4.94	8月11日	银行间、交易所
	（十四期）	266.00	7年	100.000	4.23	8月18日	银行间、交易所（柜台）
	（十五期）	200.00	3个月	99.216	贴现	8月25日	银行间、交易所
	（十六期）	259.90	1年	100.000	3.34	9月8日	银行间、交易所（柜台）
	（十七期）	260.00	5年	100.000	3.69	9月16日	银行间、交易所
	（十八期）	243.60	10年	100.000	3.68	9月22日	银行间、交易所（柜台）
	（十九期）	233.80	3年	100.000	2.64	10月13日	银行间、交易所（柜台）
	（二十期）	240.00	30年	100.000	3.91	10月23日	银行间、交易所
	（二十一期）	240.00	3个月	99.515	贴现	11月13日	银行间、交易所
	（二十二期）	225.00	7年	100.000	2.71	11月24日	银行间、交易所（柜台）
	（二十三期）	240.00	15年	100.000	3.62	11月26日	银行间、交易所
	（二十四期）	238.20	1年	100.000	1.28	12月8日	银行间、证交所（柜台）
	（二十五期）	253.70	10年	100.000	2.90	12月15日	银行间、证交所（柜台）
	（二十六期）	260.00	5年	100.000	1.77	12月18日	银行间、交易所
	注：由于中国人民银行10月30日下调金融机构存贷款利率，2008年凭证式（五期）国债的票面利率调整如下：10月30日（含当日）后购买的本期国债，其持有到期票面利率3年期下调至5.17%，5年期下调至5.53%；10月30日（不含当日）前购买的本期国债，其持有到期票面利率仍按原规定执行，即3年期5.53%，5年期5.98%。						

续表

发行年度	品种	面值（亿元）	期限	发行价格（元）	票面利率（%）	发行时间	发行场所
2009年	实际发行	16229.21					
	一、凭证式	2000.00					
	（一期）	210.00	3年	100.000	3.73	3月16日—3月25日	社会
		90.00	5年	100.000	4.00		
	（二期）	400.00	3年	100.000	3.73	5月11日—5月25日	社会
		100.00	5年	100.000	4.00		
	（三期）	400.00	3年	100.000	3.73	6月15日—6月30日	社会
		100.00	5年	100.000	4.00		
	（四期）	200.00	1年	100.000	2.60	8月17日—8月31日	社会
		200.00	3年	100.000	3.73		
	（五期）	150.00	1年	100.000	2.60	10月15日—10月31日	社会
		150.00	3年	100.000	3.73		
	二、储蓄国债（电子式）	1511.11					
	（一期）	258.98	3年	100.000	3.73	4月10日—4月19日	个人
	（二期）	52.13	5年	100.000	4.00	4月10日—4月19日	个人
	（三期）	400.00	3年	100.000	3.73	7月15日—7月31日	个人
	（四期）	100.00	5年	100.000	4.00	7月15日—7月31日	个人
	（五期）	200.00	1年	100.000	2.60	9月15日—9月29日	个人
	（六期）	200.00	3年	100.000	3.73	9月15日—9月29日	个人
	（七期）	150.00	1年	100.000	2.60	11月20日—12月6日	个人
	（八期）	150.00	3年	100.000	3.73	11月20日—12月6日	个人
	三、记账式附息	8831.70					
	（一期）	269.30	7年	100.000	2.76	2月12日	银行间、交易所（柜台）
	（二期）	220.00	20年	100.000	3.86	2月19日	银行间、交易所
	（三期）	260.00	10年	100.000	3.05	3月12日	银行间、交易所（柜台）
	（四期）	273.10	5年	100.000	2.29	4月2日	银行间、交易所（柜台）
	（五期）	220.00	30年	100.000	4.02	4月9日	银行间、交易所
	（六期）	252.10	7年	100.000	2.82	4月16日	银行间、交易所（柜台）
	（七期）	277.60	10年	100.000	3.02	5月7日	银行间、交易所（柜台）
	（八期）	285.90	1年	100.000	0.89	5月14日	银行间、交易所（柜台）
	（九期）	273.00	3年	100.000	1.55	5月21日	银行间、交易所（柜台）
	（十期）	295.00	5年	100.000	2.26	6月4日	银行间、交易所（柜台）
	（十一期）	280.00	15年	100.000	3.69	6月11日	银行间、交易所

续表

发行年度	品 种	面 值（亿元）	期 限	发行价格（元）	票面利率（%）	发行时间	发行场所
2009 年	（十二期）	282.70	10 年	100.000	3.09	6 月 18 日	银行间、交易所（柜台）
	（十三期）	280.00	7 年	100.000	2.82	6 月 25 日	银行间、交易所（柜台）
	（四期）（续）*	291.20	5 年	100.000	2.29	7 月 6 日	银行间、交易所（柜台）
	（十四期）	275.20	1 年	100.000	1.06	7 月 9 日	银行间、交易所（柜台）
	（十五期）	280.00	3 年	100.000	2.22	7 月 16 日	银行间、交易所（柜台）
	（十六期）	283.00	10 年	100.000	3.48	7 月 23 日	银行间、交易所（柜台）
	（十七期）	260.00	7 年	100.000	3.15	7 月 30 日	银行间、交易所（柜台）
	（十八期）	275.80	5 年	100.000	2.97	8 月 6 日	银行间、交易所（柜台）
	（十九期）	267.30	7 年	100.000	3.17	8 月 20 日	银行间、交易所（柜台）
	（二十期）	260.00	20 年	100.000	4.00	8 月 27 日	银行间、交易所
	（二十一期）	285.40	1 年	100.000	1.46	9 月 3 日	银行间、交易所（柜台）
	（二十二期）	268.60	3 年	100.000	2.18	9 月 10 日	银行间、交易所（柜台）
	（二十三期）	266.40	10 年	100.000	3.44	9 月 17 日	银行间、交易所（柜台）
	（二十四期）	268.00	5 年	100.000	2.90	9 月 24 日	银行间、交易所（柜台）
	（二十五期）	240.00	30 年	100.000	4.18	10 月 15 日	银行间、交易所
	（二十六期）	274.90	7 年	100.000	3.40	10 月 22 日	银行间、交易所（柜台）
	（二十七期）	272.40	10 年	100.000	3.68	11 月 5 日	银行间、交易所（柜台）
	（二十八期）	273.40	1 年	100.000	1.44	11 月 12 日	银行间、交易所（柜台）
	（二十九期）	276.30	3 年	100.000	2.42	11 月 19 日	银行间、交易所（柜台）
	（三十期）	200.00	50 年	100.000	4.30	11 月 30 日	银行间、交易所
	（三十一期）	273.90	5 年	100.000	2.90	12 月 3 日	银行间、交易所（柜台）
	（三十二期）	271.20	7 年	100.000	3.22	12 月 17 日	银行间、交易所（柜台）

续表

发行年度	品　种	面　值（亿元）	期　限	发行价格（元）	票面利率（%）	发行时间	发行场所
2009年	四、记账式贴现	3886.40					
	（一期）	150.00	91天	99.795	贴现	4月13日	银行间、交易所
	（二期）	200.00	273天	99.314	贴现	4月13日	银行间、交易所
	（三期）	150.00	91天	99.789	贴现	4月27日	银行间、交易所
	（四期）	150.00	182天	99.552	贴现	4月27日	银行间、交易所
	（五期）	150.00	91天	99.793	贴现	5月11日	银行间、交易所
	（六期）	150.00	91天	99.799	贴现	5月25日	银行间、交易所
	（七期）	150.00	182天	99.582	贴现	5月25日	银行间、交易所
	（八期）	150.00	91天	99.801	贴现	6月8日	银行间、交易所
	（九期）	200.00	273天	99.349	贴现	6月8日	银行间、交易所
	（十期）	150.00	91天	99.797	贴现	6月22日	银行间、交易所
	（十一期）	150.00	182天	99.581	贴现	6月22日	银行间、交易所
	（十二期）	124.80	91天	99.720	贴现	7月13日	银行间、交易所
	（十三期）	126.50	273天	99.077	贴现	7月13日	银行间、交易所
	（十四期）	185.10	182天	99.217	贴现	7月20日	银行间、交易所
	（十五期）	100.00	91天	99.674	贴现	8月10日	银行间、交易所
	（十六期）	150.00	273天	98.796	贴现	8月10日	银行间、交易所
	（十七期）	150.00	182天	99.313	贴现	8月24日	银行间、交易所
	（十八期）	100.00	91天	99.710	贴现	9月7日	银行间、交易所
	（十九期）	150.00	273天	98.992	贴现	9月7日	银行间、交易所
	（二十期）	150.00	182天	99.344	贴现	9月21日	银行间、交易所
	（二十一期）	150.00	91天	99.697	贴现	10月12日	银行间、交易所
	（二十二期）	150.00	182天	99.337	贴现	10月26日	银行间、交易所
	（二十三期）	150.00	91天	99.702	贴现	11月9日	银行间、交易所
	（二十四期）	150.00	273天	98.979	贴现	11月23日	银行间、交易所
	（二十五期）	150.00	91天	99.708	贴现	12月7日	银行间、交易所
	（二十六期）	150.00	182天	99.355	贴现	12月21日	银行间、交易所

数据来源：国债发行文件

续表

发行年度	品种	面值（亿元）	期限	发行价格（元）	票面利率（%）	发行时间	发行场所
2010年	实际发行	17778.17					
	一、储蓄国债（凭证式）	1900.00					
	（一期）	250.00	1年	100.000	2.60	3月1日—3月21日	社会
		250.00	3年	100.000	3.73		
	（二期）	200.00	1年	100.000	2.60	5月13日—5月27日	社会
		200.00	3年	100.000	3.73		
	（三期）	200.00	1年	100.000	2.60	7月12日—7月26日	社会
		200.00	3年	100.000	3.73		
	（四期）	200.00	1年	100.000	2.60	9月13日—9月27日	社会
		200.00	3年	100.000	3.73		
	（五期）	40.00	1年	100.000	2.85	12月6日—12月20日	社会
		100.00	3年	100.000	4.25		
		60.00	5年	100.000	4.60		
	二、储蓄国债（电子式）	1296.27					
	（一期）	200.00	1年	100.000	2.60	4月10日—4月25日	个人
	（二期）	200.00	3年	100.000	3.73		
	（三期）	200.00	1年	100.000	2.60	6月12日—6月26日	个人
	（四期）	100.00	3年	100.000	3.73		
	（五期）	120.00	1年	100.000	2.60	8月16日—8月29日	个人
	（六期）	80.00	3年	100.000	3.73		
	（七期）	43.66	1年	100.000	2.60	10月15日—10月19日	个人
	（八期）	52.61	3年	100.000	3.73		
	（九期）	60.00	1年	100.000	2.85	11月15日—11月28日	个人
	（十期）	150.00	3年	100.000	4.25		
	（十一期）	90.00	5年	100.000	4.60		
	三、记账式附息	11472.50					
	（一期）	260.00	2年	100.000	2.01	1月28日	银行间、交易所
	（二期）	260.00	10年	100.000	3.43	2月4日	银行间、交易所（柜台）
	（三期）	240.00	30年	100.000	4.08	3月1日	银行间、交易所
	（四期）	260.00	1年	100.000	1.44	3月4日	银行间、交易所（柜台）
	（五期）	260.00	7年	100.000	2.92	3月11日	银行间、交易所（柜台）
	（六期）	260.00	3年	100.000	2.23	3月18日	银行间、交易所（柜台）
	（七期）	260.00	10年	100.000	3.36	3月25日	银行间、交易所（柜台）
	（八期）	280.40	5年	100.000	2.70	4月8日	银行间、交易所（柜台）
	（九期）	280.00	20年	100.000	3.96	4月15日	银行间、交易所

续表

发行年度	品 种	面 值（亿元）	期 限	发行价格（元）	票面利率（%）	发行时间	发行场所
2010 年	（十期）	305.20	7 年	100.000	3.01	4 月 22 日	银行间、交易所（柜台）
	（十一期）	266.70	1 年	100.000	1.49	4 月 29 日	银行间、交易所（柜台）
	（十二期）	296.00	10 年	100.000	3.25	5 月 13 日	银行间、交易所（柜台）
	（十三期）	280.00	5 年	100.000	2.38	5 月 20 日	银行间、交易所（柜台）
	（十四期）	280.00	50 年	100.000	4.03	5 月 24 日	银行间、交易所
	（十五期）	283.10	7 年	100.000	2.83	5 月 27 日	银行间、交易所（柜台）
	（十六期）	280.00	3 年	100.000	2.33	6 月 3 日	银行间、交易所（柜台）
	（十七期）	280.00	5 年	100.000	2.53	6 月 10 日	银行间、交易所（柜台）
	（十八期）	280.00	30 年	100.000	4.03	6 月 21 日	银行间、交易所
	（十九期）	280.10	10 年	100.000	3.41	6 月 24 日	银行间、交易所（柜台）
	（二十期）	299.70	5 年	100.000	2.52	7 月 8 日	银行间、交易所（柜台）
	（二十一期）	300.10	1 年	100.000	1.87	7 月 15 日	银行间、交易所（柜台）
	（二十二期）	281.90	7 年	100.000	2.76	7 月 22 日	银行间、交易所（柜台）
	（二十三期）	280.00	30 年	100.000	3.96	7 月 29 日	银行间、交易所
	（二十四期）	304.40	10 年	100.000	3.28	8 月 5 日	银行间、交易所（柜台）
	（二十五期）	280.00	3 年	100.000	2.30	8 月 12 日	银行间、交易所（柜台）
	（二十六期）	280.00	30 年	100.000	3.96	8 月 16 日	银行间、交易所
	（二十七期）	280.00	7 年	100.000	2.81	8 月 19 日	银行间、交易所（柜台）
	（二十八期）	282.20	5 年	100.000	2.58	8 月 26 日	银行间、交易所（柜台）
	（二十九期）	280.00	20 年	100.000	3.82	9 月 2 日	银行间、交易所
	（三十期）	205.40	1 年	100.000	1.87	9 月 9 日	银行间、交易所（柜台）
	（三十一期）	282.60	10 年	100.000	3.29	9 月 16 日	银行间、交易所（柜台）
	（三十二期）	287.10	7 年	100.000	3.10	10 月 14 日	银行间、交易所（柜台）
	（三十三期）	280.00	5 年	100.000	2.91	10 月 21 日	银行间、交易所（柜台）

续表

发行年度	品种	面值（亿元）	期限	发行价格（元）	票面利率（%）	发行时间	发行场所
2010年	（三十四期）	299.90	10年	100.000	3.67	10月28日	银行间、交易所（柜台）
	（三十五期）	280.00	3年	100.000	2.68	11月4日	银行间、交易所（柜台）
	（三十六期）	282.10	1年	100.000	2.15	11月11日	银行间、交易所（柜台）
	（三十七期）	280.00	50年	100.000	4.40	11月18日	银行间、交易所
	（三十八期）	306.40	7年	100.000	3.83	11月25日	银行间、交易所（柜台）
	（三十九期）	321.40	5年	100.000	3.64	12月2日	银行间、交易所（柜台）
	（四十期）	280.00	30年	100.000	4.23	12月9日	银行间、交易所
	（四十一期）	307.80	10年	100.000	3.77	12月16日	银行间、交易所（柜台）
	四、记账式贴现	3109.40			折合年收益率（%）		
	（一期）	142.50	91天	99.690	1.28	4月12日	银行间、交易所
	（二期）	158.10	273天	98.868	1.54	4月12日	银行间、交易所
	（三期）	150.00	182天	99.283	1.46	4月19日	银行间、交易所
	（四期）	150.00	182天	99.246	1.54	5月17日	银行间、交易所
	（五期）	173.70	273天	98.738	1.72	5月17日	银行间、交易所
	（六期）	114.50	91天	99.548	1.91	6月14日	银行间、交易所
	（七期）	177.50	273天	98.511	2.05	6月14日	银行间、交易所
	（八期）	200.00	182天	99.059	1.93	7月12日	银行间、交易所
	（九期）	200.00	182天	99.121	1.80	7月26日	银行间、交易所
	（十期）	100.00	273天	98.620	1.88	8月9日	银行间、交易所
	（十一期）	200.00	182天	99.108	1.82	8月23日	银行间、交易所
	（十二期）	100.00	91天	99.600	1.65	9月13日	银行间、交易所
	（十三期）	200.00	182天	99.074	1.89	9月20日	银行间、交易所
	（十四期）	280.00	91天	99.542	1.89	10月25日	银行间、交易所
	（十五期）	280.00	91天	99.544	1.88	11月1日	银行间、交易所
	（十六期）	100.00	182天	99.005	2.04	11月15日	银行间、交易所
	（十七期）	115.50	91天	99.337	2.74	11月29日	银行间、交易所
	（十八期）	100.00	273天	97.931	2.85	12月13日	银行间、交易所
	（十九期）	167.60	91天	99.111	3.68	12月27日	银行间、交易所
	数据来源：根据国债发行文件整理						

续表

发行年度	品 种	面 值（亿元）	期 限	发行价格（元）	票面利率（%）	发行时间	发行场所
2011 年	实际发行	15446.50					
	一、储蓄国债（凭证式）	1400.00					
	（一期）	120.00	1 年	100.000	3.45	3 月 1 日—3 月 21 日	社会
		300.00	3 年	100.000	5.18		
		180.00	5 年	100.000	5.75		
	（二期）	60.00	1 年	100.000	3.70	6 月 10 日—6 月 23 日	社会
		150.00	3 年	100.000	5.43		
		90.00	5 年	100.000	6.00		
	（三期）	60.00	1 年	100.000	3.85	8 月 10 日—8 月 23 日	社会
		150.00	3 年	100.000	5.58		
		90.00	5 年	100.000	6.15		
	（四期）	20.00	1 年	100.000	3.85	11 月 10 日—11 月 23 日	社会
		100.00	3 年	100.000	5.58		
		80.00	5 年	100.000	6.15		
	二、储蓄国债（电子式）	1600.00					
	（一期）	100.00	1 年	100.000	3.70	4 月 15 日—4 月 28 日	个人
	（二期）	250.00	3 年	100.000	5.43		
	（三期）	150.00	5 年	100.000	6.00		
	（四期）	60.00	1 年	100.000	3.70	5 月 10 日—5 月 23 日	个人
	（五期）	150.00	3 年	100.000	5.43		
	（六期）	90.00	5 年	100.000	6.00		
	（七期）					因加息停止发行（详见财政部公告 2011 年第 38 号）	
	（八期）						
	（九期）						
	（十期）	40.00	1 年	100.000	3.85	7 月 25 日—7 月 31 日	个人
	（十一期）	100.00	3 年	100.000	5.58		
	（十二期）	60.00	5 年	100.000	6.15		
	（十三期）	60.00	1 年	100.000	3.85	9 月 10 日—9 月 23 日	个人
	（十四期）	150.00	3 年	100.000	5.58		
	（十五期）	90.00	5 年	100.000	6.15		
	（十六期）	30.00	1 年	100.000	3.85	10 月 15 日—10 月 27 日	个人
	（十七期）	150.00	3 年	100.000	5.58		
	（十八期）	120.00	5 年	100.000	6.15		
	三、记账式附息	11832.60					
	（一期）	300.00	1 年	100.000	2.81	1 月 13 日	银行间、交易所（柜台）

续表

发行年度	品种	面值（亿元）	期限	发行价格（元）	票面利率（%）	发行时间	发行场所
2011 年	（二期）	300.00	10 年	100.000	3.94	1 月 20 日	银行间、交易所（柜台）
	（三期）	300.00	7 年	100.000	3.83	1 月 27 日	银行间、交易所（柜台）
	（四期）	300.00	5 年	100.000	3.60	2 月 17 日	银行间、交易所（柜台）
	（五期）	280.00	30 年	100.000	4.31	2 月 24 日	银行间、交易所
	（六期）	300.00	7 年	100.000	3.75	3 月 3 日	银行间、交易所（柜台）
	（七期）	280.00	3 年	100.000	3.22	3 月 10 日	银行间、交易所（柜台）
	（八期）	300.00	10 年	100.000	3.83	3 月 17 日	银行间、交易所（柜台）
	（九期）	300.00	1 年	100.000	2.80	3 月 24 日	银行间、交易所（柜台）
	续（四期）	339.70	5 年	101.430	3.60	4 月 14 日	银行间、交易所（柜台）
	续（一期）	200.00	1 年	100.781	2.81	4 月 18 日	银行间、交易所（柜台）
	续（七期）	300.00	3 年	100.540	3.22	4 月 21 日	银行间、交易所（柜台）
	（十期）	300.00	20 年	100.000	4.15	4 月 28 日	银行间、交易所
	（十一期）	301.80	1 年	100.000	2.77	5 月 5 日	银行间、交易所（柜台）
	续（三期）	325.20	7 年	102.520	3.83	5 月 12 日	银行间、交易所（柜台）
	续（一期）	117.10	1 年	100.805	2.81	5 月 16 日	银行间、交易所（柜台）
	续（二期）	320.60	10 年	102.420	3.94	5 月 19 日	银行间、交易所（柜台）
	（十二期）	300.00	50 年	100.000	4.48	5 月 26 日	银行间、交易所
	（十三期）	300.00	3 年	100.000	3.26	6 月 2 日	银行间、交易所（柜台）
	（十四期）	300.00	5 年	100.000	3.44	6 月 9 日	银行间、交易所（柜台）
	（十五期）	309.00	10 年	100.000	3.99	6 月 16 日	银行间、交易所（柜台）
	续（九期）	133.50	1 年	99.821	2.80	6 月 20 日	银行间、交易所（柜台）
	（十六期）	300.00	30 年	100.000	4.50	6 月 23 日	银行间、交易所
	（十七期）	300.00	7 年	100.000	3.70	7 月 7 日	银行间、交易所（柜台）

续表

发行年度	品 种	面 值（亿元）	期 限	发行价格（元）	票面利率（%）	发行时间	发行场所
2011年	（十八期）	300.00	1年	100.000	3.48	7月14日	银行间、交易所（柜台）
	续（十五期）	310.30	10年	99.890	3.99	7月21日	银行间、交易所（柜台）
	续（十期）	280.00	20年	96.800	4.15	7月28日	银行间、交易所
	续（十四期）	300.00	5年	98.440	3.44	8月4日	银行间、交易所（柜台）
	续（十六期）	280.00	30年	100.230	4.50	8月11日	银行间、交易所
	（十九期）	300.00	10年	100.000	3.93	8月18日	银行间、交易所（柜台）
	续（十七期）	300.00	7年	99.500	3.70	8月25日	银行间、交易所（柜台）
	续（十三期）	300.00	3年	99.260	3.26	9月8日	银行间、交易所（柜台）
	（二十期）	325.10	1年	100.000	3.90	9月15日	银行间、交易所（柜台）
	续（十九期）	330.50	10年	99.250	3.93	9月22日	银行间、交易所（柜台）
	（二十一期）	305.20	7年	100.000	3.65	10月13日	银行间、交易所（柜台）
	（二十二期）	293.00	5年	100.000	3.55	10月20日	银行间、交易所（柜台）
	（二十三期）	280.00	50年	100.000	4.33	11月10日	银行间、交易所
	（二十四期）	280.50	10年	100.000	3.57	11月17日	银行间、交易所（柜台）
	续（二十一期）	281.10	7年	101.370	3.65	11月24日	银行间、交易所（柜台）
	（二十五期）	280.00	3年	100.000	2.82	12月8日	银行间、交易所（柜台）
	续（二十四期）	280.00	10年	101.300	3.57	12月15日	银行间、交易所（柜台）
	四、记账式贴现	613.90			折合年收益率（%）		
	（一期）	100.00	91天	99.383	2.55	4月18日	银行间、交易所
	（二期）	96.30	182天	98.589	2.91	5月16日	银行间、交易所
	（三期）	117.60	182天	98.211	3.70	7月11日	银行间、交易所
	（四期）	150.00	273天	97.200	3.89	8月8日	银行间、交易所
	（五期）	150.00	182天	98.099	3.94	9月19日	银行间、交易所
	数据来源：根据国债发行文件整理						

续表

发行年度	品　种	面　值（亿元）	期　限	发行价格（元）	票面利率（%）	发行时间	发行场所
2012年	实际发行	14280.77					
	一、储蓄国债（凭证式）	718.51					
	（一期）	209.79	3年	100.000	5.58	4月10日—4月23日	个人
		89.95	5年	100.000	6.15		
	（二期）	155.78	3年	100.000	4.76	8月10日—8月19日	个人
		80.95	5年	100.000	5.32		
	（三期）	107.35	3年	100.000	4.76	10月10日—10月19日	个人
		74.70	5年	100.000	5.32		
	二、储蓄国债（电子式）	1529.46					
	（一期）	350.00	3年	100.000	5.58	3月10日—3月23日	个人
	（二期）	150.00	5年	100.000	6.15		
	（三期）	210.00	3年	100.000	5.58	5月10日—5月23日	个人
	（四期）	90.00	5年	100.000	6.15		
	（五期）					因降息取消发行（详见财政部公告2012年第30号）	
	（六期）						
	（七期）					因降息取消发行（详见财政部公告2012年第39号）	
	（八期）						
	（九期）	191.48	3年	100.000	4.76	7月20日—7月29日	个人
	（十期）	120.00	5年	100.000	5.32		
	（十一期）	129.22	3年	100.000	4.76	9月10日—9月19日	个人
	（十二期）	90.00	5年	100.000	5.32		
	（十三期）	118.76	3年	100.000	4.76	11月10日—11月19日	个人
	（十四期）	80.00	5年	100.000	5.32		
	三、记账式附息	10832.80					
	（一期）	280.00	1年	100.000	2.78	1月12日	银行间、交易所、柜台
	（二期）	280.00	1年	100.000	2.87	2月8日	银行间、交易所、柜台
	（三期）	280.00	5年	100.000	3.14	2月16日	银行间、交易所、柜台
	（四期）	280.00	10年	100.000	3.51	2月23日	银行间、交易所、柜台
	（五期）	280.00	7年	100.000	3.41	3月8日	银行间、交易所、柜台

续表

发行年度	品　种	面　值（亿元）	期　限	发行价格（元）	票面利率（%）	发行时间	发行场所
2012年	续（四期）	280.00	10年	100.000	3.51	3月22日	银行间、交易所、柜台
	续（五期）	327.00	7年	100.000	3.41	4月12日	银行间、交易所、柜台
	第二次续（四期）	326.10	10年	100.000	3.51	4月19日	银行间、交易所、柜台
	（六期）	280.00	20年	100.000	4.03	4月23日	银行间、交易所
	（七期）	300.00	3年	100.000	2.91	4月26日	银行间、交易所、柜台
	第二次续（五期）	339.70	7年	100.000	3.41	5月10日	银行间、交易所、柜台
	（八期）	280.00	50年	100.000	4.25	5月17日	银行间、交易所
	（九期）	344.40	10年	100.000	3.36	5月24日	银行间、交易所、柜台
	续（三期）	300.00	5年	100.000	3.14	5月31日	银行间、交易所、柜台
	（十期）	320.90	7年	100.000	3.14	6月7日	银行间、交易所、柜台
	（十一期）	269.40	1年	100.000	2.15	6月14日	银行间、交易所、柜台
	续（九期）	331.60	10年	100.000	3.36	6月21日	银行间、交易所、柜台
	（十二期）	280.00	30年	100.000	4.07	6月28日	银行间、交易所
	续（十期）	322.60	7年	100.000	3.14	7月12日	银行间、交易所、柜台
	第二次续（九期）	326.20	10年	100.000	3.36	7月19日	银行间、交易所、柜台
	续（七期）	301.20	3年	100.000	2.91	7月26日	银行间、交易所、柜台
	（十三期）	280.00	30年	100.000	4.12	8月2日	银行间、交易所
	第二次续（十期）	300.00	7年	100.000	3.14	8月9日	银行间、交易所、柜台
	（十四期）	300.60	5年	100.000	2.95	8月16日	银行间、交易所、柜台
	（十五期）	300.00	10年	100.000	3.39	8月23日	银行间、交易所、柜台
	（十六期）	300.00	7年	100.000	3.25	9月6日	银行间、交易所、柜台

续表

发行年度	品种	面值（亿元）	期限	发行价格（元）	票面利率（%）	发行时间	发行场所
2012年	（十七期）	300.00	3年	100.000	3.10	9月13日	银行间、交易所、柜台
	续（十五期）	303.30	10年	100.000	3.39	9月20日	银行间、交易所、柜台
	（十八期）	280.00	20年	100.000	4.10	9月27日	银行间、交易所
	续（十六期）	266.70	7年	100.000	3.25	10月11日	银行间、交易所、柜台
	（十九期）	260.10	1年	100.000	2.94	10月18日	银行间、交易所、柜台
	第二次续（十五期）	261.40	10年	100.000	3.39	10月25日	银行间、交易所、柜台
	第二次续（十六期）	261.50	7年	100.000	3.25	11月8日	银行间、交易所、柜台
	（二十期）	260.00	50年	100.000	4.35	11月15日	银行间、交易所
	续（十四期）	260.00	5年	100.000	2.95	11月22日	银行间、交易所、柜台
	续（十七期）	280.00	3年	100.000	3.10	12月6日	银行间、交易所、柜台
	（二十一期）	290.10	10年	100.000	3.55	12月13日	银行间、交易所、柜台
	四、记账式贴现	1200.00			折合年收益率（%）		
	（一期）	150.00	273天	97.913	2.87	4月16日	银行间、交易所
	（二期）	150.00	273天	97.953	2.81	5月7日	银行间、交易所
	（三期）	150.00	273天	98.342	2.27	6月18日	银行间、交易所
	（四期）	150.00	182天	98.899	2.26	7月16日	银行间、交易所
	（五期）	150.00	182天	98.829	2.40	7月30日	银行间、交易所
	（六期）	150.00	182天	98.799	2.47	8月6日	银行间、交易所
	（七期）	150.00	91天	99.289	2.94	10月22日	银行间、交易所
	（八期）	150.00	91天	99.242	3.13	11月5日	银行间、交易所
2013年	一、储蓄国债（凭证式）	1185.90					
	（一期）	176.33	3年	100.000	5.00	3月10日—3月19日	个人
		116.52	5年	100.000	5.41		
	（二期）	248.99	3年	100.000	5.00	6月10日—6月19日	个人
		156.37	5年	100.000	5.41		
	（三期）	186.83	3年	100.000	5.00	9月10日—9月19日	个人
		108.89	5年	100.000	5.41		
	（四期）	115.23	3年	100.000	5.00	11月10日—11月19日	个人
		76.74	5年	100.000	5.41		

续表

发行年度	品　种	面　值（亿元）	期　限	发行价格（元）	票面利率（%）	发行时间	发行场所
2013年	二、储蓄国债（电子式）	2169.61					
	（一期）	300.00	3年	100.000	5.00	4月10日—4月19日	个人
	（二期）	200.00	5年	100.000	5.41		
	（三期）	299.84	3年	100.000	5.00	5月10日—5月19日	个人
	（四期）	200.00	5年	100.000	5.41		
	（五期）	240.00	3年	100.000	5.00	7月10日—7月19日	个人
	（六期）	160.00	5年	100.000	5.41		
	（七期）	240.00	3年	100.000	5.00	8月10日—8月19日	个人
	（八期）	160.00	5年	100.000	5.41		
	（九期）	209.77	3年	100.000	5.00	10月10日—10月19日	个人
	（十期）	160.00	5年	100.000	5.41		
	三、记账式附息	12229.10					
	（一期）	260.00	5年	100.000	3.15	1月10日	银行间、交易所、柜台
	（二期）	300.00	1年	100.000	2.81	1月17日	银行间、交易所、柜台
	（三期）	300.00	7年	100.000	3.42	1月24日	银行间、交易所、柜台
	（四期）	260.00	3年	100.000	3.10	1月31日	银行间、交易所、柜台
	第一次续（三期）	300.00	7年	100.000	3.42	2月7日	银行间、交易所、柜台
	（五期）	260.00	10年	100.000	3.52	2月21日	银行间、交易所、柜台
	第二次续（三期）	220.00	7年	100.000	3.42	2月28日	银行间、交易所、柜台
	第一次续（一期）	220.00	5年	100.000	3.15	3月7日	银行间、交易所、柜台
	第一次续（五期）	220.00	10年	100.000	3.52	3月21日	银行间、交易所、柜台
	（六期）	260.00	2年	100.000	2.92	4月7日	银行间、交易所
	（七期）	300.00	1年	100.000	2.62	4月11日	银行间、交易所、柜台
	（八期）	303.20	7年	100.000	3.29	4月18日	银行间、交易所、柜台
	（九期）	260.00	20年	100.000	3.99	4月22日	银行间、交易所

续表

发行年度	品种	面值（亿元）	期限	发行价格（元）	票面利率（%）	发行时间	发行场所
2013年	第二次续（五期）	307.90	10年	100.000	3.52	4月25日	银行间、交易所、柜台
	第一次续（四期）	300.00	3年	100.000	3.10	5月9日	银行间、交易所、柜台
	第一次续（八期）	300.00	7年	100.000	3.29	5月16日	银行间、交易所、柜台
	（十期）	200.00	50年	100.000	4.24	5月20日	银行间、交易所
	（十一期）	300.00	10年	100.000	3.38	5月23日	银行间、交易所、柜台
	（十二期）	260.00	2年	100.000	2.98	5月27日	银行间、交易所
	（十三期）	300.00	5年	100.000	3.09	5月30日	银行间、交易所、柜台
	第二次续（八期）	314.00	7年	100.000	3.29	6月6日	银行间、交易所、柜台
	第一次续（十一期）	300.00	10年	100.000	3.38	6月20日	银行间、交易所、柜台
	（十四期）	260.00	1年	100.000	3.48	7月4日	银行间、交易所、柜台
	（十五期）	300.00	7年	100.000	3.46	7月11日	银行间、交易所、柜台
	第二次续（十一期）	300.00	10年	100.000	3.38	7月18日	银行间、交易所、柜台
	第一次续（十三期）	300.00	5年	100.000	3.09	7月25日	银行间、交易所、柜台
	第一次续（十五期）	300.00	7年	100.000	3.46	8月8日	银行间、交易所、柜台
	（十六期）	260.00	20年	100.000	4.32	8月12日	银行间、交易所
	（十七期）	300.00	3年	100.000	3.77	8月15日	银行间、交易所、柜台
	（十八期）	317.30	10年	100.000	4.08	8月22日	银行间、交易所、柜台
	第一次续（十七期）	300.20	3年	100.000	3.77	9月5日	银行间、交易所、柜台
	第二次续（十五期）	301.50	7年	100.000	3.46	9月12日	银行间、交易所、柜台
	（十九期）	260.00	30年	100.000	4.76	9月16日	银行间、交易所

续表

发行年度	品　种	面　值（亿元）	期　限	发行价格（元）	票面利率（%）	发行时间	发行场所
2013年	（二十期）	315.50	7年	100.000	4.07	10月17日	银行间、交易所、柜台
	（二十一期）	240.00	2年	100.000	3.77	10月21日	银行间、交易所、柜台
	第一次续（十八期）	280.00	10年	100.000	4.08	10月24日	银行间、交易所、柜台
	（二十二期）	282.50	1年	100.000	4.01	10月31日	银行间、交易所、柜台
	（二十三期）	290.00	5年	100.000	4.13	11月7日	银行间、交易所、柜台
	第一次续（二十期）	280.60	7年	100.000	4.07	11月14日	银行间、交易所、柜台
	（二十四期）	200.00	50年	100.000	5.31	11月18日	银行间、交易所
	第二次续（十八期）	281.50	10年	100.000	4.08	11月21日	银行间、交易所、柜台
	第一次续（二十三期）	282.10	5年	100.000	4.13	12月5日	银行间、交易所、柜台
	（二十五期）	240.00	30年	100.000	5.05	12月9日	银行间、交易所
	第二次续（二十期）	292.80	7年	100.000	4.07	12月12日	银行间、交易所、柜台
	四、记账式贴现	1145.30			折合年收益率（%）		
	（一期）	150.00	273天	98.016	2.73	4月15日	银行间、交易所
	（二期）	150.00	273天	97.912	2.87	4月22日	银行间、交易所
	（三期）	150.00	273天	97.903	2.89	5月13日	银行间、交易所
	（四期）	95.30	273天	97.283	3.76	6月17日	银行间、交易所
	（五期）	150.00	182天	98.108	3.91	8月19日	银行间、交易所
	（六期）	150.00	182天	98.126	3.87	9月9日	银行间、交易所
	（七期）	150.00	91天	99.083	3.79	10月14日	银行间、交易所
	（八期）	150.00	91天	98.827	4.87	12月16日	银行间、交易所
	合计	16729.91					

数据来源：根据国债发行文件整理。

注：储蓄国债发行量为计划发行最大发行量。

2014 年国债发行情况表

品种	实际发行（亿元）	期限	发行价格（元）	票面利率（%）	发行时间	发行场所
一、储蓄国债（凭证式）	1500.00					
（一期）	300.00	3 年	100.000	5.00	3 月 10 日—3 月 19 日	个人
	200.00	5 年	100.000	5.41		
（二期）	30.00	1 年	100.000	3.60	5 月 10 日—5 月 19 日	个人
	150.00	3 年	100.000	5.00		
	120.00	5 年	100.000	5.41		
（三期）	240.00	3 年	100.000	5.00	9 月 10 日—9 月 19 日	个人
	160.00	5 年	100.000	5.41		
（四期）	180.00	3 年	100.000	5.00	11 月 10 日—11 月 19 日	个人
	120.00	5 年	100.000	5.41		
二、储蓄国债（电子式）	1900.00					
（一期）	240.00	3 年	100.000	5.00	4 月 10 日—4 月 19 日	个人
（二期）	160.00	5 年	100.000	5.41		
（三期）	240.00	3 年	100.000	5.00	6 月 10 日—6 月 19 日	个人
（四期）	160.00	5 年	100.000	5.41		
（五期）	240.00	3 年	100.000	5.00	7 月 10 日—7 月 19 日	个人
（六期）	160.00	5 年	100.000	5.41		
（七期）	240.00	3 年	100.000	5.00	8 月 10 日—8 月 19 日	个人
（八期）	160.00	5 年	100.000	5.41		
（九期）	180.00	3 年	100.000	5.00	10 月 10 日—10 月 19 日	个人
（十期）	120.00	5 年	100.000	5.41		
三、记账式附息	13163.30					
（一期）	100.00	5 年	100.000	4.47	1 月 7 日	银行间、交易所、柜台
（二期）	100.00	1 年	100.000	4.04	1 月 9 日	银行间、交易所、柜台
（三期）	100.00	7 年	100.000	4.44	1 月 16 日	银行间、交易所、柜台
第三次续（2013 第十八期）	240.00	10 年	100.000	4.08	1 月 24 日	银行间、交易所、柜台
第一次续（一期）	280.00	5 年	100.000	4.47	2 月 17 日	银行间、交易所、柜台
第一次续（三期）	280.00	7 年	100.000	4.44	2 月 24 日	银行间、交易所、柜台
第二次续（三期）	280.00	7 年	100.000	4.44	3 月 10 日	银行间、交易所、柜台
（四期）	280.00	3 年	100.000	3.66	3 月 13 日	银行间、交易所、柜台
（五期）	280.00	10 年	100.000	4.42	3 月 20 日	银行间、交易所、柜台

续表

品　种	实际发行（亿元）	期　限	发行价格（元）	票面利率（%）	发行时间	发行场所
（六期）	280.00	7 年	100.000	4.33	4 月 3 日	银行间、交易所、柜台
第一次续（四期）	280.00	3 年	100.000	3.66	4 月 14 日	银行间、交易所、柜台
（七期）	207.00	1 年	100.000	3.63	4 月 14 日	银行间、交易所、柜台
第一次续（五期）	289.70	10 年	100.000	4.42	4 月 21 日	银行间、交易所、柜台
（八期）	290.00	5 年	100.000	4.04	4 月 24 日	银行间、交易所、柜台
（九期）	260.00	20 年	100.000	4.77	4 月 28 日	银行间、交易所
第二次续（四期）	285.90	3 年	100.000	3.66	5 月 12 日	银行间、交易所、柜台
第一次续（六期）	280.50	7 年	100.000	4.33	5 月 19 日	银行间、交易所、柜台
第二次续（五期）	280.00	10 年	100.000	4.42	5 月 26 日	银行间、交易所、柜台
（十期）	260.00	50 年	100.000	4.67	5 月 26 日	银行间、交易所
第一次续（八期）	280.00	5 年	100.000	4.04	5 月 30 日	银行间、交易所、柜台
第二次续（六期）	280.30	7 年	100.000	4.33	6 月 9 日	银行间、交易所、柜台
（十一期）	258.50	1 年	100.000	3.32	6 月 12 日	银行间、交易所、柜台
（十二期）	280.10	10 年	100.000	4.00	6 月 19 日	银行间、交易所、柜台
（十三期）	280.00	7 年	100.000	4.02	7 月 3 日	银行间、交易所、柜台
（十四期）	222.00	1 年	100.000	3.54	7 月 10 日	银行间、交易所、柜台
第一次续（十二期）	280.00	10 年	100.000	4.00	7 月 21 日	银行间、交易所、柜台
（十五期）	233.90	2 年	100.000	3.99	7 月 21 日	银行间、交易所、柜台
（十六期）	260.00	30 年	100.000	4.76	7 月 24 日	银行间、交易所
第一次续（十三期）	280.20	7 年	100.000	4.02	8 月 11 日	银行间、交易所、柜台
（十七期）	260.00	20 年	100.000	4.63	8 月 11 日	银行间、交易所
（十八期）	220.00	1 年	100.000	3.82	8 月 14 日	银行间、交易所、柜台
第二次续（十二期）	280.00	10 年	100.000	4.00	8 月 25 日	银行间、交易所、柜台
（十九期）	260.00	2 年	100.000	3.89	8 月 18 日	银行间、交易所、柜台
第二次续（十三期）	280.10	7 年	100.000	4.02	9 月 5 日	银行间、交易所、柜台
（二十期）	280.00	3 年	100.000	4.00	9 月 11 日	银行间、交易所、柜台
（二十一期）	280.50	10 年	100.000	4.13	9 月 18 日	银行间、交易所、柜台
（二十二期）	224.50	1 年	100.000	3.71	9 月 22 日	银行间、交易所、柜台
第一次续（二十一期）	297.40	10 年	100.000	4.13	10 月 20 日	银行间、交易所、柜台
（二十三期）	235.30	1 年	100.000	3.50	10 月 20 日	银行间、交易所、柜台
（二十四期）	281.80	7 年	100.000	3.70	10 月 23 日	银行间、交易所、柜台
（二十五期）	260.00	30 年	100.000	4.30	10 月 27 日	银行间、交易所

续表

品　种	实际发行（亿元）	期　限	发行价格（元）	票面利率（%）	发行时间	发行场所
（二十六期）	280.40	5 年	100.000	3.53	10 月 30 日	银行间、交易所、柜台
第一次续（二十期）	281.00	3 年	100.000	4.00	11 月 5 日	银行间、交易所、柜台
第一次续（二十四期）	280.00	7 年	100.000	3.70	11 月 18 日	银行间、交易所、柜台
第二次续（二十一期）	280.00	10 年	100.000	4.13	11 月 24 日	银行间、交易所、柜台
（二十七期）	260.00	50 年	100.000	4.24	11 月 24 日	银行间、交易所
第一次续（二十六期）	280.00	5 年	100.000	3.53	12 月 1 日	银行间、交易所、柜台
第二次续（二十四期）	280.00	7 年	100.000	3.70	12 月 8 日	银行间、交易所、柜台
（二十八期）	221.80	1 年	100.000	3.42	12 月 11 日	银行间、交易所、柜台
（二十九期）	282.40	10 年	100.000	3.77	12 月 18 日	银行间、交易所、柜台
（三十期）	250.00	2 年	100.000	3.39	12 月 25 日	银行间、交易所、柜台
四、记账式贴现	1200.00			折合年收益率（%）		
（一期）	150.00	273 天	97.434	3.55	4 月 21 日	银行间、交易所、柜台
（二期）	150.00	273 天	97.466	3.50	5 月 12 日	银行间、交易所、柜台
（三期）	150.00	182 天	98.115	3.90	7 月 28 日	银行间、交易所、柜台
（四期）	150.00	182 天	98.087	3.96	8 月 25 日	银行间、交易所、柜台
（五期）	150.00	182 天	98.098	3.93	9 月 15 日	银行间、交易所、柜台
（六期）	150.00	91 天	99.116	3.70	10 月 11 日	银行间、交易所、柜台
（七期）	150.00	91 天	99.158	3.48	10 月 28 日	银行间、交易所、柜台
（八期）	150.00	91 天	99.178	3.40	12 月 15 日	银行间、交易所、柜台
合计	17763.30					

数据来源：根据国债发行文件整理。

注：储蓄国债发行量为计划发行最大发行量。

2014 年还本付息国债品种和条件

一、2014 年还本付息记账式国债品种和条件

（一）以下记账式附息国债于还本付息日（节假日顺延）归还本金并支付最后一次利息。

表 1

国债名称	还本付息日	期限	年利率
2013 年记账式附息（二期）国债	1 月 17 日	1 年	2.81%
2007 年记账式（一期）国债	2 月 6 日	7 年	2.93%
2011 年记账式附息（七期）国债	3 月 10 日	3 年	3.22%
2009 年记账式附息（四期）国债	4 月 2 日	5 年	2.29%
2013 年记账式附息（七期）国债	4 月 11 日	1 年	2.62%
2007 年记账式（七期）国债	5 月 24 日	7 年	3.74%
2011 年记账式附息（十三期）国债	6 月 2 日	3 年	3.26%
2009 年记账式附息（十期）国债	6 月 4 日	5 年	2.26%
2013 年记账式附息（十四期）国债	7 月 4 日	1 年	3.48%
2009 年记账式附息（十八期）国债	8 月 6 日	5 年	2.97%
2004 年记账式（六期）国债	8 月 10 日	10 年	4.86%
2007 年记账式（十四期）国债	8 月 23 日	7 年	3.90%
2009 年记账式附息（二十四期）国债	9 月 24 日	5 年	2.90%
2013 年记账式附息（二十二期）国债	10 月 31 日	1 年	4.01%
2007 年记账式（十八期）国债	11 月 26 日	7 年	4.35%
2009 年记账式附息（三十一期）国债	12 月 3 日	5 年	2.90%
2011 年记账式附息（二十五期）国债	12 月 8 日	3 年	2.82%

（二）以下记账式贴现国债于还本日（节假日顺延）按面值偿还。

表 2

国债名称	还本付息日	期限
2013 年记账式贴现（一期）国债	1 月 13 日	273 天
2013 年记账式贴现（七期）国债	1 月 13 日	91 天
2013 年记账式贴现（二期）国债	1 月 20 日	273 天
2013 年记账式贴现（三期）国债	2 月 10 日	273 天
2013 年记账式贴现（五期）国债	2 月 17 日	182 天
2013 年记账式贴现（六期）国债	3 月 10 日	182 天
2013 年记账式贴现（四期）国债	3 月 17 日	273 天
2013 年记账式贴现（八期）国债	3 月 17 日	91 天

二、2014年还本付息地方政府债券条件

以下地方政府债券于还本付息日（节假日顺延）归还本金并支付最后一次利息。

表3

地方政府债券名称	还本付息日	期限	年利率
2011年地方政府债券（二期）	7月12日	3年	3.93%
2011年地方政府债券（三期）	8月2日	3年	4.07%
2011年地方政府债券（五期）	8月23日	3年	4.01%
2011年地方政府债券（七期）	10月18日	3年	3.67%
2011年上海市政府债券（一期）	11月16日	3年	3.10%
2011年广东省政府债券（一期）	11月21日	3年	3.08%
2011年浙江省政府债券（一期）	11月22日	3年	3.01%
深圳市2011年政府债券（一期）	11月28日	3年	3.03%

三、2014年还本付息储蓄国债品种和条件

（一）以下储蓄国债（电子式）于还本付息日归还本金并支付最后一年利息。

表4

国债名称	还本付息日	期限	到期年利率
2009年第二期储蓄国债（电子式）	4月10日	5年	4.00%
2011年第二期储蓄国债（电子式）	4月15日	3年	5.43%
2011年第五期储蓄国债（电子式）	5月10日	3年	5.43%
2009年第四期储蓄国债（电子式）	7月15日	5年	4.00%
2011年第十一期储蓄国债（电子式）	7月25日	3年	5.58%
2011年第十四期储蓄国债（电子式）	9月10日	3年	5.58%
2011年第十七期储蓄国债（电子式）	10月15日	3年	5.58%

（二）以下凭证式国债于兑付期开始后归还本金并支付全部利息。

表5

国债名称	兑付期开始日	期限	到期年利率
2011年凭证式（一期）国债	3月1日	3年	5.18%
2009年凭证式（一期）国债	3月16日	5年	4.00%
2009年凭证式（二期）国债	5月11日	5年	4.00%
2011年凭证式（二期）国债	6月10日	3年	5.43%
2009年凭证式（三期）国债	6月15日	5年	4.00%
2011年凭证式（三期）国债	8月10日	3年	5.58%
2011年凭证式（四期）国债	11月10日	3年	5.58%

2014 年全国银行间债券市场国债现券日交易量统计表

日　期	面额（亿元）	日　期	面额（亿元）
2014 - 1 - 2	77.90	2014 - 2 - 27	179.70
2014 - 1 - 3	58.20	2014 - 2 - 28	203.33
2014 - 1 - 6	81.62	2014 - 3 - 3	118.10
2014 - 1 - 7	60.45	2014 - 3 - 4	174.34
2014 - 1 - 8	71.80	2014 - 3 - 5	168.50
2014 - 1 - 9	105.10	2014 - 3 - 6	157.00
2014 - 1 - 10	76.10	2014 - 3 - 7	178.99
2014 - 1 - 13	135.10	2014 - 3 - 10	195.10
2014 - 1 - 14	104.00	2014 - 3 - 11	269.50
2014 - 1 - 15	309.30	2014 - 3 - 12	300.24
2014 - 1 - 16	134.00	2014 - 3 - 13	240.00
2014 - 1 - 17	105.60	2014 - 3 - 14	227.73
2014 - 1 - 20	108.35	2014 - 3 - 17	201.80
2014 - 1 - 21	131.50	2014 - 3 - 18	232.25
2014 - 1 - 22	157.70	2014 - 3 - 19	524.00
2014 - 1 - 23	120.90	2014 - 3 - 20	283.70
2014 - 1 - 24	92.60	2014 - 3 - 21	194.80
2014 - 1 - 26	40.80	2014 - 3 - 24	204.98
2014 - 1 - 27	110.90	2014 - 3 - 25	238.50
2014 - 1 - 28	77.00	2014 - 3 - 26	332.55
2014 - 1 - 29	87.70	2014 - 3 - 27	230.70
2014 - 1 - 30	17.20	2014 - 3 - 28	182.00
2014 - 2 - 7	21.40	2014 - 3 - 31	136.93
2014 - 2 - 8	34.60	2014 - 4 - 1	178.10
2014 - 2 - 10	73.60	2014 - 4 - 2	249.40
2014 - 2 - 11	137.65	2014 - 4 - 3	254.95
2014 - 2 - 12	146.80	2014 - 4 - 4	263.73
2014 - 2 - 13	183.20	2014 - 4 - 8	241.80
2014 - 2 - 14	183.01	2014 - 4 - 9	322.60
2014 - 2 - 17	149.10	2014 - 4 - 10	262.68
2014 - 2 - 18	181.75	2014 - 4 - 11	268.60
2014 - 2 - 19	231.30	2014 - 4 - 14	273.60
2014 - 2 - 20	171.80	2014 - 4 - 15	289.79
2014 - 2 - 21	155.30	2014 - 4 - 16	461.20
2014 - 2 - 24	161.62	2014 - 4 - 17	299.90
2014 - 2 - 25	194.47	2014 - 4 - 18	365.90
2014 - 2 - 26	358.99	2014 - 4 - 21	266.60

续表

日　期	面额（亿元）	日　期	面额（亿元）
2014－4－22	295.90	2014－6－30	154.30
2014－4－23	367.87	2014－7－1	126.67
2014－4－24	275.20	2014－7－2	142.20
2014－4－25	353.90	2014－7－3	172.97
2014－4－28	223.55	2014－7－4	166.00
2014－4－29	216.30	2014－7－7	227.20
2014－4－30	245.52	2014－7－8	166.20
2014－5－4	115.40	2014－7－9	207.68
2014－5－5	233.20	2014－7－10	141.79
2014－5－6	232.70	2014－7－11	144.70
2014－5－7	240.30	2014－7－14	155.40
2014－5－8	238.10	2014－7－15	149.17
2014－5－9	232.99	2014－7－16	406.45
2014－5－12	201.30	2014－7－17	204.55
2014－5－13	168.50	2014－7－18	195.70
2014－5－14	375.75	2014－7－21	172.40
2014－5－15	190.10	2014－7－22	105.90
2014－5－16	231.07	2014－7－23	182.90
2014－5－19	142.30	2014－7－24	180.00
2014－5－20	146.70	2014－7－25	253.60
2014－5－21	215.00	2014－7－28	154.40
2014－5－22	176.55	2014－7－29	189.60
2014－5－23	160.39	2014－7－30	265.90
2014－5－26	159.50	2014－7－31	152.73
2014－5－27	177.27	2014－8－1	364.00
2014－5－28	192.00	2014－8－4	270.20
2014－5－29	181.50	2014－8－5	214.80
2014－5－30	160.70	2014－8－6	280.50
2014－6－3	161.40	2014－8－7	274.50
2014－6－4	254.70	2014－8－8	259.92
2014－6－5	289.40	2014－8－11	221.30
2014－6－6	238.80	2014－8－12	245.16
2014－6－9	169.40	2014－8－13	314.50
2014－6－10	147.50	2014－8－14	266.00
2014－6－11	211.00	2014－8－15	320.00
2014－6－12	178.90	2014－8－18	222.49
2014－6－13	150.65	2014－8－19	248.48
2014－6－16	150.20	2014－8－20	315.15
2014－6－17	150.40	2014－8－21	175.90
2014－6－18	361.80	2014－8－22	425.60
2014－6－19	166.40	2014－8－25	167.20
2014－6－20	134.90	2014－8－26	197.57
2014－6－23	139.30	2014－8－27	291.30
2014－6－24	144.78	2014－8－28	228.60
2014－6－25	192.80	2014－8－29	344.00
2014－6－26	187.40	2014－9－1	212.10
2014－6－27	193.20	2014－9－2	247.70

续表

日　期	面额（亿元）	日　期	面额（亿元）
2014-9-3	251.30	2014-11-6	243.67
2014-9-4	247.20	2014-11-7	378.80
2014-9-5	261.71	2014-11-10	253.30
2014-9-9	232.35	2014-11-11	223.54
2014-9-10	369.70	2014-11-12	276.80
2014-9-11	309.50	2014-11-13	248.30
2014-9-12	265.75	2014-11-14	215.63
2014-9-15	268.10	2014-11-17	195.70
2014-9-16	313.60	2014-11-18	183.40
2014-9-17	469.90	2014-11-19	172.90
2014-9-18	328.88	2014-11-20	206.61
2014-9-19	564.80	2014-11-21	151.90
2014-9-22	412.30	2014-11-24	248.00
2014-9-23	339.10	2014-11-25	219.70
2014-9-24	421.00	2014-11-26	359.00
2014-9-25	393.74	2014-11-27	253.70
2014-9-26	403.77	2014-11-28	205.10
2014-9-28	139.20	2014-12-1	219.50
2014-9-29	202.20	2014-12-2	199.20
2014-9-30	240.80	2014-12-3	358.90
2014-10-8	208.70	2014-12-4	260.30
2014-10-9	298.91	2014-12-5	205.60
2014-10-10	315.49	2014-12-8	201.20
2014-10-11	376.59	2014-12-9	214.10
2014-10-13	295.40	2014-12-10	418.90
2014-10-14	265.44	2014-12-11	235.62
2014-10-15	320.10	2014-12-12	206.39
2014-10-16	469.40	2014-12-15	206.33
2014-10-17	247.87	2014-12-16	178.71
2014-10-20	248.40	2014-12-17	359.55
2014-10-21	322.70	2014-12-18	210.65
2014-10-22	426.10	2014-12-19	208.90
2014-10-23	292.90	2014-12-22	166.30
2014-10-24	373.20	2014-12-23	169.50
2014-10-27	317.00	2014-12-24	305.10
2014-10-28	292.20	2014-12-25	298.26
2014-10-29	349.70	2014-12-26	261.10
2014-10-30	325.10	2014-12-29	203.90
2014-10-31	304.30	2014-12-30	329.09
2014-11-3	381.82	2014-12-31	125.20
2014-11-4	341.90	汇总	572919068.00
2014-11-5	385.60		

数据来源：中央国债登记结算有限责任公司

2014年全国银行间债券市场国债指数统计表

日　期	财　富	全　价	净　价	平均现金流法到期收益率（%）	平均待偿期（年）
2014-01-02	139.3753	109.6371	107.7969	4.7651	9.0870
2014-01-03	139.2041	109.5024	107.6510	4.7868	9.0843
2014-01-06	139.1259	109.4409	107.5544	4.8020	9.0761
2014-01-07	139.2170	109.5126	107.6140	4.7936	9.0733
2014-01-08	139.4991	109.7345	107.8231	4.7632	9.0706
2014-01-09	139.6104	109.8220	107.8984	4.7525	9.0678
2014-01-10	139.6564	109.8324	107.9226	4.7493	9.0651
2014-01-13	139.6871	109.8565	107.9113	4.7519	9.0569
2014-01-14	139.6908	109.8595	107.9024	4.7533	9.0480
2014-01-15	139.9036	110.0269	108.0572	4.7309	9.0453
2014-01-16	139.8783	110.0069	108.0256	4.7359	9.0425
2014-01-17	139.8799	110.0082	108.0151	4.7377	9.0398
2014-01-20	139.9177	110.0170	108.0092	4.7396	9.0316
2014-01-21	140.3507	110.3576	108.3363	4.6920	9.0288
2014-01-22	140.7632	110.6819	108.6472	4.6470	9.0261
2014-01-23	140.8691	110.7568	108.7184	4.6367	9.0203
2014-01-24	140.7815	110.6404	108.6382	4.6487	9.0176
2014-01-26	141.1095	110.8981	108.8711	4.6155	9.0121
2014-01-27	141.1898	110.9206	108.9221	4.6077	9.0113
2014-01-28	141.1560	110.8941	108.8839	4.6136	9.0086
2014-01-29	141.1482	110.8785	108.8660	4.6164	9.0058
2014-01-30	141.1531	110.8824	108.8580	4.6179	9.0031
2014-02-07	141.5409	111.1230	109.0667	4.5899	8.9812
2014-02-08	141.6029	111.1716	109.1032	4.5849	8.9784
2014-02-10	141.5774	111.1516	109.0598	4.5917	8.9729
2014-02-11	141.5991	111.1586	109.0649	4.5913	8.9702
2014-02-12	141.6285	111.1596	109.0761	4.5899	8.9675
2014-02-13	141.6942	111.1917	109.1156	4.5845	8.9648
2014-02-14	141.7266	111.2171	109.1290	4.5836	8.9965
2014-02-17	141.6126	111.0371	109.0046	4.6024	8.9882
2014-02-18	141.4967	110.9251	108.9023	4.6175	8.9855
2014-02-19	141.4145	110.8535	108.8264	4.6276	8.9657
2014-02-20	141.5115	110.9295	108.8902	4.6186	8.9629
2014-02-21	141.6048	110.9792	108.9512	4.6100	8.9602
2014-02-24	141.8833	111.0971	109.1328	4.5845	8.9519

续表

日　期	财　富	全　价	净　价	平均现金流法到期收益率（%）	平均待偿期（年）
2014-02-25	142.5959	111.6551	109.6763	4.5063	8.9492
2014-02-26	142.4899	111.5721	109.5819	4.5193	8.9379
2014-02-27	143.0507	112.0024	110.0069	4.4586	8.9352
2014-02-28	142.8031	111.5700	109.8026	4.4881	8.9324
2014-03-03	142.6409	111.4069	109.6411	4.5128	8.9596
2014-03-04	142.2413	111.0948	109.3187	4.5595	8.9568
2014-03-05	142.1349	111.0117	109.2241	4.5734	8.9541
2014-03-06	142.1273	111.0058	109.2064	4.5762	8.9513
2014-03-07	142.1575	111.0294	109.2181	4.5748	8.9486
2014-03-10	142.4063	111.1689	109.3759	4.5528	8.9403
2014-03-11	142.3842	111.1388	109.3469	4.5572	8.9376
2014-03-12	142.5458	111.2582	109.4606	4.5403	8.9262
2014-03-13	142.6521	111.3411	109.5313	4.5303	8.9234
2014-03-14	142.7546	111.4212	109.5991	4.5208	8.9207
2014-03-17	142.8601	111.4678	109.6455	4.5149	8.9124
2014-03-18	142.6979	111.3285	109.5078	4.5350	8.9097
2014-03-19	142.6321	111.2773	109.4449	4.5444	8.9069
2014-03-20	142.5583	111.2049	109.3757	4.5532	8.8797
2014-03-21	142.6680	111.2904	109.4491	4.5428	8.8770
2014-03-24	142.6810	111.2713	109.4237	4.5472	8.8687
2014-03-25	142.7066	111.2839	109.4317	4.5463	8.8660
2014-03-26	142.7567	111.3156	109.4588	4.5426	8.8632
2014-03-27	142.7505	111.2932	109.4422	4.5448	8.8651
2014-03-28	142.7120	111.2632	109.4005	4.5511	8.8623
2014-03-31	142.8343	111.3447	109.4598	4.5433	8.8541
2014-04-01	142.8422	111.3509	109.4541	4.5444	8.8514
2014-04-02	142.8266	111.3387	109.4302	4.5481	8.8486
2014-04-03	142.7577	111.2850	109.3649	4.5579	8.8459
2014-04-04	142.7348	111.2672	109.3354	4.5625	8.8431
2014-04-08	142.8719	111.3613	109.3943	4.5558	8.8622
2014-04-09	142.6986	111.2188	109.2481	4.5782	8.8921
2014-04-10	142.7737	111.2774	109.2945	4.5709	8.8815
2014-04-11	142.8720	111.3540	109.3589	4.5618	8.8787
2014-04-14	143.0975	111.5297	109.4982	4.5423	8.8705
2014-04-15	143.2248	111.6112	109.5850	4.5300	8.8677
2014-04-16	143.4146	111.7471	109.7203	4.5097	8.8405
2014-04-17	144.0706	112.2508	110.2170	4.4382	8.8377
2014-04-18	144.0031	112.1475	110.1525	4.4477	8.8350

续表

日期	财富	全价	净价	平均现金流法到期收益率（%）	平均待偿期（年）
2014-04-21	144.0358	112.1730	110.1423	4.4498	8.8268
2014-04-22	144.0704	112.1758	110.1573	4.4479	8.8240
2014-04-23	143.9053	112.0250	110.0176	4.4676	8.8259
2014-04-24	143.8755	111.9941	109.9827	4.4729	8.8231
2014-04-25	143.9718	112.0691	110.0454	4.4641	8.8204
2014-04-28	144.0246	112.0807	110.0506	4.4652	8.8815
2014-04-29	144.0909	112.1323	110.0901	4.4598	8.8788
2014-04-30	144.2228	112.2349	110.1803	4.4470	8.8760
2014-05-04	144.3882	112.3637	110.2608	4.4353	8.8484
2014-05-05	144.3926	112.3455	110.2523	4.4367	8.8457
2014-05-06	144.6086	112.5136	110.4076	4.4175	8.8853
2014-05-07	144.7057	112.5821	110.4708	4.4087	8.8826
2014-05-08	145.1143	112.8894	110.7751	4.3657	8.8799
2014-05-09	146.0140	113.5893	111.4594	4.2695	8.8771
2014-05-12	146.0074	113.5741	111.4186	4.2757	8.8689
2014-05-13	145.9055	113.4867	111.3278	4.2886	8.8661
2014-05-14	145.7663	113.3785	111.2083	4.3050	8.8382
2014-05-15	145.6799	113.2718	111.1296	4.3163	8.8355
2014-05-16	145.6618	113.2577	111.1037	4.3201	8.8328
2014-05-19	145.8286	113.2990	111.1968	4.3075	8.8245
2014-05-20	145.8168	113.2717	111.1759	4.3111	8.8529
2014-05-21	145.8391	113.2890	111.1812	4.3103	8.8742
2014-05-22	145.8902	113.3287	111.2088	4.3066	8.8714
2014-05-23	146.2476	113.5809	111.4730	4.2697	8.8687
2014-05-26	146.3824	113.6303	111.5411	4.2606	8.8605
2014-05-27	146.4530	113.6515	111.5837	4.2548	8.8577
2014-05-28	146.6287	113.7878	111.7074	4.2378	8.8888
2014-05-29	146.8190	113.9356	111.8425	4.2192	8.8861
2014-05-30	147.0931	114.1101	112.0421	4.1916	8.8833
2014-06-03	147.6082	114.5097	112.3920	4.1502	9.0282
2014-06-04	147.7639	114.6305	112.5001	4.1350	9.0086
2014-06-05	147.6499	114.5421	112.4003	4.1487	9.0059
2014-06-06	147.4883	114.4120	112.2637	4.1675	9.0031
2014-06-09	147.4707	114.2954	112.2144	4.1747	8.9949
2014-06-10	147.6155	114.3959	112.3141	4.1611	8.9922
2014-06-11	147.6511	114.1390	112.3296	4.1589	9.0131
2014-06-12	147.6562	114.1429	112.3216	4.1601	9.0103
2014-06-13	147.4934	114.0085	112.1845	4.1790	9.0076

续表

日　期	财　富	全　价	净　价	平均现金流法到期收益率（%）	平均待偿期（年）
2014－06－16	147.7003	114.1323	112.3077	4.1625	8.9994
2014－06－17	147.7346	114.1492	112.3222	4.1606	8.9966
2014－06－18	147.7359	114.1430	112.3113	4.1622	8.9939
2014－06－19	147.7952	114.1888	112.3449	4.1577	8.9912
2014－06－20	147.8249	114.2117	112.3558	4.1564	8.9884
2014－06－23	147.8536	114.1933	112.3421	4.1586	8.9802
2014－06－24	147.9147	114.2325	112.3770	4.1539	8.9775
2014－06－25	147.8997	114.1951	112.3536	4.1572	8.9747
2014－06－26	147.9356	114.2133	112.3692	4.1546	8.9761
2014－06－27	147.9276	114.2071	112.3511	4.1572	8.9733
2014－06－30	147.8373	114.1281	112.2460	4.1720	8.9651
2014－07－01	147.6905	114.0147	112.1214	4.1893	8.9624
2014－07－02	147.3036	113.7160	111.8123	4.2322	8.9597
2014－07－03	147.0720	113.5373	111.6226	4.2587	8.9569
2014－07－04	146.8973	113.4024	111.4765	4.2792	8.9542
2014－07－07	147.2690	113.6527	111.7261	4.2448	8.9460
2014－07－08	147.3177	113.6778	111.7515	4.2414	8.9432
2014－07－09	147.2978	113.6625	111.7243	4.2459	8.9751
2014－07－10	147.2821	113.6504	111.7003	4.2487	8.9643
2014－07－11	147.3377	113.6418	111.7310	4.2446	8.9615
2014－07－14	147.3337	113.6388	111.6922	4.2504	8.9533
2014－07－15	147.1434	113.4920	111.5342	4.2726	8.9506
2014－07－16	146.6827	113.1366	111.1688	4.3239	8.9479
2014－07－17	146.2837	112.8289	110.8507	4.3690	8.9451
2014－07－18	146.0569	112.6540	110.6648	4.3955	8.9424
2014－07－21	146.1786	112.7277	110.7223	4.3879	8.9342
2014－07－22	146.3737	112.8653	110.8600	4.3686	8.9314
2014－07－23	146.3559	112.8435	110.8344	4.3720	8.9326
2014－07－24	146.3570	112.8443	110.8233	4.3738	8.9299
2014－07－25	146.5122	112.9640	110.9304	4.3588	8.9272
2014－07－28	146.6125	113.0413	110.9714	4.3532	8.8957
2014－07－29	146.5402	112.9765	110.9041	4.3629	8.8929
2014－07－30	146.4837	112.9195	110.8488	4.3710	8.8902
2014－07－31	146.6488	113.0385	110.9634	4.3589	8.9659
2014－08－01	146.7018	113.0793	110.9920	4.3550	8.9632
2014－08－04	146.8331	113.1639	111.0569	4.3464	8.9550
2014－08－05	146.8178	113.1440	111.0332	4.3499	8.9522
2014－08－06	146.8473	113.1667	111.0438	4.3486	8.9495

续表

日 期	财 富	全 价	净 价	平均现金流法到期收益率（%）	平均待偿期（年）
2014-08-07	146.7920	113.1241	110.9895	4.3565	8.9468
2014-08-08	146.7583	113.0981	110.9517	4.3620	8.9440
2014-08-11	146.7581	113.0883	110.9157	4.3676	8.9358
2014-08-12	146.7412	113.0661	110.8908	4.3714	8.9331
2014-08-13	146.8687	113.1644	110.9766	4.3587	8.9222
2014-08-14	147.1851	113.4081	111.2070	4.3263	8.9195
2014-08-15	147.2289	113.4052	111.2286	4.3234	8.9167
2014-08-18	147.1970	113.2965	111.1684	4.3343	8.9494
2014-08-19	147.0892	113.1938	111.0739	4.3481	8.9768
2014-08-20	147.0192	113.1262	111.0083	4.3575	8.9740
2014-08-21	147.0488	113.1264	111.0190	4.3562	8.9713
2014-08-22	147.0210	113.0681	110.9859	4.3610	8.9686
2014-08-25	147.1097	113.0775	111.0177	4.3566	8.9346
2014-08-26	147.1092	113.0654	111.0055	4.3585	8.9319
2014-08-27	147.2758	113.1850	111.1208	4.3422	8.9644
2014-08-28	147.3094	113.2013	111.1345	4.3404	8.9617
2014-08-29	147.2676	112.9607	111.0907	4.3468	8.9590
2014-09-01	147.3030	112.9799	111.0818	4.3485	8.9508
2014-09-02	147.2916	112.9625	111.0612	4.3516	8.9480
2014-09-03	147.1888	112.8837	110.9708	4.3645	8.9453
2014-09-04	147.1270	112.8363	110.9118	4.3731	8.9426
2014-09-05	147.1172	112.8287	110.8923	4.3760	8.9399
2014-09-09	147.1927	112.8431	110.9021	4.3753	8.9289
2014-09-10	147.1119	112.7812	110.8285	4.3853	8.9178
2014-09-11	147.1146	112.7833	110.8186	4.3868	8.9151
2014-09-12	147.2153	112.8541	110.8835	4.3778	8.9124
2014-09-15	147.4126	113.0053	110.9979	4.3629	8.9696
2014-09-16	147.3869	112.9680	110.9663	4.3675	8.9668
2014-09-17	147.7898	113.2601	111.2614	4.3254	8.9403
2014-09-18	148.2989	113.6382	111.6374	4.2728	8.9376
2014-09-19	148.9801	114.1601	112.1443	4.2024	8.9349
2014-09-22	149.2342	114.2947	112.3020	4.1809	8.9267
2014-09-23	149.3565	114.3884	112.3832	4.1698	8.9240
2014-09-24	149.0203	114.1183	112.1152	4.2061	8.9254
2014-09-25	149.2884	114.3165	112.3073	4.1796	8.9227
2014-09-26	149.2377	114.2707	112.2567	4.1867	8.9200
2014-09-28	149.2515	114.2643	112.2432	4.1888	8.9145
2014-09-29	149.4159	114.3769	112.3564	4.1733	8.9118

续表

日　期	财　富	全　价	净　价	平均现金流法到期收益率（%）	平均待偿期（年）
2014-09-30	149.5261	114.4613	112.4283	4.1635	8.9107
2014-10-08	149.5619	114.4887	112.3596	4.1739	8.8889
2014-10-09	149.4850	114.4227	112.2890	4.1838	8.8862
2014-10-10	149.4583	114.4023	112.2567	4.1884	8.8834
2014-10-11	149.5572	114.4780	112.3200	4.1797	8.8807
2014-10-13	149.6787	114.5365	112.3885	4.1705	8.8752
2014-10-14	150.4603	115.1202	112.9711	4.0901	8.8725
2014-10-15	151.0904	115.5853	113.4384	4.0262	8.8698
2014-10-16	151.2863	115.7352	113.5755	4.0076	8.8670
2014-10-17	151.4820	115.8198	113.7123	3.9891	8.8626
2014-10-20	152.0834	116.2629	114.1335	3.9323	8.8544
2014-10-21	152.2806	116.3859	114.2713	3.9138	8.8517
2014-10-22	151.9316	116.0957	113.9941	3.9506	8.9113
2014-10-23	151.8251	115.9926	113.9012	3.9632	8.9085
2014-10-24	152.0300	116.1417	114.0448	3.9439	8.9058
2014-10-27	152.2511	116.3106	114.1767	3.9263	8.8976
2014-10-28	152.5586	116.5072	114.3983	3.8967	8.8949
2014-10-29	152.8449	116.7258	114.6037	3.8694	8.8921
2014-10-30	152.6133	116.5489	114.4158	3.8940	8.8818
2014-10-31	152.6933	116.6100	114.4646	3.8875	8.8791
2014-11-03	153.2292	117.0193	114.8354	3.8420	8.9481
2014-11-04	153.8264	117.4754	115.2768	3.7840	8.9454
2014-11-05	154.1385	117.6930	115.5017	3.7546	8.9427
2014-11-06	154.0482	117.6241	115.4212	3.7643	8.9244
2014-11-07	154.6247	118.0200	115.8468	3.7080	8.8978
2014-11-10	155.1571	118.4067	116.2147	3.6602	8.8896
2014-11-11	155.3351	118.5425	116.3377	3.6442	8.8868
2014-11-12	154.9262	118.2305	116.0155	3.6859	8.8841
2014-11-13	154.5778	117.9569	115.7391	3.7219	8.8814
2014-11-14	154.1501	117.6306	115.4027	3.7659	8.8786
2014-11-17	153.9358	117.3936	115.2041	3.7921	8.8704
2014-11-18	154.3300	117.6759	115.4909	3.7543	8.8677
2014-11-19	154.2833	117.6270	115.4435	3.7605	8.8649
2014-11-20	154.0483	117.4411	115.2533	3.7850	8.8546
2014-11-21	153.9590	117.3731	115.1736	3.7956	8.8519
2014-11-24	155.5608	118.5188	116.3515	3.6412	8.8437
2014-11-25	155.2372	118.2536	116.0943	3.6747	8.8656
2014-11-26	155.2839	118.2689	116.1177	3.6708	8.8665

续表

日期	财富	全价	净价	平均现金流法到期收益率（%）	平均待偿期（年）
2014-11-27	155.3049	118.2780	116.1215	3.6702	8.8638
2014-11-28	155.3560	118.3169	116.1481	3.6667	8.8611
2014-12-01	155.4822	118.4062	116.2075	3.6647	9.0010
2014-12-02	155.1784	118.1564	115.9655	3.6959	8.9982
2014-12-03	154.5187	117.6541	115.4541	3.7618	9.0153
2014-12-04	154.0713	117.3134	115.1034	3.8076	9.0125
2014-12-05	153.0446	116.5317	114.3142	3.9118	9.0098
2014-12-08	152.9535	116.4578	114.2091	3.9259	9.0016
2014-12-09	153.0772	116.5331	114.2907	3.9151	8.9988
2014-12-10	153.5653	116.9047	114.6480	3.8671	8.9879
2014-12-11	153.4485	116.5450	114.5476	3.8804	8.9851
2014-12-12	153.3250	116.4512	114.4423	3.8944	8.9824
2014-12-15	153.1171	116.2794	114.2491	3.9202	8.9741
2014-12-16	153.3729	116.4451	114.4302	3.8961	8.9714
2014-12-17	153.5022	116.5204	114.5157	3.8847	8.9687
2014-12-18	153.3958	116.4328	114.4234	3.8970	8.9659
2014-12-19	153.7572	116.6806	114.6839	3.8624	8.9632
2014-12-22	153.8563	116.7470	114.7226	3.8573	8.9549
2014-12-23	154.2712	117.0320	115.0235	3.8174	8.9522
2014-12-24	154.7683	117.4016	115.3862	3.7697	8.9495
2014-12-25	154.6860	117.3271	115.3121	3.7785	8.9507
2014-12-26	154.7117	117.3376	115.3194	3.7776	8.9480
2014-12-29	154.8320	117.4198	115.3739	3.7704	8.9398
2014-12-30	154.8037	117.3984	115.3405	3.7747	8.9370
2014-12-31	154.7911	117.3888	115.3189	3.7772	8.9105

数据来源：中央国债登记结算有限责任公司

2014 年全国银行间债券市场国债现券交易结算情况统计表

债券简称	债券代码	面值额（亿元）
10 附息国债 05	100005	18.3
08 国债 10	080010	1135.3
13 附息国债 18	130018	1632.2
13 附息国债 17	130017	4236.61
13 附息国债 23	130023	1609.9
10 附息国债 12	100012	14.87
12 附息国债 07	120007	1313.8
13 附息国债 22	130022	185.33
12 附息国债 10	120010	41.8
13 附息国债 12	130012	139.5
10 附息国债 18	100018	27
09 附息国债 04	090004	27.1
06 国债 09	060009	14.2
09 附息国债 13	090013	19.2
11 附息国债 03	110003	36.6
09 国债 02	090002	2
10 附息国债 38	100038	6
06 国债 16	060016	3.7
14 贴现国债 03	149903	571.2
10 附息国债 26	100026	22.2
13 贴现国债 02	139902	1.1
10 附息国债 31	100031	28.8
14 附息国债 19	140019	932.1
13 附息国债 21	130021	92.7
12 附息国债 17	120017	896.783
14 附息国债 01	140001	872.79
13 附息国债 19	130019	37.3
13 附息国债 04	130004	136.74
13 附息国债 06	130006	52.7
11 附息国债 13	110013	181.33
12 附息国债 04	120004	40.3
11 附息国债 17	110017	7.9
12 附息国债 09	120009	37.7
07 国债 18	070018	289

续表

债券简称	债券代码	面值额（亿元）
10 附息国债 08	100008	17.3
09 附息国债 18	090018	10
10 附息国债 22	100022	32.7
13 贴现国债 06	139906	250.4
10 附息国债 15	100015	5.7
07 特别国债 05	0700005	10
14 附息国债 09	140009	75.8
14 附息国债 14	140014	1253.96
09 附息国债 19	090019	2.4
14 附息国债 15	140015	800.5
06 国债 19	060019	4.44
14 贴现国债 04	149904	313.5
14 附息国债 22	140022	347.67
14 附息国债 24	140024	994
14 附息国债 27	140027	40.9
03 国债 09	030009	8
06 国债 03	060003	7.5
10 附息国债 19	100019	26.28
12 附息国债 15	120015	154.1
13 附息国债 07	130007	39.4
09 国债 03	090003	16.3
11 附息国债 16	110016	7.1
08 国债 20	080020	7.8
12 附息国债 05	120005	183.5
14 附息国债 06	140006	572.84
14 贴现国债 02	149902	142.2
14 附息国债 13	140013	1782.95
14 附息国债 16	140016	44.6
10 附息国债 29	100029	1.2
07 特别国债 02	0700002	27.9
11 附息国债 10	110010	3.1
07 国债 03	070003	6.2
14 附息国债 21	140021	712.7
05 国债 12	050012	1.1
11 附息国债 12	110012	2.4
14 附息国债 26	140026	660.4
14 贴现国债 06	149906	894.2

续表

债券简称	债券代码	面值额（亿元）
14 附息国债 30	140030	153.3
14 附息国债 23	140023	261.5
01 国债 04	010004	2.2
12 附息国债 03	120003	130.3
12 附息国债 14	120014	155.5
10 附息国债 32	100032	41.228
10 附息国债 13	100013	97.08
08 国债 07	080007	35.1
10 附息国债 20	100020	74.8
08 国债 23	080023	12.55
11 附息国债 14	110014	149.7
05 国债 04	050004	6
12 附息国债 21	120021	21.3
13 附息国债 03	130003	106.61
13 附息国债 25	130025	16.8993
13 贴现国债 08	139908	131.6
09 附息国债 16	090016	11.4
13 附息国债 01	130001	65.7
13 贴现国债 04	139904	7.6
08 国债 14	080014	18.8
13 附息国债 24	130024	25.4
13 附息国债 02	130002	2.7
14 附息国债 12	140012	1386.187
13 贴现国债 01	139901	2.6
10 附息国债 09	100009	4.5
11 附息国债 05	110005	13.4
14 附息国债 10	140010	12.1
10 附息国债 41	100041	8
07 特别国债 08	0700008	36.8
14 附息国债 20	140020	1012.883
14 附息国债 29	140029	148.5
12 附息国债 13	120013	2.4
09 附息国债 25	090025	2
09 附息国债 05	090005	16
10 附息国债 39	100039	246.8
13 附息国债 05	130005	31.2
11 附息国债 24	110024	355.9

续表

债券简称	债券代码	面值额（亿元）
11 附息国债 22	110022	91.5
09 附息国债 10	090010	2.8
09 国债 01	090001	14
14 附息国债 02	140002	235.9
11 附息国债 08	110008	212.34
10 附息国债 17	100017	43.1
10 附息国债 02	100002	3.3
14 附息国债 08	140008	761.1875
14 附息国债 11	140011	421.89
07 国债 13	070013	3.8
10 附息国债 10	100010	1.2
14 附息国债 17	140017	26.5
09 附息国债 23	090023	5
05 国债 01	050001	0.6
11 附息国债 23	110023	1.8
14 贴现国债 07	149907	676.8
09 附息国债 26	090026	3.4
13 附息国债 20	130020	4564.83
07 国债 07	070007	47
13 附息国债 15	130015	2688.785
13 附息国债 11	130011	358.64
12 附息国债 16	120016	914.698
09 附息国债 24	090024	69.1
08 国债 22	080022	22.5
08 国债 03	080003	1654.6
11 附息国债 19	110019	116.2
13 贴现国债 07	139907	41.4
11 附息国债 04	110004	22.6
14 附息国债 07	140007	351.7
07 特别国债 03	0700003	12
14 贴现国债 05	149905	2775.53
14 附息国债 28	140028	272.8
08 国债 13	080013	4.5
14 贴现国债 08	149908	64
10 附息国债 14	100014	0.4
14 附息国债 04	140004	4775.65
13 附息国债 13	130013	271.481

续表

债券简称	债券代码	面值额（亿元）
14附息国债03	140003	1541.18
10附息国债28	100028	967.13
13附息国债08	130008	528.1
04国债06	040006	6.8
08国债25	080025	11.14
13贴现国债03	139903	1.8
12附息国债08	120008	1.8
12附息国债12	120012	3
08国债18	080018	0.2
14附息国债05	140005	409.05
11附息国债21	110021	232.9
09附息国债31	090031	1104.4
10附息国债27	100027	32.3
11附息国债25	110025	72.5
13附息国债14	130014	231.715
08国债01	080001	65.4
07特别国债04	0700004	10.9
07特别国债06	0700006	35.4
07国债14	070014	9
10附息国债33	100033	16.85
11附息国债02	110002	24.6
07国债10	070010	1.7
11附息国债15	110015	846.55
14贴现国债01	149901	317.48
12附息国债18	120018	6.6
14附息国债18	140018	325
09附息国债20	090020	16
09附息国债11	090011	8
08国债02	080002	6.3
14附息国债25	140025	12
10附息国债34	100034	5.9
09附息国债06	090006	4.7
13附息国债09	130009	1
汇　总		57322.5568

数据来源：中央国债登记结算有限责任公司

2014年全国银行间债券市场国债交易结算情况月度统计表

月份	现券交易（亿元）	质押式回购（亿元）	买断式回购（亿元）	债券借贷（亿元）
01	2263.82	938.71	43797.85	15.82
02	2767.61	734.17	34380.18	5.45
03	4791.71	1113.15	62099.37	2.71
04	5977.08	1049.18	61395.81	24.57
05	4171.32	1071.83	66850.44	14.33
06	3777.23	1597.09	67090.85	6.18
07	4264.11	1881.75	76056.65	12.01
08	5647.17	1719.30	74875.95	42.60
09	6894.70	1770.90	77537.82	25.16
10	6049.50	1463.44	82814.81	3.30
11	5145.37	1565.68	83447.13	24.25
12	5542.29	2773.40	87917.27	44.10
合计	57291.91	17678.60	818264.14	220.48

数据来源：中央国债登记结算有限责任公司

2014 年全国银行间债券市场国债质押式回购交易结算情况统计表

回购品种	前期平均利率（%）	最高利率（%）	最低利率（%）	本期平均利率（%）	涨跌幅（%）	内含期限（天数）	本金额（万元）	面值额（万元）	资金额（万元）	结算笔数（笔）	平均每笔交割量（万元）	结算天数（天）
R01D		8.2000	1.3400	2.6979		1.00	5438987152.979	5439266760.000	5301647366.235	138997	39132.260	197
R02D	3.2012	7.5000	1.7200	3.0434	-4.93%	2.00	100780746.610	100785660.000	98092154.603	2801	35982.028	127
R03D	5.3127	8.5000	1.3000	2.6701	-49.74%	3.00	1119225841.150	1119295070.000	1092011718.639	29659	37738.800	127
R07D	5.3360	9.0000	1.9100	3.4643	-35.08%	6.45	942394467.785	942447500.000	918336614.396	25667	36718.257	242
R14D	6.0487	9.1000	2.0200	4.0284	-33.40%	12.83	351156566.988	351183960.000	340836335.740	9945	35312.615	242
R21D	6.8755	9.5000	2.1700	4.6697	-32.08%	18.96	64760381.040	64761830.000	62736428.598	2310	28035.424	195
R01M		8.1900	3.0000	4.6778		29.65	69108314.648	69112380.000	66788851.641	2246	30771.318	204
R02M	5.6220	8.5000	3.3000	4.9088	-12.69%	41.25	27503260.000	27503260.000	26446920.158	1066	25800.432	168
R03M	6.0900	7.6000	3.8000	4.6537	-23.58%	86.61	57839630.000	57839630.000	56404494.174	1301	44457.825	220
R04M		6.8000	4.1000	4.7412		111.19	4302560.000	4302560.000	4119092.159	115	37413.565	49
R06M		6.9000	4.4000	5.0849		178.99	4581090.000	4581090.000	4371718.189	224	20451.295	84
R09M		6.6000	4.9000	5.4239		271.76	95400.000	95400.000	92232.385	10	9540.000	7
R01Y		6.4000	4.5948	5.1060		364.83	1466310.000	1466310.000	1381877.632	31	47300.323	21
合计							8182201721.20	8182641410.00	7973265804.55	214372.00		

数据来源：中央国债登记结算有限责任公司

2014 年全国银行间债券市场国债买断式回购交易结算情况统计表

回购品种	前期平均利率（%）	最高利率（%）	最低利率（%）	本期平均利率（%）	涨跌（%）	内含期限	本金额（万元）	面值额（万元）	资金额（万元）	结算笔数	平均每笔交割量（万元）	结算天数（天）
R01D		6.7970	1.5101	2.9160		1.000	109271465.980	109277100.000	107714866.637	5289	20661.202	196
R02D	3.4035	7.2080	0.0168	3.2849	-3.48%	2.000	475000.000	475000.000	468790.451	26	18269.231	20
R03D	5.5082	6.3037	1.7452	2.9879	-45.76%	3.000	26872391.000	26874200.000	26517999.841	1287	20881.274	55
R07D	5.6692	8.5010	1.8000	3.7578	-33.72%	6.637	24744975.150	24746740.000	24329754.207	1303	18992.126	215
R14D	5.8704	8.0014	0.7205	4.3469	-25.95%	12.502	8725142.550	8726720.000	8575083.280	469	18607.079	126
R21D		7.9497	3.1093	5.0795		18.308	1782160.000	1782160.000	1753710.007	76	23449.474	27
R01M		8.4096	1.8398	5.0540		28.307	3607550.000	3607550.000	3535605.019	102	35368.137	51
R02M		7.6598	3.9104	4.8563		34.553	452500.000	452500.000	443333.347	30	15083.333	22
R03M		5.8001	4.0098	4.9502		83.175	823250.000	823250.000	793643.289	34	24213.235	23
R04M		4.100	4.100	4.100		97.000	20790.000	20790.000	19840.732	1	20790.000	1
R06M												
R09M												
R01Y												
合计							176775224.68	176786010.00	174152626.81	8617		

数据来源：中央国债登记结算有限责任公司

2014年末记账式国债余额剩余期限结构统计表
（按持有者结构划分）

机构类别	1年以下	1—5年	5—10年	10年以上	年末托管面额合计（亿元）
商业银行	21005.81	20958.15	6322.68	11280.77	59567.40
非银行金融机构	159.60	83.90	3.50	13.00	260.00
信用社	326.01	237.02	43.10	145.64	751.78
特殊结算成员	8433.78	6815.14	652.39	2537.97	18439.28
保险机构	257.91	230.64	213.30	2349.09	3050.94
其他投资者	414.04	835.46	922.03	43.00	2214.53
基金	277.91	148.98	29.70	491.10	947.68
非金融机构	2.00	2.10	0.50	0.50	5.10
证券公司	175.64	63.59	19.00	32.60	290.83
年末托管面额合计	31052.70	29374.98	8206.20	16893.67	85527.55

数据来源：中央国债登记结算有限责任公司

2014年全国银行间债券市场机构投资者国债现券交易额排名①

排　名	成员简称	总面额（亿元）	总笔数（笔）
1	福建海峡银行	13649.30	4548
2	平安证券	7896.70	2895
3	汇丰银行（中国）公司	6360.50	3580
4	花旗（中国）公司	6293.72	3373
5	广东顺德农商行	4725.60	1008
6	徽商银行	3372.00	1233
7	星展银行中国公司	3101.30	1898
8	洛阳银行	2359.20	1268
9	大连银行	1995.30	831
10	南京银行	1806.85	1632
11	上海银行	1796.20	1546
12	交通银行	1794.52	1461
13	郑州市市郊农信社	1704.90	846
14	西安银行	1704.86	464
15	张家口市商行	1635.70	862
16	瑞穗银行中国	1614.82	482
17	光大证券	1551.80	1315
18	德意志银行中国公司	1524.65	1934
19	平安银行	1490.40	1918
20	招商银行	1359.68	1432
21	广发银行	1355.10	1413
22	郑州银行	1349.80	500
23	长沙银行	1259.70	326
24	国泰君安证券	1227.26	2765
25	中信证券	1152.60	1200
26	第一创业证券	1106.74	1419
27	广东南粤银行	1097.90	844
28	广州农商行	1083.20	389
29	美国银行上海分行	1068.50	1721
30	杭州银行	1053.90	841
31	东方证券	1034.60	874
32	宁波银行	1024.76	2267
33	法国巴黎银行（中国）	996.61	850
34	兴业银行	953.11	1489

① 注：排名顺序按总面额。

续表

排　名	成员简称	总面额（亿元）	总笔数（笔）
35	渣打银行（中国）公司	952.40	1620
36	广西北部湾银行	937.40	292
37	北京农商银行	923.90	321
38	浦发银行	913.12	1041
39	中信建投证券	894.73	1946
40	河北银行	842.90	683
41	鄞州银行	700.10	310
42	中国银行	692.99	973
43	中金公司	680.93	801
44	民生银行	667.48	723
45	东亚银行中国公司	657.90	410
46	光大银行	655.80	498
47	汉口银行	637.10	352
48	恒丰银行	616.00	1495
49	中信银行	537.80	468
50	浙江泰隆商业银行	521.90	210
51	邮储银行	519.60	552
52	摩根大通银行中国公司	448.90	891
53	华融湘江银行	435.00	110
54	晋城银行	413.20	434
55	农业银行	405.39	606
56	招商证券	399.91	1058
57	慈溪农商行	396.30	121
58	建设银行	392.58	332
59	广发证券	387.84	864
60	包商银行	370.40	547
61	西南证券	360.80	838
62	青岛银行	353.40	127
63	渤海银行	344.40	254
64	国开行	341.46	826
65	PBCAA01014	338.70	179
66	三菱东京日联银行中国	328.00	894
67	联讯证券	310.50	543
68	国金证券	306.60	1116
69	工商银行	297.58	626
70	东海证券	247.89	624
71	泰安商行	206.20	123
72	安信证券	201.80	234
73	海通证券	198.20	403

续表

排　名	成员简称	总面额（亿元）	总笔数（笔）
74	常熟农商行	191.64	489
75	浙商银行	190.20	404
76	国海证券	179.00	172
77	华泰证券	171.50	403
78	潍坊银行	171.00	77
79	PBCAA01012	159.55	154
80	东莞银行	155.20	69
81	恒生银行	155.15	71
82	天津银行	153.40	312
83	东莞农商行	144.90	346
84	荷兰安智银行上海分行	139.70	240
85	恒生银行（中国）公司	138.25	224
86	华侨银行（中国）公司	138.20	295
87	PBCAA01007	131.50	92
88	PBCAA01020	131.30	57
89	齐鲁银行	124.20	102
90	香港上海汇丰银行	124.10	54
91	江海证券	123.90	257
92	苏州银行	123.23	261
93	北京银行	121.88	170
94	天风证券	118.60	143
95	黑龙江省农信社	118.29	121
96	渤海证券	115.90	215
97	大华银行中国公司	113.70	167
98	榆社县农联社	112.70	219
99	绍兴银行	111.70	125
100	衡水银行	110.95	131
101	PBCAA01023	110.90	106
102	申银万国证券	110.10	190
103	绵阳商行	101.10	74
104	盛京银行	100.20	31
105	国信证券	99.50	197
106	PBCAA01005	98.90	32
107	兰州银行	96.20	44
108	PBCAA01006	89.70	106
109	中国人寿股份	89.50	67
110	三井住友银行中国公司	89.00	83
111	中银香港	87.35	86
112	PBCAA01015	82.90	36

续表

排　名	成员简称	总面额（亿元）	总笔数（笔）
113	日信证券公司	81.50	166
114	美银香港	80.50	51
115	齐商银行	77.50	61
116	建信日新月异 2011	76.00	27
117	瑞银证券	74.39	153
118	花旗香港	73.00	36
119	PBCAA01019	70.20	97
120	陕西信托财富 7 号	68.77	184
121	西安信托平安银行稳健	68.40	34
122	瑞士再保险公司北京	67.70	48
123	PBCAA01004	66.50	68
124	抚顺银行	66.10	174
125	民生银行上海分行	65.00	38
126	人行代理户 01001	65.00	60
127	张家港农商行	64.90	170
128	中国人民财险	63.57	95
129	九江银行	63.00	66
130	哈尔滨银行	62.60	58
131	PBCAA01027	62.00	28
132	威海市商业银行	61.30	78
133	外贸信托汇鑫 15 号	60.60	403
134	吉林九台农商行	59.90	52
135	PBCAA01022	59.60	62
136	开源证券	57.40	127
137	成都银行	57.30	162
138	长春农商行	55.90	55
139	五矿证券公司	53.60	106
140	铜山县农联社	53.29	135
141	成都农商行	53.10	36
142	慕尼黑再保险北京公司	51.70	21
143	中航证券	50.8	74
144	贵阳银行	50.52	72
145	西藏同信证券	50.08	127
146	南方五年国债	49.60	127
147	华夏人寿万能产品	49.60	96
148	瑞丰银行	48.80	44
149	嘉实基金兴业平安信托	48.60	35
150	湘财证券	46.25	88
151	工行北京分行	46.20	96

续表

排　名	成员简称	总面额（亿元）	总笔数（笔）
152	宝盈货币市场证券基金	45.60	34
153	赣州银行	42.40	121
154	乌市商行	41.60	12
155	中国人寿集团	41.30	74
156	银河证券	41.00	73
157	晋商银行	40.80	27
158	上海农商行	40.7	88
159	江苏江南农商行	39.90	164
160	渣打香港	39.50	42
161	民生证券	39.20	120
162	江苏江阴农商行	37.90	76
163	南充商行	37.00	52
164	广东华兴银行	36.80	30
165	德阳银行	36.60	47
166	富滇银行	36.30	49
167	兴业证券	36.30	108
168	外贸信托汇鑫62号	36.10	293
169	PBCAA01009	34.50	13
170	PBCAA01010	34.30	14
171	运城市农信联社	33.70	18
172	东证资管平安银行龙江	33.10	122
173	中泰黄浦之星一期单一	32.80	72
174	平遥农商银行	32.60	64
175	平安人寿保险公司	32.60	39
176	首创证券	32.20	67
177	宁夏银行	32.00	26
178	德国商业银行上海分行	31.20	38
179	攀枝花农商银行	31.00	40
180	交银康联人寿保险	30.60	102
181	昆仑银行	28.80	37
182	浙江稠州商业银行	28.80	47
183	中山证券	28.40	48
184	吉林银行	28.30	41
185	摩根士丹利中国公司	28.00	87
186	澳大利亚新西兰银行	27.00	34
187	广州银行	26.90	53
188	太平人寿保险公司	26.75	14
189	内蒙古银行	26.10	21
190	麦格理银行	26.00	37

续表

排　名	成员简称	总面额（亿元）	总笔数（笔）
191	日照银行	25.90	20
192	广州证券	25.80	69
193	PBCAA01002	25.30	7
194	川财证券	25.10	65
195	潍坊市农联社	25.00	85
196	马来亚银行上海分行	25.00	85
197	辽阳银行	24.70	7
198	进出口行	24.10	65
199	农行香港分行	23.55	17
200	晋中经济开发区农联社	23.3	40
201	厦门银行	23.20	54
202	首都银行（中国）	22.80	71
203	英国巴克莱银行上海	21.60	70
204	东方汇理银行（中国）	21.60	9
205	南京证券	21.50	50
206	南洋商业银行（中国）	21.10	38
207	PBCAA01003	21.10	14
208	北京高华证券公司	20.90	84
209	山东信托华创稳盈 6 号	20.60	43
210	宁波东海银行	20.10	23
211	中泰安心宝单一计划	20.00	4
212	杭州联合银行	19.90	47
213	社保三零六	19.30	7
214	兴业信托苏银单一	19.23	13
215	中银国际证券	19.20	77
216	社保三零四	18.80	9
217	交银国信理财 1 号	18.80	56
218	浙江新昌农商行	18.80	79
219	济南历城农联社	18.30	65
220	诚浩证券	18.30	46
221	PBCAA01029	17.90	12
222	五矿信托艾亿新融 12	17.80	60
223	中国工商银行香港分行	17.60	23
224	锦州银行	17.20	18
225	宝盈祥瑞养老混合基金	17.00	18
226	承德银行	16.90	44
227	苏格兰皇家银行中国	16.60	25
228	太平洋人寿保险公司	16.30	40
229	尧都农商行	16.10	56

续表

排名	成员简称	总面额（亿元）	总笔数（笔）
230	社保一零八	16.00	25
231	方正东亚信托公司	16.00	25
232	PBCAA01024	15.84	7
233	中美联泰大都会人寿	15.70	29
234	五矿信托艾亿新融集合	15.40	54
235	启东农商银行	15.20	30
236	南昌银行股份有限公司	15.20	10
237	社保二零一	14.90	43
238	中银基金中行专户5	14.90	45
239	厦门农商银行	14.60	24
240	潍坊农商银行	14.60	23
241	易方达香港国债ETF	14.50	56
242	建行香港	14.50	10
243	寿阳农商银行	14.50	31
244	厦门国际银行	14.40	35
245	中国人寿财险股份公司	14.40	41
246	瑞银中国	14.25	23
247	天津农商行	14.03	20
248	吉林环城农商行	14.00	26
249	广东南海农商银行	14.00	25
250	山西榆次农村商业银行	13.80	18
251	海南省农联社	13.60	6
252	东兴证券	13.50	33
253	第一创业兴业增利1	13.40	14
254	榆树农商银行	13.40	9
255	江苏如皋农商行	13.30	21
256	邯郸银行	13.30	19
257	宜宾翠屏农商银行	13.2	25
258	昆山农村商业银行	12.80	28
259	海口农商行	12.60	4
260	建信信托苏州建行理财	12.50	41
261	天弘光大天津农商行1	12.26	14
262	PBCAA01030	12.20	10
263	广发增强债券型基金	12.20	56
264	灵石农商银行	11.40	36
265	银华优势企业基金	11.30	17
266	左权县农联社	11.20	22
267	社保二零九组合	11.20	20
268	营口沿海银行	10.70	18

续表

排　名	成员简称	总面额（亿元）	总笔数（笔）
269	洛阳市区农信社	10.70	39
270	华信证券	10.60	27
271	博时稳健回报债券基金	10.50	22
272	亚债基金二期泛亚基金	10.40	18
273	华夏银行	10.40	16
274	民生人寿	10.10	13
275	社保二零二	10.10	7
276	阳光财产保险股份公司	9.80	18
277	齐鲁证券	9.60	30
278	长春发展农商行	9.40	11
279	永亨银行（中国）公司	9.40	15
280	唐山商行	9.10	22
281	农行新华分红新华资产	9.10	25
282	东北证券	9.00	24
283	华创证券	9.00	10
284	长城证券	8.80	24
285	恒泰证券	8.70	57
286	南方多利增强债券基金	8.40	26
287	社保一零零六组合	8.30	34
288	保险保障基金106	8.20	47
289	宏源证券	8.10	15
290	珠海华润银行	8.10	16
291	上证5年期国债基金	8.00	54
292	国元香港稳定收益基金	8.00	5
293	德意志银行香港分行	8.00	7
294	财通证券	7.90	19
295	财达证券	7.80	36
296	阳光人寿保险公司	7.70	20
297	广发聚源债券LOF	7.60	23
298	云南信托国君天盈宝1	7.60	17
299	江苏银行	7.60	21
300	嘉实中证金边指数基金	7.54	46
301	天津滨海农商行	7.50	6
302	中银人寿	7.50	6
303	邳州农商行	7.30	37
304	南方稳利1年定期基金	7.10	25
305	工行中石油人保组合	7.00	16
306	台州银行	6.90	20
307	平顶山银行	6.90	9

续表

排 名	成员简称	总面额（亿元）	总笔数（笔）
308	乐山商行	6.90	12
309	工行中石油年金嘉实	6.90	27
310	保险保障基金102	6.80	23
311	南方金利定期开放基金	6.70	25
312	招商安润保本混合基金	6.50	10
313	北方信托海益一号	6.40	21
314	华夏成长基金	6.40	14
315	外贸汇鑫18艾亿10	6.40	26
316	南方安心保本混合基金	6.30	26
317	立陶宛银行	6.10	8
318	宜宾县农联社	6.00	14
319	南昌农商银行	6.00	13
320	上海国投（资金专户）	6.00	2
321	博时裕益灵活配置基金	6.00	12
322	德邦证券	6.00	14
323	东证资管兴业南洋商行	6.00	18
324	营口银行	6.00	4
325	石嘴山银行	5.90	22
326	华夏优势增长股票基金	5.70	8
327	柳州银行	5.70	3
328	江苏吴江农商行	5.70	43
329	江苏高邮农商行	5.50	7
330	中泰信托JG1期	5.40	30
331	鹿城农商银行	5.40	14
332	华安证券	5.40	20
333	宝盈增强收益债券基金	5.40	12
334	东吴证券	5.30	12
335	金华银行	5.00	1
336	宝盈核心优势灵活基金	5.00	2
337	巴中市巴州区农联社	5.00	2
338	衡水市农联社	5.00	2
339	法国兴业银行中国公司	5.00	9
340	农行太平洋分红太平洋	5.00	1
341	第一创业兴业稳定1	4.90	29
342	招商产业债券基金	4.80	9
343	PBCAA01021	4.80	8
344	外贸信托艾亿新融9	4.80	19
345	宏信证券	4.80	15
346	国泰君安工行邹瀚枢	4.70	32

续表

排　名	成员简称	总面额（亿元）	总笔数（笔）
347	天弘基金兴业韩亚 1	4.70	2
348	社保二零五	4.70	20
349	银华信用季季红基金	4.60	9
350	荷兰合作银行上海分行	4.50	7
351	南方润元纯债基金	4.40	17
352	农行分红保险华夏人寿	4.30	5
353	华夏红利混合开放基金	4.30	10
354	嘉实中证金边联接基金	4.28	47
355	中银纯债债券基金	4.20	12
356	中银互利分级基金	4.20	16
357	光证资管光大定存宝 3	4.20	15
358	信达证券	4.20	22
359	中信实业银行理财宝	4.20	6
360	招商信用添利债券基金	4.20	9
361	孟津县农联社	4.10	12
362	大成景祥分级债券基金	4.00	16
363	黑河农村商业银行	4.00	2
364	万家行业优选股票基金	4.00	12
365	三井住友信托银行上海	4.00	4
366	凉山州商行	4.00	6
367	中国平安财产保险公司	4.00	11
368	武钢财务	4.00	2
369	兴业信托添益 1 单一	4.00	2
370	鄂尔多斯农商银行	3.90	5
371	德国通用再保险上海	3.90	13
372	江苏南通农商行	3.90	11
373	南方丰元信用增强基金	3.80	10
374	星展银行（香港）	3.80	6
375	自贡商业银行公司	3.70	15
376	社保一零零七组合	3.70	17
377	社保一零零四组合	3.60	13
378	辽源农商行	3.60	4
379	富国纯债债券型基金	3.60	9
380	陕国投财富 12 号信托	3.50	16
381	江信聚福定期开放基金	3.50	14
382	泉州农商银行	3.50	2
383	汇丰人寿保险（国际）	3.50	1
384	长安信托稳健 7 号	3.50	14
385	博罗农商银行	3.50	6

续表

排 名	成员简称	总面额（亿元）	总笔数（笔）
386	东亚银行	3.50	6
387	惠东农商银行	3.50	8
388	上海银行理财专户	3.50	3
389	国泰金龙债券基金	3.50	18
390	交银施罗德招行宏观1	3.40	13
391	中邮稳定收益债券基金	3.40	24
392	亚债中国债券指数基金	3.40	25
393	全国社保基金九一零	3.40	11
394	交行信用增利泰康资产	3.40	16
395	中信中信优债1004	3.40	15
396	国泰金鑫股票基金	3.33	8
397	中银盛利纯债一年LOF	3.30	8
398	德清农商银行	3.30	6
399	长城安心回报证券基金	3.30	12
400	中债信用增进投资公司	3.30	5
401	全国社保基金九一一	3.20	5
402	富国天盛灵活配置混合	3.20	5
403	中海信托海洋之星35	3.20	11
404	社保一零零八组合	3.20	8
405	万家稳健增利债券基金	3.10	11
406	易方达裕丰回报基金	3.10	8
407	大竹县农联社	3.10	5
408	PBCAA01018	3.07	8
409	和龙市农联社	3.00	6
410	南方电网财务有限公司	3.00	2
411	富国基金民生强化回报	3.00	7
412	全国社保基金二一二	3.00	7
413	珠海农商银行	3.00	6
414	交银施罗德优选灵活	3.00	12
415	南方永利1年基金LOF	3.00	11
416	中银中高等级债券基金	3.00	15
417	广东省农信联	3.00	4
418	河南确山农商行	3.00	10
419	华龙证券	2.99	8
420	银华增强收益债券基金	2.99	17
421	通化市郊区农信社	2.90	4
422	华商稳健双利债券基金	2.86	17
423	长江证券	2.80	7
424	财通证券工行季季红	2.80	16

续表

排　名	成员简称	总面额（亿元）	总笔数（笔）
425	融通债券投资基金	2.80	11
426	社保一零零二组合	2.80	9
427	达川区联社	2.80	4
428	方正证券	2.80	5
429	招商安泰债券基金	2.80	7
430	东证资管工行东方红4	2.80	6
431	富国目标一年纯债基金	2.80	10
432	华泰证券招行紫金1号	2.80	8
433	湖州银行	2.70	9
434	无锡农村商业银行	2.70	6
435	柯城联社	2.60	7
436	松原市宁江区农联社	2.60	3
437	吉林信托债券6号	2.60	14
438	长城久利保本混合基金	2.60	11
439	中宏人寿	2.60	10
440	华信邮储稳健1号信托	2.60	12
441	工行建行年金博时	2.60	9
442	南方通利债券基金	2.60	8
443	农银资产客户资金	2.50	1
444	湖北农信社	2.50	3
445	长城品牌优选股票基金	2.50	3
446	社保九零二组合	2.50	8
447	大华银行	2.50	2
448	邻水县农信社	2.40	2
449	上信CB2119	2.40	4
450	招商安达保本混合基金	2.40	5
451	融通四季添利债券基金	2.40	11
452	嘉实稳固收益投资基金	2.40	10
453	山西河津农商行	2.40	8
454	社保二零六	2.40	12
455	友邦保险广东分公司	2.39	12
456	汇添富基金公司	2.30	3
457	泰康资产管理公司	2.30	11
458	全国社保基金九零八	2.30	7
459	呼和浩特金谷农合行	2.30	3
460	工银瑞信月月薪基金	2.30	5
461	江都农商行	2.30	14
462	国泰民安增利债券基金	2.23	23
463	民生加银增强债券基金	2.20	4

续表

排　名	成员简称	总面额（亿元）	总笔数（笔）
464	广州证券光大穗利5	2.20	7
465	南山财务公司	2.20	9
466	廊坊城郊农联社	2.10	3
467	中银稳健双利证券基金	2.10	7
468	友邦保险上海	2.10	12
469	富敦人民币债券基金	2.07	13
470	社保基金六零三组合	2.00	5
471	PBCAA01026	2.00	2
472	十堰农商行	2.00	1
473	宏源证券光大201303	2.00	12
474	鹤山市农联社	2.00	3
475	PBCAA01025	2.00	1
476	广元市利州区农联社	2.00	2
477	江苏民丰农村商业银行	2.00	8
478	中泰信托吉弘单一	2.00	4
479	长盛同盛	2.00	4
480	鞍山银行	2.00	2
481	兴全社会责任股票基金	2.00	2
482	国泰君安金控巨龙中国	2.00	5
483	珲春农商行	2.00	2
484	武汉农商行	2.00	1
485	新绛县农联社	2.00	4
486	中银保本混合型基金	2.00	9
487	中银安心回报债券基金	2.00	3
488	益阳农商银行	2.00	2
489	蛟河农村商业银行	2.00	1
490	国都证券	2.00	4
491	太原住房公积金中心	2.00	1
492	营山县农村信用社	2.00	2
493	宜阳农商银行	2.00	4
494	洛宁县农联社	2.00	4
495	裕信德国银行香港	1.90	3
496	工银瑞信信用添利基金	1.90	8
497	国泰双利债券基金	1.86	9
498	上海信托湖州银行单一	1.80	6
499	万联证券	1.80	5
500	兴全全球视野股票基金	1.80	2
501	申万菱信定期债券基金	1.80	8
502	偃师市农信社	1.80	3

续表

排　名	成员简称	总面额（亿元）	总笔数（笔）
503	重庆银行	1.80	1
504	永隆银行	1.80	6
505	北方信托久久红债券	1.80	4
506	山东信托信成资金	1.80	16
507	交银施罗德信用添利	1.80	9
508	交行开泰稳健泰康资产	1.80	8
509	前郭联社	1.80	4
510	招商安盈保本混合基金	1.74	5
511	马鞍山农商行	1.70	3
512	太谷县信用联社	1.70	3
513	中原证券	1.70	2
514	易方达回报债券型基金	1.70	3
515	威海农商银行	1.62	7
516	乐清农商银行	1.60	2
517	工行昆明路局平安组合	1.60	9
518	南方启元债券基金	1.60	6
519	中邮定期开放债券基金	1.60	9
520	华夏债券基金	1.60	6
521	南方基金公司	1.60	4
522	外贸信托鹏扬 8 期	1.60	6
523	潞城农商银行	1.60	4
524	工银瑞信信用纯债基金	1.60	4
525	兴全绿色证券基金 LOF	1.60	4
526	华安四季红债券基金	1.60	4
527	镇平农村信用联社	1.60	4
528	友邦保险北京分公司	1.56	12
529	社保二零三	1.55	8
530	江西农联社	1.50	3
531	万家精选股票型基金	1.50	5
532	宁波市北仑区农联社	1.50	5
533	全国社保基金二一四	1.50	6
534	邯郸县农联社	1.50	1
535	新时代证券	1.50	3
536	富国天惠基金	1.50	3
537	汇添富收益债券基金	1.50	8
538	湖南省农村信用联社	1.50	1
539	建信人寿保险公司	1.50	6
540	三菱东京日联香港	1.50	2
541	交行泰康个险泰康资产	1.49	7

续表

排 名	成员简称	总面额（亿元）	总笔数（笔）
542	中国人民人寿保险公司	1.40	6
543	招商银行理财产品	1.40	3
544	华夏安康信用优选基金	1.40	6
545	外贸信托中行苏州单一	1.40	5
546	汇添富互利分级基金	1.40	7
547	全国社保基金九零四	1.40	6
548	富国消费主题混合	1.40	5
549	工银瑞信纯债一年基金	1.40	3
550	中诚2011稳健收益	1.40	2
551	招商安本增利债券基金	1.40	6
552	国泰金龙精选证券基金	1.31	8
553	国泰信用分级债券基金	1.31	10
554	长信纯债壹号	1.30	9
555	长城积极增利证券基金	1.30	11
556	中银稳健添利基金	1.30	5
557	工行济南路局太平组合	1.30	6
558	华夏聚利基金	1.30	1
559	宜宾南溪农商银行	1.30	2
560	中银惠利纯债半年基金	1.30	4
561	国泰金鼎价值基金	1.22	6
562	工银瑞信双利债券基金	1.20	9
563	晋江农商银行	1.20	4
564	磐石农商行	1.20	4
565	国泰世华银行OBU	1.20	2
566	瑞安农商银行	1.20	4
567	大成价值增长基金	1.20	3
568	安信农行保护基金1	1.20	4
569	山东信托海丰增利一号	1.20	4
570	东方安心保本混合基金	1.20	9
571	长城稳健增利债券基金	1.20	5
572	太平洋证券	1.20	5
573	华安创新基金	1.20	3
574	友利银行中国公司	1.20	4
575	工行中石油年金嘉实2	1.20	4
576	全国社保基金九零三	1.20	3
577	光大银行云南农信博时	1.20	3
578	工银瑞信四季收益基金	1.20	4
579	交银施罗增利债券基金	1.20	3
580	韩国投资公司	1.17	7

续表

排名	成员简称	总面额（亿元）	总笔数（笔）
581	国泰信用债券基金	1.17	10
582	友邦保险深圳分公司	1.15	13
583	财富证券	1.10	3
584	红塔农村合作银行	1.10	4
585	建信纯债债券型基金	1.10	5
586	华西证券	1.10	3
587	中信证券（山东）	1.10	6
588	摩根华鑫18个月基金	1.10	3
589	瑞穗实业银行	1.10	2
590	东证资管招行东方红4	1.10	9
591	长城久鑫保本混合基金	1.10	3
592	光大富尊人民币基金	1.10	2
593	华富强化回报投资基金	1.10	3
594	湖南江华农商行	1.00	2
595	鹤壁市淇滨区农联社	1.00	1
596	博时安心收益基金	1.00	4
597	浙商证券	1.00	2
598	华安策略优选基金	1.00	2
599	富国天合稳健优选基金	1.00	3
600	招行山东联社A工银	1.00	3
601	华侨永亨银行有限公司	1.00	2
602	易方达信用债债券基金	1.00	2
603	宏源证券光大光宏4	1.00	4
604	施罗德交行徐明海1	1.00	6
605	航天科技财务	1.00	4
606	德州德城区农联社	1.00	3
607	中投证券	1.00	2
608	工行统筹外基金中金	1.00	2
609	工银瑞信纯债债券基金	1.00	5
610	华润信托稳益8号	1.00	2
611	湖南炎陵农商行	1.00	2
612	随州农村商业银行	1.00	1
613	厦门证券	1.00	2
614	北方信托-完全回报	1.00	2
615	东吴鼎利分级债券基金	1.00	2
616	建行汉诺威泰康	1.00	4
617	中行农行人保资产	1.00	7
618	浙江长兴农合行	1.00	2
619	本溪市商业银行	1.00	2

续表

排　名	成员简称	总面额（亿元）	总笔数（笔）
620	西平县农信社	1.00	2
621	广发集利一年定期基金	1.00	4
622	宏源证券中行睿赢1	1.00	2
623	东阳农信联社	1.00	1
624	兴全可转债	1.00	1
625	中银收益证券基金	1.00	2
626	博时农行离退福利负债	1.00	2
627	工行统筹外基金工银瑞	1.00	3
628	中信配置计划3号	1.00	10
629	国信招行外贸鹏扬5	1.00	5
630	五矿信托艾亿新融18	1.00	2
631	中信银行国际（中国）	1.00	1
632	建行工行年金计划博时	1.00	2
633	中银稳健增利债券基金	1.00	3
634	河东合行	1.00	4
635	运城农村商业银行	1.00	1
636	马来亚银行香港分行	1.00	1
637	中银薪钱包货币基金	1.00	1
638	工行中石油年金中金	1.00	4
639	招商基金光大瑞泰1	1.00	5
640	山东信托华创稳盈1	1.00	2
641	中银活期宝货币基金	1.00	1
642	工行中石油年金博时	1.00	3
643	新蔡县农联社	1.00	2
644	国投瑞银基金管理公司	0.98	2
645	宏源证券兴业20127	0.96	3
646	国泰浓益混合基金	0.95	10
647	江苏长江商业银行	0.90	3
648	长盛纯债债券基金	0.90	6
649	泉州银行	0.90	2
650	博时稳定债券基金	0.90	4
651	长沙天心农合行	0.90	3
652	汇添富双利债券型基金	0.90	4
653	廊坊银行	0.90	3
654	长城基金公司	0.90	1
655	南方中证50债券基金	0.90	9
656	建信稳定增利债券基金	0.90	4
657	大众保险	0.90	1
658	新泰市农联社	0.90	2

续表

排 名	成员简称	总面额（亿元）	总笔数（笔）
659	黄冈市农联社	0.90	1
660	金鹰成份基金	0.90	4
661	华泰柏瑞稳健基金	0.90	4
662	嘉实成长收益基金	0.90	1
663	青岛农商银行	0.90	3
664	富邦银行（香港）	0.84	3
665	国泰证券中国新兴基金	0.80	3
666	交银施罗德荣祥混合	0.80	4
667	嘉实债券基金	0.80	4
668	中信稳定双利债券基金	0.80	6
669	易方达安心回报基金	0.80	3
670	汇添富年年利定期基金	0.80	5
671	华润信托睿益5号	0.80	4
672	长盛同丰债券（LOF）	0.80	5
673	上海汽车财务	0.80	3
674	泰达宏利成长类基金	0.80	3
675	中银精选混合证券基金	0.80	2
676	富国信用增强债券基金	0.80	4
677	富国天瑞基金	0.80	1
678	金元证券	0.80	4
679	国泰沪深300基金	0.80	3
680	大成景旭纯债基金	0.80	6
681	山东信托海丰稳健一号	0.80	4
682	东证资管交行东方红2	0.80	6
683	中国人民健康保险	0.80	7
684	天山农商银行	0.80	4
685	南方神州人民币基金	0.80	4
686	华英证券	0.80	5
687	工行中石油年金泰康	0.80	4
688	工行济南路局人寿组合	0.80	2
689	兴全合润分级股票基金	0.80	2
690	兴全保本混合型基金	0.80	2
691	招商基金光大债券5	0.80	4
692	国泰金鹏蓝筹证券基金	0.78	4
693	东方强化收益债券基金	0.74	8
694	建信双息红利债券基金	0.72	6
695	工行中石化博时组合	0.70	4
696	GX广发中债	0.70	5
697	盐城黄海农商行	0.70	1

续表

排 名	成员简称	总面额（亿元）	总笔数（笔）
698	建信核心精选股票基金	0.70	1
699	工行昆明路局泰康组合	0.70	5
700	联博中国投资基金	0.70	6
701	巴彦淖尔河套农商行	0.70	2
702	建信收益增强债券基金	0.70	4
703	磐安农信联社	0.70	1
704	富国天博股票基金	0.70	1
705	上投摩根轮动股票基金	0.70	4
706	嘉实稳健基金	0.70	2
707	工行建行年金泰康	0.70	4
708	交银施罗德纯债基金	0.70	6
709	银华信用双利证券基金	0.67	7
710	友邦保险江苏分公司	0.66	12
711	华夏双债增强债券基金	0.62	6
712	富邦华一银行	0.60	4
713	三井住友海上	0.60	3
714	国泰民益灵活配置基金	0.60	6
715	广发纯债债券型基金	0.60	3
716	全国社保基金九零五	0.60	2
717	云南省农信联社	0.60	1
718	建行工行年金易方达	0.60	3
719	招商甘肃电力博时组合	0.60	4
720	信达澳银慧管家基金	0.60	2
721	交银施罗德双轮动基金	0.60	4
722	交行长江金色交响嘉实	0.60	2
723	天弘永利债券基金	0.60	3
724	佛山高明顺银村镇银行	0.60	4
725	长信浦发申万1计划	0.60	2
726	国泰君安工行国君0119	0.60	2
727	中海信托瑞丰单一	0.60	2
728	山西乡宁农商银行	0.60	1
729	金鹰保本混合型基金	0.60	3
730	济南润丰农村合作银行	0.60	1
731	华夏沪深300基金	0.60	2
732	交银施罗德荣安混合型	0.60	2
733	中诚信托FT141	0.60	2
734	北德上海	0.60	2
735	中银保本二号基金	0.60	2
736	通乾基金	0.60	3

续表

排　名	成员简称	总面额（亿元）	总笔数（笔）
737	工行再保险传统太平	0.60	5
738	工行一汽集团博时组合	0.60	4
739	北京信托丰实融信 6	0.60	2
740	万家市政纯债定期基金	0.60	2
741	澳西太平洋银行上海	0.60	2
742	外贸信托天富宝汇鑫 45	0.60	3
743	招商安泰股票基金	0.60	2
744	工行山西焦煤泰康资产	0.60	4
745	交银双利债券基金	0.60	2
746	光大永明资产管理公司	0.60	3
747	上投摩根岁岁盈基金	0.60	3
748	招商安泰平衡基金	0.59	3
749	招商安心收益债券基金	0.56	6
750	招商信用增强债券基金	0.55	1
751	国泰区位优势股票基金	0.51	3
752	长城保本混合基金	0.50	1
753	招商双债增强 LOF	0.50	2
754	渑池农村商业银行	0.50	1
755	招商优质成长基金	0.50	1
756	上蔡县农联社	0.50	1
757	中邮核心优势灵活基金	0.50	3
758	信诚三得益债券基金	0.50	1
759	石家庄汇融农合行	0.50	1
760	峨眉山联社	0.50	1
761	福建南安农商行	0.50	1
762	社保九零一组合	0.50	1
763	中行中国电信泰康组合	0.50	4
764	大成现金增利货币基金	0.50	1
765	华夏盛世精选股票基金	0.50	1
766	中银产业债债券基金	0.50	1
767	万家岁得利定期基金	0.50	1
768	海通资管上行月月赢	0.50	1
769	江门融和农商银行	0.50	1
770	安徽休宁农村商业银行	0.50	1
771	武安市联社	0.50	2
772	中航信托天翼 2 号	0.50	1
773	博时内需增长灵活基金	0.50	1
774	富国天时货币基金	0.50	5
775	农行中国银行泰康组合	0.50	2

续表

排　名	成员简称	总面额（亿元）	总笔数（笔）
776	中信证券华夏贵宾 2	0.50	3
777	工行中石油年金南方	0.50	2
778	工行上海路局 005	0.50	2
779	招商瑞丰灵活混合基金	0.50	3
780	保险保障基金 101	0.50	1
781	一银国际分行	0.50	3
782	中海信托中银稳富广东	0.50	2
783	华商稳定增利证券基金	0.44	5
784	富敦客户资金	0.43	15
785	平安大华保本混合基金	0.41	3
786	富国基金招行增强贰号	0.40	2
787	建行工商银行年金招商	0.40	1
788	博时信用债券投资基金	0.40	1
789	建行江苏电力辅业嘉实	0.40	2
790	全国社保基金四一七	0.40	4
791	华泰证券招行联合定向	0.40	2
792	兴业信托固定收益一期	0.40	2
793	银华信用债券基金	0.40	3
794	工行江西电力中信组合	0.40	2
795	中银基金中行分级 1	0.40	2
796	华夏回报基金	0.40	1
797	华安财险	0.40	2
798	新化农联社	0.40	1
799	社保基金二一零	0.40	1
800	万家中证红利指数基金	0.40	2
801	长城人寿保险公司	0.40	1
802	汇添富香港人民币基金	0.40	3
803	民族华夏定向管理计划	0.40	3
804	工银瑞信产业债基金	0.40	2
805	五矿信托中行中银单一	0.40	2
806	韩国产业上海	0.40	1
807	嘉实泰和混合基金	0.40	1
808	浦银安盛浦发分级 1	0.40	4
809	东吴保本混合基金	0.40	3
810	浙江萧山农村合作银行	0.40	2
811	英大泰和财产保险公司	0.40	2
812	中欧稳健收益债券基金	0.40	3
813	富国新天锋债券基金	0.40	2
814	博时裕富沪深 300	0.40	1

续表

排　　名	成员简称	总面额（亿元）	总笔数（笔）
815	平安信托日聚金跨市 1	0.40	2
816	工行浙江电力嘉实组合	0.40	3
817	天弘增利宝货币基金	0.40	2
818	交行人民币理财专户	0.40	2
819	国寿安保尊享债券基金	0.40	2
820	建信安心保本混合基金	0.38	1
821	中金人民币固定收益	0.36	3
822	金元惠理宝石动力基金	0.36	3
823	诺安双利债券基金	0.35	2
824	银华中证中票 50 基金	0.33	2
825	招行年金理事会泰康	0.30	2
826	大成债券基金	0.30	3
827	光大光大年金南方组合	0.30	3
828	夏县农村商业银行	0.30	1
829	信诚经典优债债券基金	0.30	1
830	华安稳定收益债券基金	0.30	2
831	汇添富医药保健基金	0.30	1
832	保险保障基金 103	0.30	1
833	江苏大丰农村商业银行	0.30	1
834	新安县农信社	0.30	1
835	农行中国银行国泰	0.30	1
836	信达证券建行套利星 1	0.30	2
837	雅安雨城区农联社	0.30	1
838	丰和价值基金	0.30	1
839	富国天源平衡基金	0.30	1
840	工行建信人寿分红	0.30	1
841	建行泰康稳定增利泰康	0.30	1
842	建行平安安益平安养老	0.30	1
843	侯马农商行	0.30	1
844	招商先锋基金	0.30	1
845	工行潞安矿业泰康	0.30	2
846	北京信托创盈多元	0.30	3
847	交行中交泰康标准组合	0.30	1
848	中行农行博时组合	0.30	2
849	上海电气财务	0.30	1
850	易方达农行离退福利	0.30	1
851	青海省农联社	0.30	1
852	国开证券	0.30	1
853	兴全沪深 300LOF	0.30	2

续表

排名	成员简称	总面额（亿元）	总笔数（笔）
854	广发聚鑫债券基金	0.30	3
855	中银保诚债券基金	0.30	2
856	华夏永福养老理财基金	0.28	3
857	招商安瑞进取债券基金	0.26	2
858	平安财险投资保险产品	0.25	3
859	银华永利债券基金	0.24	4
860	国泰价值经典 LOF	0.23	2
861	SICCBF	0.21	4
862	金元惠理光大债券 2	0.20	2
863	安信基金广发广富安发	0.20	2
864	易方达中债新综合 LOF	0.20	2
865	民族证券	0.20	2
866	光大北京控股中信证券	0.20	2
867	光大保德信增利基金	0.20	2
868	信诚双盈分级债券基金	0.20	1
869	农行山东电力 B 华夏	0.20	1
870	工银瑞信金融地产基金	0.20	1
871	大成财富生命基金	0.20	1
872	建行鞍钢博时组合	0.20	2
873	长城医疗保健股票基金	0.20	2
874	外贸信托天富宝 2 期	0.20	1
875	金鹰元泰信用债基金	0.20	1
876	海门农村商业银行	0.20	1
877	社保四零九	0.20	2
878	浦银安盛优化收益基金	0.20	2
879	工行重庆电力中信组合	0.20	2
880	工行浙江电力太平养老	0.20	1
881	银华成长 3070 基金	0.20	2
882	浦银安盛季季添利基金	0.20	2
883	浦银安盛浦发醴泉 1	0.20	2
884	常宁农商银行	0.20	1
885	工银安盛人寿保险公司	0.20	2
886	人寿股份国寿瑞安	0.20	1
887	中行江苏电力平安养老	0.20	2
888	长江超越理财转债计划	0.20	2
889	南方聚利 1 年定期 LOF	0.20	1
890	嘉实纯债债券基金	0.20	2
891	惠安农信社	0.20	2
892	光证资管光大阳光稳债	0.20	1

续表

排 名	成员简称	总面额（亿元）	总笔数（笔）
893	汇丰晋信2016基金	0.20	2
894	中信证券中行聚宝稳健	0.20	2
895	申万人民币投资基金	0.20	2
896	陕西国际信托财富8	0.20	2
897	中行湖北电力泰康组合	0.20	2
898	诺安鸿鑫保本证券基金	0.20	1
899	纽约梅隆银行上海分行	0.20	1
900	德邦德信中证企债基金	0.20	2
901	汇添富安心债券基金	0.20	2
902	民生银行民生工银瑞信	0.20	2
903	国投瑞银纯债基金	0.20	2
904	光大永明人寿	0.20	1
905	隆昌县农信联社	0.20	2
906	兴全磐稳增利债券基金	0.20	1
907	交行华夏银行南方	0.20	2
908	兴全轻资产证券LOF	0.20	1
909	海富通精选贰号基金	0.20	1
910	工行统筹外基金中信	0.20	1
911	交行中交建集团易方达	0.20	2
912	中融信托汇聚金1号	0.20	2
913	摩根华鑫证券	0.20	2
914	中银信用增利证券基金	0.20	2
915	保险保障基金105	0.20	2
916	保诚保险有限公司	0.17	2
917	国泰事件驱动股票基金	0.16	2
918	银华永益分级债券基金	0.15	2
919	华宝安银固定收益单一	0.13	1
920	友邦保险江门支公司	0.12	8
921	华泰产险	0.12	2
922	友邦保险东莞支公司	0.12	8
923	金元惠理丰祥债券基金	0.10	1
924	工行相伴安心回报平安	0.10	1
925	工行国电投资集团平安	0.10	2
926	交行丰沃舒心平衡平安	0.10	2
927	聊城农商银行	0.10	1
928	嘉兴银行	0.10	1
929	兴全货币市场基金	0.10	1
930	东吴中证新兴产业基金	0.10	1
931	信达澳银信用债基金	0.10	1

续表

排名	成员简称	总面额（亿元）	总笔数（笔）
932	建行泰康强化回报泰康	0.10	1
933	富兰克林国海收益基金	0.10	1
934	华安宏利股票型基金	0.10	1
935	申万菱信添益宝基金	0.10	1
936	富兰克林国海策略灵活	0.10	1
937	富兰克林华美投信资金	0.10	1
938	万家增强债券证券基金	0.10	1
939	华夏蓝筹核心证券基金	0.10	1
940	汝阳县农联社	0.10	1
941	天弘现金管家货币基金	0.10	1
942	建行江西电力泰康资产	0.10	1
943	中意人寿	0.10	1
944	富国天利债券基金	0.10	1
945	华安年年红定期基金	0.10	1
946	中信证券华夏贵宾1	0.10	1
947	日盛国际商业银行	0.10	1
948	工行安邦传统安邦资管	0.10	1
949	大新银行有限公司	0.10	1
950	民生民生银行平安养老	0.10	2
951	工行恒安人寿平衡泰康	0.10	1
952	工行中石化平安组合	0.10	2
953	金鹰元盛分级债券基金	0.10	1
954	上投摩根红利回报混合	0.10	1
955	华泰证券工行紫金增强	0.10	1
956	新华壹诺宝货币基金	0.10	1
957	SICCMSF	0.10	7
958	平安大华添利债券基金	0.09	2
959	大西洋银行	0.08	1
960	华泰优逸混合养老金	0.08	2
961	银华纯债信用基金LOF	0.05	1
962	兴全商业模式股票基金	0.05	1
963	诺安增利债券基金	0.05	1
964	工行统筹外基金南方	0.05	1
965	银华永泰积极债券基金	0.04	2
966	金元惠理丰利债券基金	0.04	1
967	中金建行中金增强债券	0.04	2
968	上投摩根纯债债券基金	0.03	1
969	银华中证转债指数基金	0.03	1
汇总		114645.1136	95068

数据来源：中央国债登记结算有限责任公司

2014年上海证券交易所国债交易情况月度统计表

月份	国债现货成交额（亿元）	质押式回购成交金额（亿元）
201401	114.83	61853.75
201402	83.57	48645.24
201403	88.66	59286.46
201404	86.03	61946.94
201405	78.52	61411.90
201406	73.23	63306.65
201407	66.40	73863.34
201408	123.56	70094.64
201409	84.22	71733.99
201410	106.79	66309.37
201411	155.09	78025.36
201412	186.57	96463.73
合计	1247.47	812941.37

数据来源：上海证券交易所；以上质押式回购成交金额仅包括上海证券交易所撮合系统质押式回购成交量。

2014年上海证券交易所国债指数与现券日交易量统计表

交易日期	成交量（手）	成交金额（万元）	收盘指数
2014-1-2	96876	9287.66	139.622
2014-1-3	50250	4942.61	139.624
2014-1-6	345932	33537.20	139.624
2014-1-7	113734	11086.96	139.438
2014-1-8	174881	17206.20	139.442
2014-1-9	299976	29090.64	139.514
2014-1-10	360210	35375.07	139.519
2014-1-13	176691	17148.47	139.555
2014-1-14	342670	33838.78	139.559
2014-1-15	872336	86015.94	139.577
2014-1-16	820699	80810.17	139.608
2014-1-17	683451	67054.27	139.614
2014-1-20	1076169	107242.27	139.807
2014-1-21	945345	93420.71	139.846
2014-1-22	725485	71331.63	139.957
2014-1-23	1294491	128171.60	139.974
2014-1-24	1111415	110137.31	139.828
2014-1-27	849199	84228.29	139.979
2014-1-28	447897	44413.27	139.684
2014-1-29	697839	69539.73	139.657
2014-1-30	144608	14382.68	139.577
2014-2-7	160555	15953.90	139.683
2014-2-10	508586	50770.74	139.755
2014-2-11	572434	56634.80	139.807
2014-2-12	758713	75279.38	139.824
2014-2-13	552279	53858.33	139.811
2014-2-14	169553	16548.60	139.859
2014-2-17	1025894	101289.56	139.896
2014-2-18	1420792	140992.75	139.78
2014-2-19	599247	59236.10	139.837
2014-2-20	1621662	161504.15	139.854
2014-2-21	180441	18031.89	139.865
2014-2-24	194442	19217.04	139.918
2014-2-25	171864	16306.14	139.833
2014-2-26	82195	7856.90	139.774
2014-2-27	215031	20914.51	139.825

续表

交易日期	成交量（手）	成交金额（万元）	收盘指数
2014 -2 -28	213397	21342. 81	139. 901
2014 -3 -3	306160	29965. 98	139. 912
2014 -3 -4	299498	29957. 32	139. 971
2014 -3 -5	872778	86729. 21	139. 988
2014 -3 -6	511264	50524. 52	139. 997
2014 -3 -7	674217	66249. 70	140. 005
2014 -3 -10	208154	20005. 06	140. 064
2014 -3 -11	411560	41100. 31	139. 888
2014 -3 -12	1238818	123962. 41	139. 911
2014 -3 -13	384236	38372. 54	139. 938
2014 -3 -14	1056056	105660. 51	139. 955
2014 -3 -17	194965	19307. 74	139. 983
2014 -3 -18	609915	60182. 50	140. 073
2014 -3 -19	326181	32294. 71	140. 083
2014 -3 -20	383837	38260. 38	140. 129
2014 -3 -21	170885	17120. 45	140. 16
2014 -3 -24	165306	16503. 41	140. 253
2014 -3 -25	137443	13544. 55	140. 281
2014 -3 -26	296678	28974. 70	140. 273
2014 -3 -27	36407	3554. 59	140. 444
2014 -3 -28	603977	60209. 96	140. 334
2014 -3 -31	41379	4082. 91	140. 539
2014 -4 -1	255084	25426. 38	140. 559
2014 -4 -2	600084	59634. 34	140. 57
2014 -4 -3	222283	22026. 49	140. 573
2014 -4 -4	374199	36403. 42	140. 437
2014 -4 -8	579280	56913. 15	140. 551
2014 -4 -9	1302880	129559. 48	140. 57
2014 -4 -10	761103	75435. 71	140. 516
2014 -4 -11	225603	22013. 71	140. 636
2014 -4 -14	518528	51760. 52	140. 639
2014 -4 -15	315497	31338. 50	140. 706
2014 -4 -16	170785	16598. 54	140. 682
2014 -4 -17	375436	37177. 54	140. 706
2014 -4 -18	288656	28641. 92	140. 723
2014 -4 -21	691896	68637. 07	140. 767
2014 -4 -22	66485	6599. 75	140. 757
2014 -4 -23	531876	52907. 16	140. 71
2014 -4 -24	254507	24702. 85	140. 717

续表

交易日期	成交量（手）	成交金额（万元）	收盘指数
2014-4-25	874165	86909.49	140.718
2014-4-28	60584	6014.65	140.725
2014-4-29	20963	1972.55	140.735
2014-4-30	198408	19597.01	140.801
2014-5-5	154962	15140.71	140.876
2014-5-6	106229	10480.40	140.967
2014-5-7	227507	22553.88	140.986
2014-5-8	1711158	170310.11	141.008
2014-5-9	166208	16336.65	141.059
2014-5-12	1702921	168836.75	141.107
2014-5-13	80052	7772.56	141.139
2014-5-14	87051	8547.08	141.137
2014-5-15	107563	10652.56	141.136
2014-5-16	51139	5000.73	141.105
2014-5-19	166964	16592.19	141.133
2014-5-20	238178	23503.42	141.155
2014-5-21	106165	10530.68	141.176
2014-5-22	430079	42962.24	141.338
2014-5-23	309918	31027.14	141.176
2014-5-26	787443	78454.33	141.36
2014-5-27	332451	33133.90	141.411
2014-5-28	291400	28965.36	141.431
2014-5-29	616343	61507.86	141.504
2014-5-30	229246	22926.84	141.54
2014-6-3	617316	61410.29	141.643
2014-6-4	633983	63432.27	141.618
2014-6-5	413818	40844.07	141.62
2014-6-6	385886	38393.85	141.627
2014-6-9	227114	22556.91	141.638
2014-6-10	473570	47300.40	141.773
2014-6-11	323907	32200.22	141.816
2014-6-12	365745	36491.19	141.787
2014-6-13	303685	30444.88	141.808
2014-6-16	612101	61246.16	141.869
2014-6-17	199947	20053.92	141.903
2014-6-18	596082	59569.89	141.805
2014-6-19	203716	20237.08	141.852
2014-6-20	255849	25635.19	141.882
2014-6-23	264238	26228.72	141.877

续表

交易日期	成交量（手）	成交金额（万元）	收盘指数
2014－6－24	462700	46069.77	141.952
2014－6－25	278706	27689.65	141.986
2014－6－26	427720	42771.59	141.974
2014－6－27	97795	9791.21	141.978
2014－6－30	199795	19964.71	142.015
2014－7－1	157013	15747.11	142.034
2014－7－2	169399	16960.79	142.058
2014－7－3	104247	10382.47	142.066
2014－7－4	238730	23753.22	142.031
2014－7－7	76884	7678.13	142.087
2014－7－8	203511	19769.85	142.112
2014－7－9	123266	12326.90	142.123
2014－7－10	151874	15084.59	142.118
2014－7－11	453693	45195.40	142.152
2014－7－14	177214	17653.02	142.191
2014－7－15	236851	23590.23	142.212
2014－7－16	688610	68497.61	142.158
2014－7－17	165762	16501.12	142.1
2014－7－18	221769	22068.85	142.11
2014－7－21	496183	49414.97	142.159
2014－7－22	243989	24300.43	142.186
2014－7－23	501085	49602.53	142.176
2014－7－24	175338	17237.57	142.188
2014－7－25	285054	28291.01	142.229
2014－7－28	108422	10751.87	142.251
2014－7－29	877123	87156.31	142.273
2014－7－30	519222	51762.18	142.247
2014－7－31	305472	30290.81	142.297
2014－8－1	1557483	155387.66	142.344
2014－8－4	2052730	202893.03	142.389
2014－8－5	277929	27679.73	142.4
2014－8－6	289922	28774.78	142.416
2014－8－7	220419	21770.38	142.428
2014－8－8	327908	32697.86	142.436
2014－8－11	72097	7059.69	142.494
2014－8－12	151051	15099.33	142.514
2014－8－13	383209	38237.37	142.529
2014－8－14	618434	61734.48	142.545
2014－8－15	859938	85616.39	142.574

续表

交易日期	成交量（手）	成交金额（万元）	收盘指数
2014 - 8 - 18	130975	13037. 66	142. 619
2014 - 8 - 19	572160	56645. 68	142. 619
2014 - 8 - 20	882670	87824. 21	142. 643
2014 - 8 - 21	681247	67787. 03	142. 677
2014 - 8 - 22	422966	42018. 01	142. 714
2014 - 8 - 25	1439028	142981. 51	142. 772
2014 - 8 - 26	238042	23719. 06	142. 759
2014 - 8 - 27	159796	15908. 58	142. 753
2014 - 8 - 28	947581	94376. 96	142. 763
2014 - 8 - 29	145355	14312. 23	142. 743
2014 - 9 - 1	174143	17348. 82	142. 823
2014 - 9 - 2	1048650	103307. 81	142. 855
2014 - 9 - 3	571350	56062. 65	142. 851
2014 - 9 - 4	314942	31295. 61	142. 87
2014 - 9 - 5	368882	36681. 16	142. 918
2014 - 9 - 9	249528	24830. 78	142. 98
2014 - 9 - 10	705714	69709. 92	142. 988
2014 - 9 - 11	531206	52207. 16	143. 015
2014 - 9 - 12	78632	7832. 08	143. 027
2014 - 9 - 15	333659	33157. 92	143. 07
2014 - 9 - 16	168322	16512. 79	143. 104
2014 - 9 - 17	645018	64249. 27	143. 123
2014 - 9 - 18	426712	42703. 18	143. 11
2014 - 9 - 19	202544	20173. 78	143. 218
2014 - 9 - 22	493998	49510. 65	143. 32
2014 - 9 - 23	188931	18654. 70	143. 376
2014 - 9 - 24	487373	48749. 69	143. 372
2014 - 9 - 25	542257	53664. 80	143. 366
2014 - 9 - 26	334870	33517. 98	143. 398
2014 - 9 - 29	398881	39669. 41	143. 496
2014 - 9 - 30	223276	22394. 44	143. 597
2014 - 10 - 8	331177	33196. 75	143. 722
2014 - 10 - 9	85063	8606. 45	143. 745
2014 - 10 - 10	141552	14177. 12	143. 79
2014 - 10 - 13	176921	17754. 79	143. 834
2014 - 10 - 14	572465	57076. 07	143. 895
2014 - 10 - 15	155091	15547. 84	143. 938
2014 - 10 - 16	756776	75164. 09	144. 003
2014 - 10 - 17	174512	17480. 17	143. 894

续表

交易日期	成交量（手）	成交金额（万元）	收盘指数
2014－10－20	1277828	127861.63	144.031
2014－10－21	391452	39398.14	144.054
2014－10－22	184658	18691.81	144.059
2014－10－23	1470078	147287.36	144.064
2014－10－24	1388291	139238.18	144.115
2014－10－27	263572	26742.64	144.412
2014－10－28	1211526	120876.12	144.405
2014－10－29	978862	98570.12	144.393
2014－10－30	155697	15695.99	144.421
2014－10－31	939390	94541.65	144.485
2014－11－3	792314	79909.32	144.553
2014－11－4	527387	52817.58	144.591
2014－11－5	1115444	111724.26	144.62
2014－11－6	1319127	132502.45	144.648
2014－11－7	596999	61025.26	144.749
2014－11－10	1062601	107947.05	144.819
2014－11－11	762146	77072.87	145.03
2014－11－12	1168371	118237.48	145.094
2014－11－13	409908	41642.32	145.114
2014－11－14	202168	20642.45	145.129
2014－11－17	932908	93932.43	145.12
2014－11－18	525485	53153.05	145.134
2014－11－19	1771260	178619.29	145.148
2014－11－20	695345	70267.56	145.212
2014－11－21	330839	33803.76	145.228
2014－11－24	785284	79521.60	145.248
2014－11－25	323743	33138.37	145.256
2014－11－26	305246	30919.86	145.342
2014－11－27	1304032	130568.68	145.34
2014－11－28	424323	43478.44	145.372
2014－12－1	464569	46928.07	145.389
2014－12－2	350554	35182.32	145.381
2014－12－3	172377	17420.53	145.388
2014－12－4	339494	34079.60	145.386
2014－12－5	1062460	107037.93	145.39
2014－12－8	813529	81684.25	145.461
2014－12－9	424457	42789.52	145.514
2014－12－10	2338491	235084.78	145.46
2014－12－11	1699221	170270.00	145.449

续表

交易日期	成交量（手）	成交金额（万元）	收盘指数
2014-12-12	1067881	111090.39	145.419
2014-12-15	1689220	169575.72	145.484
2014-12-16	771780	77518.54	145.516
2014-12-17	825891	83133.39	145.592
2014-12-18	328634	32810.50	145.599
2014-12-19	770974	77200.57	145.509
2014-12-22	236790	23661.87	145.466
2014-12-23	1709809	170914.03	145.477
2014-12-24	1769281	177646.50	145.525
2014-12-25	134370	13600.70	145.617
2014-12-26	150157	15216.28	145.666
2014-12-29	806029	80842.89	145.708
2014-12-30	360446	36104.06	145.758
2014-12-31	253716	25892.97	145.679
合计	125092415	12474729.60	

数据来源：上海证券交易所

2014 年上海证券交易所国债质押式回购日交易情况统计表

单位：万元，%

交易日期	GC001		GC002		GC003		GC004		GC007		GC014		GC028		GC091		GC182		合 计
	成交量	收盘价	成交量	收盘价	成交量	收盘价	成交量	收盘价	成交量	收盘价	成交量	收盘价	成交量	收盘价	成交量	收盘价	成交量	收盘价	
2014 - 01 - 02	25274550	3. 040	1001290	3. 660	321540	2. 285	718720	2. 300	3401990	4. 800	389740	5. 000	210740	6. 100	4970	5. 400	1320	5. 300	31324860
2014 - 01 - 03	28888180	2. 520	165050	1. 110	176670	0. 485	620810	1. 855	3418810	4. 100	670300	4. 520	711940	6. 400	22050	5. 300	3580	5. 300	34677390
2014 - 01 - 06	26833670	1. 075	926130	1. 435	536340	2. 985	2706440	3. 510	2708980	4. 120	263040	5. 045	377960	6. 350	18520	5. 495	1640	5. 340	34372720
2014 - 01 - 07	25916690	2. 005	454140	2. 950	1222940	3. 635	589730	4. 700	2207900	4. 330	136680	4. 505	246450	6. 060	13900	5. 400	2430	5. 350	30790860
2014 - 01 - 08	23958360	2. 970	1136590	4. 515	463740	4. 235	57230	3. 030	1090920	4. 190	103910	4. 500	160080	5. 900	6480	5. 420	1160	5. 320	26978470
2014 - 01 - 09	24629090	4. 960	502290	5. 020	143950	3. 165	231870	2. 985	2940830	4. 190	222430	4. 400	181010	5. 605	12390	5. 415	1660	5. 400	28865520
2014 - 01 - 10	27721010	7. 410	104110	3. 070	204150	2. 545	216070	3. 000	3104150	5. 280	318130	5. 000	412130	5. 580	14910	5. 370	6640	5. 320	32101300
2014 - 01 - 13	25526480	2. 430	507150	2. 760	322540	3. 225	3175690	4. 250	3124290	5. 000	200040	5. 750	408200	5. 610	6510	5. 500	3400	5. 420	33274300
2014 - 01 - 14	23685140	0. 645	238920	2. 770	1184440	4. 070	543340	5. 340	2050130	4. 100	111030	5. 250	207950	5. 910	7620	5. 800	4270	5. 400	28032840
2014 - 01 - 15	21955340	3. 015	1046220	5. 225	450160	4. 620	161260	3. 845	1250470	4. 100	45860	5. 100	210240	5. 800	6410	5. 800	1550	5. 440	25127510
2014 - 01 - 16	23734450	3. 180	367210	4. 815	71610	3. 740	226830	2. 020	1953210	4. 300	361840	7. 600	333110	5. 760	5830	5. 750	1770	5. 500	27055860
2014 - 01 - 17	27468150	18. 260	140950	5. 635	206560	3. 445	362090	5. 500	4292810	8. 475	933580	9. 900	437990	6. 030	16850	5. 500	5670	5. 300	33864650
2014 - 01 - 20	27745580	4. 010	426040	4. 870	416760	4. 465	1804010	6. 160	2937490	6. 175	759850	11. 100	427930	6. 300	4670	5. 750	1300	5. 365	34523630
2014 - 01 - 21	25564040	8. 225	240810	7. 115	1412840	9. 000	203360	7. 725	1638940	6. 925	368500	8. 120	255280	6. 380	5340	5. 795	2100	5. 590	29691210
2014 - 01 - 22	23845590	1. 890	1797750	4. 420	618330	5. 750	162980	4. 910	1543690	5. 005	487680	7. 010	269870	6. 150	3250	5. 500	530	5. 340	28729670
2014 - 01 - 23	23611130	3. 450	386200	4. 330	154840	2. 905	547840	2. 220	1387830	7. 115	1004100	6. 035	261460	5. 615	5510	5. 520	1700	5. 400	27360610
2014 - 01 - 24	26261890	5. 035	232180	1. 505	312470	1. 005	290910	1. 890	3969200	7. 990	2303420	5. 010	447930	5. 600	3230	5. 405	1520	5. 310	33822750
2014 - 01 - 27	22229460	4. 065	225960	5. 650	2294160	9. 025	1426750	17. 500	2707930	9. 495	3650780	5. 800	168800	5. 800	5310	5. 400	1380	5. 380	32710530
2014 - 01 - 28	17324750	3. 105	1864490	11. 260	832940	14. 275	106610	10. 025	2372170	7. 100	2669240	5. 135	144630	5. 800	3910	5. 500	1200	5. 400	25319940
2014 - 01 - 29	14413560	0. 815	1002990	5. 950	130320	2. 390	87780	2. 245	2772130	1. 410	1437700	1. 900	69780	4. 610	2300	4. 635	2270	5. 050	19918830
2014 - 01 - 30	17302060	2. 305	113720	0. 190	75030	0. 610	49390	0. 080	1467400	0. 010	850230	1. 500	130900	3. 100	3010	4. 455	2280	5. 000	19994020
2014 - 02 - 07	31845870	5. 410	342140	2. 830	410040	0. 955	833010	2. 360	6301860	4. 800	599300	4. 900	207890	5. 200	6130	5. 150	9120	5. 100	40555360
2014 - 02 - 10	27586850	2. 375	657440	3. 135	476710	3. 015	3240850	4. 015	3683630	3. 920	175730	4. 510	113420	4. 910	5120	5. 110	7060	5. 150	35946810
2014 - 02 - 11	24944910	4. 295	362600	4. 240	1484310	4. 540	654840	5. 230	2366620	4. 810	360100	4. 510	83530	4. 820	11910	5. 000	6390	5. 160	30275210

续表

交易日期	GC001		GC002		GC003		GC004		GC007		GC014		GC028		GC091		GC182		合　计
	成交量	收盘价	成交量	收盘价	成交量	收盘价	成交量	收盘价	成交量	收盘价	成交量	收盘价	成交量	收盘价	成交量	收盘价	成交量	收盘价	
2014-02-12	23220410	3.195	1355160	4.595	521390	5.500	127850	4.550	1588660	4.300	181840	4.435	36140	4.800	18400	5.005	5210	5.350	27055060
2014-02-13	23391830	3.070	488080	4.505	55640	2.950	137630	2.000	1462510	3.995	170140	4.000	53750	4.020	4730	5.010	6570	5.270	25770880
2014-02-14	28704470	1.895	283990	1.010	349350	0.590	364860	1.225	4841810	3.400	709920	3.825	187840	3.320	24310	4.900	22030	5.000	35488580
2014-02-17	26547260	2.330	506030	2.720	645050	2.905	2756840	4.200	4029240	3.485	396410	4.300	97600	4.330	7810	4.820	1820	4.950	34988060
2014-02-18	23645380	1.785	373200	2.685	1432180	3.950	722190	4.320	2411620	3.690	331460	4.000	27500	4.300	3680	4.620	3240	4.980	28950450
2014-02-19	22449630	1.825	777410	2.730	440550	3.400	90870	2.990	1590610	3.700	254970	4.150	58660	4.015	2640	4.760	3020	4.910	25668360
2014-02-20	22243040	2.905	525510	2.795	123610	2.110	144270	1.475	1717840	3.120	275530	3.555	68680	4.300	1960	4.700	290	4.685	25100730
2014-02-21	26134930	2.745	207160	0.710	330170	0.555	505900	1.410	3717460	1.995	407090	3.650	245100	4.050	15250	4.510	2760	4.700	31565820
2014-02-24	24685520	2.575	628520	2.830	587470	2.920	3042840	4.300	3223460	3.845	328390	3.910	121350	4.150	8980	4.500	1550	4.720	32628080
2014-02-25	23565400	1.860	475360	2.275	1071900	2.260	801570	4.300	2085230	2.720	267280	3.035	114700	4.150	5770	4.610	1740	4.730	28388950
2014-02-26	22637810	2.040	982150	3.125	569750	4.010	85820	2.220	1672330	3.300	126450	3.405	39050	4.000	9480	4.700	770	4.800	26123610
2014-02-27	22704160	6.850	651060	5.155	146480	3.675	227830	2.410	1970530	3.265	224450	3.385	71110	3.600	5070	4.700	980	4.710	26001670
2014-02-28	26731690	1.780	71380	0.790	158180	0.500	267390	1.500	4112790	3.515	450670	3.200	119520	3.920	30320	4.500	2870	4.720	31944810
2014-03-03	24232720	1.445	384740	1.965	454370	1.900	3318310	2.705	3564960	2.505	336110	3.010	106950	3.820	16550	4.530	2550	4.700	32417260
2014-03-04	21714570	1.395	356190	1.810	891190	2.520	801140	2.580	2627090	2.940	279780	3.130	92320	4.205	7240	4.500	810	4.600	26770330
2014-03-05	20731920	1.625	615820	2.630	546220	3.300	100230	2.505	1748510	2.505	208900	3.015	57630	3.300	7780	4.500	630	4.600	24017640
2014-03-06	20716630	2.685	523380	2.850	111720	1.835	81260	1.600	2128600	2.250	329670	2.800	62150	3.515	6380	4.500	1210	4.650	23961000
2014-03-07	24770690	2.580	192570	0.905	113630	0.595	245580	1.250	3536210	2.900	477630	2.855	220350	3.600	23590	4.405	2620	4.550	29582870
2014-03-10	23262570	2.570	373740	2.660	424860	2.620	3051510	2.760	3366510	2.750	432970	3.020	95560	3.800	13130	4.320	3250	4.500	31024100
2014-03-11	21803030	1.385	270320	2.065	795860	2.340	763640	2.510	2318540	2.580	226270	2.935	75610	3.800	6880	4.300	2320	4.505	26262470
2014-03-12	20462700	1.860	675710	2.500	593210	2.560	111390	2.000	1989770	2.405	243760	2.715	37560	3.750	3450	4.100	340	4.320	24117890
2014-03-13	20476490	3.560	506990	3.270	75670	2.000	194800	1.500	2131050	2.500	345870	2.700	30300	4.000	7100	4.100	40	4.225	23768310
2014-03-14	24455410	2.270	69790	0.690	110690	0.580	309190	0.870	3629940	2.510	449680	2.700	101220	3.205	32940	4.150	220	4.130	29159080
2014-03-17	22277970	2.505	658510	2.170	358100	1.940	2805520	2.745	3596900	2.520	274810	2.835	91850	3.700	18560	4.100	550	4.235	30082770
2014-03-18	21279310	2.000	260230	2.200	697160	2.460	796290	3.600	2535730	2.525	189260	3.150	67140	3.920	3290	4.150	280	4.205	25828690
2014-03-19	21006780	2.710	912670	3.460	705310	3.870	145860	2.510	2057490	3.505	245780	3.365	45990	4.110	1490	4.250	320	4.255	25121690
2014-03-20	21622330	4.995	604040	5.320	158710	3.515	155980	2.475	1932980	3.500	232920	3.790	42340	4.150	960	4.200	110	4.260	24750370
2014-03-21	25111690	4.835	71570	2.765	251980	1.400	287380	1.895	3437500	3.940	401590	4.110	148630	4.110	4140	4.320	1520	4.500	29716000

续表

交易日期	GC001		GC002		GC003		GC004		GC007		GC014		GC028		GC091		GC182		合 计
	成交量	收盘价	成交量	收盘价	成交量	收盘价	成交量	收盘价	成交量	收盘价	成交量	收盘价	成交量	收盘价	成交量	收盘价	成交量	收盘价	
2014 - 03 - 24	24925090	1. 105	500660	2. 540	516320	3. 000	3093250	3. 205	3169860	3. 540	367660	3. 625	55110	4. 450	5010	4. 300	630	4. 350	32633590
2014 - 03 - 25	23978740	2. 900	343260	3. 590	914810	4. 205	862040	4. 095	2203030	4. 100	232850	4. 145	54430	4. 220	6250	4. 350	1760	4. 350	28597170
2014 - 03 - 26	23730200	5. 165	726990	5. 475	840880	5. 825	164360	4. 555	1790850	4. 630	226640	4. 105	53900	4. 250	2800	4. 110	1860	4. 405	27538480
2014 - 03 - 27	24869120	5. 080	788590	5. 730	177880	4. 000	241330	3. 595	2307430	4. 460	272270	4. 105	58870	4. 355	4520	4. 215	1070	4. 600	28721080
2014 - 03 - 28	28228110	21. 320	115910	7. 805	306670	3. 630	550810	5. 320	4632830	5. 465	434800	4. 400	138300	4. 400	7030	4. 420	1870	4. 200	34416330
2014 - 03 - 31	27062580	2. 020	607360	2. 705	358880	2. 810	2307630	3. 470	3463770	3. 995	460990	3. 795	106810	4. 410	9460	4. 500	30	4. 350	34377510
2014 - 04 - 01	23147360	2. 375	258510	2. 880	1371360	3. 195	1302060	5. 000	2830650	3. 285	438720	3. 750	33210	3. 855	24180	4. 610	70	4. 305	29406120
2014 - 04 - 02	21498620	1. 045	791230	3. 510	848640	3. 525	93070	2. 800	2217880	2. 765	205240	3. 325	71510	3. 800	8370	4. 700	60	4. 400	25734620
2014 - 04 - 03	21032880	4. 375	693710	5. 110	81470	3. 110	174410	2. 035	2479700	3. 075	304200	3. 445	60270	4. 450	6050	4. 680	0	0. 000	24832690
2014 - 04 - 04	25117600	1. 865	67510	0. 500	214630	0. 300	192250	0. 215	3873050	1. 545	520920	3. 280	107140	3. 800	39600	4. 110	260	4. 320	30132960
2014 - 04 - 08	24911250	2. 745	417540	2. 815	2089910	3. 550	2778320	4. 000	4648150	3. 465	459890	3. 700	153980	3. 730	15450	4. 360	200	4. 330	35474690
2014 - 04 - 09	23095130	2. 800	754060	3. 470	731930	3. 100	189730	2. 500	2348400	3. 030	316480	3. 360	41670	3. 810	11720	4. 350	140	4. 400	27489260
2014 - 04 - 10	22763160	3. 225	439340	2. 980	170690	2. 370	190390	1. 505	2515240	3. 165	364200	3. 340	95650	3. 905	17060	4. 400	10	4. 400	26555740
2014 - 04 - 11	25859790	1. 785	105580	0. 610	162300	0. 285	319640	1. 025	3123620	2. 110	339960	3. 110	166730	3. 930	12070	4. 310	260	4. 300	30089950
2014 - 04 - 14	24973510	3. 025	474230	3. 090	472880	3. 350	2583010	3. 480	1981900	3. 535	309010	3. 485	57230	3. 900	14910	4. 400	4510	4. 310	30871190
2014 - 04 - 15	24234170	2. 800	281680	3. 260	587470	3. 600	925260	3. 390	3924690	3. 300	359770	3. 300	54670	3. 755	10250	4. 410	990	4. 400	30378950
2014 - 04 - 16	23279290	2. 360	557530	2. 865	869100	3. 010	90250	2. 510	2450280	2. 800	356170	4. 040	22090	3. 825	6450	4. 410	50	4. 310	27631210
2014 - 04 - 17	24167720	5. 515	574610	4. 720	217000	2. 810	322360	2. 320	2506260	3. 265	200410	3. 800	24480	3. 825	3920	4. 420	60	4. 310	28016820
2014 - 04 - 18	26778230	2. 305	99060	0. 410	176060	0. 385	202810	1. 220	3592890	2. 565	278160	3. 160	149890	3. 780	6670	3. 630	3610	4. 400	31287380
2014 - 04 - 21	25358210	2. 480	459520	2. 340	567710	2. 650	2602420	3. 310	2406440	3. 300	213760	3. 505	73450	3. 850	5140	4. 300	420	4. 300	31687070
2014 - 04 - 22	24813560	2. 845	306480	2. 770	687750	3. 570	1094640	3. 460	3552380	3. 200	418290	3. 620	45850	3. 865	5580	4. 400	0	0. 000	30924530
2014 - 04 - 23	23767220	2. 565	650280	3. 495	582420	4. 435	159240	4. 000	2504250	3. 770	540750	3. 790	61580	3. 910	1690	4. 410	90	4. 500	28267520
2014 - 04 - 24	23959570	3. 105	449160	3. 935	336330	2. 220	664850	3. 015	2367910	5. 510	525920	4. 010	89440	4. 010	870	4. 420	0	0. 000	28394050
2014 - 04 - 25	26859440	4. 035	67760	1. 500	127000	1. 115	336430	1. 710	3584780	4. 855	677030	3. 855	74330	3. 920	12450	4. 400	560	4. 350	31739780
2014 - 04 - 28	23478120	2. 500	2916480	5. 785	2510070	8. 100	1015790	5. 135	3991620	4. 310	403220	4. 230	54850	4. 000	13370	4. 450	130	4. 365	34383650
2014 - 04 - 29	22970500	9. 235	741110	8. 395	161970	6. 245	357460	2. 785	3511940	3. 055	214380	3. 600	56290	3. 700	7680	4. 450	200	4. 500	28021530
2014 - 04 - 30	24477630	3. 560	129480	0. 640	190880	0. 380	262270	0. 460	2774330	1. 400	255660	2. 530	56910	3. 220	2470	4. 010	30	3. 100	28149660
2014 - 05 - 05	28288750	3. 275	743530	3. 170	1014780	3. 150	4066200	4. 450	5257470	3. 195	619650	3. 410	163970	3. 915	13260	4. 330	840	4. 300	40168450

续表

交易日期	GC001		GC002		GC003		GC004		GC007		GC014		GC028		GC091		GC182		合计
	成交量	收盘价	成交量	收盘价	成交量	收盘价	成交量	收盘价	成交量	收盘价	成交量	收盘价	成交量	收盘价	成交量	收盘价	成交量	收盘价	
2014-05-06	25881840	1.910	447180	2.655	1166120	2.930	1318430	4.130	3183920	2.025	439030	3.200	211850	3.710	7060	4.200	870	4.380	32656300
2014-05-07	23865160	1.360	1001230	2.735	739210	3.310	167370	2.060	3251310	2.705	255560	3.100	142260	3.610	6290	4.210	210	4.305	29428600
2014-05-08	23332970	3.320	551040	3.440	93190	2.305	129270	1.265	1683190	2.420	328120	2.900	62770	3.510	9570	4.015	600	4.310	26190720
2014-05-09	26327060	2.640	111500	0.745	152040	0.690	308490	1.225	2665750	2.700	337780	3.000	202530	3.600	11510	4.060	1830	4.210	30118490
2014-05-12	25832620	2.320	645660	2.365	509360	2.395	2925750	2.935	4631520	2.900	400940	3.280	117200	3.600	6620	4.150	980	4.210	35070650
2014-05-13	24053680	2.875	337740	2.985	689350	3.165	1268450	3.940	4278370	3.475	240790	3.350	53510	3.700	5920	4.150	380	4.205	30928190
2014-05-14	24147390	3.135	703130	3.905	537120	4.135	237370	3.300	2562580	3.480	384080	3.500	64420	3.705	6180	4.140	490	4.215	28642760
2014-05-15	24148970	3.480	793250	3.465	108680	2.155	187930	1.455	2016930	2.210	208700	2.000	33830	3.620	3950	4.160	40	4.205	27502280
2014-05-16	27063480	3.480	91530	1.715	195860	1.190	268450	1.515	2634600	3.145	293850	3.475	128850	3.780	19760	4.200	620	4.210	30697000
2014-05-19	25955620	3.210	613820	3.500	521320	3.770	3209160	4.195	4189840	3.990	328710	4.000	83370	3.800	8500	4.250	730	4.230	34911070
2014-05-20	24228870	2.560	296850	2.855	1046120	3.565	1366320	3.705	3391320	2.700	452250	3.575	53350	3.800	4480	4.310	360	4.250	30839920
2014-05-21	23001080	2.280	921470	3.235	562600	3.505	101360	2.600	2759520	2.835	403410	3.650	35140	3.715	4160	4.300	190	4.270	27788930
2014-05-22	23262350	4.945	608950	3.990	174850	2.665	173630	1.330	2007990	2.925	393350	3.150	80640	3.750	1710	4.300	40	4.230	26703510
2014-05-23	26793740	3.500	57450	1.200	186090	0.850	513300	1.450	2691660	3.650	499480	3.600	92830	3.700	15730	4.100	310	4.150	30850590
2014-05-26	25528010	2.715	449440	2.605	655060	3.120	2965860	4.800	3939050	3.935	546590	3.760	82540	3.650	7510	4.315	340	4.215	34174400
2014-05-27	24218350	2.725	491290	3.055	879070	4.600	1325190	5.090	3273280	3.065	360640	3.610	95110	3.700	2740	4.250	120	4.250	30645790
2014-05-28	23484890	3.095	685550	4.515	775830	5.375	151240	5.000	3380180	3.660	281120	3.600	37150	3.700	3770	4.145	1110	4.250	28800840
2014-05-29	23579770	4.485	822370	5.185	186770	3.200	214520	2.630	2513160	2.705	220310	3.200	46160	3.600	2700	4.190	170	4.200	27585930
2014-05-30	25990590	4.105	107140	2.105	151960	1.090	204470	1.065	3637740	2.900	245950	2.880	55800	3.505	20420	4.000	500	4.105	30414570
2014-06-03	26385390	3.395	811330	3.205	2913810	3.505	2365850	3.845	5157450	3.515	490330	3.700	195030	3.950	4500	4.100	1100	4.210	38324790
2014-06-04	24120260	2.510	1088770	3.065	1006950	3.270	228700	2.960	3752790	3.055	459720	3.500	116130	4.130	6180	4.110	270	4.230	30779770
2014-06-05	22921200	3.530	682510	3.785	264260	3.000	211230	2.020	3088520	2.840	203420	3.200	70880	3.920	2450	4.120	250	4.200	27444720
2014-06-06	26384560	0.880	74200	0.050	218840	0.500	136340	0.905	3736640	2.990	242870	3.300	166900	3.610	5400	4.100	3120	4.200	30968870
2014-06-09	24307790	2.495	619790	2.500	562370	2.790	3190240	3.810	2462500	2.905	349250	3.200	97120	3.780	6060	4.110	1010	4.205	31596130
2014-06-10	22971240	2.770	433720	3.205	617780	3.610	1019040	3.605	4312820	3.270	337430	3.070	87030	3.500	730	4.000	100	4.100	29779890
2014-06-11	22429110	2.045	752150	3.120	869940	3.345	132310	2.425	3216040	3.235	423510	3.210	53520	3.900	920	4.000	60	4.000	27877560
2014-06-12	23165970	3.710	559590	3.780	158260	2.010	335900	2.095	2460570	3.050	602460	3.400	44830	4.100	400	4.000	220	4.100	27328200
2014-06-13	26839760	3.045	65700	1.510	201710	1.015	311820	1.460	3096070	3.020	404780	3.605	208530	4.080	3600	4.000	180	4.000	31132150

续表

交易日期	GC001		GC002		GC003		GC004		GC007		GC014		GC028		GC091		GC182		合 计
	成交量	收盘价	成交量	收盘价	成交量	收盘价	成交量	收盘价	成交量	收盘价	成交量	收盘价	成交量	收盘价	成交量	收盘价	成交量	收盘价	
2014-06-16	25994190	3.540	979820	3.345	424170	3.825	2282840	4.665	2760500	3.510	123110	4.205	46600	4.310	420	4.000	50	4.100	32611700
2014-06-17	26200280	2.630	330040	3.220	1005110	4.075	587520	4.740	3724250	3.955	385540	5.280	67200	4.360	5690	4.340	360	4.395	32305990
2014-06-18	23243200	15.360	1290970	15.435	633400	9.980	388490	7.500	3636170	6.430	479650	5.665	116930	5.200	4220	4.500	4030	4.500	29797060
2014-06-19	23339640	2.540	886240	4.000	397080	2.670	474320	2.805	2994210	4.820	286770	5.210	81440	5.015	4130	4.300	5070	4.500	28468900
2014-06-20	27105590	3.170	119390	1.190	176580	1.000	518300	1.510	3324310	4.110	431230	4.800	53100	2.710	16450	4.320	10110	4.410	31755060
2014-06-23	27120650	3.560	789540	3.905	602710	4.130	1886010	5.620	2199420	5.025	241790	5.140	29290	4.275	9160	4.230	7420	4.320	32885990
2014-06-24	25825370	2.945	439210	3.225	1029010	3.995	708700	5.525	2936620	5.150	279370	4.815	45270	4.450	12020	4.410	3720	4.410	31279290
2014-06-25	25288360	2.620	1324440	3.960	773750	5.115	155440	3.905	2987510	4.700	174140	4.630	24060	4.320	14690	4.300	3960	4.350	30746350
2014-06-26	28472250	3.040	1095690	4.195	299510	2.765	363320	2.220	2791290	4.500	225850	4.465	26380	4.250	5900	4.320	5980	4.410	33286170
2014-06-27	31731750	18.065	191970	5.580	232430	4.235	626620	3.905	4575080	5.910	212120	5.000	40560	4.335	7470	4.320	5700	4.400	37623700
2014-06-30	29851650	1.605	781120	2.650	313840	2.240	2121260	3.745	3542380	3.525	396790	4.000	60060	4.010	3480	4.005	3580	4.100	37074160
2014-07-01	26446270	2.870	385240	3.020	1626750	3.600	1296500	4.180	3356950	3.695	268730	4.010	35470	4.010	1420	4.050	5880	4.200	33423210
2014-07-02	23138370	1.065	873450	2.000	929630	2.155	154600	2.000	3279820	2.275	263230	2.005	33180	3.900	3200	4.010	1870	4.250	28677350
2014-07-03	22447180	2.890	684540	3.120	187510	2.000	448680	1.330	2516410	3.250	175960	3.500	76980	3.750	4280	3.800	560	4.245	26542100
2014-07-04	26461180	2.735	153020	1.495	246840	0.750	519680	1.220	3651190	2.985	327410	3.350	185170	3.690	4900	3.400	3600	4.255	31552990
2014-07-07	26129870	2.820	699120	2.705	930370	2.800	2311260	3.660	3367740	3.300	342410	3.510	59330	3.810	2570	4.145	2010	4.300	33844680
2014-07-08	24295030	1.970	572950	2.660	916730	3.620	920610	3.420	3622520	3.400	275300	3.705	72200	3.805	14560	4.095	3190	4.300	30693090
2014-07-09	25922010	3.490	1186690	4.520	790250	6.000	352570	4.920	3560570	4.880	277600	4.410	37470	4.410	2860	4.250	350	4.330	32130370
2014-07-10	25620360	3.030	897670	4.050	244530	2.520	471170	2.495	2460800	3.600	266270	3.800	36340	4.100	1870	4.300	550	4.360	29999560
2014-07-11	28656280	6.975	128570	2.505	166530	1.660	289570	2.955	3914000	4.885	186330	3.780	132220	4.100	17230	4.210	2540	4.350	33493270
2014-07-14	29357770	3.660	624950	4.075	424730	4.165	2589380	5.850	3533880	4.590	234680	4.250	64060	4.100	2860	4.300	240	4.350	36832550
2014-07-15	25469960	1.120	470610	2.030	1494430	2.970	1174340	3.520	3081600	3.320	455920	4.320	96890	4.210	670	4.300	280	4.310	32244700
2014-07-16	23559840	1.080	889340	2.300	764180	3.035	285730	3.000	2675090	3.360	667350	4.600	79540	4.410	580	4.350	350	4.400	28922000
2014-07-17	24864400	2.175	1123570	2.710	394100	1.905	583840	1.505	2890320	4.200	544190	4.680	24280	4.410	710	4.400	630	4.400	30426040
2014-07-18	27953400	1.075	142340	0.520	210960	0.100	752480	0.980	3866260	4.610	515480	4.800	132590	4.660	430	4.305	150	4.410	33574090
2014-07-21	28386580	1.200	1872830	2.750	605690	4.005	1927820	6.985	3595270	5.005	316630	5.050	34310	4.850	460	4.305	100	4.410	36739690
2014-07-22	29689410	2.765	707810	4.755	718100	6.005	588510	5.990	2910390	4.860	247130	5.060	12750	4.630	1670	4.300	180	4.400	34875950
2014-07-23	26584540	5.010	1790390	8.500	825980	6.625	305290	6.135	3547490	4.920	271290	5.040	38480	4.830	630	4.450	180	4.400	33364270

续表

交易日期	GC001		GC002		GC003		GC004		GC007		GC014		GC028		GC091		GC182		合计
	成交量	收盘价	成交量	收盘价	成交量	收盘价	成交量	收盘价	成交量	收盘价	成交量	收盘价	成交量	收盘价	成交量	收盘价	成交量	收盘价	
2014-07-24	24982530	16.160	858010	10.990	338900	6.625	585580	6.700	2204150	5.950	225800	5.050	32960	4.990	6190	4.800	50	4.300	29234170
2014-07-25	27295120	4.970	125370	2.455	279090	2.295	623390	2.765	3374320	4.020	308810	4.575	34500	4.350	2750	4.500	1330	4.300	32044680
2014-07-28	27696250	1.025	821010	2.000	494590	2.605	2175550	3.480	2813790	3.950	260700	4.160	39260	4.260	2180	4.350	1920	4.410	34305250
2014-07-29	27493230	1.140	382730	2.215	1216560	3.610	1012140	4.005	2821630	3.495	212120	3.900	47420	4.190	9230	4.340	900	4.300	33195960
2014-07-30	25829920	2.300	1694730	4.300	770210	3.900	300940	2.860	3663750	2.800	226720	3.805	35880	4.010	3910	4.355	760	4.400	32526820
2014-07-31	25127690	3.995	670930	3.250	231720	2.465	256020	1.940	3349780	2.750	260360	3.415	86700	4.200	6340	4.355	1080	4.410	29990620
2014-08-01	28247520	2.500	99490	0.525	347870	0.665	256700	1.080	4116450	3.470	570420	3.700	198210	4.030	23190	4.360	2380	4.420	33862230
2014-08-04	28311970	1.695	582980	2.515	544000	2.525	2749900	3.600	3412940	2.650	397970	3.600	61480	4.020	5800	4.360	840	4.400	36067880
2014-08-05	26370520	1.805	420210	2.660	845210	3.505	932090	3.490	3046020	3.580	261560	3.730	114950	4.010	9570	4.350	420	4.400	32000550
2014-08-06	25065190	1.455	1146740	3.080	809960	3.500	246970	2.860	3460980	2.635	206840	3.650	52180	4.000	4140	4.345	260	4.400	30993260
2014-08-07	25590310	3.060	1009230	3.060	129800	2.085	187350	1.880	2659450	2.565	265900	2.750	60670	4.000	10640	4.300	2390	4.400	29915740
2014-08-08	28527400	2.890	61600	1.015	277620	0.795	375710	1.190	4229300	3.475	388410	3.000	116100	3.910	9810	4.020	4240	4.350	33990190
2014-08-11	27704610	2.240	984340	2.885	453880	2.895	2469460	3.860	3715460	3.730	274320	3.820	72640	4.025	4780	4.250	470	4.250	35679960
2014-08-12	26067410	1.905	391370	3.015	1036120	3.500	938060	3.870	2998200	4.050	200470	3.895	75350	4.150	2060	4.155	860	4.255	31709900
2014-08-13	25956400	2.880	1312860	3.640	968060	4.020	341330	3.100	3315770	4.410	218080	3.750	49580	4.210	3950	4.300	610	4.305	32166640
2014-08-14	25943210	6.765	803890	6.835	444990	5.030	528050	2.895	2581070	3.040	387440	4.160	10760	4.210	6390	4.305	90	4.400	30705890
2014-08-15	29314810	5.290	155920	1.620	269230	1.090	295630	1.800	5112780	3.915	246200	3.500	49280	4.000	12550	4.210	2960	4.380	35459360
2014-08-18	28053390	3.255	797560	4.060	540500	3.555	3196890	4.905	3728930	4.200	336230	4.020	31530	4.100	7760	4.300	2560	4.400	36695350
2014-08-19	26410270	1.800	414450	2.280	975080	3.280	887050	4.500	3187140	3.500	322080	3.585	12290	4.100	4670	4.350	1370	4.405	32214400
2014-08-20	24672190	1.655	975400	4.000	790740	3.210	173210	2.135	3373560	3.130	477150	4.255	58030	4.220	7520	4.420	220	4.410	30528020
2014-08-21	24625980	2.370	850140	2.770	176440	2.250	253660	1.640	2142430	3.725	428730	4.650	49830	4.320	5800	4.460	150	4.470	28533160
2014-08-22	30262600	3.240	100640	1.625	205300	0.915	550910	1.335	3391270	4.135	703460	4.650	74500	4.300	12880	4.500	2890	4.500	35304450
2014-08-25	29277100	1.070	984670	1.965	1671620	2.350	1776680	4.490	3319080	5.200	326640	4.910	63620	4.530	5300	4.505	1700	4.550	37426410
2014-08-26	27726550	2.150	929400	2.840	672200	6.550	1003420	7.070	2855970	5.355	240010	4.570	27420	4.315	4360	4.500	2090	4.600	33461420
2014-08-27	30406700	1.370	1164520	6.795	757210	8.175	152290	6.110	3334740	5.080	243300	4.605	52770	4.500	2850	4.400	310	3.010	36114690
2014-08-28	28517640	45.175	691220	19.820	615040	11.755	337890	9.000	3385350	6.785	555310	5.290	113750	4.990	5210	4.650	290	4.600	34221700
2014-08-29	27718040	4.680	203180	2.000	397460	1.155	604650	2.555	4437200	3.830	447360	4.500	75560	4.120	11750	4.530	30	4.135	33895230
2014-09-01	25626310	3.995	596280	4.240	250530	3.505	2128960	4.655	4509480	4.050	319750	4.070	47900	4.320	2290	4.400	130	4.400	33481630

续表

交易日期	GC001		GC002		GC003		GC004		GC007		GC014		GC028		GC091		GC182		合 计
	成交量	收盘价	成交量	收盘价	成交量	收盘价	成交量	收盘价	成交量	收盘价	成交量	收盘价	成交量	收盘价	成交量	收盘价	成交量	收盘价	
2014-09-02	23891970	1.000	396160	1.500	1051790	2.630	1258050	2.620	3547030	2.520	393860	3.100	211580	4.420	2930	4.400	1470	4.400	30754840
2014-09-03	22638210	1.030	1147520	2.375	902650	2.635	144790	2.500	2703250	3.150	423080	3.000	282630	4.920	2950	4.350	830	4.400	28245910
2014-09-04	26125220	4.195	1176720	4.070	197840	3.085	211060	1.610	4198510	3.015	276880	3.360	127440	4.950	5300	4.400	220	4.400	32319190
2014-09-05	29740650	4.125	133220	2.005	231270	1.265	197290	0.940	4597440	3.020	476790	3.000	298550	4.165	6770	4.100	3010	4.300	35684990
2014-09-09	30995930	5.290	993610	4.435	2517220	5.490	2117610	4.720	5375440	4.300	489070	4.090	164370	4.340	360	4.200	2330	4.405	42655940
2014-09-10	27537030	2.635	1803560	4.150	784650	3.725	255530	2.800	3386090	3.900	336650	3.800	99710	4.450	600	4.400	230	4.410	34204050
2014-09-11	26053840	1.830	1035050	3.010	203700	2.100	371880	1.900	2961930	3.520	244250	3.725	104820	4.350	2350	4.400	620	4.410	30978440
2014-09-12	29941210	2.795	87370	0.925	238420	0.720	588650	1.365	3985020	2.610	560310	3.965	206680	4.210	3360	4.200	430	4.400	35611450
2014-09-15	28768540	2.205	946050	2.450	891520	2.335	2298010	3.245	2398410	3.775	285760	4.230	68040	4.330	1250	4.260	110	4.400	35657690
2014-09-16	27960760	2.335	814760	2.700	915070	4.895	715130	4.890	3891650	3.815	688950	6.585	132570	4.510	3020	4.400	380	4.500	35122290
2014-09-17	27742650	1.075	1103790	3.850	696800	4.420	274700	2.000	2784470	3.800	506900	7.200	110990	4.655	1290	4.400	20	4.450	33221610
2014-09-18	26998120	1.205	861230	1.890	154550	1.340	418810	1.200	2804690	3.250	712330	6.600	76630	4.015	700	4.400	30	4.410	32027090
2014-09-19	29715230	3.275	361260	1.285	275690	0.915	383320	1.475	3604320	4.910	496040	5.900	156820	4.250	2200	4.400	10	4.200	34994890
2014-09-22	29994130	2.115	1593500	2.675	502470	3.030	1608030	5.385	2152820	5.010	429850	5.400	126190	4.600	320	4.405	530	4.650	36407840
2014-09-23	31704540	1.110	598770	3.970	1118530	7.840	470640	7.785	2481430	9.035	701720	4.550	116070	4.015	3000	4.420	330	4.500	37195030
2014-09-24	27579260	3.170	1588820	8.115	406540	6.220	207740	5.170	2649960	9.100	1601150	4.580	276330	4.600	6450	4.510	450	4.500	34316700
2014-09-25	27027240	17.200	584830	12.860	318060	7.200	209960	7.000	2738500	12.355	1209850	4.590	174340	4.800	2950	4.500	420	4.500	32266150
2014-09-26	25187560	8.060	155220	2.850	275080	1.595	2684590	7.610	3124410	8.900	2447990	4.650	89100	4.300	3360	4.400	1420	4.400	33968730
2014-09-29	27323770	1.845	1541440	6.000	258630	3.415	154110	4.880	3895590	1.975	1277520	2.710	65750	3.600	2500	4.020	160	4.125	34519470
2014-09-30	29614400	1.395	230780	0.640	272560	0.240	143110	0.090	2113400	0.205	1278420	1.500	48060	2.500	3140	3.705	2130	4.020	33706000
2014-10-08	33472740	3.345	4416190	3.975	2480310	4.815	920900	3.505	7804170	3.205	740260	3.500	215070	3.870	10240	4.300	300	4.170	50060180
2014-10-09	30565380	3.030	1113300	3.595	151260	1.710	216700	2.505	2905460	3.120	265060	3.520	83190	4.005	3060	4.300	140	4.115	35303550
2014-10-10	34820760	6.510	107580	3.335	683090	1.715	545860	3.315	4831310	4.245	352840	3.550	119670	4.300	4920	4.325	40	4.115	41466070
2014-10-13	32164740	1.705	759090	3.260	858680	3.305	3498380	3.700	3593460	3.320	459080	3.665	107650	4.005	790	4.180	210	4.300	41442080
2014-10-14	29301230	2.100	485970	2.385	1283880	3.695	640280	3.310	1938540	3.400	162680	3.350	88850	3.865	1170	4.120	30	4.115	33902630
2014-10-15	29574520	2.405	1643080	3.785	646300	3.125	141190	2.310	5265120	3.305	291020	3.500	94640	3.900	860	4.115	290	4.110	37657020
2014-10-16	26986430	2.980	726160	2.515	149360	1.510	190140	1.300	2524660	2.555	483920	3.735	55180	3.580	1490	4.115	210	4.210	31117550
2014-10-17	30743510	1.135	374290	0.530	212880	0.230	608440	0.340	3780640	2.745	612410	3.930	72870	3.965	3390	4.015	340	4.115	36408770

续表

交易日期	GC001		GC002		GC003		GC004		GC007		GC014		GC028		GC091		GC182		合　计
	成交量	收盘价	成交量	收盘价	成交量	收盘价	成交量	收盘价	成交量	收盘价	成交量	收盘价	成交量	收盘价	成交量	收盘价	成交量	收盘价	
2014-10-20	29438430	1.065	857870	1.600	824200	2.150	2465750	3.900	3445180	3.655	511280	4.255	148030	4.000	1180	4.115	860	4.200	37692780
2014-10-21	26925910	1.235	522660	1.520	830580	3.820	998380	4.140	2620810	3.965	178500	3.915	99700	4.050	670	4.215	200	4.130	32177410
2014-10-22	28430940	1.085	1075900	3.970	928160	5.575	224180	4.160	3810520	3.830	385000	3.700	114220	3.850	5590	4.165	90	4.155	34974600
2014-10-23	29796500	1.165	675260	2.960	406590	1.805	436590	2.135	2799550	3.630	256790	3.505	191040	3.600	2000	4.030	870	4.300	34565190
2014-10-24	31419020	11.050	328410	5.245	424720	2.940	688640	4.250	4092760	6.800	396910	4.495	164190	4.850	3880	4.300	970	4.290	37519500
2014-10-27	31366120	9.550	728610	6.995	432610	6.150	1753220	5.100	3063840	4.700	566190	4.160	205820	4.295	1410	4.210	660	4.310	38118480
2014-10-28	29465160	2.365	283850	3.020	1102240	3.200	899890	4.020	2651150	3.040	280890	3.400	113530	3.500	4290	4.165	300	4.190	34801300
2014-10-29	28940460	1.355	1114010	2.305	643200	2.720	160300	2.060	3326870	2.500	355250	3.170	45020	3.200	4170	3.810	130	3.940	34589410
2014-10-30	29345840	1.960	608130	2.605	118890	1.760	164430	1.200	3190200	2.995	265750	3.100	22410	3.650	2070	3.810	510	4.020	33718230
2014-10-31	32593610	1.355	104170	1.155	186230	0.525	319740	1.380	3826800	2.700	473930	3.310	72160	3.440	1240	3.810	1060	3.910	37578940
2014-11-03	32117910	2.835	622320	2.850	384080	2.855	2954040	3.035	3216220	3.050	387820	3.310	76860	3.600	1230	3.910	1200	3.910	39761680
2014-11-04	31370240	2.775	250740	2.530	975090	3.925	771570	3.830	2917570	3.050	254960	3.205	61260	3.700	1270	3.950	50	3.910	36602750
2014-11-05	30003110	0.980	1122960	3.650	531870	3.900	149990	2.800	3743380	3.110	441320	3.200	78510	3.650	3880	3.990	40	3.950	36075060
2014-11-06	30072150	2.280	707770	3.245	92970	2.100	227010	1.505	3609630	2.805	236480	3.300	109560	3.560	3120	3.910	0	0.000	35058690
2014-11-07	33722820	2.825	69580	1.100	185450	0.290	455790	1.325	4348150	3.305	244080	3.010	93440	3.400	3510	3.810	70	3.910	39122890
2014-11-10	32840500	2.695	432790	2.825	509040	3.110	2606730	4.100	4019880	3.275	213850	3.595	56260	3.605	540	3.920	580	3.910	40680170
2014-11-11	31413860	1.655	509860	3.145	1261330	3.410	807020	3.920	2472900	2.515	260300	3.060	37670	3.510	800	3.910	140	3.910	36763880
2014-11-12	30553470	2.760	1069950	3.880	673450	4.065	116530	2.600	3860150	2.815	271830	3.365	115880	3.510	540	3.910	50	3.910	36661850
2014-11-13	30991840	2.720	749450	3.645	150700	2.355	151370	1.550	3261230	3.000	214710	3.250	72500	3.700	2440	3.930	60	3.950	35594300
2014-11-14	35438260	2.605	191700	0.420	254280	0.315	378190	1.220	3556080	2.945	781800	3.600	68690	3.750	2740	3.940	120	3.910	40671860
2014-11-17	33529860	2.595	708910	2.960	526240	2.875	3112260	3.170	4386860	2.810	635520	4.000	69360	4.050	80	3.945	10	4.000	42969100
2014-11-18	31450740	2.605	453190	2.805	1259820	3.035	929350	2.800	3220380	3.065	572650	4.380	150950	4.020	2520	4.155	1530	4.020	38041130
2014-11-19	30412680	2.195	1193130	3.030	839410	3.245	364900	3.850	4125840	5.260	608690	6.000	213560	4.165	2050	4.600	510	4.400	37760770
2014-11-20	30349840	1.390	1200190	3.700	345040	3.100	613150	1.520	4094190	5.835	445250	5.400	178800	4.475	1070	4.050	0	0.000	37227530
2014-11-21	36794060	3.085	375830	1.680	366110	1.060	983120	4.100	4929460	6.135	578190	7.015	174230	4.800	21880	4.560	120	3.910	44223000
2014-11-24	36756790	12.750	904540	10.845	823740	8.460	1294510	7.585	4332400	8.000	724670	6.000	503160	5.000	630	4.605	160	4.350	45340600
2014-11-25	32294610	38.005	669040	30.425	865390	20.605	325280	14.570	3197150	9.255	532180	6.300	280830	4.405	2130	4.110	10	4.440	38166620
2014-11-26	31732910	17.615	878240	14.790	369850	11.490	129080	7.240	3457920	5.440	381200	4.855	155170	4.450	2310	4.250	0	0.000	37106680

续表

交易日期	GC001		GC002		GC003		GC004		GC007		GC014		GC028		GC091		GC182		合　计
	成交量	收盘价	成交量	收盘价	成交量	收盘价	成交量	收盘价	成交量	收盘价	成交量	收盘价	成交量	收盘价	成交量	收盘价	成交量	收盘价	
2014－11－27	34321590	2. 235	549380	4. 500	291120	3. 665	609960	2. 875	2810500	3. 665	375050	3. 815	104160	4. 050	3010	4. 220	50	4. 395	39064820
2014－11－28	36070350	2. 100	283100	1. 100	371290	0. 595	296620	1. 400	5729150	4. 150	530380	4. 005	76600	4. 200	2650	4. 100	80	3. 910	43360220
2014－12－01	37090490	5. 025	925080	4. 520	708490	4. 500	3739520	6. 600	5683500	5. 225	403680	4. 400	103470	4. 250	12550	4. 400	340	4. 350	48667120
2014－12－02	34785280	1. 010	398630	2. 290	1720070	3. 770	704760	3. 625	3095510	3. 510	200900	4. 230	102590	4. 500	12890	4. 350	80	4. 300	41020710
2014－12－03	33106100	1. 560	1053990	2. 690	771590	2. 900	262950	2. 040	2988730	3. 500	299330	3. 500	102270	4. 415	5220	4. 400	170	4. 300	38590350
2014－12－04	32777350	2. 510	639070	3. 190	247460	3. 000	277330	2. 010	3259250	3. 645	280740	3. 905	231010	5. 160	10340	4. 600	180	4. 300	37722730
2014－12－05	36152540	0. 090	199890	0. 100	297080	0. 100	678510	0. 570	4396460	2. 010	567450	3. 620	320610	4. 205	29440	4. 505	30	4. 350	42642010
2014－12－08	35615420	2. 010	962210	3. 215	527810	2. 720	3459380	3. 715	4751630	3. 890	458430	3. 860	381590	4. 915	18730	4. 700	50	4. 100	46175250
2014－12－09	34608030	2. 535	383420	2. 535	1226860	3. 020	504270	2. 930	3592610	4. 050	257070	4. 600	418170	4. 900	9490	4. 810	370	4. 500	41000290
2014－12－10	32941090	0. 345	971360	3. 500	914450	3. 100	135000	2. 000	3140580	3. 505	288230	4. 785	369890	5. 110	7630	4. 800	240	4. 500	38768470
2014－12－11	32904940	2. 745	619890	3. 440	310970	2. 230	235590	1. 300	3673130	3. 000	1170030	6. 500	365210	6. 090	9260	5. 000	80	4. 500	39289100
2014－12－12	36422660	1. 430	191470	0. 940	251090	0. 200	448910	1. 005	3517960	3. 105	1640050	6. 430	227680	6. 590	12490	5. 020	280	4. 500	42712590
2014－12－15	33504460	0. 980	1115170	1. 545	1154890	2. 550	2063120	4. 060	4319240	5. 230	1965890	7. 020	329080	6. 005	26370	5. 000	870	4. 600	44479090
2014－12－16	30583160	1. 390	1138070	1. 900	1227820	3. 100	630370	7. 960	4387960	7. 250	591420	7. 050	197800	6. 010	28940	5. 100	1430	4. 700	38786970
2014－12－17	28172890	0. 900	1395790	2. 620	828360	9. 110	345240	7. 200	6058160	10. 250	357300	8. 755	202220	6. 100	29260	5. 500	450	4. 800	37389670
2014－12－18	31578680	0. 685	1040060	6. 780	387270	4. 480	663190	4. 270	4063020	8. 030	488690	8. 100	210170	5. 850	31210	5. 000	4750	5. 000	38467040
2014－12－19	34711290	2. 275	331900	0. 205	629280	0. 335	796810	1. 855	3051230	5. 295	468500	6. 360	151650	5. 730	55660	5. 250	6670	5. 000	40202990
2014－12－22	37285370	7. 065	586840	6. 550	289750	6. 200	1224670	7. 870	3246940	7. 610	427190	6. 500	154850	6. 000	26960	5. 255	12300	5. 000	43254870
2014－12－23	35666120	2. 125	446360	3. 000	1228610	3. 050	408760	3. 500	2539320	4. 115	541470	5. 210	104570	4. 130	38060	5. 100	8070	4. 800	40981340
2014－12－24	37131240	1. 735	1038790	3. 995	713790	4. 240	394180	3. 920	3948350	5. 150	968840	4. 310	21370	4. 505	20180	4. 800	1620	4. 400	44238360
2014－12－25	36638930	2. 105	668070	3. 280	237320	2. 010	653490	1. 050	3975660	5. 710	752410	3. 865	55960	4. 300	2890	4. 205	1970	4. 200	42986700
2014－12－26	40017830	3. 205	142290	1. 490	313160	0. 200	510720	1. 065	3252120	4. 625	985850	3. 700	75700	4. 000	3830	4. 150	2360	4. 200	45303860
2014－12－29	37276450	3. 240	2437960	4. 145	2083880	7. 940	1037710	4. 385	5126250	5. 050	441330	5. 220	85670	4. 800	80	4. 105	820	4. 200	48490150
2014－12－30	35876340	1. 600	1072680	3. 055	338090	2. 300	723330	1. 400	4686480	2. 490	216180	4. 000	95770	4. 000	1150	4. 050	120	4. 000	43010140
2014－12－31	35403720	1. 285	274840	0. 800	215890	0. 600	305170	0. 500	3800580	0. 745	295750	2. 800	158610	3. 610	450	3. 900	2440	4. 100	40457450
合　计																			8129413660

数据来源：上海证券交易所；以上质押式回购成交量仅包括上海证券交易所撮合系统质押式回购成交量。

2014年上海证券交易所机构投资者国债现券交易额排名

排名	会员名称	成交金额（百万元）
1	中信证券股份有限公司	30411.00
2	海通证券股份有限公司	27560.07
3	国泰君安证券股份有限公司	25876.31
4	中国国际金融有限公司	24778.74
5	申银万国证券股份有限公司	16115.32
6	招商证券股份有限公司	12900.94
7	首创证券有限责任公司	8996.45
8	瑞银证券有限责任公司	7396.35
9	兴业证券股份有限公司	6229.90
10	中信建投证券股份有限公司	5120.93
11	国信证券股份有限公司	3908.09
12	广发证券股份有限公司	2605.77
13	华鑫证券有限责任公司	1911.21
14	华泰证券股份有限公司	1525.08
15	宝盈基金管理有限公司	1516.29
16	招商基金管理有限公司	1505.65
17	长江证券股份有限公司	1403.50
18	上投摩根基金管理有限公司	1318.33
19	博时基金管理有限公司	1305.52
20	嘉实基金管理有限公司	1211.78
21	工银瑞信基金管理有限公司	1148.92
22	中银国际证券有限责任公司	1058.96
23	富国基金管理公司	939.244
24	华宝兴业基金管理有限公司	878.608
25	长盛基金管理有限公司	809.472
26	国泰基金管理公司	804.716
27	第一创业证券股份有限公司	801.418
28	南方基金管理公司	799.492
29	广州证券有限责任公司	799.114
30	华商基金管理有限公司	794.541
31	金元证券股份有限公司	741.548
32	中航证券有限公司	730.255
33	华夏基金管理公司	700.967
34	财通证券股份有限公司	670.884
35	广发基金管理有限公司	666.31
36	大成基金管理公司	644.197

续表

排　名	会员名称	成交金额（百万元）
37	银华基金管理有限公司	635.817
38	长城证券有限责任公司	615.173
39	长城基金管理有限公司	595.169
40	东方证券股份有限公司	591.905
41	光大保德信基金管理有限公司	586.865
42	中国人寿资产管理有限公司	538.062
43	兴业全球基金管理有限公司	504.25
44	湘财证券股份有限公司	484.809
45	中山证券有限责任公司	474.149
46	南京证券股份有限公司	466.748
47	华安基金管理公司	460.863
48	中国人保资产管理有限公司	448.72
49	中邮创业基金管理有限公司	437.591
50	交银施罗德基金管理有限公司	424.63
51	中银基金管理有限公司	399.055
52	太平资产管理有限公司	390.924
53	安信基金管理有限责任公司	380.462
54	鹏华基金管理公司	379.75
55	中海基金管理有限公司	370.877
56	平安证券有限责任公司	354.339
57	宏源证券股份有限公司	301.233
58	安信证券股份有限公司	282.263
59	北京高华证券有限责任公司	281.519
60	万家基金管理有限公司	254.437
61	新华资产管理股份有限公司	253.36
62	信诚基金管理有限公司	244.687
63	国投瑞银基金管理有限公司	233.002
64	汇添富基金管理有限公司	226.053
65	金鹰基金管理有限公司	224.547
66	申万菱信基金管理有限公司	217.638
67	中欧基金管理有限公司	202.762
68	建信基金管理有限责任公司	198.708
69	海富通基金管理有限公司	197.162
70	银河基金管理有限公司	190.175
71	美国友邦保险有限公司上海分公司	181.857
72	万联证券有限责任公司	180.638
73	财富证券有限责任公司	179.698
74	浦银安盛基金管理有限公司	168.489
75	太平洋证券股份有限公司	166.776

续表

排　名	会员名称	成交金额（百万元）
76	西南证券股份有限公司	164.732
77	国海证券股份有限公司	150.41
78	国金证券股份有限公司	145.522
79	易方达基金管理公司	140.685
80	诺安基金管理有限公司	137.815
81	东方基金管理有限责任公司	132.938
82	东北证券股份有限公司	126.315
83	鑫元基金管理有限公司	124.872
84	恒泰证券股份有限公司	119.237
85	浙商证券股份有限公司	118.827
86	国海富兰克林基金管理有限公司	112.114
87	渤海证券股份有限公司	109.578
88	江信基金管理有限公司	101.709
89	民生证券股份有限公司	93.604
90	金元惠理基金管理有限公司	87.874
91	天治基金管理有限公司	86.431
92	圆信永丰基金管理有限公司	81.28
93	光大证券股份有限公司	79.819
94	泰达宏利基金管理有限公司	78.868
95	西藏同信证券股份有限公司	73.241
96	诺德基金管理有限公司	72.792
97	益民基金管理有限公司	72.685
98	泰信基金管理有限公司	72.356
99	中原证券股份有限公司	69.783
100	东吴基金管理有限公司	69.488
101	华泰资产管理有限公司	69.122
102	摩根士丹利华鑫基金管理有限公司	68.926
103	中金基金管理有限公司	65.811
104	泰康资产管理有限责任公司	58.352
105	信达澳银基金管理有限公司	56.064
106	国联安基金管理有限公司	49.787
107	方正富邦基金管理有限公司	46.466
108	华宸未来基金管理有限公司	46.368
109	富安达基金管理有限公司	44.929
110	长信基金管理有限责任公司	43.034
111	华泰柏瑞基金管理有限公司	42.799
112	国元证券股份有限公司	41.968
113	宏信证券有限责任公司	39.773
114	农银汇理基金管理有限公司	37.793

续表

排　名	会员名称	成交金额（百万元）
115	新华基金管理有限公司	37.745
116	英大基金管理有限公司	37.637
117	景顺长城基金管理有限公司	33.37
118	国金通用基金管理有限公司	32.722
119	方正证券股份有限公司	29.689
120	东兴证券股份有限公司	29.332
121	信达证券股份有限公司	25.77
122	齐鲁证券有限公司	21.026
123	民生加银基金管理有限公司	20.689
124	平安大华基金管理有限公司	20.248
125	中信证券（山东）有限责任公司	18.789
126	合众资产管理股份有限公司	18.617
127	东吴证券股份有限公司	17.231
128	汇丰晋信基金管理有限公司	16.559
129	华创证券有限责任公司	15.792
130	东海证券股份有限公司	15.237
131	浙商基金管理有限公司	11.953
132	上海证券有限责任公司	10.725
133	西部利得基金管理有限公司	10.468
134	光大永明资产管理股份有限公司	10.051
135	融通基金管理有限公司	5.4
136	德邦证券有限责任公司	3.945
137	中国民族证券有限责任公司	3.938
138	中国银河证券股份有限公司	2.55
139	天风证券股份有限公司	2.497
140	华润元大基金管理有限公司	1.998
141	世纪证券有限责任公司	1.046
142	诚浩证券有限责任公司	0.021
143	中英益利资产管理股份有限公司	0.006
144	川财证券有限责任公司	0.003
145	信泰人寿保险股份有限公司	0.002
合计		214100.25

数据来源：上海证券交易所

2014年上海证券交易所机构投资者国债质押式回购交易额排名

排名	会员名称	交易金额（百万元）
1	中信证券股份有限公司	4438115.20
2	新华资产管理股份有限公司	4141301.40
3	国泰君安证券股份有限公司	3631816.60
4	鹏华基金管理公司	2803305.90
5	海通证券股份有限公司	2795583.10
6	中银基金管理有限公司	2767502.70
7	平安证券有限责任公司	2357379.90
8	安邦资产管理有限责任公司	2003789.40
9	中国人保资产管理有限公司	1771497.80
10	嘉实基金管理有限公司	1764001.50
11	银华基金管理有限公司	1694293.70
12	富国基金管理公司	1672737.70
13	上投摩根基金管理有限公司	1561407.20
14	生命人寿保险股份有限公司	1545735.80
15	南方基金管理公司	1491038.60
16	博时基金管理有限公司	1413060.90
17	易方达基金管理公司	1379466.10
18	东方证券股份有限公司	1328660.70
19	广州证券有限责任公司	1324160.20
20	华夏基金管理公司	1186126.10
21	中国人寿资产管理有限公司	1147830.90
22	工银瑞信基金管理有限公司	1125201.60
23	广发证券股份有限公司	1125108.20
24	平安资产管理有限责任公司	1032250.80
25	中信建投证券股份有限公司	1001271.40
26	泰康资产管理有限责任公司	991602.70
27	国信证券股份有限公司	906380.70
28	太平资产管理有限公司	871883.70
29	西南证券股份有限公司	844335.00
30	招商证券股份有限公司	766348.60
31	民生加银基金管理有限公司	741446.70
32	天弘基金管理有限公司	657455.30
33	中国国际金融有限公司	653778.80
34	招商基金管理有限公司	613177.60
35	华泰证券股份有限公司	607106.00
36	长江证券股份有限公司	596625.30

续表

排　名	会员名称	交易金额（百万元）
37	国泰基金管理公司	582166.50
38	浦银安盛基金管理有限公司	563690.90
39	生命保险资产管理有限公司	517425.60
40	宏源证券股份有限公司	455106.10
41	汇添富基金管理有限公司	454919.50
42	华泰资产管理有限公司	449545.40
43	建信基金管理有限责任公司	442980.80
44	中国银河证券股份有限公司	427221.80
45	安信证券股份有限公司	407221.90
46	长城证券有限责任公司	392913.90
47	中再资产管理股份有限公司	383985.90
48	景顺长城基金管理有限公司	373756.90
49	长盛基金管理有限公司	362496.60
50	上海证券有限责任公司	356648.20
51	中国太平洋保险（集团）股份有限公司	355293.90
52	广发基金管理有限公司	355276.60
53	国联安基金管理有限公司	331056.00
54	渤海证券股份有限公司	329892.90
55	第一创业证券股份有限公司	320574.70
56	交银施罗德基金管理有限公司	307543.30
57	光大证券股份有限公司	303013.70
58	华安基金管理公司	293121.70
59	华富基金管理有限公司	291575.90
60	华西证券股份有限公司	291076.70
61	安信基金管理有限责任公司	289687.80
62	银河基金管理有限公司	281247.60
63	华融证券股份有限公司	280142.80
64	方正证券股份有限公司	278938.80
65	国元证券股份有限公司	278043.50
66	兴业证券股份有限公司	275066.40
67	金鹰基金管理有限公司	274761.90
68	诺安基金管理有限公司	274675.60
69	华商基金管理有限公司	272086.70
70	英大证券有限责任公司	268683.20
71	信诚基金管理有限公司	266588.60
72	华创证券有限责任公司	264121.80
73	首创证券有限责任公司	261317.80
74	东北证券股份有限公司	258829.00
75	国投瑞银基金管理有限公司	254920.00

续表

排 名	会员名称	交易金额（百万元）
76	东吴证券股份有限公司	252479.70
77	融通基金管理有限公司	241924.50
78	海富通基金管理有限公司	238087.60
79	中欧基金管理有限公司	236145.00
80	摩根士丹利华鑫基金管理有限公司	224218.20
81	红塔证券股份有限公司	222776.60
82	大成基金管理公司	215033.40
83	美国友邦保险有限公司上海分公司	212135.30
84	天安保险股份有限公司	208931.10
85	国联证券股份有限公司	205837.10
86	国盛证券有限责任公司	201353.30
87	中山证券有限责任公司	201146.90
88	华夏人寿保险股份有限公司	196689.20
89	国华人寿保险股份有限公司	193820.00
90	北京高华证券有限责任公司	193035.20
91	恒泰证券股份有限公司	192573.00
92	太平洋资产管理有限责任公司	187826.30
93	新华基金管理有限公司	186723.70
94	兴业全球基金管理有限公司	177145.80
95	齐鲁证券有限公司	172229.20
96	东吴基金管理有限公司	165209.60
97	东方基金管理有限责任公司	160138.10
98	中海基金管理有限公司	158585.50
99	东海证券股份有限公司	156107.00
100	光大保德信基金管理有限公司	154838.20
101	长城基金管理有限公司	154116.20
102	泰达宏利基金管理有限公司	150756.80
103	中邮创业基金管理有限公司	150464.80
104	国金证券股份有限公司	145988.90
105	光大永明资产管理股份有限公司	137082.60
106	财通证券股份有限公司	133464.60
107	申银万国证券股份有限公司	127755.60
108	华泰柏瑞基金管理有限公司	123672.10
109	宝盈基金管理有限公司	116763.90
110	泰信基金管理有限公司	115005.90
111	中国民族证券有限责任公司	113712.00
112	西部证券股份有限公司	113252.50
113	合众资产管理股份有限公司	110432.70
114	湘财证券股份有限公司	109864.20

续表

排　名	会员名称	交易金额（百万元）
115	中天证券有限责任公司	109194.70
116	中原证券股份有限公司	102886.70
117	华龙证券有限责任公司	102312.50
118	东兴证券股份有限公司	100618.40
119	华宝兴业基金管理有限公司	99551.80
120	益民基金管理有限公司	99093.90
121	宏信证券有限责任公司	98576.20
122	长信基金管理有限责任公司	98070.70
123	山西证券股份有限公司	91210.80
124	金元证券股份有限公司	90941.40
125	万联证券有限责任公司	89931.70
126	华安证券股份有限公司	89725.20
127	财富证券有限责任公司	87394.10
128	万家基金管理有限公司	86554.00
129	民生证券股份有限公司	72179.70
130	中融基金管理有限公司	69215.90
131	汇丰晋信基金管理有限公司	67401.80
132	国寿安保基金管理有限公司	66320.50
133	民生通惠资产管理有限公司	62968.30
134	太平洋证券股份有限公司	62304.20
135	天风证券股份有限公司	61599.40
136	华安财保资产管理有限责任公司	60501.50
137	西藏同信证券股份有限公司	57378.50
138	大通证券股份有限公司	56974.10
139	国金通用基金管理有限公司	50450.50
140	南京证券股份有限公司	47454.60
141	财达证券有限责任公司	47337.10
142	东莞证券有限责任公司	46400.50
143	兴业基金管理有限公司	45370.90
144	诺德基金管理有限公司	45188.80
145	鑫元基金管理有限公司	44427.80
146	华鑫证券有限责任公司	43882.40
147	中航证券有限公司	42415.40
148	永安财产保险	39837.30
149	川财证券有限责任公司	39606.60
150	平安大华基金管理有限公司	36519.80
151	中国中投证券有限责任公司	36332.10
152	国开证券有限责任公司	35418.80
153	华宝证券有限责任公司	33471.90

续表

排名	会员名称	交易金额（百万元）
154	中银国际证券有限责任公司	32430.80
155	世纪证券有限责任公司	31980.20
156	国海富兰克林基金管理有限公司	30698.20
157	浙商证券股份有限公司	30581.50
158	江海证券有限公司	30042.60
159	信达证券股份有限公司	27243.30
160	阳光人寿保险股份有限公司	25312.90
161	日信证券有限责任公司	25044.00
162	农银汇理基金管理有限公司	24127.20
163	中邮证券有限责任公司	23570.40
164	银泰证券有限责任公司	21883.00
165	国都证券有限责任公司	16994.40
166	财通基金管理有限公司	16689.00
167	长江养老保险股份有限公司	16285.60
168	德邦证券有限责任公司	15490.50
169	天治基金管理有限公司	15176.50
170	瑞银证券有限责任公司	14379.20
171	金元惠理基金管理有限公司	13569.60
172	申万菱信基金管理有限公司	11667.20
173	华福证券有限责任公司	11457.20
174	英大泰和财产保险股份有限公司	11246.00
175	华润元大基金管理有限公司	10205.20
176	国海证券股份有限公司	9949.90
177	前海开源基金管理有限公司	9811.30
178	阳光财产保险股份有限公司	9580.20
179	信达澳银基金管理有限公司	8380.90
180	北信瑞丰基金管理有限公司	8370.00
181	中金基金管理有限公司	8257.50
182	江信基金管理有限公司	7948.80
183	中加基金管理有限公司	7499.80
184	方正富邦基金管理有限公司	7132.50
185	联讯证券股份有限公司	6973.10
186	开源证券有限责任公司	6918.10
187	新时代证券有限责任公司	6318.80
188	上银基金管理有限公司	5820.40
189	平安养老保险股份有限公司	5817.70
190	德邦基金管理有限公司	5734.70
191	华英证券有限责任公司	5489.50
192	中信建投基金管理有限公司	5304.70

续表

排　名	会员名称	交易金额（百万元）
193	富安达基金管理有限公司	5293.00
194	英大基金管理有限公司	4930.80
195	西部利得基金管理有限公司	4871.60
196	圆信永丰基金管理有限公司	4852.40
197	华林证券有限责任公司	4714.20
198	中华联合财产保险股份有限公司	4626.20
199	航天证券有限责任公司	4210.20
200	万和证券有限责任公司	4058.50
201	大同证券经纪有限责任公司	3789.50
202	英大泰和人寿保险股份有限公司	3534.10
203	长安基金管理有限公司	3462.00
204	幸福人寿保险股份有限公司	3274.70
205	华福基金管理有限责任公司	2555.30
206	信泰人寿保险股份有限公司	2151.90
207	华宸未来基金管理有限公司	2046.00
208	中原英石基金管理有限公司	1523.00
209	浙商基金管理有限公司	1329.60
210	长城人寿保险股份有限公司	1249.60
211	天源证券有限公司	1225.20
212	红塔红土基金管理有限公司	1146.50
213	国开泰富基金管理有限责任公司	967.50
214	中国人寿养老保险股份有限公司	427.80
215	海际证券有限责任公司	350.00
216	民生人寿保险股份有限公司	166.30
217	五矿证券有限公司	137.10
218	上海华信证券有限责任公司	31.30
219	东海基金管理有限责任公司	30.00
220	爱建证券有限责任公司	11.70
221	前海人寿保险股份有限公司	10.70
222	诚浩证券有限责任公司	1.30
223	永赢基金管理有限公司	0.10
224	中英益利资产管理股份有限公司	0.10
合计		80203104.10

数据来源：上海证券交易所；以上成交金额仅包括上海证券交易所撮合系统质押式回购成交量

2014年深圳证券交易所国债现券交易情况月度统计表

月份	债券种类	现券交易额（元）	回购金额
1	国债	158184224.88	
2	国债	205433963.79	
3	国债	177396459.84	
4	国债	143314877.16	
5	国债	36367645.32	
6	国债	15168017.17	
7	国债	278636687.86	
8	国债	36811230.62	
9	国债	133276013.46	
10	国债	65493015.24	
11	国债	19309536.78	
12	国债	10289054.32	
小计		1279680726.44	

注：因2012年12月10日深市启动企业债和国债回购并库，故从2012年12月起无法单独区分国债的回购交易金额。

2014 年深圳证券交易所机构投资者国债现券交易额排名

会员名称	交易金额（元）	会员名称	交易金额（元）
国信证券股份有限公司	539756588.68	国联证券股份有限公司	1688514.98
中信建投证券股份有限公司	489755566.41	齐鲁证券有限公司	1488417.27
海通证券股份有限公司	424356573.41	南京证券股份有限公司	1454608.83
广发证券股份有限公司	329554512.87	长城证券有限责任公司	1152052.25
中国国际金融有限公司	265511908.78	东吴证券股份有限公司	1067751.20
国泰君安证券股份有限公司	113607074.01	长江证券股份有限公司	961637.12
中信证券股份有限公司	78143722.00	江海证券有限公司	941380.08
湘财证券股份有限公司	57997534.58	国金证券股份有限公司	929888.06
第一创业证券股份有限公司	50616623.69	华林证券有限责任公司	881896.30
华泰证券股份有限公司	48203573.72	西南证券股份有限公司	776716.60
东莞证券有限责任公司	23221677.30	中原证券股份有限公司	619089.80
财通证券股份有限公司	21367649.10	中信证券（浙江）有限责任公司	604676.52
招商证券股份有限公司	12468530.87	中银国际证券有限责任公司	551833.29
光大证券股份有限公司	8442445.26	国海证券股份有限公司	495006.56
中国银河证券股份有限公司	7832247.11	天风证券股份有限公司	487048.31
申银万国证券股份有限公司	7022986.14	大同证券经纪有限责任公司	478432.18
宏源证券股份有限公司	7014837.71	中天证券有限责任公司	454538.81
国元证券股份有限公司	6912214.25	民生证券股份有限公司	398147.52
安信证券股份有限公司	6278319.97	东北证券股份有限公司	389905.27
中信证券（山东）有限责任公司	5258812.24	新时代证券有限责任公司	380451.21
平安证券有限责任公司	4766314.69	红塔证券股份有限公司	362509.67
中国中投证券有限责任公司	4689988.78	华鑫证券有限责任公司	351241.90
东方证券股份有限公司	3920784.13	恒泰证券股份有限公司	316726.33
国开证券有限责任公司	3349184.05	西部证券股份有限公司	288748.58
兴业证券股份有限公司	3113407.21	德邦证券有限责任公司	283918.17
方正证券股份有限公司	3000447.30	首创证券有限责任公司	267583.16
信达证券股份有限公司	2571875.33	东兴证券股份有限公司	265157.83
山西证券股份有限公司	2459802.40	浙商证券股份有限公司	257641.47
财富证券有限责任公司	2305396.83	宏信证券有限责任公司	252239.43
华西证券股份有限公司	2014970.06	财达证券有限责任公司	244606.39
广州证券股份有限公司	1862323.51	渤海证券股份有限公司	241155.80

续表

会员名称	交易金额（元）	会员名称	交易金额（元）
其他	211551.02	国盛证券有限责任公司	59120.22
联讯证券股份有限公司	210006.86	金元证券股份有限公司	56533.88
上海证券有限责任公司	201898.90	华创证券有限责任公司	52352.31
万联证券有限责任公司	201083.36	世纪证券有限责任公司	48606.35
华安证券股份有限公司	194311.45	华宝证券有限责任公司	36615.59
中国民族证券有限责任公司	193527.66	中邮证券有限责任公司	35067.60
厦门证券有限公司	177517.06	西藏同信证券股份有限公司	35003.72
大通证券股份有限公司	160833.03	川财证券有限责任公司	34811.66
华福证券有限责任公司	145764.13	英大证券有限责任公司	23047.19
中航证券有限公司	123582.24	爱建证券有限责任公司	18753.03
国都证券有限责任公司	93415.03	华龙证券有限责任公司	14931.44
中山证券有限责任公司	88514.18	五矿证券有限公司	6653.92
东海证券股份有限公司	83176.69	天源证券有限公司	2000
银泰证券有限责任公司	75428	华融证券股份有限公司	970
万和证券有限责任公司	64963.11	小计	2559361452.89

数据来源：深圳证券交易所

第四篇

政府债券管理文告

一、中华人民共和国财政部公告

(一) 记账式附息国债发行类

中华人民共和国财政部公告

2014 年 1 月 6 日 2014 年第 1 号

2014 年记账式国债发行工作即将开始，现将 2014 年记账式国债发行有关事宜公告如下：

一、财政部通过记账式国债承销团向社会各类投资者发行记账式国债。

二、记账式国债承销团成员（以下简称承销团成员）可以通过场内挂牌、场外签订分销合同的方式，将承销国债分销给在中国证券登记结算有限责任公司开立股票和基金账户、在中央国债登记结算有限责任公司开立债券账户的各类投资者。

三、财政部、中国人民银行、中国证券监督管理委员会规定的预发行试点券种，可开展预发行交易。

四、记账式国债自上市日起在证券交易所债券市场、全国银行间债券市场上市交易，交易方式为现券买卖和回购。

五、对于发行期限为 1、3、5、7、10 年期的关键期限国债，在发行期内，同时可以由试点商业银行在全国已经开通国债柜台交易系统的分支机构，通过柜台销售的方式分销给在试点商业银行开立债券账户的各类投资者，并自上市日起通过柜台上市交易，交易方式为现券买卖。试点商业银行包括中国工商银行股份有限公司、中国农业银行股份有限公司、中国银行股份有限公司、中国建设银行股份有限公司、招商银行股份有限公司、中国民生银行股份有限公司、北京银行股份有限公司和南京银行股份有限公司。通过试点商业银行柜台购买的国债，可以在债权托管银行质押贷款，具体办法由各试点商业银行制订。

特此公告。

中华人民共和国财政部公告

2014年1月6日 2014年第2号

根据国家国债发行的有关规定，财政部决定发行2014年记账式附息（一期）国债（以下简称本期国债），已完成招标工作。现将有关事项公告如下：

一、本期国债计划发行100亿元，实际发行面值金额100亿元。

二、本期国债期限5年，经招标确定的票面年利率为4.47%，2014年1月7日开始计息，招标结束后至1月9日进行分销，1月13日起上市交易。

三、本期国债为固定利率附息债，利息按年支付，利息支付日为每年的1月7日（节假日顺延，下同），2019年1月7日偿还本金并支付最后一次利息。

其他事宜按《中华人民共和国财政部公告》（2014年第1号）规定执行。

特此公告。

中华人民共和国财政部公告

2014年1月8日　2014年第3号

根据国家国债发行的有关规定，财政部决定发行2014年记账式附息（二期）国债（以下简称本期国债），已完成招标工作。现将有关事项公告如下：

一、本期国债计划发行100亿元，实际发行面值金额100亿元。

二、本期国债期限1年，经招标确定的票面年利率为4.04%，2014年1月9日开始计息，招标结束后至1月13日进行分销，1月15日起上市交易。

三、本期国债到期一次还本付息，2015年1月9日（节假日顺延）偿还本金并支付利息。

其他事宜按《中华人民共和国财政部公告》（2014年第1号）规定执行。

特此公告。

中华人民共和国财政部公告

2014 年 1 月 15 日　2014 年第 4 号

根据国家国债发行的有关规定，财政部决定发行2014 年记账式附息（三期）国债（以下简称本期国债），已完成招标工作。现将有关事项公告如下：

一、本期国债计划发行 100 亿元，实际发行面值金额 100 亿元。

二、本期国债期限 7 年，经招标确定的票面年利率为 4.44%，2014 年 1 月 16 日开始计息，招标结束后至 1 月 20 日进行分销，1 月 22 日起上市交易。

三、本期国债为固定利率附息债，利息按年支付，利息支付日为每年的 1 月 16 日（节假日顺延，下同），2021 年 1 月 16 日偿还本金并支付最后一次利息。

其他事宜按《中华人民共和国财政部公告》（2014 年第 1 号）规定执行。

特此公告。

中华人民共和国财政部公告

2014 年 1 月 22 日　2014 年第 7 号

根据国家国债发行的有关规定，财政部决定第三次续发行 2013 年记账式附息（十八期）国债，已完成招标工作。现将有关事项公告如下：

一、本次国债计划续发行 240 亿元，实际续发行面值金额 240 亿元。

二、本次国债续发行部分起息时间、票面利率等要素均与 2013 年记账式附息（十八期）国债相同，即起息日为 2013 年 8 月 22 日，票面年利率为 4.08%，按半年付息，每年 2 月 22 日、8 月 22 日（节假日顺延，下同）支付利息，2023 年 8 月 22 日偿还本金并支付最后一次利息。经招标确定的续发行价格为 98.87 元，折合年收益率为 4.45%。本次国债续发行部分从招标结束后至 1 月 24 日进行分销，从 1 月 27 日起与原发行部分 878.8 亿元合并上市交易。

其他事宜按《中华人民共和国财政部公告》（2014 年第 1 号）规定执行。

特此公告。

中华人民共和国财政部公告

2014 年 2 月 12 日　2014 年第 8 号

根据国家国债发行的有关规定，财政部决定第一次续发行 2014 年记账式附息（一期）国债，已完成招标工作。现将有关事项公告如下：

一、本次国债计划续发行 280 亿元，实际续发行面值金额 280 亿元。

二、本次国债续发行部分起息时间、票面利率等要素均与 2014 年记账式附息（一期）国债相同，即起息日为 2014 年 1 月 7 日，票面年利率为 4.47%，按年付息，每年 1 月 7 日（节假日顺延，下同）支付利息，2019 年 1 月 7 日偿还本金并支付最后一次利息。经招标确定的续发行价格为 102.09 元，折合年收益率为 4.1%。本次国债续发行部分从招标结束后至 2 月 17 日进行分销，从 2 月 19 日起与原发行部分 100 亿元合并上市交易。

其他事宜按《中华人民共和国财政部公告》（2014 年第 1 号）规定执行。

特此公告。

中华人民共和国财政部公告

2014 年 2 月 19 日 2014 年第 9 号

根据国家国债发行的有关规定，财政部决定第一次续发行 2014 年记账式附息（三期）国债，已完成招标工作。现将有关事项公告如下：

一、本次国债计划续发行 280 亿元，实际续发行面值金额 280 亿元。

二、本次国债续发行部分起息时间、票面利率等要素均与 2014 年记账式附息（三期）国债相同，即起息日为 2014 年 1 月 16 日，票面年利率为 4.44%，按年付息，每年 1 月 16 日（节假日顺延，下同）支付利息，2021 年 1 月 16 日偿还本金并支付最后一次利息。经招标确定的续发行价格为 100.86 元，折合年收益率为 4.37%。本次国债续发行部分从招标结束后至 2 月 24 日进行分销，从 2 月 26 日起与原发行部分 100 亿元合并上市交易。

其他事宜按《中华人民共和国财政部公告》（2014 年第 1 号）规定执行。

特此公告。

中华人民共和国财政部公告

2014年3月5日 2014年第12号

根据国家国债发行的有关规定，财政部决定第二次续发行2014年记账式附息（三期）国债，已完成招标工作。现将有关事项公告如下：

一、本次国债计划续发行280亿元，实际续发行面值金额280亿元。

二、本次国债续发行部分起息时间、票面利率等要素均与2014年记账式附息（三期）国债相同，即起息日为2014年1月16日，票面年利率为4.44%，按年付息，每年1月16日（节假日顺延，下同）支付利息，2021年1月16日偿还本金并支付最后一次利息。经招标确定的续发行价格为101.22元，折合年收益率为4.34%。本次国债续发行部分从招标结束后至3月10日进行分销，从3月12日起与原发行部分380亿元合并上市交易。

其他事宜按《中华人民共和国财政部公告》（2014年第1号）规定执行。

特此公告。

中华人民共和国财政部公告

2014 年 3 月 12 日　2014 年第 14 号

根据国家国债发行的有关规定，财政部决定发行2014 年记账式附息（四期）国债（以下简称本期国债），已完成招标工作。现将有关事项公告如下：

一、本期国债计划发行 280 亿元，实际发行面值金额 280 亿元。

二、本期国债期限 3 年，经招标确定的票面年利率为 3.66%，2014 年 3 月 13 日开始计息，招标结束后至 3 月 17 日进行分销，3 月 19 日起上市交易。

三、本期国债为固定利率附息债，利息按年支付，利息支付日为每年的 3 月 13 日（节假日顺延，下同），2017 年 3 月 13 日偿还本金并支付最后一次利息。

其他事宜按《中华人民共和国财政部公告》（2014 年第 1 号）规定执行。

特此公告。

中华人民共和国财政部公告

2014年3月19日 2014年第15号

根据国家国债发行的有关规定，财政部决定发行2014年记账式附息（五期）国债（以下简称本期国债），已完成招标工作。现将有关事项公告如下：

一、本期国债计划发行280亿元，实际发行面值金额280亿元。

二、本期国债期限10年，经招标确定的票面年利率为4.42%，2014年3月20日开始计息，招标结束后至3月24日进行分销，3月26日起上市交易。

三、本期国债为固定利率附息债，利息按半年支付，利息支付日为每年的3月20日、9月20日（节假日顺延，下同），2024年3月20日偿还本金并支付最后一次利息。

其他事宜按《中华人民共和国财政部公告》（2014年第1号）规定执行。

特此公告。

中华人民共和国财政部公告

2014 年 4 月 2 日　2014 年第 17 号

根据国家国债发行的有关规定，财政部决定发行 2014 年记账式附息（六期）国债（以下简称本期国债），已完成招标工作。现将有关事项公告如下：

一、本期国债计划发行 280 亿元，实际发行面值金额 280 亿元。

二、本期国债期限 7 年，经招标确定的票面年利率为 4.33%，2014 年 4 月 3 日开始计息，招标结束后至 4 月 4 日进行分销，4 月 9 日起上市交易。

三、本期国债为固定利率附息债，利息按年支付，利息支付日为每年的 4 月 3 日（节假日顺延，下同），2021 年 4 月 3 日偿还本金并支付最后一次利息。

其他事宜按《中华人民共和国财政部公告》（2014 年第 1 号）规定执行。

特此公告。

中华人民共和国财政部公告

2014年4月9日 2014年第19号

根据国家国债发行的有关规定，财政部决定第一次续发行2014年记账式附息（四期）国债，已完成招标工作。现将有关事项公告如下：

一、本次国债计划续发行280亿元，实际续发行面值金额280亿元。

二、本次国债续发行部分起息时间、票面利率等要素均与2014年记账式附息（四期）国债相同，即起息日为2014年3月13日，票面年利率为3.66%，按年付息，每年3月13日（节假日顺延，下同）支付利息，2017年3月13日偿还本金并支付最后一次利息。经招标确定的续发行价格为99.43元，折合年收益率为3.99%。本次国债续发行部分从招标结束后至4月14日进行分销，从4月16日起与原发行部分280亿元合并上市交易。

其他事宜按《中华人民共和国财政部公告》（2014年第1号）规定执行。

特此公告。

中华人民共和国财政部公告

2014 年 4 月 11 日　2014 年第 20 号

根据国家国债发行的有关规定，财政部决定发行 2014 年记账式附息（七期）国债（以下简称本期国债），已完成招标工作。现将有关事项公告如下：

一、本期国债计划发行 280 亿元，实际发行面值金额 207 亿元。

二、本期国债期限 1 年，经招标确定的票面年利率为 3.63%，2014 年 4 月 14 日开始计息，招标结束后至 4 月 16 日进行分销，4 月 18 日起上市交易。

三、本期国债为固定利率附息债，到期一次还本付息，2015 年 4 月 14 日（节假日顺延）偿还本金并支付利息。

其他事宜按《中华人民共和国财政部公告》（2014 年第 1 号）规定执行。

特此公告。

中华人民共和国财政部公告

2014年4月16日　2014年第21号

根据国家国债发行的有关规定，财政部决定第一次续发行2014年记账式附息（五期）国债，已完成招标工作。现将有关事项公告如下：

一、本次国债计划续发行280亿元，实际续发行面值金额289.7亿元。

二、本次国债续发行部分起息时间、票面利率等要素均与2014年记账式附息（五期）国债相同，即起息日为2014年3月20日，票面年利率为4.42%，按半年付息，每年3月20日、9月20日（节假日顺延，下同）支付利息，2024年3月20日偿还本金并支付最后一次利息。经招标确定的续发行价格为101.19元，折合年收益率为4.32%。本次国债续发行部分从招标结束后至4月21日进行分销，从4月23日起与原发行部分280亿元合并上市交易。

其他事宜按《中华人民共和国财政部公告》（2014年第1号）规定执行。

特此公告。

中华人民共和国财政部公告

2014 年 4 月 23 日 2014 年第 23 号

根据国家国债发行的有关规定，财政部决定发行 2014 年记账式附息（八期）国债（以下简称本期国债），已完成招标工作。现将有关事项公告如下：

一、本期国债计划发行 280 亿元，实际发行面值金额 290 亿元。

二、本期国债期限 5 年，经招标确定的票面年利率为 4.04%，2014 年 4 月 24 日开始计息，招标结束后至 4 月 28 日进行分销，4 月 30 日起上市交易。

三、本期国债为固定利率附息债，利息按年支付，利息支付日为每年的 4 月 24 日（节假日顺延，下同），2019 年 4 月 24 日偿还本金并支付最后一次利息。

其他事宜按《中华人民共和国财政部公告》（2014 年第 1 号）规定执行。

特此公告。

中华人民共和国财政部公告

2014 年 4 月 25 日 2014 年第 24 号

根据国家国债发行的有关规定，财政部决定发行 2014 年记账式附息（九期）国债（以下简称本期国债），已完成招标工作。现将有关事项公告如下：

一、本期国债计划发行 260 亿元，实际发行面值金额 260 亿元。

二、本期国债期限 20 年，经招标确定的票面年利率为 4.77%，2014 年 4 月 28 日开始计息，招标结束后至 4 月 30 日进行分销，5 月 5 日起上市交易。

三、本期国债为固定利率附息债，利息按半年支付，利息支付日为每年的 4 月 28 日、10 月 28 日（节假日顺延，下同），2034 年 4 月 28 日偿还本金并支付最后一次利息。

其他事宜按《中华人民共和国财政部公告》（2014 年第 1 号）规定执行。

特此公告。

中华人民共和国财政部公告

2014 年 5 月 7 日　2014 年第 26 号

根据国家国债发行的有关规定，财政部决定第二次续发行 2014 年记账式附息（四期）国债，已完成招标工作。现将有关事项公告如下：

一、本次国债计划续发行 280 亿元，实际续发行面值金额 285.9 亿元。

二、本次国债续发行部分起息时间、票面利率等要素均与 2014 年记账式附息（四期）国债相同，即起息日为 2014 年 3 月 13 日，票面年利率为 3.66%，按年付息，每年 3 月 13 日（节假日顺延，下同）支付利息，2017 年 3 月 13 日偿还本金并支付最后一次利息。经招标确定的续发行价格为 99.96 元，折合年收益率为 3.9%。本次国债续发行部分从招标结束后至 5 月 12 日进行分销，从 5 月 14 日起与原发行部分 560 亿元合并上市交易。

其他事宜按《中华人民共和国财政部公告》（2014 年第 1 号）规定执行。

特此公告。

中华人民共和国财政部公告

2014 年 5 月 14 日　2014 年第 28 号

根据国家国债发行的有关规定，财政部决定第一次续发行 2014 年记账式附息（六期）国债，已完成招标工作。现将有关事项公告如下：

一、本次国债计划续发行 280 亿元，实际续发行面值金额 280.5 亿元。

二、本次国债续发行部分起息时间、票面利率等要素均与 2014 年记账式附息（六期）国债相同，即起息日为 2014 年 4 月 3 日，票面年利率为 4.33%，按年付息，每年 4 月 3 日（节假日顺延，下同）支付利息，2021 年 4 月 3 日偿还本金并支付最后一次利息。经招标确定的续发行价格为 102.25 元，折合年收益率为 4.04%。本次国债续发行部分从招标结束后至 5 月 19 日进行分销，从 5 月 21 日起与原发行部分 280 亿元合并上市交易。

其他事宜按《中华人民共和国财政部公告》（2014 年第 1 号）规定执行。

特此公告。

中华人民共和国财政部公告

2014 年 5 月 21 日　2014 年第 30 号

根据国家国债发行的有关规定，财政部决定第二次续发行 2014 年记账式附息（五期）国债，已完成招标工作。现将有关事项公告如下：

一、本次国债计划续发行 280 亿元，实际续发行面值金额 280 亿元。

二、本次国债续发行部分起息时间、票面利率等要素均与 2014 年记账式附息（五期）国债相同，即起息日为 2014 年 3 月 20 日，票面年利率为 4.42%，按半年付息，每年 3 月 20 日、9 月 20 日（节假日顺延，下同）支付利息，2024 年 3 月 20 日偿还本金并支付最后一次利息。经招标确定的续发行价格为 103.08 元，折合年收益率为 4.13%。本次国债续发行部分从招标结束后至 5 月 26 日进行分销，从 5 月 28 日起与原发行部分 569.7 亿元合并上市交易。

其他事宜按《中华人民共和国财政部公告》（2014 年第 1 号）规定执行。

特此公告。

中华人民共和国财政部公告

2014年5月23日　2014年第31号

根据国家国债发行的有关规定，财政部决定发行2014年记账式附息（十期）国债（以下简称本期国债），已完成招标工作。现将有关事项公告如下：

一、本期国债计划发行260亿元，实际发行面值金额260亿元。

二、本期国债期限50年，经招标确定的票面年利率为4.67%，2014年5月26日开始计息，招标结束后至5月28日进行分销，5月30日起上市交易。

三、本期国债为固定利率附息债，利息按半年支付，利息支付日为每年的5月26日、11月26日（节假日顺延，下同），2064年5月26日偿还本金并支付最后一次利息。

其他事宜按《中华人民共和国财政部公告》（2014年第1号）规定执行。

特此公告。

中华人民共和国财政部公告

2014 年 5 月 28 日 2014 年第 32 号

根据国家国债发行的有关规定，财政部决定第一次续发行 2014 年记账式附息（八期）国债，已完成招标工作。现将有关事项公告如下：

一、本次国债计划续发行 280 亿元，实际续发行面值金额 280 亿元。

二、本次国债续发行部分起息时间、票面利率等要素均与 2014 年记账式附息（八期）国债相同，即起息日为 2014 年 4 月 24 日，票面年利率为 4.04%，按年付息，每年 4 月 24 日（节假日顺延，下同）支付利息，2019 年 4 月 24 日偿还本金并支付最后一次利息。经招标确定的续发行价格为 100.94 元，折合年收益率为 3.91%。本次国债续发行部分从招标结束后至 5 月 30 日进行分销，从 6 月 4 日起与原发行部分 290 亿元合并上市交易。

其他事宜按《中华人民共和国财政部公告》（2014 年第 1 号）规定执行。

特此公告。

中华人民共和国财政部公告

2014年6月4日 2014年第34号

根据国家国债发行的有关规定，财政部决定第二次续发行2014年记账式附息（六期）国债，已完成招标工作。现将有关事项公告如下：

一、本次国债计划续发行280亿元，实际续发行面值金额280.3亿元。

二、本次国债续发行部分起息时间、票面利率等要素均与2014年记账式附息（六期）国债相同，即起息日为2014年4月3日，票面年利率为4.33%，按年付息，每年4月3日（节假日顺延，下同）支付利息，2021年4月3日偿还本金并支付最后一次利息。经招标确定的续发行价格为103.49元，折合年收益率为3.87%。本次国债续发行部分从招标结束后至6月9日进行分销，从6月11日起与原发行部分560.5亿元合并上市交易。

其他事宜按《中华人民共和国财政部公告》（2014年第1号）规定执行。

特此公告。

中华人民共和国财政部公告

2014 年 6 月 11 日　2014 年第 35 号

根据国家国债发行的有关规定，财政部决定发行 2014 年记账式附息（十一期）国债（以下简称本期国债），已完成招标工作。现将有关事项公告如下：

一、本期国债计划发行 280 亿元，实际发行面值金额 258.5 亿元。

二、本期国债期限 1 年，经招标确定的票面年利率为 3.32%，2014 年 6 月 12 日开始计息，招标结束后至 6 月 16 日进行分销，6 月 18 日起上市交易。

三、本期国债为固定利率附息债，到期一次还本付息，2015 年 6 月 12 日（节假日顺延）偿还本金并支付利息。

其他事宜按《中华人民共和国财政部公告》（2014 年第 1 号）规定执行。

特此公告。

中华人民共和国财政部公告

2014年6月18日　2014年第38号

根据国家国债发行的有关规定，财政部决定发行2014年记账式附息（十二期）国债（以下简称本期国债），已完成招标工作。现将有关事项公告如下：

一、本期国债计划发行280亿元，实际发行面值金额280.1亿元。

二、本期国债期限10年，经招标确定的票面年利率为4%，2014年6月19日开始计息，招标结束后至6月23日进行分销，6月25日起上市交易。

三、本期国债为固定利率附息债，利息按半年支付，利息支付日为每年的6月19日、12月19日（节假日顺延，下同），2024年6月19日偿还本金并支付最后一次利息。

其他事宜按《中华人民共和国财政部公告》（2014年第1号）规定执行。

特此公告。

中华人民共和国财政部公告

2014 年 7 月 2 日　2014 年第 42 号

根据国家国债发行的有关规定，财政部决定发行 2014 年记账式附息（十三期）国债（以下简称本期国债），已完成招标工作。现将有关事项公告如下：

一、本期国债计划发行 280 亿元，实际发行面值金额 280 亿元。

二、本期国债期限 7 年，经招标确定的票面年利率为 4.02%，2014 年 7 月 3 日开始计息，招标结束后至 7 月 7 日进行分销，7 月 9 日起上市交易。

三、本期国债为固定利率附息债，利息按年支付，利息支付日为每年的 7 月 3 日（节假日顺延，下同），2021 年 7 月 3 日偿还本金并支付最后一次利息。

其他事宜按《中华人民共和国财政部公告》（2014 年第 1 号）规定执行。

特此公告。

中华人民共和国财政部公告

2014 年 7 月 9 日 2014 年第 44 号

根据国家国债发行的有关规定，财政部决定发行 2014 年记账式附息（十四期）国债（以下简称本期国债），已完成招标工作。现将有关事项公告如下：

一、本期国债计划发行 220 亿元，实际发行面值金额 222 亿元。

二、本期国债期限 1 年，经招标确定的票面年利率为 3.54%，2014 年 7 月 10 日开始计息，招标结束后至 7 月 14 日进行分销，7 月 16 日起上市交易。

三、本期国债为固定利率附息债，到期一次还本付息，2015 年 7 月 10 日（节假日顺延）偿还本金并支付利息。

其他事宜按《中华人民共和国财政部公告》（2014 年第 1 号）规定执行。

特此公告。

中华人民共和国财政部公告

2014 年 7 月 16 日 2014 年第 47 号

根据国家国债发行的有关规定，财政部决定第一次续发行 2014 年记账式附息（十二期）国债，已完成招标工作。现将有关事项公告如下：

一、本次国债计划续发行 280 亿元，实际续发行面值金额 280 亿元。

二、本次国债续发行部分起息时间、票面利率等要素均与 2014 年记账式附息（十二期）国债相同，即起息日为 2014 年 6 月 19 日，票面年利率为 4%，按半年付息，每年 6 月 19 日、12 月 19 日（节假日顺延，下同）支付利息，2024 年 6 月 19 日偿还本金并支付最后一次利息。经招标确定的续发行价格为 98.87 元，折合年收益率为 4.18%。本次国债续发行部分从招标结束后至 7 月 21 日进行分销，从 7 月 23 日起与原发行部分 280.1 亿元合并上市交易。

其他事宜按《中华人民共和国财政部公告》（2014 年第 1 号）规定执行。

特此公告。

中华人民共和国财政部公告

2014 年 7 月 18 日　2014 年第 49 号

根据国家国债发行的有关规定，财政部决定发行 2014 年记账式附息（十五期）国债（以下简称本期国债），已完成招标工作。现将有关事项公告如下：

一、本期国债计划发行 260 亿元，实际发行面值金额 233.9 亿元。

二、本期国债期限 2 年，经招标确定的票面年利率为 3.99%，2014 年 7 月 21 日开始计息，招标结束后至 7 月 23 日进行分销，7 月 25 日起上市交易。

三、本期国债为固定利率附息债，利息按年支付，利息支付日为每年的 7 月 21 日（节假日顺延，下同），2016 年 7 月 21 日偿还本金并支付最后一次利息。

其他事宜按《中华人民共和国财政部公告》（2014 年第 1 号）规定执行。

特此公告。

中华人民共和国财政部公告

2014 年 7 月 23 日　2014 年第 50 号

根据国家国债发行的有关规定，财政部决定发行 2014 年记账式附息（十六期）国债（以下简称本期国债），已完成招标工作。现将有关事项公告如下：

一、本期国债计划发行 260 亿元，实际发行面值金额 260 亿元。

二、本期国债期限 30 年，经招标确定的票面年利率为 4.76%，2014 年 7 月 24 日开始计息，招标结束后至 7 月 28 日进行分销，7 月 30 日起上市交易。

三、本期国债为固定利率附息债，利息按半年支付，利息支付日为每年的 1 月 24 日、7 月 24 日（节假日顺延，下同），2044 年 7 月 24 日偿还本金并支付最后一次利息。

其他事宜按《中华人民共和国财政部公告》（2014 年第 1 号）规定执行。

特此公告。

中华人民共和国财政部公告

2014 年 8 月 6 日　2014 年第 54 号

根据国家国债发行的有关规定，财政部决定第一次续发行 2014 年记账式附息（十三期）国债，已完成招标工作。现将有关事项公告如下：

一、本次国债计划续发行 280 亿元，实际续发行面值金额 280.2 亿元。

二、本次国债续发行部分起息时间、票面利率等要素均与 2014 年记账式附息（十三期）国债相同，即起息日为 2014 年 7 月 3 日，票面年利率为 4.02%，按年付息，每年 7 月 3 日（节假日顺延，下同）支付利息，2021 年 7 月 3 日偿还本金并支付最后一次利息。经招标确定的续发行价格为 99.76 元，折合年收益率为 4.13%。本次国债续发行部分从招标结束后至 8 月 11 日进行分销，从 8 月 13 日起与原发行部分 280 亿元合并上市交易。

其他事宜按《中华人民共和国财政部公告》（2014 年第 1 号）规定执行。

特此公告。

中华人民共和国财政部公告

2014 年 8 月 8 日 2014 年第 55 号

根据国家国债发行的有关规定，财政部决定发行 2014 年记账式附息（十七期）国债（以下简称本期国债），已完成招标工作。现将有关事项公告如下：

一、本期国债计划发行 260 亿元，实际发行面值金额 260 亿元。

二、本期国债期限 20 年，经招标确定的票面年利率为 4.63%，2014 年 8 月 11 日开始计息，招标结束后至 8 月 13 日进行分销，8 月 15 日起上市交易。

三、本期国债为固定利率附息债，利息按半年支付，利息支付日为每年的 2 月 11 日、8 月 11 日（节假日顺延，下同），2034 年 8 月 11 日偿还本金并支付最后一次利息。

其他事宜按《中华人民共和国财政部公告》（2014 年第 1 号）规定执行。

特此公告。

中华人民共和国财政部公告

2014年8月13日　2014年第56号

根据国家国债发行的有关规定，财政部决定发行2014年记账式附息（十八期）国债（以下简称本期国债），已完成招标工作。现将有关事项公告如下：

一、本期国债计划发行220亿元，实际发行面值金额220亿元。

二、本期国债期限1年，经招标确定的票面年利率为3.82%，2014年8月14日开始计息，招标结束后至8月18日进行分销，8月20日起上市交易。

三、本期国债为固定利率附息债，到期一次还本付息，2015年8月14日（节假日顺延）偿还本金并支付利息。

其他事宜按《中华人民共和国财政部公告》（2014年第1号）规定执行。

特此公告。

中华人民共和国财政部公告

2014年8月15日　2014年第57号

根据国家国债发行的有关规定，财政部决定发行2014年记账式附息（十九期）国债（以下简称本期国债），已完成招标工作。现将有关事项公告如下：

一、本期国债计划发行260亿元，实际发行面值金额260亿元。

二、本期国债期限2年，经招标确定的票面年利率为3.89%，2014年8月18日开始计息，招标结束后至8月20日进行分销，8月22日起上市交易。

三、本期国债为固定利率附息债，利息按年支付，利息支付日为每年的8月18日（节假日顺延，下同），2016年8月18日偿还本金并支付最后一次利息。

其他事宜按《中华人民共和国财政部公告》（2014年第1号）规定执行。

特此公告。

中华人民共和国财政部公告

2014 年 8 月 20 日　2014 年第 60 号

根据国家国债发行的有关规定，财政部决定第二次续发行 2014 年记账式附息（十二期）国债，已完成招标工作。现将有关事项公告如下：

一、本次国债计划续发行 280 亿元，实际续发行面值金额 280 亿元。

二、本次续发行国债的起息时间、票面利率等要素均与 2014 年记账式附息（十二期）国债相同，即起息日为 2014 年 6 月 19 日，票面年利率为 4%，按半年付息，每年 6 月 19 日、12 月 19 日（节假日顺延，下同）支付利息，2024 年 6 月 19 日偿还本金并支付最后一次利息。经招标确定的续发行价格为 98.9 元，折合年收益率为 4.23%。本次续发行的国债从招标结束后至 8 月 25 日进行分销，从 8 月 27 日起与之前发行的同期国债 560.1 亿元合并上市交易。

其他事宜按《中华人民共和国财政部公告》（2014 年第 1 号）规定执行。

特此公告。

中华人民共和国财政部公告

2014 年 9 月 3 日　2014 年第 64 号

根据国家国债发行的有关规定，财政部决定第二次续发行 2014 年记账式附息（十三期）国债，已完成招标工作。现将有关事项公告如下：

一、本次国债计划续发行 280 亿元，实际续发行面值金额 280.1 亿元。

二、本次续发行国债的起息时间、票面利率等要素均与 2014 年记账式附息（十三期）国债相同，即起息日为 2014 年 7 月 3 日，票面年利率为 4.02%，按年付息，每年 7 月 3 日（节假日顺延，下同）支付利息，2021 年 7 月 3 日偿还本金并支付最后一次利息。经招标确定的续发行价格为 99.84 元，折合年收益率为 4.17%。本次续发行的国债从招标结束后至 9 月 5 日进行分销，从 9 月 10 日起与之前发行的同期国债 560.2 亿元合并上市交易。

其他事宜按《中华人民共和国财政部公告》（2014 年第 1 号）规定执行。

特此公告。

中华人民共和国财政部公告

2014年9月10日　2014年第65号

根据国家国债发行的有关规定，财政部决定发行2014年记账式附息（二十期）国债（以下简称本期国债），已完成招标工作。现将有关事项公告如下：

一、本期国债计划发行280亿元，实际发行面值金额280亿元。

二、本期国债期限3年，经招标确定的票面年利率为4%，2014年9月11日开始计息，招标结束后至9月15日进行分销，9月17日起上市交易。

三、本期国债为固定利率附息债，利息按年支付，利息支付日为每年的9月11日（节假日顺延，下同），2017年9月11日偿还本金并支付最后一次利息。

其他事宜按《中华人民共和国财政部公告》（2014年第1号）规定执行。

特此公告。

中华人民共和国财政部公告

2014 年 9 月 17 日　2014 年第 69 号

根据国家国债发行的有关规定，财政部决定发行 2014 年记账式附息（二十一期）国债（以下简称本期国债），已完成招标工作。现将有关事项公告如下：

一、本期国债计划发行 280 亿元，实际发行面值金额 280.5 亿元。

二、本期国债期限 10 年，经招标确定的票面年利率为 4.13%，2014 年 9 月 18 日开始计息，招标结束后至 9 月 22 日进行分销，9 月 24 日起上市交易。

三、本期国债为固定利率附息债，利息按半年支付，利息支付日为每年的 3 月 18 日、9 月 18 日（节假日顺延，下同），2024 年 9 月 18 日偿还本金并支付最后一次利息。

其他事宜按《中华人民共和国财政部公告》（2014 年第 1 号）规定执行。

特此公告。

中华人民共和国财政部公告

2014年9月19日 2014年第70号

根据国家国债发行的有关规定，财政部决定发行2014年记账式附息（二十二期）国债（以下简称本期国债），已完成招标工作。现将有关事项公告如下：

一、本期国债计划发行220亿元，实际发行面值金额224.5亿元。

二、本期国债期限1年，经招标确定的票面年利率为3.71%，2014年9月22日开始计息，招标结束后至9月24日进行分销，9月26日起上市交易。

三、本期国债为固定利率附息债，到期一次还本付息，2015年9月22日（节假日顺延）偿还本金并支付利息。

其他事宜按《中华人民共和国财政部公告》（2014年第1号）规定执行。

特此公告。

中华人民共和国财政部公告

2014 年 10 月 15 日 2014 年第 74 号

根据国家国债发行的有关规定，财政部决定第一次续发行 2014 年记账式附息（二十一期）国债，已完成招标工作。现将有关事项公告如下：

一、本次国债计划续发行 280 亿元，实际续发行面值金额 297.4 亿元。

二、本次续发行国债的起息时间、票面利率等要素均与 2014 年记账式附息（二十一期）国债相同，即起息日为 2014 年 9 月 18 日，票面年利率为 4.13%，按半年付息，每年 3 月 18 日、9 月 18 日（节假日顺延，下同）支付利息，2024 年 9 月 18 日偿还本金并支付最后一次利息。经招标确定的续发行价格为 103.26 元，折合年收益率为 3.78%。本次续发行的国债从招标结束后至 10 月 20 日进行分销，从 10 月 22 日起与之前发行的同期国债 280.5 亿元合并上市交易。

其他事宜按《中华人民共和国财政部公告》（2014 年第 1 号）规定执行。

特此公告。

中华人民共和国财政部公告

2014年10月17日　2014年第75号

根据国家国债发行的有关规定，财政部决定发行2014年记账式附息（二十三期）国债（以下简称本期国债），已完成招标工作。现将有关事项公告如下：

一、本期国债计划发行220亿元，实际发行面值金额235.3亿元。

二、本期国债期限1年，经招标确定的票面年利率为3.5%，2014年10月20日开始计息，招标结束后至10月22日进行分销，10月24日起上市交易。

三、本期国债为固定利率附息债，到期一次还本付息，2015年10月20日（节假日顺延）偿还本金并支付利息。

其他事宜按《中华人民共和国财政部公告》（2014年第1号）规定执行。

特此公告。

中华人民共和国财政部公告

2014 年 10 月 22 日 2014 年第 76 号

根据国家国债发行的有关规定，财政部决定发行 2014 年记账式附息（二十四期）国债（以下简称本期国债），已完成招标工作。现将有关事项公告如下：

一、本期国债计划发行 280 亿元，实际发行面值金额 281.8 亿元。

二、本期国债期限 7 年，经招标确定的票面年利率为 3.7%，2014 年 10 月 23 日开始计息，招标结束后至 10 月 27 日进行分销，10 月 29 日起上市交易。

三、本期国债为固定利率附息债，利息按年支付，利息支付日为每年的 10 月 23 日（节假日顺延，下同），2021 年 10 月 23 日偿还本金并支付最后一次利息。

其他事宜按《中华人民共和国财政部公告》（2014 年第 1 号）规定执行。

特此公告。

中华人民共和国财政部公告

2014 年 10 月 24 日　2014 年第 77 号

国家国债发行的有关规定，财政部决定发行 2014 年记账式附息（二十五期）国债（以下简称本期国债），已完成招标工作。现将有关事项公告如下：

一、本期国债计划发行 260 亿元，实际发行面值金额 260 亿元。

二、本期国债期限 30 年，经招标确定的票面年利率为 4.3%，2014 年 10 月 27 日开始计息，招标结束后至 10 月 29 日进行分销，10 月 31 日起上市交易。

三、本期国债为固定利率附息债，利息按半年支付，利息支付日为每年的 4 月 27 日、10 月 27 日（节假日顺延，下同），2044 年 10 月 27 日偿还本金并支付最后一次利息。

其他事宜按《中华人民共和国财政部公告》（2014 年第 1 号）规定执行。

特此公告。

中华人民共和国财政部公告

2014 年 10 月 29 日 2014 年第 79 号

根据国家国债发行的有关规定，财政部决定发行 2014 年记账式附息（二十六期）国债（以下简称本期国债），已完成招标工作。现将有关事项公告如下：

一、本期国债计划发行 280 亿元，实际发行面值金额 280.4 亿元。

二、本期国债期限 5 年，经招标确定的票面年利率为 3.53%，2014 年 10 月 30 日开始计息，招标结束后至 11 月 3 日进行分销，11 月 5 日起上市交易。

三、本期国债为固定利率附息债，利息按年支付，利息支付日为每年的 10 月 30 日（节假日顺延，下同），2019 年 10 月 30 日偿还本金并支付最后一次利息。

其他事宜按《中华人民共和国财政部公告》（2014 年第 1 号）规定执行。

特此公告。

中华人民共和国财政部公告

2014 年 11 月 3 日 2014 年第 82 号

根据国家国债发行的有关规定，财政部决定第一次续发行 2014 年记账式附息（二十期）国债，已完成招标工作。现将有关事项公告如下：

一、本次国债计划续发行 280 亿元，实际续发行面值金额 281 亿元。

二、本次续发行国债的起息时间、票面利率等要素均与 2014 年记账式附息（二十期）国债相同，即起息日为 2014 年 9 月 11 日，票面年利率为 4%，按年付息，每年 9 月 11 日（节假日顺延，下同）支付利息，2017 年 9 月 11 日偿还本金并支付最后一次利息。经招标确定的续发行价格为 102.27 元，折合年收益率为 3.37%。本次续发行的国债从招标结束后至 11 月 5 日进行分销，从 11 月 7 日起与之前发行的同期国债 280 亿元合并上市交易。

其他事宜按《中华人民共和国财政部公告》（2014 年第 1 号）规定执行。

特此公告。

中华人民共和国财政部公告

2014 年 11 月 14 日　2014 年第 83 号

根据国家国债发行的有关规定，财政部决定第一次续发行 2014 年记账式附息（二十四期）国债，已完成招标工作。现将有关事项公告如下：

一、本次国债计划续发行 280 亿元，实际续发行面值金额 280 亿元。

二、本次续发行国债的起息时间、票面利率等要素均与 2014 年记账式附息（二十四期）国债相同，即起息日为 2014 年 10 月 23 日，票面年利率为 3.7%，按年付息，每年 10 月 23 日（节假日顺延，下同）支付利息，2021 年 10 月 23 日偿还本金并支付最后一次利息。经招标确定的续发行价格为 101.19 元，折合年收益率为 3.55%。本次续发行的国债从招标结束后至 11 月 18 日进行分销，从 11 月 20 日起与之前发行的同期国债 281.8 亿元合并上市交易。

其他事宜按《中华人民共和国财政部公告》（2014 年第 1 号）规定执行。

特此公告。

中华人民共和国财政部公告

2014年11月19日 2014年第84号

根据国家国债发行的有关规定，财政部决定第二次续发行2014年记账式附息（二十一期）国债，已完成招标工作。现将有关事项公告如下：

一、本次国债计划续发行280亿元，实际续发行面值金额280亿元。

二、本次续发行国债的起息时间、票面利率等要素均与2014年记账式附息（二十一期）国债相同，即起息日为2014年9月18日，票面年利率为4.13%，按半年付息，每年3月18日、9月18日（节假日顺延，下同）支付利息，2024年9月18日偿还本金并支付最后一次利息。经招标确定的续发行价格为105.3元，折合年收益率为3.58%。本次续发行的国债从招标结束后至11月24日进行分销，从11月26日起与之前发行的同期国债577.9亿元合并上市交易。

其他事宜按《中华人民共和国财政部公告》（2014年第1号）规定执行。

特此公告。

中华人民共和国财政部公告

2014 年 11 月 21 日　2014 年第 85 号

根据国家国债发行的有关规定，财政部决定发行 2014 年记账式附息（二十七期）国债（以下简称本期国债），已完成招标工作。现将有关事项公告如下：

一、本期国债计划发行 260 亿元，实际发行面值金额 260 亿元。

二、本期国债期限 50 年，经招标确定的票面年利率为 4.24%，2014 年 11 月 24 日开始计息，招标结束后至 11 月 26 日进行分销，11 月 28 日起上市交易。

三、本期国债为固定利率附息债，利息按半年支付，利息支付日为每年的 5 月 24 日、11 月 24 日（节假日顺延，下同），2064 年 11 月 24 日偿还本金并支付最后一次利息。

其他事宜按《中华人民共和国财政部公告》（2014 年第 1 号）规定执行。

特此公告。

中华人民共和国财政部公告

2014年11月26日 2014年第86号

根据国家国债发行的有关规定，财政部决定第一次续发行2014年记账式附息（二十六期）国债，已完成招标工作。现将有关事项公告如下：

一、本次国债计划续发行280亿元，实际续发行面值金额280亿元。

二、本次续发行国债的起息时间、票面利率等要素均与2014年记账式附息（二十六期）国债相同，即起息日为2014年10月30日，票面年利率为3.53%，按年付息，每年10月30日（节假日顺延，下同）支付利息，2019年10月30日偿还本金并支付最后一次利息。经招标确定的续发行价格为100.85元，折合年收益率为3.41%。本次续发行的国债从招标结束后至12月1日进行分销，从12月3日起与之前发行的同期国债280.4亿元合并上市交易。

其他事宜按《中华人民共和国财政部公告》（2014年第1号）规定执行。

特此公告。

中华人民共和国财政部公告

2014 年 12 月 3 日　2014 年第 87 号

根据国家国债发行的有关规定，财政部决定第二次续发行 2014 年记账式附息（二十四期）国债，已完成招标工作。现将有关事项公告如下：

一、本次国债计划续发行 280 亿元，实际续发行面值金额 280 亿元。

二、本次续发行国债的起息时间、票面利率等要素均与 2014 年记账式附息（二十四期）国债相同，即起息日为 2014 年 10 月 23 日，票面年利率为 3.7%，按年付息，每年 10 月 23 日（节假日顺延，下同）支付利息，2021 年 10 月 23 日偿还本金并支付最后一次利息。经招标确定的续发行价格为 101.03 元，折合年收益率为 3.6%。本次续发行的国债从招标结束后至 12 月 8 日进行分销，从 12 月 10 日起与之前发行的同期国债 561.8 亿元合并上市交易。

其他事宜按《中华人民共和国财政部公告》（2014 年第 1 号）规定执行。

特此公告。

中华人民共和国财政部公告

2014 年 12 月 10 日　2014 年第 88 号

根据国家国债发行的有关规定，财政部决定发行 2014 年记账式附息（二十八期）国债（以下简称本期国债），已完成招标工作。现将有关事项公告如下：

一、本期国债计划发行 220 亿元，实际发行面值金额 221.8 亿元。

二、本期国债期限 1 年，经招标确定的票面年利率为 3.42%，2014 年 12 月 11 日开始计息，招标结束后至 12 月 15 日进行分销，12 月 17 日起上市交易。

三、本期国债为固定利率附息债，到期一次还本付息，2015 年 12 月 11 日（节假日顺延）偿还本金并支付利息。

其他事宜按《中华人民共和国财政部公告》（2014 年第 1 号）规定执行。

特此公告。

中华人民共和国财政部公告

2014 年 12 月 17 日　2014 年第 90 号

根据《国债承销团组建工作管理暂行办法》（财库［2014］186 号）等有关规定，经存量考核、增量竞争，拟确定工商银行等 38 家机构为 2015—2017 年储蓄国债承销团成员，工商银行等 50 家机构为 2015—2017 年记账式国债承销团成员（名单详见附件），现予以公示。公示期间，如有异议，请及时反映。

公示时间：2014 年 12 月 17 日至 23 日。

联系电话：010－68552230，010－68552268。

联系地址：北京市西城区三里河南三巷 3 号财政部国库司。

邮　　编：100820。

特此公告。

中华人民共和国财政部公告

2014 年 12 月 17 日　2014 年第 91 号

根据国家国债发行的有关规定，财政部决定发行 2014 年记账式附息（二十九期）国债（以下简称本期国债），已完成招标工作。现将有关事项公告如下：

一、本期国债计划发行 280 亿元，实际发行面值金额 282.4 亿元。

二、本期国债期限 10 年，经招标确定的票面年利率为 3.77%，2014 年 12 月 18 日开始计息，招标结束后至 12 月 22 日进行分销，12 月 24 日起上市交易。

三、本期国债为固定利率附息债，利息按半年支付，利息支付日为每年的 6 月 18 日、12 月 18 日（节假日顺延，下同），2024 年 12 月 18 日偿还本金并支付最后一次利息。

其他事宜按《中华人民共和国财政部公告》（2014 年第 1 号）规定执行。

特此公告。

中华人民共和国财政部公告

2014 年 12 月 24 日 2014 年第 92 号

根据国家国债发行的有关规定，财政部决定发行 2014 年记账式附息（三十期）国债（以下简称本期国债），已完成招标工作。现将有关事项公告如下：

一、本期国债计划发行 250 亿元，实际发行面值金额 250 亿元。

二、本期国债期限 2 年，经招标确定的票面年利率为 3.39%，2014 年 12 月 25 日开始计息，招标结束后至 12 月 26 日进行分销，12 月 30 日起上市交易。

三、本期国债为固定利率附息债，利息按年支付，利息支付日为每年的 12 月 25 日（节假日顺延，下同），2016 年 12 月 25 日偿还本金并支付最后一次利息。

其他事宜按《中华人民共和国财政部公告》（2014 年第 1 号）规定执行。

本期国债为 2014 年最后一期国债，至此全年国债发行已全部结束。

特此公告。

中华人民共和国财政部公告

2014 年 12 月 30 日 2014 年第 93 号

根据《国债承销团组建工作管理暂行办法》（财库［2014］186 号）等有关规定，经存量考核、增量竞争、专家评审、社会公示、签订国债承销主协议等环节，财政部会同中国人民银行、证监会确定工商银行等 38 家机构为 2015—2017 年储蓄国债承销团成员，工商银行等 50 家机构为 2015—2017 年记账式国债承销团成员（名单详见附件），现予以公布。

特此公告。

附件 1：2015—2017 年储蓄国债承销团成员名单

附件 2：2015—2017 年记账式国债承销团成员名单

附件 1：

2015—2017 年储蓄国债承销团成员名单

序号	机构代码	机构名称	序号	机构代码	机构名称
1	1001	中国工商银行股份有限公司	20	1023	杭州银行股份有限公司
2	1002	中国农业银行股份有限公司	21	1026	青岛银行股份有限公司
3	1003	中国银行股份有限公司	22	1028	成都银行股份有限公司
4	1004	中国建设银行股份有限公司	23	1030	西安银行股份有限公司
5	1005	交通银行股份有限公司	24	1034	富滇银行股份有限公司
6	1006	中信银行股份有限公司	25	1035	哈尔滨银行股份有限公司
7	1007	中国光大银行股份有限公司	26	1037	宁波银行股份有限公司
8	1009	华夏银行股份有限公司	27	1041	徽商银行股份有限公司
9	1010	上海浦东发展银行股份有限公司	28	1063	汉口银行股份有限公司
10	1011	兴业银行股份有限公司	29	1075	大连银行股份有限公司
11	1012	招商银行股份有限公司	30	1084	乌鲁木齐市商业银行股份有限公司
12	1013	平安银行股份有限公司	31	1100	恒丰银行股份有限公司
13	1014	中国民生银行股份有限公司	32	1102	晋商银行股份有限公司
14	1015	北京银行股份有限公司	33	1111	江苏银行股份有限公司
15	1016	上海银行股份有限公司	34	1114	包商银行股份有限公司
16	1017	南京银行股份有限公司	35	5008	中国邮政储蓄银行股份有限公司
17	1020	广发银行股份有限公司	36	5011	北京农村商业银行股份有限公司
18	1021	天津银行股份有限公司	37	5014	上海农村商业银行股份有限公司
19	1022	河北银行股份有限公司	38	5015	青岛农村商业银行股份有限公司

附件 2：

2015—2017 年记账式国债承销团成员名单

序号	机构代码	机构名称	序号	机构代码	机构名称
甲类成员：			25	1041	徽商银行股份有限公司
1	1001	中国工商银行股份有限公司	26	1055	长沙银行股份有限公司
2	1002	中国农业银行股份有限公司	27	1095	洛阳银行股份有限公司
3	1003	中国银行股份有限公司	28	1100	恒丰银行股份有限公司
4	1004	中国建设银行股份有限公司	29	1107	宁波鄞州农村合作银行
5	1005	交通银行股份有限公司	30	1108	汇丰银行（中国）有限公司
6	1006	中信银行股份有限公司	31	1109	浙商银行股份有限公司
7	1007	中国光大银行股份有限公司	32	1111	江苏银行股份有限公司
8	1010	上海浦东发展银行股份有限公司	33	1112	渣打银行（中国）有限公司
9	1012	招商银行股份有限公司	34	1113	摩根大通银行（中国）有限公司
10	1017	南京银行股份有限公司	35	1115	国家开发银行股份有限公司
11	2041	平安证券有限责任公司	36	2001	中信建投证券股份有限公司
12	2047	中信证券股份有限公司	37	2003	国泰君安证券股份有限公司
13	5008	中国邮政储蓄银行股份有限公司	38	2007	华泰证券股份有限公司
乙类成员：			39	2009	广发证券股份有限公司
14	1009	华夏银行股份有限公司	40	2012	申银万国证券股份有限公司
15	1011	兴业银行股份有限公司	41	2048	光大证券股份有限公司
16	1013	平安银行股份有限公司	42	2049	国信证券股份有限公司
17	1014	中国民生银行股份有限公司	43	2050	招商证券股份有限公司
18	1015	北京银行股份有限公司	44	2057	东方证券股份有限公司
19	1016	上海银行股份有限公司	45	2059	中国国际金融有限公司
20	1020	广发银行股份有限公司	46	2078	国海证券股份有限公司
21	1021	天津银行股份有限公司	47	2080	安信证券股份有限公司
22	1022	河北银行股份有限公司	48	2082	第一创业证券股份有限公司
23	1023	杭州银行股份有限公司	49	5011	北京农村商业银行股份有限公司
24	1037	宁波银行股份有限公司	50	5014	上海农村商业银行股份有限公司

（二）记账式贴现国债发行类

中华人民共和国财政部公告

2014 年 4 月 18 日　2014 年第 22 号

根据国家国债发行的有关规定，财政部决定发行 2014 年记账式贴现（一期）国债（以下简称本期国债），已完成招标工作。现将有关事项公告如下：

一、本期国债计划发行 150 亿元，实际发行面值金额 150 亿元。

二、本期国债期限 273 天，经招标确定的发行价格为 97.434 元，折合年收益率为 3.55%，2014 年 4 月 21 日开始计息，招标结束后至 4 月 23 日进行分销，4 月 25 日起上市交易。

三、本期国债低于票面面值贴现发行，2015 年 1 月 19 日（节假日顺延）按面值偿还。

其他事宜按《中华人民共和国财政部公告》（2014 年第 1 号）规定执行。

特此公告。

中华人民共和国财政部公告

2014 年 5 月 9 日 2014 年第 27 号

根据国家国债发行的有关规定，财政部决定发行 2014 年记账式贴现（二期）国债（以下简称本期国债），已完成招标工作。现将有关事项公告如下：

一、本期国债计划发行 150 亿元，实际发行面值金额 150 亿元。

二、本期国债期限 273 天，经招标确定的发行价格为 97.466 元，折合年收益率为 3.5%，2014 年 5 月 12 日开始计息，招标结束后至 5 月 14 日进行分销，5 月 16 日起上市交易。

三、本期国债低于票面面值贴现发行，2015 年 2 月 9 日（节假日顺延）按面值偿还。

其他事宜按《中华人民共和国财政部公告》（2014 年第 1 号）规定执行。

特此公告。

中华人民共和国财政部公告

2014 年 7 月 25 日 2014 年第 51 号

根据国家国债发行的有关规定，财政部决定发行2014 年记账式贴现（三期）国债（以下简称本期国债），已完成招标工作。现将有关事项公告如下：

一、本期国债计划发行 150 亿元，实际发行面值金额 150 亿元。

二、本期国债期限 182 天，经招标确定的发行价格为 98.115 元，折合年收益率为 3.9%，2014 年 7 月 28 日开始计息，招标结束后至 7 月30 日进行分销，8 月 1 日起上市交易。

三、本期国债低于票面面值贴现发行，2015 年 1 月 26 日（节假日顺延）按面值偿还。

其他事宜按《中华人民共和国财政部公告》（2014 年第 1 号）规定执行。

特此公告。

中华人民共和国财政部公告

2014 年 8 月 22 日 2014 年第 61 号

根据国家国债发行的有关规定，财政部决定发行 2014 年记账式贴现（四期）国债（以下简称本期国债），已完成招标工作。现将有关事项公告如下：

一、本期国债计划发行 150 亿元，实际发行面值金额 150 亿元。

二、本期国债期限 182 天，经招标确定的发行价格为 98.087 元，折合年收益率为 3.96%，2014 年 8 月 25 日开始计息，招标结束后至 8 月 27 日进行分销，8 月 29 日起上市交易。

三、本期国债低于票面面值贴现发行，2015 年 2 月 23 日（节假日顺延）按面值偿还。

其他事宜按《中华人民共和国财政部公告》(2014 年第 1 号）规定执行。

特此公告。

中华人民共和国财政部公告

2014 年 9 月 12 日　2014 年第 66 号

根据国家国债发行的有关规定，财政部决定发行2014 年记账式贴现（五期）国债（以下简称本期国债），已完成招标工作。现将有关事项公告如下：

一、本期国债计划发行 150 亿元，实际发行面值金额 150 亿元。

二、本期国债期限 182 天，经招标确定的发行价格为 98.098 元，折合年收益率为 3.93%，2014 年 9 月 15 日开始计息，招标结束后至 9 月 17 日进行分销，9 月 19 日起上市交易。

三、本期国债低于票面面值贴现发行，2015 年 3 月 16 日（节假日顺延）按面值偿还。

其他事宜按《中华人民共和国财政部公告》（2014 年第 1 号）规定执行。

特此公告。

中华人民共和国财政部公告

2014 年 10 月 10 日　2014 年第 73 号

根据国家国债发行的有关规定，财政部决定发行2014 年记账式贴现（六期）国债（以下简称本期国债），已完成招标工作。现将有关事项公告如下：

一、本期国债计划发行 150 亿元，实际发行面值金额 150 亿元。

二、本期国债期限 91 天，经招标确定的发行价格为 99.116 元，折合年收益率为 3.7%，2014 年 10 月 11 日开始计息，招标结束后至 10 月 14 日进行分销，10 月 16 日起上市交易。

三、本期国债低于票面面值贴现发行，2015 年 1 月 10 日（节假日顺延）按面值偿还。

其他事宜按《中华人民共和国财政部公告》（2014 年第 1 号）规定执行。

特此公告。

中华人民共和国财政部公告

2014 年 10 月 27 日　2014 年第 78 号

根据国家国债发行的有关规定，财政部决定发行2014年记账式贴现（七期）国债（以下简称本期国债），已完成招标工作。现将有关事项公告如下：

一、本期国债计划发行150亿元，实际发行面值金额150亿元。

二、本期国债期限91天，经招标确定的发行价格为99.158元，折合年收益率为3.48%，2014年10月28日开始计息，招标结束后至10月30日进行分销，11月3日起上市交易。

三、本期国债低于票面面值贴现发行，2015年1月27日（节假日顺延）按面值偿还。

其他事宜按《中华人民共和国财政部公告》（2014年第1号）规定执行。

特此公告。

中华人民共和国财政部公告

2014 年 12 月 12 日　2014 年第 89 号

根据国家国债发行的有关规定，财政部决定发行 2014 年记账式贴现（八期）国债（以下简称本期国债），已完成招标工作。现将有关事项公告如下：

一、本期国债计划发行 150 亿元，实际发行面值金额 150 亿元。

二、本期国债期限 91 天，经招标确定的发行价格为 99.178 元，折合年收益率为 3.4%，2014 年 12 月 15 日开始计息，招标结束后至 12 月 17 日进行分销，12 月 19 日起上市交易。

三、本期国债低于票面面值贴现发行，2015 年 3 月 16 日（节假日顺延）按面值偿还。

其他事宜按《中华人民共和国财政部公告》（2014 年第 1 号）规定执行。

特此公告。

（三）凭证式国债发行类

中华人民共和国财政部公告

2014年3月3日 2014年第10号

2014年凭证式国债发行工作即将开始，现将2014年凭证式国债发行等有关事宜公告如下：

一、凭证式国债为记名国债，记名方式采用实名制，可以挂失，但不能更名，不能流通转让。

二、凭证式国债在发行期内通过2012—2014年储蓄国债承销团成员（以下简称承销团成员，名单详见附件），按面值面向个人发行，发行面值以100元为单位。承销团成员应向投资者提供“中华人民共和国凭证式国债收款凭证”。

三、投资者购买的凭证式国债从购买之日开始计息，到期一次还本付息，不计复利，逾期兑付不加计利息。各期凭证式国债发行公告日至发行结束日，如遇中国人民银行调整金融机构人民币存款基准利率，利率调整日（含）以后发行的当期凭证式国债利率按同期限整存整取定期存款基准利率调整的百分点作同向调整，提前兑取分档利率的调整情况另行通知。

四、投资者购买凭证式国债后，可到原购买国债的承销团成员办理提前兑取、质押贷款。投资者办理提前兑取，按当期国债实际持有时间和相应的利率档次计息，同时需按提前兑取本金的1‰向承销团成员支付手续费。

特此公告。

中华人民共和国财政部公告

2014 年 3 月 3 日　2014 年第 11 号

根据国家国债发行的有关规定，财政部决定发行 2014 年凭证式（一期）国债（以下简称本期国债），现将发行等有关事宜公告如下：

一、本期国债最大发行总额 500 亿元，其中，3 年期 300 亿元，票面年利率 5.00%；5 年期 200 亿元，票面年利率 5.41%。

二、本期国债发行期为 2014 年 3 月 10 日至 2014 年 3 月 19 日。

三、投资者提前兑取本期国债按实际持有时间和相对应的分档利率计付利息，具体为：从购买之日起，3 年期和 5 年期本期国债持有时间不满半年不计付利息，满半年不满 1 年按 0.35% 计息，满 1 年不满 2 年按 2.70% 计息，满 2 年不满 3 年按 3.69% 计息；5 年期本期国债持有时间满 3 年不满 4 年按 4.77% 计息，满 4 年不满 5 年按 5.13% 计息。

其他事宜按《中华人民共和国财政部公告》（2014 年第 10 号）规定执行。

特此公告。

中华人民共和国财政部公告

2014 年 5 月 5 日　2014 年第 25 号

根据国家国债发行的有关规定，财政部决定发行 2014 年凭证式（二期）国债（以下简称本期国债），现将发行等有关事宜公告如下：

一、本期国债最大发行总额 300 亿元，其中，1 年期 30 亿元，票面年利率 3.60%；3 年期 150 亿元，票面年利率 5.00%；5 年期 120 亿元，票面年利率 5.41%。

二、本期国债发行期为 2014 年 5 月 10 日至 2014 年 5 月 19 日。

三、投资者提前兑取本期国债按实际持有时间和相对应的分档利率计付利息，具体为：从购买之日起，本期国债持有时间不满半年不计付利息，满半年不满 1 年按 1.74% 计息；3 年期和 5 年期本期国债持满 1 年不满 2 年按 3.47% 计息，满 2 年不满 3 年按 4.49% 计息；5 年期本期国债持有时间满 3 年不满 4 年按 4.99% 计息，满 4 年不满 5 年按 5.13% 计息。

其他事宜按《中华人民共和国财政部公告》（2014 年第 10 号）规定执行。

特此公告。

中华人民共和国财政部公告

2014 年 8 月 26 日　2014 年第 62 号

根据国家国债发行的有关规定，财政部决定发行 2014 年凭证式（三期）国债（以下简称本期国债），现将发行等有关事宜公告如下：

一、本期国债最大发行总额 400 亿元，其中，3 年期 240 亿元，票面年利率 5.00%；5 年期 160 亿元，票面年利率 5.41%。

二、本期国债发行期为 2014 年 9 月 10 日至 2014 年 9 月 19 日。

三、投资者提前兑取本期国债按实际持有时间和相对应的分档利率计付利息，具体为：从购买之日起，本期国债持有时间不满半年不计付利息，满半年不满 1 年按 1.74% 计息，满 1 年不满 2 年按 3.47% 计息，满 2 年不满 3 年按 4.49% 计息；5 年期本期国债持有时间满 3 年不满 4 年按 4.99% 计息，满 4 年不满 5 年按 5.13% 计息。

其他事宜按《中华人民共和国财政部公告》（2014 年第 10 号）规定执行。

特此公告。

中华人民共和国财政部公告

2014 年 10 月 30 日　2014 年第 81 号

根据国家国债发行的有关规定，财政部决定发行 2014 年凭证式（四期）国债（以下简称本期国债），现将发行等有关事宜公告如下：

一、本期国债最大发行总额 300 亿元，其中，3 年期 180 亿元，票面年利率 5.00%；5 年期 120 亿元，票面年利率 5.41%。

二、本期国债发行期为 2014 年 11 月 10 日至 2014 年 11 月 19 日。

三、投资者提前兑取本期国债按实际持有时间和相对应的分档利率计付利息，具体为：从购买之日起，3 年期和 5 年期本期国债持有时间不满半年不计付利息，满半年不满 1 年按 1.74% 计息，满 1 年不满 2 年按 3.47% 计息，满 2 年不满 3 年按 4.49% 计息；5 年期本期国债持有时间满 3 年不满 4 年按 4.99% 计息，满 4 年不满 5 年按 5.13% 计息。

其他事宜按《中华人民共和国财政部公告》（2014 年第 10 号）规定执行。

特此公告。

（四）储蓄国债（电子式）发行类

中华人民共和国财政部公告

2014 年 4 月 1 日 2014 年第 16 号

2014 年储蓄国债（电子式）发行即将开始，现将 2014 年储蓄国债（电子式）发行等有关事宜公告如下：

一、储蓄国债（电子式）在发行期内按面值向个人发行，以 100 元为单位办理各项相关业务。储蓄国债（电子式）不可流通转让，可按照相关规定提前兑取、质押贷款和非交易过户。

二、各期储蓄国债（电子式）发行公告日至发行开始日前一日，如遇中国人民银行调整同期限金融机构存款基准利率，当期国债取消发行。各期储蓄国债（电子式）发行期内，如遇中国人民银行调整同期限金融机构人民币存款基准利率，当期国债从调息之日起停止发行。

三、投资者可通过 2012—2014 年储蓄国债承销团成员（以下简称承销团成员，名单详见附件）在全国已经开通储蓄国债（电子式）业务处理系统的营业网点柜台认购储蓄国债（电子式），并办理其他各项业务；同时，还可通过储蓄国债（电子式）网上银行销售试点银行（以下简称网银试点银行）的网上银行认购储蓄国债（电子式），并办理个人国债账户开户和查询业务。

四、投资者需使用个人国债账户和对应的资金清算账户（存折或银行卡）认购储蓄国债（电子式），单一个人国债账户购买单期储蓄国债（电子式）最高限额为 500 万元。

个人国债账户实行实名制，不收开户费和托管服务费用，开立后可以重复使用。投资者通过承销团成员营业网点柜台开立个人国债账户，需出示本人有效身份证件；投资者通过网银试点银行网上银行开立个人国债账户、认购储蓄国债（电子式）时所使用的资金清算账户的网上银行功能必须通过营业网点柜台开通。如投资者已在承销团成员开有个人国债账户用于记账式国债柜台交易，可直接使用该账户办理储蓄国债（电子式）业务，无需重复开户。

五、投资者可于发行期结束后的规定时间内，到原购买国债的承销团成员提前兑取其持有的部分或全部当期储蓄国债（电子式）。投资者办理提前兑取，按当期国债提前兑取条件计息，承销团成员可按照提前兑取本金的 1‰向投资者收取手续费。付息日或到期日前 7 个法定工作日（不含）起，停止办理当期国债提前兑取、非交易过户等与债权转移相关业务和国债质押，付息日（含）起恢复办理。

六、财政部于付息日或还本日通过承销团成员将当期储蓄国债（电子式）利息或本金支付至投资者资金清算账户。

七、投资者可通过个人国债账户所在承销团成员营业网点柜台和服务电话查询个人国债账户储蓄国债（电子式）变动情况及余额，还可通过中央国债登记结算有限责任公司语音复核查询电话（400－666－5000）查询个人国债账户截至上一日的储蓄国债（电子式）余额。

八、投资者对储蓄国债（电子式）余额有疑问的，可先向个人国债账户所在的承销团成员提出咨询；未能解决的，可向当地财政部门和中国人民银行当地分支机构反映；仍未能解决的，可向财政部、中国人民银行总行反映。

特此公告。

中华人民共和国财政部公告

2014 年 4 月 2 日 2014 年第 18 号

根据国家国债发行有关规定，财政部决定发行 2014 年第一期储蓄国债（电子式）（以下简称第一期）和 2014 年第二期储蓄国债（电子式）（以下简称第二期）。现将第一期和第二期（以下简称两期国债）发行等有关事宜公告如下：

一、两期国债均为固定利率、固定期限品种，最大发行总额 400 亿元。第一期期限 3 年，票面年利率 5%，最大发行额 240 亿元；第二期期限 5 年，票面年利率 5.41%，最大发行额 160 亿元。

二、两期国债发行期均为 2014 年 4 月 10 日至 4 月 19 日，2014 年 4 月 10 日起息，按年付息，每年 4 月 10 日支付利息。第一期和第二期分别于 2017 年 4 月 10 日和 2019 年 4 月 10 日偿还本金并支付最后一年利息。

三、从 2014 年 4 月 10 日开始计算，投资者持有两期国债不满 6 个月提前兑取不计付利息，满 6 个月不满 24 个月按发行利率计息并扣除 180 天利息，满 24 个月不满 36 个月按发行利率计息并扣除 90 天利息；持有第二期满 36 个月不满 60 个月按发行利率计息并扣除 60 天利息。

四、投资者可通过工商银行、农业银行、中国银行、建设银行、交通银行、招商银行、北京银行、上海银行和广发银行网上银行办理两期国债认购、个人国债账户开户和查询业务。

其他事宜按《中华人民共和国财政部公告》（2014 年第 16 号）规定执行。

特此公告。

中华人民共和国财政部公告

2014 年 6 月 3 日　2014 年第 33 号

根据国家国债发行有关规定，财政部决定发行 2014 年第三期储蓄国债（电子式）（以下简称第三期）和 2014 年第四期储蓄国债（电子式）（以下简称第四期）。现将第三期和第四期（以下简称两期国债）发行等有关事宜公告如下：

一、两期国债均为固定利率、固定期限品种，最大发行总额 400 亿元。第三期期限 3 年，票面年利率 5%，最大发行额 240 亿元；第四期期限 5 年，票面年利率 5.41%，最大发行额 160 亿元。

二、两期国债发行期均为 2014 年 6 月 10 日至 6 月 19 日，2014 年 6 月 10 日起息，按年付息，每年 6 月 10 日支付利息。第三期和第四期分别于 2017 年 6 月 10 日和 2019 年 6 月 10 日偿还本金并支付最后一年利息。

三、从 2014 年 6 月 10 日开始计算，投资者持有两期国债不满 6 个月提前兑取不计付利息，满 6 个月不满 24 个月按发行利率计息并扣除 180 天利息，满 24 个月不满 36 个月按发行利率计息并扣除 90 天利息；持有第四期满 36 个月不满 60 个月按发行利率计息并扣除 60 天利息。

四、投资者可通过中国工商银行、中国农业银行、中国银行、中国建设银行、交通银行、招商银行、北京银行、上海银行和广发银行网上银行办理两期国债认购、个人国债账户开户和查询业务。

其他事宜按《中华人民共和国财政部公告》（2014 年第 16 号）规定执行。

特此公告。

中华人民共和国财政部公告

2014年7月3日　2014年第43号

根据国家国债发行有关规定，财政部决定发行2014年第五期储蓄国债（电子式）（以下简称第五期）和2014年第六期储蓄国债（电子式）（以下简称第六期）。现将第五期和第六期（以下简称两期国债）发行等有关事宜公告如下：

一、两期国债均为固定利率、固定期限品种，最大发行总额400亿元。第五期期限3年，票面年利率5%，最大发行额240亿元；第六期期限5年，票面年利率5.41%，最大发行额160亿元。

二、两期国债发行期均为2014年7月10日至7月19日，2014年7月10日起息，按年付息，每年7月10日支付利息。第五期和第六期分别于2017年7月10日和2019年7月10日偿还本金并支付最后一年利息。

三、从2014年7月10日开始计算，投资者持有两期国债不满6个月提前兑取不计付利息，满6个月不满24个月按发行利率计息并扣除180天利息，满24个月不满36个月按发行利率计息并扣除90天利息；持有第六期满36个月不满60个月按发行利率计息并扣除60天利息。

四、投资者可通过中国工商银行、中国农业银行、中国银行、中国建设银行、交通银行、招商银行、北京银行、上海银行和广发银行网上银行办理两期国债认购、个人国债账户开户和查询业务。

其他事宜按《中华人民共和国财政部公告》（2014年第16号）规定执行。

特此公告。

中华人民共和国财政部公告

2014 年 8 月 4 日　2014 年第 52 号

根据国家国债发行有关规定，财政部决定发行 2014 年第七期储蓄国债（电子式）（以下简称第七期）和 2014 年第八期储蓄国债（电子式）（以下简称第八期）。现将第七期和第八期（以下简称两期国债）发行等有关事宜公告如下：

一、两期国债均为固定利率、固定期限品种，最大发行总额 400 亿元。第七期期限 3 年，票面年利率 5%，最大发行额 240 亿元；第八期期限 5 年，票面年利率 5.41%，最大发行额 160 亿元。

二、两期国债发行期均为 2014 年 8 月 10 日至 8 月 19 日，2014 年 8 月 10 日起息，按年付息，每年 8 月 10 日支付利息。第七期和第八期分别于 2017 年 8 月 10 日和 2019 年 8 月 10 日偿还本金并支付最后一年利息。

三、从 2014 年 8 月 10 日开始计算，投资者持有两期国债不满 6 个月提前兑取不计付利息，满 6 个月不满 24 个月按发行利率计息并扣除 180 天利息，满 24 个月不满 36 个月按发行利率计息并扣除 90 天利息；持有第八期满 36 个月不满 60 个月按发行利率计息并扣除 60 天利息。

四、投资者可通过中国工商银行、中国农业银行、中国银行、中国建设银行、交通银行、招商银行、北京银行、上海银行和广发银行网上银行办理两期国债认购、个人国债账户开户和查询业务。

其他事宜按《中华人民共和国财政部公告》（2014 年第 16 号）规定执行。

特此公告。

中华人民共和国财政部公告

2014年9月28日 2014年第72号

根据国家国债发行有关规定，财政部决定发行2014年第九期储蓄国债（电子式）（以下简称第九期）和2014年第十期储蓄国债（电子式）（以下简称第十期）。现将第九期和第十期（以下简称两期国债）发行等有关事宜公告如下：

一、两期国债均为固定利率、固定期限品种，最大发行总额300亿元。第九期期限3年，票面年利率5%，最大发行额180亿元；第十期期限5年，票面年利率5.41%，最大发行额120亿元。

二、两期国债发行期均为2014年10月10日至10月19日，2014年10月10日起息，按年付息，每年10月10日支付利息。第九期和第十期分别于2017年10月10日和2019年10月10日偿还本金并支付最后一年利息。

三、从2014年10月10日开始计算，投资者持有两期国债不满6个月提前兑取不计付利息，满6个月不满24个月按发行利率计息并扣除180天利息，满24个月不满36个月按发行利率计息并扣除90天利息；持有第十期满36个月不满60个月按发行利率计息并扣除60天利息。

四、投资者可通过中国工商银行、中国农业银行、中国银行、中国建设银行、交通银行、招商银行、北京银行、上海银行和广发银行网上银行办理两期国债认购、个人国债账户开户和查询业务。

其他事宜按《中华人民共和国财政部公告》（2014年第16号）规定执行。

特此公告。

（五）财政部代理地方政府债券发行类

中华人民共和国财政部公告

2014 年 6 月 13 日　2014 年第 36 号

根据 2014 年地方政府债券发行安排，经与福建、广西、四川、新疆、甘肃省（区）人民政府协商，财政部决定代理发行 2014 年地方政府债券（一期）（以下简称本期债券），已完成招标工作。现将有关事项公告如下：

一、本期债券通过全国银行间债券市场和证券交易所债券市场（以下简称各交易场所）面向社会各类投资者发行。

二、本期债券计划发行面值为 258 亿元，实际发行面值为 258 亿元。其中福建、广西、四川、新疆、甘肃省（区）额度分别为 46 亿元、43 亿元、80 亿元、44 亿元、45 亿元。各省（区）额度以 2014 年地方政府债券（一期）名称合并发行、合并托管上市交易。

三、本期债券期限 3 年，经投标确定的票面年利率为 4%，2014 年 6 月 16 日开始计息，招标结束后至 6 月 18 日进行分销，6 月 20 日起在各交易场所以现券买卖和回购的方式上市交易。

四、本期债券为固定利率附息债，利息按年支付，利息支付日为每年的 6 月 16 日（节假日顺延，下同），2017 年 6 月 16 日偿还本金并支付最后一年利息。本期债券还本付息事宜由财政部代为办理。

五、本期债券采取场内挂牌和场外签订分销合同的方式分销，分销对象为在中国证券登记结算有限责任公司开立股票和基金账户及在中央国债登记结算有限责任公司开立债券账户的各类投资者。通过各交易场所分销部分，由承销机构根据市场情况自定价格。

特此公告。

中华人民共和国财政部公告

2014年6月13日 2014年第37号

根据2014年地方政府债券发行安排，经与福建、广西、四川、新疆、甘肃省（区）人民政府协商，财政部决定代理发行2014年地方政府债券（二期）（以下简称本期债券），已完成招标工作。现将有关事项公告如下：

一、本期债券通过全国银行间债券市场和证券交易所债券市场（以下简称各交易场所）面向社会各类投资者发行。

二、本期债券计划发行面值为258亿元，实际发行面值为258亿元。其中福建、广西、四川、新疆、甘肃省（区）额度分别为46亿元、43亿元、80亿元、44亿元、45亿元。各省（区）额度以2014年地方政府债券（二期）名称合并发行、合并托管上市交易。

三、本期债券期限5年，经投标确定的票面年利率为3.99%，2014年6月16日开始计息，招标结束后至6月18日进行分销，6月20日起在各交易场所以现券买卖和回购的方式上市交易。

四、本期债券为固定利率附息债，利息按年支付，利息支付日为每年的6月16日（节假日顺延，下同），2019年6月16日偿还本金并支付最后一年利息。本期债券还本付息事宜由财政部代为办理。

五、本期债券采取场内挂牌和场外签订分销合同的方式分销，分销对象为在中国证券登记结算有限责任公司开立股票和基金账户及在中央国债登记结算有限责任公司开立债券账户的各类投资者。通过各交易场所分销部分，由承销机构根据市场情况自定价格。

特此公告。

中华人民共和国财政部公告

2014 年 6 月 20 日　2014 年第 39 号

根据 2014 年地方政府债券发行安排，经与福建、湖北、广西、四川、甘肃、新疆、青海省（区）人民政府协商，财政部决定代理发行 2014 年地方政府债券（三期）（以下简称本期债券），已完成招标工作。现将有关事项公告如下：

一、本期债券通过全国银行间债券市场和证券交易所债券市场（以下简称各交易场所）面向社会各类投资者发行。

二、本期债券计划发行面值为 183 亿元，实际发行面值为 183 亿元。其中福建、湖北、广西、四川、甘肃、新疆、青海省（区）额度分别为 24 亿元、31 亿元、22 亿元、40 亿元、23 亿元、22 亿元、21 亿元。各省（区）额度以 2014 年地方政府债券（三期）名称合并发行、合并托管上市交易。

三、本期债券期限为 7 年，经投标确定的票面年利率为 4.1%，2014 年 6 月 23 日开始计息，招标结束后至 6 月 25 日进行分销，6 月 27 日起在各交易场所以现券买卖和回购的方式上市交易。

四、本期债券为固定利率附息债，利息按年支付，利息支付日为每年的 6 月 23 日（节假日顺延，下同），2021 年 6 月 23 日偿还本金并支付最后一年利息。本期债券还本付息事宜由财政部代为办理。

五、本期债券采取场内挂牌和场外签订分销合同的方式分销，分销对象为在中国证券登记结算有限责任公司开立股票和基金账户及在中央国债登记结算有限责任公司开立债券账户的各类投资者。通过各交易场所分销部分，由承销机构根据市场情况自定价格。

特此公告。

中华人民共和国财政部公告

2014年6月27日　2014年第40号

根据2014年地方政府债券发行安排，经与河北、山西、湖北、陕西、青海省人民政府协商，财政部决定代理发行2014年地方政府债券（四期）（以下简称本期债券），已完成招标工作。现将有关事项公告如下：

一、本期债券通过全国银行间债券市场和证券交易所债券市场（以下简称各交易场所）面向社会各类投资者发行。

二、本期债券计划发行面值为260亿元，实际发行面值为260亿元。其中河北、山西、湖北、陕西、青海省额度分别为59亿元、42亿元、61亿元、55亿元、43亿元。各省额度以2014年地方政府债券（四期）名称合并发行、合并托管上市交易。

三、本期债券期限为3年，经投标确定的票面年利率为4.01%，2014年6月30日开始计息，招标结束后至7月2日进行分销，7月4日起在各交易场所以现券买卖和回购的方式上市交易。

四、本期债券为固定利率附息债，利息按年支付，利息支付日为每年的6月30日（节假日顺延，下同），2017年6月30日偿还本金并支付最后一年利息。本期债券还本付息事宜由财政部代为办理。

五、本期债券采取场内挂牌和场外签订分销合同的方式分销，分销对象为在中国证券登记结算有限责任公司开立股票和基金账户及在中央国债登记结算有限责任公司开立债券账户的各类投资者。通过各交易场所分销部分，由承销机构根据市场情况自定价格。

特此公告。

中华人民共和国财政部公告

2014 年 6 月 27 日　2014 年第 41 号

根据 2014 年地方政府债券发行安排，经与河北、山西、湖北、陕西、青海省人民政府协商，财政部决定代理发行 2014 年地方政府债券（五期）（以下简称本期债券），已完成招标工作。现将有关事项公告如下：

一、本期债券通过全国银行间债券市场和证券交易所债券市场（以下简称各交易场所）面向社会各类投资者发行。

二、本期债券计划发行面值为 261 亿元，实际发行面值为 261 亿元。其中河北、山西、湖北、陕西、青海省额度分别为 59 亿元、42 亿元、62 亿元、55 亿元、43 亿元。各省额度以 2014 年地方政府债券（五期）名称合并发行、合并托管上市交易。

三、本期债券期限为 5 年，经投标确定的票面年利率为 4.12%，2014 年 6 月 30 日开始计息，招标结束后至 7 月 2 日进行分销，7 月 4 日起在各交易场所以现券买卖和回购的方式上市交易。

四、本期债券为固定利率附息债，利息按年支付，利息支付日为每年的 6 月 30 日（节假日顺延，下同），2019 年 6 月 30 日偿还本金并支付最后一年利息。本期债券还本付息事宜由财政部代为办理。

五、本期债券采取场内挂牌和场外签订分销合同的方式分销，分销对象为在中国证券登记结算有限责任公司开立股票和基金账户及在中央国债登记结算有限责任公司开立债券账户的各类投资者。通过各交易场所分销部分，由承销机构根据市场情况自定价格。

特此公告。

中华人民共和国财政部公告

2014年7月14日 2014年第45号

根据2014年地方政府债券发行安排，经与黑龙江、河南、重庆、湖南省（市）人民政府协商，以下简称本期债券），已完成招标工作。现将有关事项公告如下：

一、本期债券通过全国银行间债券市场和证券交易所债券市场（以下简称各交易场所）面向社会各类投资者发行。

二、本期债券计划发行面值为234亿元，实际发行面值为234亿元。其中黑龙江、河南、重庆、湖南省（市）额度分别为51亿元、70亿元、39亿元、74亿元。各省（市）额度以2014年地方政府债券（六期）名称合并发行、合并托管上市交易。

三、本期债券期限为3年，经投标确定的票面年利率为4.15%，2014年7月15日开始计息，招标结束后至7月17日进行分销，7月21日起在各交易场所以现券买卖和回购的方式上市交易。

四、本期债券为固定利率附息债，利息按年支付，利息支付日为每年的7月15日（节假日顺延，下同），2017年7月15日偿还本金并支付最后一年利息。本期债券还本付息事宜由财政部代为办理。

五、本期债券采取场内挂牌和场外签订分销合同的方式分销，分销对象为在中国证券登记结算有限责任公司开立股票和基金账户及在中央国债登记结算有限责任公司开立债券账户的各类投资者。通过各交易场所分销部分，由承销机构根据市场情况自定价格。

特此公告。

中华人民共和国财政部公告

2014 年 7 月 14 日　2014 年第 46 号

根据2014 年地方政府债券发行安排，经与黑龙江、河南、重庆、湖南省（市）人民政府协商，财政部决定代理发行2014 年地方政府债券（七期）（以下简称本期债券），已完成招标工作。现将有关事项公告如下：

一、本期债券通过全国银行间债券市场和证券交易所债券市场（以下简称各交易场所）面向社会各类投资者发行。

二、本期债券计划发行面值为234 亿元，实际发行面值为234 亿元。其中黑龙江、河南、重庆、湖南省（市）额度分别为 50 亿元、70 亿元、40 亿元、74 亿元。各省（市）额度以 2014 年地方政府债券（七期）名称合并发行、合并托管上市交易。

三、本期债券期限为 5 年，经投标确定的票面年利率为 4.28%，2014 年 7 月 15 日开始计息，招标结束后至 7 月 17 日进行分销，7 月 21 日起在各交易场所以现券买卖和回购的方式上市交易。

四、本期债券为固定利率附息债，利息按年支付，利息支付日为每年的 7 月 15 日（节假日顺延，下同），2019 年 7 月 15 日偿还本金并支付最后一年利息。本期债券还本付息事宜由财政部代为办理。

五、本期债券采取场内挂牌和场外签订分销合同的方式分销，分销对象为在中国证券登记结算有限责任公司开立股票和基金账户及在中央国债登记结算有限责任公司开立债券账户的各类投资者。通过各交易场所分销部分，由承销机构根据市场情况自定价格。

特此公告。

中华人民共和国财政部公告

2014 年 7 月 18 日　2014 年第 48 号

根据 2014 年地方政府债券发行安排，经与河北、山西、黑龙江、河南、重庆、云南、陕西省（市）人民政府协商，财政部决定代理发行 2014 年地方政府债券（八期）（以下简称本期债券），已完成招标工作。现将有关事项公告如下：

一、本期债券通过全国银行间债券市场和证券交易所债券市场（以下简称各交易场所）面向社会各类投资者发行。

二、本期债券计划发行面值为 198 亿元，实际发行面值为 198 亿元。其中河北、山西、黑龙江、河南、重庆、云南、陕西省（市）额度分别为 30 亿元、21 亿元、25 亿元、36 亿元、20 亿元、39 亿元、27 亿元。各省（市）额度以 2014 年地方政府债券（八期）名称合并发行、合并托管上市交易。

三、本期债券期限为 7 年，经投标确定的票面年利率为 4.5%，2014 年 7 月 21 日开始计息，招标结束后至 7 月 23 日进行分销，7 月 25 日起在各交易场所以现券买卖和回购的方式上市交易。

四、本期债券为固定利率附息债，利息按年支付，利息支付日为每年的 7 月 21 日（节假日顺延，下同），2021 年 7 月 21 日偿还本金并支付最后一年利息。本期债券还本付息事宜由财政部代为办理。

五、本期债券采取场内挂牌和场外签订分销合同的方式分销，分销对象为在中国证券登记结算有限责任公司开立股票和基金账户及在中央国债登记结算有限责任公司开立债券账户的各类投资者。通过各交易场所分销部分，由承销机构根据市场情况自定价格。

特此公告。

中华人民共和国财政部公告

2014 年 8 月 15 日　2014 年第 58 号

根据 2014 年地方政府债券发行安排，经与辽宁、安徽、厦门、贵州、西藏、云南省（区、市）人民政府协商，财政部决定代理发行 2014 年地方政府债券（九期）（以下简称本期债券），已完成招标工作。现将有关事项公告如下：

一、本期债券通过全国银行间债券市场和证券交易所债券市场（以下简称各交易场所）面向社会各类投资者发行。

二、本期债券计划发行面值为 242 亿元，实际发行面值为 242 亿元。其中辽宁、安徽、厦门、贵州、西藏、云南省（区、市）额度分别为 40 亿元、69 亿元、6 亿元、45 亿元、5 亿元、77 亿元。各省（区、市）额度以 2014 年地方政府债券（九期）名称合并发行、合并托管上市交易。

三、本期债券期限为 3 年，经投标确定的票面年利率为 4.1%，2014 年 8 月 18 日开始计息，招标结束后至 8 月 20 日进行分销，8 月 22 日起在各交易场所以现券买卖和回购的方式上市交易。

四、本期债券为固定利率附息债，利息按年支付，利息支付日为每年的 8 月 18 日（节假日顺延，下同），2017 年 8 月 18 日偿还本金并支付最后一年利息。本期债券还本付息事宜由财政部代为办理。

五、本期债券采取场内挂牌和场外签订分销合同的方式分销，分销对象为在中国证券登记结算有限责任公司开立股票和基金账户及在中央国债登记结算有限责任公司开立债券账户的各类投资者。通过各交易场所分销部分，由承销机构根据市场情况自定价格。

特此公告。

中华人民共和国财政部公告

2014年8月15日 2014年第59号

根据2014年地方政府债券发行安排，经与辽宁、安徽、厦门、湖北、广西、贵州、西藏、云南省（区、市）人民政府协商，财政部决定代理发行2014年地方政府债券（十期）（以下简称本期债券），已完成招标工作。现将有关事项公告如下：

一、本期债券通过全国银行间债券市场和证券交易所债券市场（以下简称各交易场所）面向社会各类投资者发行。

二、本期债券计划发行面值为247亿元，实际发行面值为247亿元。其中辽宁、安徽、厦门、湖北、广西、贵州、西藏、云南省（区、市）额度分别为40亿元、69亿元、6亿元、2亿元、3亿元、45亿元、5亿元、77亿元。各省（区、市）额度以2014年地方政府债券（十期）名称合并发行、合并托管上市交易。

三、本期债券期限为5年，经投标确定的票面年利率为4.16%，2014年8月18日开始计息，招标结束后至8月20日进行分销，8月22日起在各交易场所以现券买卖和回购的方式上市交易。

四、本期债券为固定利率附息债，利息按年支付，利息支付日为每年的8月18日（节假日顺延，下同），2019年8月18日偿还本金并支付最后一年利息。本期债券还本付息事宜由财政部代为办理。

五、本期债券采取场内挂牌和场外签订分销合同的方式分销，分销对象为在中国证券登记结算有限责任公司开立股票和基金账户及在中央国债登记结算有限责任公司开立债券账户的各类投资者。通过各交易场所分销部分，由承销机构根据市场情况自定价格。

特此公告。

中华人民共和国财政部公告

2014 年 9 月 15 日　2014 年第 67 号

根据 2014 年地方政府债券发行安排，经与天津、内蒙古、大连、吉林、宁波、海南省（区、市）人民政府协商，财政部决定代理发行 2014 年地方政府债券（十一期）（以下简称本期债券），已完成招标工作。现将有关事项公告如下：

一、本期债券通过全国银行间债券市场和证券交易所债券市场（以下简称各交易场所）面向社会各类投资者发行。

二、本期债券计划发行面值为 163 亿元，实际发行面值为 163 亿元。其中天津、内蒙古、大连、吉林、宁波、海南省（区、市）额度分别为 21 亿元、50 亿元、9 亿元、48 亿元、11 亿元、24 亿元。各省（区、市）额度以 2014 年地方政府债券（十一期）名称合并发行、合并托管上市交易。

三、本期债券期限为 3 年，经投标确定的票面年利率为 4.14%，2014 年 9 月 16 日开始计息，招标结束后至 9 月 18 日进行分销，9 月 22 日起在各交易场所以现券买卖和回购的方式上市交易。

四、本期债券为固定利率附息债，利息按年支付，利息支付日为每年的 9 月 16 日（节假日顺延，下同），2017 年 9 月 16 日偿还本金并支付最后一年利息。本期债券还本付息事宜由财政部代为办理。

五、本期债券采取场内挂牌和场外签订分销合同的方式分销，分销对象为在中国证券登记结算有限责任公司开立股票和基金账户及在中央国债登记结算有限责任公司开立债券账户的各类投资者。通过各交易场所分销部分，由承销机构根据市场情况自定价格。

特此公告。

中华人民共和国财政部公告

2014年9月15日 2014年第68号

根据2014年地方政府债券发行安排，经与天津、内蒙古、大连、吉林、宁波、海南省（区、市）人民政府协商，财政部决定代理发行2014年地方政府债券（十二期）（以下简称本期债券），已完成招标工作。现将有关事项公告如下：

一、本期债券通过全国银行间债券市场和证券交易所债券市场（以下简称各交易场所）面向社会各类投资者发行。

二、本期债券计划发行面值为163亿元，实际发行面值为163亿元。其中天津、内蒙古、大连、吉林、宁波、海南省（区、市）额度分别为21亿元、50亿元、9亿元、48亿元、11亿元、24亿元。各省（区、市）额度以2014年地方政府债券（十二期）名称合并发行、合并托管上市交易。

三、本期债券期限为5年，经投标确定的票面年利率为4.15%，2014年9月16日开始计息，招标结束后至9月18日进行分销，9月22日起在各交易场所以现券买卖和回购的方式上市交易。

四、本期债券为固定利率附息债，利息按年支付，利息支付日为每年的9月16日（节假日顺延，下同），2019年9月16日偿还本金并支付最后一年利息。本期债券还本付息事宜由财政部代为办理。

五、本期债券采取场内挂牌和场外签订分销合同的方式分销，分销对象为在中国证券登记结算有限责任公司开立股票和基金账户及在中央国债登记结算有限责任公司开立债券账户的各类投资者。通过各交易场所分销部分，由承销机构根据市场情况自定价格。

特此公告。

中华人民共和国财政部公告

2014 年 9 月 24 日　2014 年第 71 号

根据 2014 年地方政府债券发行安排，经与天津、内蒙古、辽宁、大连、吉林、宁波、安徽、厦门、湖南、海南、西藏、贵州省（区、市）人民政府协商，财政部决定代理发行 2014 年地方政府债券（十三期）（以下简称本期债券），已完成招标工作。现将有关事项公告如下：

一、本期债券通过全国银行间债券市场和证券交易所债券市场（以下简称各交易场所）面向社会各类投资者发行。

二、本期债券计划发行面值为 207 亿元，实际发行面值为 207 亿元。其中天津、内蒙古、辽宁、大连、吉林、宁波、安徽、厦门、湖南、海南、西藏、贵州省（区、市）额度分别为 10 亿元、25 亿元、21 亿元、6 亿元、25 亿元、6 亿元、35 亿元、4 亿元、38 亿元、12 亿元、3 亿元、22 亿元。各省（区、市）额度以 2014 年地方政府债券（十三期）名称合并发行、合并托管上市交易。

三、本期债券期限为 7 年，经投标确定的票面年利率为 4.12%，2014 年 9 月 25 日开始计息，招标结束后至 9 月 28 日进行分销，9 月 30 日起在各交易场所以现券买卖和回购的方式上市交易。

四、本期债券为固定利率附息债，利息按年支付，利息支付日为每年的 9 月 25 日（节假日顺延，下同），2021 年 9 月 25 日偿还本金并支付最后一年利息。本期债券还本付息事宜由财政部代为办理。

五、本期债券采取场内挂牌和场外签订分销合同的方式分销，分销对象为在中国证券登记结算有限责任公司开立股票和基金账户及在中央国债登记结算有限责任公司开立债券账户的各类投资者。通过各交易场所分销部分，由承销机构根据市场情况自定价格。

特此公告。

中华人民共和国财政部公告

2014 年 12 月 31 日 2014 年第 94 号

2015 年记账式国债和财政部代办兑付的地方政府债券（以下简称地方政府债券）还本付息工作即将开始，现将有关事宜公告如下：

一、2015 年还本付息记账式国债品种和条件

（一）以下记账式附息国债于还本付息日（节假日顺延）归还本金并支付最后一次利息。

国债名称	还本付息日	期限	年利率
2014 年记账式附息（二期）国债	1 月 9 日	1 年	4.04%
2008 年记账式（一期）国债	2 月 13 日	7 年	3.95%
2005 年记账式（一期）国债	2 月 28 日	10 年	4.44%
2013 年记账式附息（六期）国债	4 月 7 日	2 年	2.92%
2010 年记账式附息（八期）国债	4 月 8 日	5 年	2.70%
2014 年记账式附息（七期）国债	4 月 14 日	1 年	3.63%
2012 年记账式附息（七期）国债	4 月 26 日	3 年	2.91%
2008 年记账式（七期）国债	5 月 19 日	7 年	4.01%
2010 年记账式附息（十三期）国债	5 月 20 日	5 年	2.38%
2013 年记账式附息（十二期）国债	5 月 27 日	2 年	2.98%
2010 年记账式附息（十七期）国债	6 月 10 日	5 年	2.53%
2014 年记账式附息（十一期）国债	6 月 12 日	1 年	3.32%
2010 年记账式附息（二十期）国债	7 月 8 日	5 年	2.52%
2014 年记账式附息（十四期）国债	7 月 10 日	1 年	3.54%
2014 年记账式附息（十八期）国债	8 月 14 日	1 年	3.82%
2008 年记账式（十四期）国债	8 月 18 日	7 年	4.23%
2010 年记账式附息（二十八期）国债	8 月 26 日	5 年	2.58%
2012 年记账式附息（十七期）国债	9 月 13 日	3 年	3.10%
2014 年记账式附息（二十二期）国债	9 月 22 日	1 年	3.71%
2014 年记账式附息（二十三期）国债	10 月 20 日	1 年	3.50%
2010 年记账式附息（三十三期）国债	10 月 21 日	5 年	2.91%
2013 年记账式附息（二十一期）国债	10 月 21 日	2 年	3.77%
2008 年记账式（二十二期）国债	11 月 24 日	7 年	2.71%
2010 年记账式附息（三十九期）国债	12 月 2 日	5 年	3.64%
2014 年记账式附息（二十八期）国债	12 月 11 日	1 年	3.42%

（二）以下记账式贴现国债于还本日（节假日顺延）按面值偿还。

国债名称	还本日	期限
2014 年记账式贴现（六期）国债	1 月 10 日	91 天
2014 年记账式贴现（一期）国债	1 月 19 日	273 天
2014 年记账式贴现（三期）国债	1 月 26 日	182 天
2014 年记账式贴现（七期）国债	1 月 27 日	91 天
2014 年记账式贴现（二期）国债	2 月 9 日	273 天
2014 年记账式贴现（四期）国债	2 月 23 日	182 天
2014 年记账式贴现（五期）国债	3 月 16 日	182 天
2014 年记账式贴现（八期）国债	3 月 16 日	91 天

二、2015 年还本付息地方政府债券条件

以下地方政府债券于还本付息日（节假日顺延）归还本金并支付最后一次利息。

地方政府债券名称	还本付息日	期限	年利率
2012 年地方政府债券（一期）	6 月 18 日	3 年	2.76%
2010 年地方政府债券（二期）	6 月 21 日	5 年	2.90%
2012 年地方政府债券（三期）	7 月 10 日	3 年	2.75%
2012 年地方政府债券（五期）	7 月 24 日	3 年	2.74%
2010 年地方政府债券（五期）	8 月 10 日	5 年	2.67%
2012 年地方政府债券（七期）	8 月 13 日	3 年	2.98%
2010 年地方政府债券（八期）	9 月 7 日	5 年	2.67%
2012 年地方政府债券（九期）	9 月 17 日	3 年	3.47%
2010 年地方政府债券（十期）	11 月 15 日	5 年	3.70%

三、其他有关事项

（一）利息计付。记账式国债和地方政府债券利息均按单利计算。

（二）实物国债和特种国债兑付。以前年度到期应兑未兑的实物国债，2015 年可继续到常年兑付网点办理兑付，各地常年兑付网点地址请向中国人民银行分、支行国库部门查询；以前年度到期应兑未兑的特种国债兑付由原售出地财政部门办理。

记账式国债和地方政府债券 2015 年还本付息资金支付办法，由各交易场所或登记结算机构按照财政部规定公布并实施。

特此公告。

中华人民共和国财政部公告

2014年12月31日 2014年第95号

2015年储蓄国债还本付息工作即将开始，现将有关事宜公告如下：

一、2015年还本付息储蓄国债品种和条件

（一）以下储蓄国债（电子式）于还本付息日归还本金并支付最后一年利息。

国债名称	还本付息日	期限	年利率
2012年第一期储蓄国债（电子式）	3月10日	3年	5.58%
2012年第三期储蓄国债（电子式）	5月10日	3年	5.58%
2012年第九期储蓄国债（电子式）	7月20日	3年	4.76%
2012年第十一期储蓄国债（电子式）	9月10日	3年	4.76%
2012年第十三期储蓄国债（电子式）	11月10日	3年	4.76%
2010年第十一期储蓄国债（电子式）	11月15日	5年	4.60%

（二）以下凭证式国债于兑付期开始后归还本金并支付全部利息。

国债名称	兑付期开始日	期限	年利率
2012年凭证式（一期）国债3年期	4月10日	3年	5.58%
2014年凭证式（二期）国债1年期	5月10日	1年	3.60%
2012年凭证式（二期）国债3年期	8月10日	3年	4.76%
2012年凭证式（三期）国债3年期	10月10日	3年	4.76%
2010年凭证式（五期）国债5年期	12月6日	5年	4.60%

二、其他有关事项

（一）利息计付。储蓄国债利息按单利计算，投资者逾期兑取不加计利息。

（二）储蓄国债（电子式）兑付。储蓄国债（电子式）兑付资金由原售出机构支付至投资者资金清算账户；提前兑取储蓄国债（电子式）按当期国债发行通知规定的提前兑取计息条件计付本息，具体计息条件请向原售出机构查询。

（三）凭证式国债兑付。凭证式国债兑付由投资者到原售出机构营业网点办理；提前兑取凭证式国债按当期国债发行通知规定的提前兑取分档利率计付利息，具体利率请向原售出机构查询。

（四）实物国债和特种国债兑付。以前年度到期应兑未兑的实物国债，2015年可继续到常年兑付网点办理兑付，各地常年兑付网点地址请向中国人民银行分、支行国库部门查询；以前年度到期应兑未兑的特种国债兑付由原售出地财政部门办理。

特此公告。

二、财政部文件

财政部、中国人民银行关于印发《2014年储蓄国债发行额度管理办法》的通知

2014年2月27日 财库［2014］17号

2012—2014年储蓄国债承销团成员、中央国债登记结算有限责任公司：

为加强储蓄国债发行额度管理，促进储蓄国债顺利发行，根据国家法律法规和《财政部 中国人民银行关于印发〈储蓄国债（电子式）管理办法〉的通知》（财库［2013］7号）有关规定，财政部、中国人民银行制定了《2014年储蓄国债发行额度管理办法》。现印发给你们，请按照执行。

附件：2014年储蓄国债发行额度管理办法

附件：

2014年储蓄国债发行额度管理办法

第一章 总 则

第一条 为加强储蓄国债发行额度管理，促进储蓄国债顺利发行，制定本办法。

第二条 本办法所称储蓄国债指储蓄国债（电子式）和凭证式国债。

第三条 本办法适用于2014年储蓄国债（电子式）和凭证式国债发行额度分配管理。国债发行通知另有规定的除外。

第四条 储蓄国债（电子式）发行额度分为基本代销额度和机动代销额度，分别按照计划分配和竞争性抓取的方式分配给2012—2014年储蓄国债承销团成员（以下简称承销团成员）。凭证式国债发行额度按照计划分配方式分配给承销团成员。

第五条 本办法所称储蓄国债（电子式）基本代销额度比例和凭证式国债代销额度比例分别指，财政部会同中国人民银行分配储蓄国债（电子式）基本代销额度和凭证式国债发行额度时，使用的各承销团成员占比。

第六条 财政部会同中国人民银行以半年为周期，分别调整各承销团成员储蓄国债（电子式）基本代销额度比例和凭证式国债代销额度比例。调整结果分别在2014年上半年和下半年首期储蓄国债（电子式）和凭证式国债发行通知中公布。

第七条 调整各承销团成员储蓄国债（电子式）基本代销额度比例和凭证式国债代销额度比例，分别以前半年（即2013年下半年或2014年上半年，下同）储蓄国债（电子式）和

凭证式国债销售数据为依据。

第八条 储蓄国债（电子式）和凭证式国债销售数据，分别以中央国债登记结算有限责任公司（以下简称国债登记公司）储蓄国债（电子式）发行统计报表数据和中国人民银行汇总整理的承销团成员凭证式国债发售数据为准。

第二章 储蓄国债（电子式）发行额度管理

第九条 储蓄国债（电子式）发行额度分配方式为：

（一）发行开始前，财政部会同中国人民银行根据发行通知规定，将当期储蓄国债（电子式）的最大发行额的全部或部分，作为基本代销额度，按照各承销团成员基本代销额度比例分配给承销团成员。其余发行额度作为机动代销额度在发行期内供各承销团成员抓取。

（二）发行期内，承销团成员可于每日8:30—16:30通过与财政部储蓄国债（电子式）业务管理信息系统（以下简称国债系统）联网方式申请抓取机动代销额度。承销团成员申请机动代销额度的单笔上限为自身当期国债基本代销额度的10%，同一期国债两次申请时间间隔不少于1分钟。国债系统按照接收时间优先原则处理机动代销额度抓取申请，并向承销团成员反馈处理结果。对于符合规定的抓取申请，如财政部未分配机动代销额度大于承销团成员申请抓取额，按该承销团成员申请额向其分配；如财政部未分配机动代销额度小于或等于承销团成员申请抓取额，将未分配机动代销额度全部分配给该承销团成员。

（三）发行期每日日终，如承销团成员当日实际销售量大于日初剩余基本代销额度，应将剩余发行额度全部退回财政部；如承销团成员当日实际销售量小于或等于日初剩余基本代销额度，应将当日抓取机动代销额度全部退回财政部。

第十条 储蓄国债（电子式）发行期内，财政部会同中国人民银行有权调减销售进度缓慢的承销团成员剩余基本代销额度，调减出的发行额度纳入未分配机动代销额度，于调整日次日起供承销团成员抓取。具体调整方式为：

（一）定期调整。国债发行通知中规定基本代销额度统一调整日期。调整日次日营业开始前，各承销团成员应在其业务系统中，将其剩余基本代销额度调减为零；国债登记公司在国债系统中将各承销团成员基本代销额度调减为零，并等额调增未分配机动代销额度。

（二）不定期调整。财政部会同中国人民银行根据各承销团成员销售情况，决定调减部分承销团成员剩余基本代销额度的日期和比例，并通知被调减的承销团成员和国债登记公司。具体调减数额为调整日日终承销团成员剩余基本代销额度与上述比例的乘积，计算结果按万元为单位取整，尾数舍去。调整日次日营业开始前，被调减的承销团成员应在其业务系统中，如数调减其基本代销额度；国债登记公司在国债系统中如数调减承销团成员基本代销额度，并等额调增未分配机动代销额度。

第十一条 除财政部会同中国人民银行调减承销团成员基本代销额度而退回的发行额度外，承销团成员当日退回的某期储蓄国债（电子式）发行额度，不得超过其当期国债基本代销额度的7%。如发行期内承销团成员首次发生退回某期国债发行额度超限，国债系统将停止受理该承销团成员次日当期国债机动代销额度抓取申请；如累计两次发生退回某期国债发行额度超限，国债系统于第二次超限的次日起不再受理该承销团成员当期国债机动代销额度抓取申请。

第十二条 发行期内，如承销团成员因自身原因导致某期储蓄国债（电子式）账务总量数据核查未通过，次日应停止销售该期国债，并会同国债登记公司查找原因，直至总量数据核查通过方可恢复销售。

如承销团成员因自身原因导致某期储蓄国债（电子式）账务仅总量数据通过核查，明细数据核查未通过，次日应会同国债登记公司查找原因并更正数据；次日该明细数据核查仍未通过的，第3日起暂停该成员该期国债机动代销额度抓取资格，直至明细数据核查通过后恢复抓取。

第十三条　发行期内如发生基本代销额度调整，各承销团成员在执行第九条第二项和第十一条时，当期国债基本代销额度仍按初始分配值计算。

第十四条　储蓄国债（电子式）发行期结束后，各承销团成员与国债登记公司核对账务无误后，将未售出的发行额度调减为零或做停止销售处理；国债登记公司在国债系统中将当期国债未售出的发行额度注销。

第十五条　如储蓄国债（电子式）因遇中国人民银行调整金融机构同期限存款基准利率取消发行，各承销团成员于调整生效日营业开始前，在其业务系统中将已分配的基本代销额度调减为零或做停止销售处理；国债登记公司在国债系统中将当期国债发行额度注销。如储蓄国债（电子式）因遇中国人民银行调整金融机构同期限存款基准利率停止发行，各承销团成员与国债登记公司核对账务无误后，于调整生效日营业开始前将未售出的额度调减为零或做停止销售处理，国债登记公司在国债系统中将当期国债未售出的发行额度注销。

第十六条　如承销团成员发生超计划销售、盗用储蓄国债名义发售债券或揽储、发布关于储蓄国债的虚假信息等影响国债信誉的违规事件，未造成严重后果的，停止其后续三次发行的储蓄国债（电子式）机动代销额度抓取资格；造成严重后果的，财政部会同中国人民银行，按照《2012—2014年储蓄国债承销主协议》有关约定，通知其退出储蓄国债承销团。

第十七条　储蓄国债（电子式）基本代销额度比例调整方法为：

（一）计算新基本代销额度比例。

承销团成员新基本代销额度比例＝

$$\frac{\sum \text{该成员前半年各期储蓄国债(电子式)售出量}}{\sum \begin{matrix}\text{参与调整的承销团成员前半年}\\ \text{各期储蓄国债(电子式)售出量}\end{matrix}} \times \sum \begin{matrix}\text{参与调整的承销团}\\ \text{成员原基本代销额度比例}\end{matrix} \times 100\%$$

新基本代销额度比例如有尾数，四舍五入后以百分数为单位保留1位小数。如四舍五入后不足0.1%，按照0.1%计算。

（二）尾差调整。

如调整后承销团成员基本代销额度比例合计大于100%，从基本代销额度比例调增幅度最大的机构开始，从高至低依次调减0.1个百分点，直至承销团成员基本代销额度比例合计为100%止。如调增幅度相同，2013年综合排名居后的承销团成员先调减。

如调整后承销团成员基本代销额度比例合计小于100%，从基本代销额度比例调增幅度最大的机构开始，从高至低依次调增0.1个百分点，直至承销团成员基本代销额度比例合计为100%止。如调增幅度相同，2013年综合排名居前的承销团成员先调增。

第十八条　如承销团成员前半年发生影响国债信誉的违规事件，且按照第十七条第一项计算出的该承销团成员新基本代销额度比例大于原比例，则该成员不参加储蓄国债（电子式）基本代销额度比例调整。

第三章　凭证式国债发行额度管理

第十九条　凭证式国债发行额度分配方式为：

（一）发行开始前，财政部会同中国人民银行将当期凭证式国债最大发行额按发行通知中规定的代销额度分配比例分配给承销团成员。

（二）凭证式国债发行期间，原则上不调整承销团成员的发行额度。

（三）凭证式国债发行期结束后，各承销团成员应准确计算当期凭证式国债的实际发售金额，将未售出的发行额度注销。

第二十条　凭证式国债代销额度比例调整方法为：

（一）计算新代销额度比例。

承销团成员新代销额度比例＝

$$\frac{\sum \text{该成员前半年各期凭证式国债售出量}}{\sum \begin{matrix}\text{参与调整的承销团成员前半年}\\ \text{各期凭证式国债售出量}\end{matrix}} \times$$

$$\frac{\text{参与调整的承销团}}{\sum \text{成员原代销额度比例}} \times 100\%$$

新代销额度比例如有尾数，四舍五入后以百分数为单位保留1位小数。如四舍五入后不足0.1%，按照0.1%计算。

（二）尾差调整。

如调整后承销团成员代销额度比例合计大于100%，从代销额度比例调增幅度最大的机构开始，从高至低依次调减0.1个百分点，直至承销团成员代销额度比例合计为100%止。如调增幅度相同，2013年综合排名居后的承销团成员先调减。

如调整后承销团成员代销额度比例合计小于100%，从代销额度比例调增幅度最大的机构开始，从高至低依次调增0.1个百分点，直至承销团成员代销额度比例合计为100%止。如调增幅度相同，2013年综合排名居前的承销团成员先调增。

第二十一条　如承销团成员前半年发生影响国债信誉的违规事件，且按照第二十条第一项计算出的该承销团成员新代销额度比例大于原比例，则该成员不参加凭证式国债代销额度比例调整。

第四章　附　　则

第二十二条　本办法由财政部会同中国人民银行负责解释。

第二十三条　本办法自颁布之日起实施，有效期至2014年12月31日。

财政部关于印发《2014年地方政府债券自发自还试点办法》的通知

2014年5月19日　财库［2014］57号

上海、浙江、广东、深圳、江苏、山东、北京、青岛、宁夏、江西省（区、市）财政厅（局、委）：

经国务院批准，2014年上海、浙江、广东、深圳、江苏、山东、北京、江西、宁夏、青岛试点地方政府债券自发自还。为加强对2014年地方政府债券自发自还试点工作的指导，我们制定了《2014年地方政府债券自发自还试点办法》。现印发给你们，请遵照执行。

附件：

2014年地方政府债券自发自还试点办法

第一条　为建立规范的地方政府举债融资机制，加强对2014年地方政府债券自发自还试点地区（以下简称试点地区）的指导，规范试点地区发债偿债等行为，制定本办法。

第二条　自发自还是指试点地区在国务院批准的发债规模限额内，自行组织本地区政府债券发行、支付利息和偿还本金的机制。

第三条　试点地区发行政府债券实行年度发行额管理，全年发行债券总量不得超过国务院批准的当年发债规模限额。2014年度发债规模限额当年有效，不得结转下年。

第四条　试点地区发行的政府债券为记账式固定利率附息债券。2014年政府债券期限为5年、7年和10年，结构比例为4∶3∶3。

第五条　试点地区按照市场化原则发行政府债券，遵循公开、公平、公正的原则。

第六条　试点地区按照有关规定开展债券信用评级，择优选择信用评级机构。试点地区与信用评级机构签署信用评级协议，明确双方权利和义务。

第七条　信用评级机构按照独立、客观、公正的原则开展信用评级工作，遵守信用评级规定与业务规范，及时发布信用评级报告。

第八条　试点地区应及时披露债券基本信息、财政经济运行及债务情况等。

第九条　试点地区信息披露遵循诚实信用原则，不得有虚假记载、误导性陈述或重大遗漏。

第十条　试点地区组建本地区政府债券承销团，承销团成员应当是在中国境内依法成立的金融机构，具有债券承销业务资格，资本充足率、偿付能力或者净资本状况等指标达到监管标准。

第十一条　试点地区财政部门应当与政府债券承销商签署债券承销协议，明确双方权利和义务。承销商可以书面委托其在试点地区的分支机构代理签署并履行债券承销协议。

第十二条　试点地区可以在政府债券承销商中择优选择主承销商，主承销商为试点地区提供发债定价、登记托管、上市交易等咨询服务。

第十三条 试点地区应当以同期限新发国债发行利率及市场利率为定价基准、采用承销或招标方式确定债券发行利率。

承销是指试点地区与主承销商商定债券承销利率（或利率区间），要求各承销商（包括主承销商）在规定时间报送债券承销额（或承销利率及承销额），按市场化原则确定债券发行利率及各承销商债券承销额的发债机制。

招标是指试点地区通过财政部国债发行招投标系统或其他电子招标系统，要求各承销商在规定时间报送债券投标额及投标利率，按利率从低到高原则确定债券发行利率及各承销商债券中标额的发债机制。

第十四条 试点地区采用承销方式发行政府债券时，应制定承销规则，明确承销方式和募集原则等，单个承销团成员的最高承销限额不得超过每期债券发行额的30%。

第十五条 试点地区采用招标方式发行政府债券时，应制定招标规则，明确招标方式和中标原则等，单个承销团成员的最高投标限额不得超过每期债券招标额的30%。

第十六条 试点地区应当加强发债定价现场管理，确保发债定价过程公平、规范、有序进行。

第十七条 试点地区在发债定价结束后应当通过中国债券信息网和本地区门户网站等媒体，及时公布债券发行结果。

第十八条 试点地区政府债券应当在国家规定的证券登记结算机构办理登记、托管，债券发行结束后应当及时在全国银行间债券市场、证券交易所债券市场上市交易。

第十九条 试点地区政府债券资金收支实行预算管理，具体事项参照《2009年地方政府债券预算管理办法》（财预［2009］21号）有关规定办理。

第二十条 试点地区政府债券会计核算参照《财政部代理发行地方政府债券财政总预算会计核算办法》（财库［2009］19号）有关规定办理。

第二十一条 试点地区承担债券还本付息责任。试点地区应当建立偿债保障机制，统筹安排综合财力，及时支付债券本息、发行费等资金，切实履行偿债责任，维护政府信誉。

第二十二条 试点地区应将本地区政府债券信用评级、信息披露、承销团组建、发行兑付等有关规定及时报财政部备案。政府债券发行兑付过程中出现重大事项及时向财政部报告。年度发行结束两周内向财政部报送债券发行情况。如地方政府债券发行利率低于招标日前1至5个工作日相同待偿期国债收益率，须在债券发行情况中进行重点说明。

第二十三条 本办法自印发之日起施行。

财政部、中国人民银行关于进一步推进储蓄国债（电子式）网上银行销售工作有关事宜的通知

2014年5月28日　财库［2014］61号

储蓄国债承销团成员：

为进一步提高储蓄国债（电子式）销售管理水平，根据国债管理有关规定，财政部、中国人民银行决定进一步推进储蓄国债（电子式）网上银行销售工作。现将有关事宜通知如下：

一、业务范围

储蓄国债（电子式）网上银行销售是指在满足现行储蓄国债（电子式）管理有关要求前提下，储蓄国债承销团成员（以下简称承销团成员）通过网上银行渠道办理储蓄国债（电子式）销售等业务，具体包括：储蓄国债（电子式）销售业务、个人债券二级托管账户（以下简称个人国债账户）开立业务、储蓄国债（电子式）托管余额信息查询业务。不办理储蓄国债（电子式）提前兑取、质押贷款、非交易过户、资金清算账户变更等业务。

二、业务管理要求

（一）销售额度。储蓄国债（电子式）网上银行销售额度按期次设置上限，各开展储蓄国债（电子式）网上银行销售业务的承销团成员（以下简称网银成员）通过网上银行销售储蓄国债（电子式）金额不得超出上限。每期储蓄国债（电子式）网上银行销售额度上限标准在当期发行文件中具体规定。

（二）业务时间。网上银行销售储蓄国债（电子式）等业务办理起止时点不得超出当期储蓄国债（电子式）发行通知规定的柜面业务办理起止时间，具体时间由网银成员自行确定。

（三）信息公示。储蓄国债（电子式）发行条件、当日网上银行最大销售额度等信息应在网上银行业务办理时间开始前通过网上银行准确公示，如营业时间内信息发生变化，应及时进行更新。

（四）交易凭证获取。投资者通过网上银行认购储蓄国债（电子式）交易完成后，网银成员应立即为投资者提供电子《中华人民共和国储蓄国债（电子式）认购确认书》，具体格式见《财政部办公厅 中国人民银行办公厅关于印发〈中华人民共和国储蓄国债（电子式）认购确认书〉标准电子单据格式的通知》（财办库［2012］261号）。

（五）数据报送。网银成员应于发行期首日后一工作日、发行期首周结束后一工作日和发行期结束后一工作日9：00前将当期储蓄国债（电子式）分省、分渠道（柜面和网上银行）每日销售数据和累计销售数据（数据分别截止至发行期首日、发行期首周最后一日和发行期最后一日）通过电子邮件方式传送至财政部国库司（gz02@mof.gov.cn）和中国人民银行国库局（gkjgzgl@pbc.gov.cn）；同时，于发行期结束后5个工作日内，向财政部和中国人民银行书面报告本单位当期国债网上银行销售情况。

三、网上银行系统安全性要求

（一）网银成员用于办理储蓄国债（电子式）销售等业务的网上银行系统，应满足网上银行主管部门关于网上银行系统安全的政策规范和监管要求。

（二）网银成员在办理个人国债账户开立、储蓄国债（电子式）认购、信息查询业务时，应为投资者提供高风险级别的信息确认方式，即使用专用安全设备进行有关信息确认，如USB Key、文件证书、动态密码卡、手机短信动态密码等，是否使用高风险级别的信息确认方式由投资者自行选择。投资者在通过网上银行渠道办理个人国债账户开立、储蓄国债（电子式）认购业务时，使用的人民币结算账户其网上银行功能若不通过柜面渠道开通，则投资者必须使用专用安全设备进行信息确认，且专用安全设备有关功能必须通过柜面渠道开通。

（三）网银成员须签署《承诺书》（样本见附件1），保证投资者通过网上银行渠道办理储蓄国债（电子式）相关业务涉及的资金、债权转换限定在投资者本人本行账户内进行。

四、进度安排

（一）新增网银成员选择。拟开展储蓄国债（电子式）网上银行销售业务的承销团成员，应向财政部、中国人民银行提出正式书面申请，申请报告应说明本单位在指定时间内个人网上银行业务发展情况，包括个人网上银行业务交易笔数、账户数量、重大安全事故情况等（指定时间见附件2中“新增网银成员的基本条件”有关时间要求）。财政部、中国人民银行根据《储蓄国债（电子式）网上银行销售新增网银成员办法》（见附件2），于收到书面申请后的2个月内将符合基本条件的承销团成员纳入新增网银成员名单。

（二）新增网银成员前期准备工作。新增网银成员自行确定本单位储蓄国债（电子式）网上银行销售正式开始时间（以下简称网银销售开始时间），并按照储蓄国债（电子式）网上银行销售管理有关要求，制订相关管理办法，升级网上银行系统并完成测试；不晚于本单位网银销售开始时间前20个工作日向财政部、中国人民银行书面报告网银销售开始时间及前期准备工作情况，说明制度办法修订、网上银行系统有关功能设置、网上银行销售储蓄国债（电子式）业务流程设计、网上银行系统安全风险防控机制等情况，附系统测试报告，并加盖单位公章。财政部、中国人民银行收到书面报告后，将根据工作需要对新增网银成员前期准备工作进行检查。

新增网银成员如在网银销售开始时间前发生影响国债信誉的违规事件或个人网上银行突发事件等导致基本条件（见附件2中“新增网银成员的基本条件”）无法满足，本年及下一年将不得开展储蓄国债（电子式）网上银行销售业务；如确定网银销售开始时间并向财政部、中国人民银行书面报告后，因自身原因无法按时开始，一年内（从书面报告的网银销售开始时间起）将不得开展储蓄国债（电子式）网上银行销售业务。

五、其他事项

（一）网银成员应加强组织领导，严格按要求做好相关工作，明确部门职责、负责人员，加大宣传、培训力度，加强沟通，注意协调，密切跟踪记录有关情况，发现问题积极解决研究，并及时向财政部、中国人民银行反映。

（二）网银成员通过网上银行办理储蓄国债（电子式）相关业务，不得另行向投资者收费。

（三）网银成员违反本通知有关业务范围、销售额度管理及网上银行系统安全性要求等规定的，财政部、中国人民银行将暂停其通过网上银行办理储蓄国债（电子式）相关业务，不得再次开展储蓄国债（电子式）网上银行销售业务。

（四）本通知未尽事宜，按照《储蓄国债

（电子式）管理办法》等制度规定执行。

（五）本通知自发布之日起施行。《财政部 中国人民银行关于开展储蓄国债（电子式）网上银行销售试点有关事宜的通知》（财库［2012］86号）同时废止。

附件：

1. 承诺书（样本）；

2. 储蓄国债（电子式）网上银行销售新增网银成员办法。

附件1：

承诺书（样本）

财政部、中国人民银行：

我单位郑重承诺：投资者通过我单位网上银行渠道办理储蓄国债（电子式）相关业务时，我单位保证相关业务涉及的资金、债权转换限定在投资者本人本行账户内进行。如有违反，我单位愿承担由此带来的任何责任。

单位名称（盖章）

年　月　日

附件2：

储蓄国债（电子式）网上银行销售新增网银成员办法

一、新增网银成员的基本条件

（一）申请日上一年1月1日至申请日，在办理储蓄国债（电子式）业务中未发生影响国债信誉的违规事件。

（二）申请日上一年1月1日至申请日，个人网上银行业务没有发生《银行业重要信息系统突发事件应急管理规范》规定的2起（含）以上较大突发事件或1起重大（含）以上突发事件。

（三）申请日前一年内（以季度为最小时间单位，例如申请日为2014年6月20日，则前一年指2013年4月1日至2014年3月31日），个人网上银行交易笔数不少于1000万笔；申请日前一季度末，个人网上银行账户数量不少于50万户。

（四）相关业务指标真实可靠。

二、新增网银成员方法

储蓄国债承销团成员自愿申请，财政部会同中国人民银行将符合上述基本条件的承销团成员纳入新增网银成员名单。

财政部关于代理发行2014年地方政府债券（一期）有关事宜的通知

2014年6月6日 财库［2014］62号

福建、广西、四川、新疆、甘肃省（区）财政厅，2012—2014年记账式国债承销团成员，中央国债登记结算有限责任公司、中国证券登记结算有限责任公司、中国外汇交易中心、上海证券交易所、深圳证券交易所：

为筹集财政资金，支持地方经济和社会发展，根据2014年地方政府债券发行安排，经分别与福建、广西、四川、新疆、甘肃省（区）人民政府协商，财政部决定代理发行2014年地方政府债券（一期）（以下简称本期债券）。现就本期债券发行工作有关事项通知如下：

一、发行条件

（一）发行场所。通过全国银行间债券市场、证券交易所债券市场发行。

（二）品种和数量。本期债券为3年期固定利率附息债，计划发行面值总额为258亿元，其中福建、广西、四川、新疆、甘肃省（区）额度分别为46亿元、43亿元、80亿元、44亿元、45亿元。各省（区）额度以2014年地方政府债券（一期）名称合并发行、合并托管上市交易。

（三）时间安排。2014年6月13日招标，6月16日开始计息，招标结束至6月18日进行分销，6月20日起上市交易。

（四）招标方式。招标总量258亿元，采用单一价格招标方式，标的为利率。

（五）兑付安排。利息按年支付，每年6月16日（节假日顺延，下同）支付利息，2017年6月16日偿还本金并支付最后一次利息。财政部代为办理本期债券还本付息。

（六）发行手续费。承销面值的0.05%。

二、发行款缴纳

承销团成员于2014年6月18日前（含6月18日），按照承销额度及缴款通知书上确定金额将发行款通过大额实时支付系统缴入各地财政部门指定账户。缴款日期以各地财政部门指定账户收到款项为准。承销团成员未按时缴付发行款的，按规定将违约金通过大额实时支付系统缴入各地财政部门指定账户。支付报文中附言为必录项，填写时应当注明缴款机构名称、债券名称及资金用途，如：××公司2014年地方政府债券（一期）发行款（或逾期违约金）。

（一）福建省收款账户信息。

户　　名：福建省财政厅

开户银行：国家金库福建省分库

账　　号：130000000002278001

汇入行行号：011391000011

（二）广西壮族自治区收款账户信息。

户　　名：广西壮族自治区财政厅

开户银行：国家金库广西区分库

账　　号：200000000002271001

汇入行行号：011611001009

（三）四川省收款账户信息。

户　　名：四川省财政厅

开户银行：国家金库四川省分库

账　　号：210000000002271001

汇入行行号：011651000019

（四）新疆维吾尔自治区收款账户信息。

户　　名：新疆维吾尔自治区财政厅

开户银行：中华人民共和国国家金库新疆维吾尔自治区分库

账　　号：300000000002271001

汇入行行号：011881001009

（五）甘肃省收款账户信息。

户　　名：甘肃省财政厅

开户银行：国家金库甘肃省分库

账　　号：270000000000227101

汇入行行号：011821001005

三、其他

除上述有关规定外，本次发行工作按《财政部关于印发〈财政部代理发行2014年地方政府债券发行兑付办法〉的通知》（财库［2014］41号）、《财政部关于印发〈财政部代理发行2014年地方政府债券招标发行规则〉的通知》（财库［2014］42号）规定执行。

附件下载：2012—2014年记账式国债承销团成员名单.docx

附件：

2012—2014年记账式国债承销团成员名单

序号	机构代码	机构名称	序号	机构代码	机构名称
甲类成员：			24	1041	徽商银行股份有限公司
1	1001	中国工商银行股份有限公司	25	1055	长沙银行股份有限公司
2	1002	中国农业银行股份有限公司	26	1092	齐商银行股份有限公司
3	1003	中国银行股份有限公司	27	1095	洛阳银行股份有限公司
4	1004	中国建设银行股份有限公司	28	1100	恒丰银行股份有限公司
5	1005	交通银行股份有限公司	29	1107	宁波鄞州农村合作银行
6	1006	中信银行股份有限公司	30	1115	国家开发银行股份有限公司
7	1007	中国光大银行	31	2000	中国银河证券股份有限公司
8	1010	上海浦东发展银行股份有限公司	32	2001	中信建投证券股份有限公司
9	1015	北京银行股份有限公司	33	2003	国泰君安证券股份有限公司
10	1017	南京银行股份有限公司	34	2007	华泰证券股份有限公司
11	2041	平安证券有限责任公司	35	2012	申银万国证券股份有限公司
12	2047	中信证券股份有限公司	36	2048	光大证券股份有限公司
13	5008	中国邮政储蓄银行有限责任公司	37	2049	国信证券股份有限公司
乙类成员：			38	2050	招商证券股份有限公司
14	1009	华夏银行股份有限公司	39	2057	东方证券股份有限公司
15	1011	兴业银行股份有限公司	40	2059	中国国际金融有限公司
16	1012	招商银行股份有限公司	41	2078	国海证券股份有限公司
17	1013	平安银行股份有限公司	42	2080	安信证券股份有限公司
18	1014	中国民生银行股份有限公司	43	2082	第一创业证券有限责任公司
19	1016	上海银行股份有限公司	44	4001	中国人寿保险（集团）公司
20	1020	广发银行股份有限公司	45	5003	江苏常熟农村商业银行股份有限公司
21	1021	天津银行股份有限公司	46	5011	北京农村商业银行股份有限公司
22	1022	河北银行股份有限公司	47	5014	上海农村商业银行股份有限公司
23	1023	杭州银行股份有限公司			

注：另外3家记账式国债承销团成员暂不参与2014年地方政府债券发行招投标，包括汇丰银行（中国）有限公司、渣打银行（中国）有限公司、摩根大通银行（中国）有限公司。

财政部关于代理发行2014年地方政府债券（二期）有关事宜的通知

2014年6月6日　财库［2014］63号

福建、广西、四川、新疆、甘肃省（区）财政厅，2012—2014年记账式国债承销团成员，中央国债登记结算有限责任公司、中国证券登记结算有限责任公司、中国外汇交易中心、上海证券交易所、深圳证券交易所：

为筹集财政资金，支持地方经济和社会发展，根据2014年地方政府债券发行安排，经分别与福建、广西、四川、新疆、甘肃省（区）人民政府协商，财政部决定代理发行2014年地方政府债券（二期）（以下简称本期债券）。现就本期债券发行工作有关事项通知如下：

一、发行条件

（一）发行场所。通过全国银行间债券市场、证券交易所债券市场发行。

（二）品种和数量。本期债券为5年期固定利率附息债，计划发行面值总额为258亿元，其中福建、广西、四川、新疆、甘肃省（区）额度分别为46亿元、43亿元、80亿元、44亿元、45亿元。各省（区）额度以2014年地方政府债券（二期）名称合并发行、合并托管上市交易。

（三）时间安排。2014年6月13日招标，6月16日开始计息，招标结束至6月18日进行分销，6月20日起上市交易。

（四）招标方式。招标总量258亿元，采用单一价格招标方式，标的为利率。

（五）兑付安排。利息按年支付，每年6月16日（节假日顺延，下同）支付利息，2019年6月16日偿还本金并支付最后一次利息。财政部代为办理本期债券还本付息。

（六）发行手续费。承销面值的0.1%。

二、发行款缴纳

承销团成员于2014年6月18日前（含6月18日），按照承销额度及缴款通知书上确定金额将发行款通过大额实时支付系统缴入各地财政部门指定账户。缴款日期以各地财政部门指定账户收到款项为准。承销团成员未按时缴付发行款的，按规定将违约金通过大额实时支付系统缴入各地财政部门指定账户。支付报文中附言为必录项，填写时应当注明缴款机构名称、债券名称及资金用途，如：××公司2014年地方政府债券（二期）发行款（或逾期违约金）。

（一）福建省收款账户信息。

户　　名：福建省财政厅

开户银行：国家金库福建省分库

账　　号：13000000002278001

汇入行行号：011391000011

（二）广西壮族自治区收款账户信息。

户　　名：广西壮族自治区财政厅

开户银行：国家金库广西区分库

账　　号：20000000002271001

汇入行行号：011611001009

（三）四川省收款账户信息。

户　　名：四川省财政厅

开户银行：国家金库四川省分库

账　　号：210000000002271001

汇入行行号：011651000019

（四）新疆维吾尔自治区收款账户信息。

户　　名：新疆维吾尔自治区财政厅

开户银行：中华人民共和国国家金库新疆维吾尔自治区分库

账　　号：300000000002271001

汇入行行号：011881001009

（五）甘肃省收款账户信息。

户　　名：甘肃省财政厅

开户银行：国家金库甘肃省分库

账　　号：27000000000227101

汇入行行号：011821001005

三、其他

除上述有关规定外，本次发行工作按《财政部关于印发〈财政部代理发行2014年地方政府债券发行兑付办法〉的通知》（财库［2014］41号）、《财政部关于印发〈财政部代理发行2014年地方政府债券招标发行规则〉的通知》（财库［2014］42号）规定执行。

附件：2012—2014年记账式国债承销团成员名单

附件：

2012—2014年记账式国债承销团成员名单

序号	机构代码	机构名称	序号	机构代码	机构名称
甲类成员：			24	1041	徽商银行股份有限公司
1	1001	中国工商银行股份有限公司	25	1055	长沙银行股份有限公司
2	1002	中国农业银行股份有限公司	26	1092	齐商银行股份有限公司
3	1003	中国银行股份有限公司	27	1095	洛阳银行股份有限公司
4	1004	中国建设银行股份有限公司	28	1100	恒丰银行股份有限公司
5	1005	交通银行股份有限公司	29	1107	宁波鄞州农村合作银行
6	1006	中信银行股份有限公司	30	1115	国家开发银行股份有限公司
7	1007	中国光大银行	31	2000	中国银河证券股份有限公司
8	1010	上海浦东发展银行股份有限公司	32	2001	中信建投证券股份有限公司
9	1015	北京银行股份有限公司	33	2003	国泰君安证券股份有限公司
10	1017	南京银行股份有限公司	34	2007	华泰证券股份有限公司
11	2041	平安证券有限责任公司	35	2012	申银万国证券股份有限公司
12	2047	中信证券股份有限公司	36	2048	光大证券股份有限公司
13	5008	中国邮政储蓄银行有限责任公司	37	2049	国信证券股份有限公司
乙类成员：			38	2050	招商证券股份有限公司
14	1009	华夏银行股份有限公司	39	2057	东方证券股份有限公司
15	1011	兴业银行股份有限公司	40	2059	中国国际金融有限公司
16	1012	招商银行股份有限公司	41	2078	国海证券股份有限公司
17	1013	平安银行股份有限公司	42	2080	安信证券股份有限公司
18	1014	中国民生银行股份有限公司	43	2082	第一创业证券有限责任公司
19	1016	上海银行股份有限公司	44	4001	中国人寿保险（集团）公司
20	1020	广发银行股份有限公司	45	5003	江苏常熟农村商业银行股份有限公司
21	1021	天津银行股份有限公司	46	5011	北京农村商业银行股份有限公司
22	1022	河北银行股份有限公司	47	5014	上海农村商业银行股份有限公司
23	1023	杭州银行股份有限公司			

注：另外3家记账式国债承销团成员暂不参与2014年地方政府债券发行招投标，包括汇丰银行（中国）有限公司、渣打银行（中国）有限公司、摩根大通银行（中国）有限公司。

财政部关于2014年地方政府债券自发自还试点信息披露工作的指导意见

2014年6月6日 财库[2014]69号

北京、上海、江苏、浙江、江西、山东、青岛、广东、深圳、宁夏财政厅（局、委），中央国债登记结算有限责任公司、中国证券登记结算有限责任公司，上海证券交易所、深圳证券交易所：

为规范2014年自发自还地方政府债券（以下简称地方债）信息披露工作，按照国务院关于政府信息公开、推进预算公开透明的总体部署，根据《2014年地方政府债券自发自还试点办法》有关规定，现提出如下意见：

一、地方债信息披露涉及地方政府的相关业务由试点地区财政部门负责办理。地方债信息披露应符合政府信息公开和债券市场监管有关规定。

二、试点地区财政部门应保证所披露的信息真实、准确、及时。参与地方债发行的承销机构、信用评级机构、登记托管和代理还本付息机构等机构（以下简称中介机构），应对其所出具的信息负责。

三、债券发行前信息披露。试点地区财政部门应不迟于地方债发行日前5个工作日，通过本单位门户网站、中国债券信息网等网站（以下简称指定网站）披露以下信息：

（一）债券基本信息。包括发行数量、发行日期、手续费率、发行方式、发行款缴纳时间和账户信息、募集资金投向说明等。

（二）本地区经济运行、财政收支、债务等情况。经济运行情况，主要包括中长期经济规划、经济基本状况等；财政收支状况，公布经同级人大批准的政府预决算数据，主要包括公共财政收支、政府性基金收支和国有资本经营收支等信息；债务情况主要包括债务余额、期限结构、偿债计划等（详见附件）。

（三）信用评级情况。包括信用评级报告和跟踪评级安排等。

四、债券发行日信息披露。试点地区财政部门应不迟于发行日日终，通过指定网站公告当期地方债的实际发行规模、利率等信息。

五、债券存续期信息披露。在地方债还本到期日前，试点地区财政部门应通过指定网站持续披露以下信息：

（一）按年度披露财政预决算，按季度披露经济运行等情况，按月度披露财政收支执行等情况。

（二）按年度披露地方政府性债务情况。

（三）不迟于信用评级机构出具跟踪评级结果后5个工作日，公布跟踪评级报告。

六、相关重大事项信息披露。在地方债还本到期日前，地方政府发生可能影响其偿债能力的重大事项时，试点地区财政部门应及时向市场披露。重大事项主要包括：

（一）地方债本息未按期支付；

（二）重大的债务赎回或债务豁免；

（三）其他影响地方债还本付息的重大事件。

试点地区财政部门应当制定重大事项的报告、传递、审核、披露程序。

七、试点地区财政部门应不迟于地方债还本付息日前5个工作日，通过指定网站公布还本付息事项。

八、为地方债提供登记托管和代理还本付息的机构在规定时间未及时足额收到还本付息资金的，应及时向投资者公告试点地区财政部门未及时足额划付资金的事实。

九、试点地区财政部门和中介结构所披露或出具的信息如含有虚假记载、误导性陈述或重大遗漏，应承担相应责任。

十、试点地区财政部门应加强地方债信息披露管理，逐步细化地方债信息披露标准，扩大地方债信息披露内容范围。在本文规定范围的基础上，鼓励试点地区财政部门根据投资者需求和有关实际情况，积极披露其他相关信息。

附件：经济运行、财政收支、债务等情况公布内容

附件：

经济运行、财政收支、债务等情况公布内容

一、地方经济状况

（一）中长期经济规划。包括地区社会和经济发展战略规划、经济圈规划、行业发展等。

（二）近三年经济基本状况。包括地区金融环境、经济总量、经济增长、产业结构、固定资产投资、对外贸易、消费、居民生活、各类价格指数等。

以上内容均按试点地区全辖口径公布。

二、财政收支状况

（一）近三年公共财政收支。主要内容包括公共财政收入、转移性收入、地方政府债券收入，公共财政支出、地方政府债券还本支出、转移性支出等。

（二）近三年政府性基金收支。

（三）2014年国有资本经营收支。

其中：年度公共财政收支、年度政府性基金收支，2012年数据按决算口径公布，2013年数据在决算编制完成之前按预算口径公布，在决算编制完成之后按决算口径公布，2014年数据按预算口径公布；2014年国有资本经营收支数据按预算口径公布。

以上内容均按省（区、市）本级口径公布。

三、地方政府债务状况

截至2013年底地方政府性债务情况。包括债务余额、举借主体、资金来源、期限结构、资金投向、当年举借偿还情况、未来偿债计划、控制债务增长和防范债务风险方面拟采取的措施等。

以上内容均按试点地区全辖、本级口径公布。

财政部关于2014年地方政府债券自发自还试点信用评级工作的指导意见

2014年6月6日 财库［2014］70号

北京、上海、江苏、浙江、江西、山东、青岛、广东、深圳、宁夏财政厅（局、委），中央国债登记结算有限责任公司、中国证券登记结算有限责任公司，上海证券交易所、深圳证券交易所：

为规范2014年地方政府债券（以下简称地方债）自发自还试点信用评级工作，根据《2014年地方政府债券自发自还试点办法》有关规定，现提出如下意见：

一、总体要求

债券信用评级是评级机构对债券发行人按时、足额偿还债务的能力和意愿的意见，是投资者分析债券发行人和债券信用的重要参考。开展试点地区地方债信用评级，是落实党的十八届三中全会、中央经济工作会议提出的“建立规范合理的中央和地方政府债务管理及风险预警机制”、“着力防控债务风险”等要求的具体措施，也是落实国务院关于2014年深化经济体制改革重点任务“建立以政府债券为主体的地方政府举债融资机制”的具体内容。试点地区财政部门应高度重视，按照市场化原则择优选择信用评级机构、实施信用评级工作；严格履行信用评级协议约定的职责，对提供信息的真实性、准确性负责，不得以任何形式干预评级机构的公正评级。

二、择优选择信用评级机构

试点地区财政部门应按照公开、公平、公正原则，从具备中国境内债券市场评级资质的信用评级机构中依法竞争择优选择一家信用评级机构。试点地区财政部门应与选定的信用评级机构签署信用评级协议，明确双方权利和义务，并按规定通过本单位门户网站及时披露所选定的信用评级机构。

三、规范实施信用评级

试点地区只需进行涵盖各期限地方债（5年、7年和10年期）的综合性评级。首次评级进行一次，此后跟踪评级每年开展一次。试点地区财政部门要严格遵守信用评级协议约定，及时提供信用评级相关材料和信息。要督促信用评级机构认真履行信用评级协议的各项义务，公开披露信用评级的方法和标准；按照项目立项与准备、信息收集与实地调查、信用分析和初评、结果反馈（及可能发生的复评）、评级结果发布、跟踪评级等流程规范开展信用评级操作，在信用评级协议规定时间内完成信用评级工作。

试点地区财政部门应及时披露、报告信用评级情况，首次评级报告不迟于地方债发行日前5个工作日、跟踪评级报告不迟于信用评级机构出具评级结果后5个工作日，通过本地区财政部门门户网站、中国债券信息网等网站公布；信用评级报告和开展信用评级有关情况应及时报财政部备案。试点地区地方债信用评级的等级划分为三等九级，信用评级等级符号及含义见附件。

附件：试点地区地方债信用评级等级符号及含义

附件：

试点地区地方债信用评级等级符号及含义

试点地区地方债信用评级等级划分为三等九级，符号表示为：AAA、AA、A、BBB、BB、B、CCC、CC、C。符号含义如下：

AAA 级：偿还债务的能力极强，基本不受不利经济环境的影响，违约风险极低；

AA 级：偿还债务的能力很强，受不利经济环境的影响不大，违约风险很低；

A 级：偿还债务能力较强，较易受不利经济环境的影响，违约风险较低；

BBB 级：偿还债务能力一般，受不利经济环境影响较大，违约风险一般；

BB 级：偿还债务能力较弱，受不利经济环境影响很大，违约风险较高；

B 级：偿还债务的能力较大地依赖于良好的经济环境，违约风险很高；

CCC 级：偿还债务的能力极度依赖于良好的经济环境，违约风险极高；

CC 级：基本不能偿还债务；

C 级：不能偿还债务。

除 AAA 级、CCC 级、CC 级、C 级外，每一个信用等级可用“+”、“-”符号进行微调，表示略高或略低于本等级。

财政部、中国人民银行关于关键期限国债开展预发行试点的通知

2014 年 6 月 6 日　财库［2014］72 号

全国银行间同业拆借中心，中央国债登记结算有限责任公司，上海证券交易所、深圳证券交易所，中国证券登记结算有限责任公司，记账式国债承销团成员：

为促进国债市场健康发展，根据《财政部　中国人民银行　中国证券监督管理委员会关于开展国债预发行试点的通知》（财库［2013］28 号，以下简称《试点通知》），经研究，决定将国债预发行券种由 7 年期记账式国债扩大至全部关键期限记账式国债（1、3、5、7、10 年期）。交易场所符合《试点通知》规定后即可开展关键期限记账式国债预发行交易。

特此通知。

财政部关于代理发行2014年地方政府债券（三期）有关事宜的通知

2014年6月13日　财库［2014］71号

福建、湖北、广西、四川、甘肃、新疆、青海省（区）财政厅，2012—2014年记账式国债承销团成员，中央国债登记结算有限责任公司、中国证券登记结算有限责任公司、中国外汇交易中心、上海证券交易所、深圳证券交易所：

为筹集财政资金，支持地方经济和社会发展，根据2014年地方政府债券发行安排，经分别与福建、湖北、广西、四川、甘肃、新疆、青海省（区）人民政府协商，财政部决定代理发行2014年地方政府债券（三期）（以下简称本期债券）。现就本期债券发行工作有关事项通知如下：

一、发行条件

（一）发行场所。通过全国银行间债券市场、证券交易所债券市场发行。

（二）品种和数量。本期债券为7年期固定利率附息债，计划发行面值总额为183亿元，其中福建、湖北、广西、四川、甘肃、新疆、青海省（区）额度分别为24亿元、31亿元、22亿元、40亿元、23亿元、22亿元、21亿元。各省（区）额度以2014年地方政府债券（三期）名称合并发行、合并托管上市交易。

（三）时间安排。2014年6月20日招标，6月23日开始计息，招标结束至6月25日进行分销，6月27日起上市交易。

（四）招标方式。招标总量183亿元，采用单一价格招标方式，标的为利率。

（五）兑付安排。利息按年支付，每年6月23日（节假日顺延，下同）支付利息，2021年6月23日偿还本金并支付最后一次利息。财政部代为办理本期债券还本付息。

（六）发行手续费。承销面值的0.1%。

二、发行款缴纳

承销团成员于2014年6月25日前（含6月25日），按照承销额度及缴款通知书上确定金额将发行款通过大额实时支付系统缴入各地财政部门指定账户。缴款日期以各地财政部门指定账户收到款项为准。承销团成员未按时缴付发行款的，按规定将违约金通过大额实时支付系统缴入各地财政部门指定账户。支付报文中附言为必录项，填写时应当注明缴款机构名称、债券名称及资金用途，如：××公司2014年地方政府债券（三期）发行款（或逾期违约金）。

（一）福建省收款账户信息。

户　　名：福建省财政厅

开户银行：国家金库福建省分库

账　　号：130000000002278001

汇入行行号：011391000011

（二）湖北省收款账户信息。

户　　名：湖北省财政厅

开户银行：国家金库湖北省分库

账　　号：170000000002271001

汇入行行号：011521000105

（三）广西壮族自治区收款账户信息。

户　　名：广西壮族自治区财政厅
开户银行：国家金库广西区分库
账　　号：20000000002271001
汇入行行号：011611001009
（四）四川省收款账户信息。
户　　名：四川省财政厅
开户银行：国家金库四川省分库
账　　号：21000000002271001
汇入行行号：011651000019
（五）甘肃省收款账户信息。
户　　名：甘肃省财政厅
开户银行：国家金库甘肃省分库
账　　号：27000000000227101
汇入行行号：011821001005
（六）新疆维吾尔自治区收款账户信息。
户　　名：新疆维吾尔自治区财政厅
开户银行：中华人民共和国国家金库新疆维吾尔自治区分库
账　　号：30000000002271001
汇入行行号：011881001009
（七）青海省收款账户信息。
户　　名：青海省财政厅
开户银行：国家金库青海省分库
账　　号：28000000002271008
汇入行行号：011851001004

三、其他

除上述有关规定外，本次发行工作按《财政部关于印发〈财政部代理发行2014年地方政府债券发行兑付办法〉的通知》（财库［2014］41号）、《财政部关于印发〈财政部代理发行2014年地方政府债券招标发行规则〉的通知》（财库［2014］42号）规定执行。

附件：

2012—2014年记账式国债承销团成员名单

序号	机构代码	机构名称	序号	机构代码	机构名称
甲类成员：			24	1041	徽商银行股份有限公司
1	1001	中国工商银行股份有限公司	25	1055	长沙银行股份有限公司
2	1002	中国农业银行股份有限公司	26	1092	齐商银行股份有限公司
3	1003	中国银行股份有限公司	27	1095	洛阳银行股份有限公司
4	1004	中国建设银行股份有限公司	28	1100	恒丰银行股份有限公司
5	1005	交通银行股份有限公司	29	1107	宁波鄞州农村合作银行
6	1006	中信银行股份有限公司	30	1115	国家开发银行股份有限公司
7	1007	中国光大银行股份有限公司	31	2000	中国银河证券股份有限公司
8	1010	上海浦东发展银行股份有限公司	32	2001	中信建投证券股份有限公司
9	1015	北京银行股份有限公司	33	2003	国泰君安证券股份有限公司
10	1017	南京银行股份有限公司	34	2007	华泰证券股份有限公司
11	2041	平安证券有限责任公司	35	2012	申银万国证券股份有限公司
12	2047	中信证券股份有限公司	36	2048	光大证券股份有限公司
13	5008	中国邮政储蓄银行股份有限公司	37	2049	国信证券股份有限公司

续表

序号	机构代码	机构名称	序号	机构代码	机构名称
乙类成员：			38	2050	招商证券股份有限公司
14	1009	华夏银行股份有限公司	39	2057	东方证券股份有限公司
15	1011	兴业银行股份有限公司	40	2059	中国国际金融有限公司
16	1012	招商银行股份有限公司	41	2078	国海证券股份有限公司
17	1013	平安银行股份有限公司	42	2080	安信证券股份有限公司
18	1014	中国民生银行股份有限公司	43	2082	第一创业证券有限责任公司
19	1016	上海银行股份有限公司	44	4001	中国人寿保险（集团）公司
20	1020	广发银行股份有限公司	45	5003	江苏常熟农村商业银行股份有限公司
21	1021	天津银行股份有限公司	46	5011	北京农村商业银行股份有限公司
22	1022	河北银行股份有限公司	47	5014	上海农村商业银行股份有限公司
23	1023	杭州银行股份有限公司			

注：另外3家记账式国债承销团成员暂不参与2014年地方政府债券发行招投标，包括汇丰银行（中国）有限公司、渣打银行（中国）有限公司、摩根大通银行（中国）有限公司。

财政部关于代理发行2014年地方政府债券（四期）有关事宜的通知

2014年6月19日　财库［2014］73号

河北、山西、湖北、陕西、青海省财政厅，2012—2014年记账式国债承销团成员，中央国债登记结算有限责任公司、中国证券登记结算有限责任公司、中国外汇交易中心、上海证券交易所、深圳证券交易所：

为筹集财政资金，支持地方经济和社会发展，根据2014年地方政府债券发行安排，经分别与河北、山西、湖北、陕西、青海省人民政府协商，财政部决定代理发行2014年地方政府债券（四期）（以下简称本期债券）。现就本期债券发行工作有关事项通知如下：

一、发行条件

（一）发行场所。通过全国银行间债券市场、证券交易所债券市场发行。

（二）品种和数量。本期债券为3年期固定利率附息债，计划发行面值总额为260亿元，其中河北、山西、湖北、陕西、青海省额度分别为59亿元、42亿元、61亿元、55亿元、43亿元。各省额度以2014年地方政府债券（四期）名称合并发行、合并托管上市交易。

（三）时间安排。2014年6月27日招标，6月30日开始计息，招标结束至7月2日进行分销，7月4日起上市交易。

（四）招标方式。招标总量260亿元，采用单一价格招标方式，标的为利率。

（五）兑付安排。利息按年支付，每年6月30日（节假日顺延，下同）支付利息，2017年6月30日偿还本金并支付最后一次利息。财政部代为办理本期债券还本付息。

（六）发行手续费。承销面值的0.05%。

二、发行款缴纳

承销团成员于2014年7月2日前（含7月2日），按照承销额度及缴款通知书上确定金额将发行款通过大额实时支付系统缴入各地财政部门指定账户。缴款日期以各地财政部门指定账户收到款项为准。承销团成员未按时缴付发行款的，按规定将违约金通过大额实时支付系统缴入各地财政部门指定账户。支付报文中附言为必录项，填写时应当注明缴款机构名称、债券名称及资金用途，如：××公司2014年地方政府债券（四期）发行款（或逾期违约金）。

（一）河北省收款账户信息。

户　　名：河北省财政厅

开户银行：国家金库河北省分库

账　　号：030000000002271001

汇入行行号：011121020015

（二）山西省收款账户信息。

户　　名：山西省财政厅

开户银行：国家金库山西省分库

账　　号：040000000002278001

汇入行行号：011161002008

（三）湖北省收款账户信息。

户　　名：湖北省财政厅

开户银行：国家金库湖北省分库

账　　号：170000000002271001

汇入行行号：011521000105

（四）陕西省收款账户信息。

户　　名：陕西省财政厅地方财政库款

开户银行：国家金库陕西省分库

账　　号：260000000002271001

汇入行行号：011791020018

（五）青海省收款账户信息。

户　　名：青海省财政厅

开户银行：国家金库青海省分库

账　　号：280000000002271008

汇入行行号：011851001004

三、其他

除上述有关规定外，本次发行工作按《财政部关于印发〈财政部代理发行2014年地方政府债券发行兑付办法〉的通知》（财库［2014］41号）、《财政部关于印发〈财政部代理发行2014年地方政府债券招标发行规则〉的通知》（财库［2014］42号）规定执行。

附件：

2012—2014年记账式国债承销团成员名单

序号	机构代码	机构名称	序号	机构代码	机构名称
甲类成员：			24	1041	徽商银行股份有限公司
1	1001	中国工商银行股份有限公司	25	1055	长沙银行股份有限公司
2	1002	中国农业银行股份有限公司	26	1092	齐商银行股份有限公司
3	1003	中国银行股份有限公司	27	1095	洛阳银行股份有限公司
4	1004	中国建设银行股份有限公司	28	1100	恒丰银行股份有限公司
5	1005	交通银行股份有限公司	29	1107	宁波鄞州农村合作银行
6	1006	中信银行股份有限公司	30	1115	国家开发银行股份有限公司
7	1007	中国光大银行股份有限公司	31	2000	中国银河证券股份有限公司
8	1010	上海浦东发展银行股份有限公司	32	2001	中信建投证券股份有限公司
9	1015	北京银行股份有限公司	33	2003	国泰君安证券股份有限公司
10	1017	南京银行股份有限公司	34	2007	华泰证券股份有限公司
11	2041	平安证券有限责任公司	35	2012	申银万国证券股份有限公司
12	2047	中信证券股份有限公司	36	2048	光大证券股份有限公司
13	5008	中国邮政储蓄银行股份有限公司	37	2049	国信证券股份有限公司
乙类成员：			38	2050	招商证券股份有限公司
14	1009	华夏银行股份有限公司	39	2057	东方证券股份有限公司
15	1011	兴业银行股份有限公司	40	2059	中国国际金融有限公司
16	1012	招商银行股份有限公司	41	2078	国海证券股份有限公司
17	1013	平安银行股份有限公司	42	2080	安信证券股份有限公司
18	1014	中国民生银行股份有限公司	43	2082	第一创业证券有限责任公司
19	1016	上海银行股份有限公司	44	4001	中国人寿保险（集团）公司
20	1020	广发银行股份有限公司	45	5003	江苏常熟农村商业银行股份有限公司
21	1021	天津银行股份有限公司	46	5011	北京农村商业银行股份有限公司
22	1022	河北银行股份有限公司	47	5014	上海农村商业银行股份有限公司
23	1023	杭州银行股份有限公司			

注：另外3家记账式国债承销团成员暂不参与2014年地方政府债券发行招投标，包括汇丰银行（中国）有限公司、渣打银行（中国）有限公司、摩根大通银行（中国）有限公司。

财政部关于代理发行2014年地方政府债券（五期）有关事宜的通知

2014年6月19日　财库［2014］74号

河北、山西、湖北、陕西、青海省财政厅，2012—2014年记账式国债承销团成员，中央国债登记结算有限责任公司、中国证券登记结算有限责任公司、中国外汇交易中心、上海证券交易所、深圳证券交易所：

为筹集财政资金，支持地方经济和社会发展，根据2014年地方政府债券发行安排，经分别与河北、山西、湖北、陕西、青海省人民政府协商，财政部决定代理发行2014年地方政府债券（五期）（以下简称本期债券）。现就本期债券发行工作有关事项通知如下：

一、发行条件

（一）发行场所。通过全国银行间债券市场、证券交易所债券市场发行。

（二）品种和数量。本期债券为5年期固定利率附息债，计划发行面值总额为261亿元，其中河北、山西、湖北、陕西、青海省额度分别为59亿元、42亿元、62亿元、55亿元、43亿元。各省额度以2014年地方政府债券（五期）名称合并发行、合并托管上市交易。

（三）时间安排。2014年6月27日招标，6月30日开始计息，招标结束至7月2日进行分销，7月4日起上市交易。

（四）招标方式。招标总量261亿元，采用单一价格招标方式，标的为利率。

（五）兑付安排。利息按年支付，每年6月30日（节假日顺延，下同）支付利息，2019年6月30日偿还本金并支付最后一次利息。财政部代为办理本期债券还本付息。

（六）发行手续费。承销面值的0.1%。

二、发行款缴纳

承销团成员于2014年7月2日前（含7月2日），按照承销额度及缴款通知书上确定金额将发行款通过大额实时支付系统缴入各地财政部门指定账户。缴款日期以各地财政部门指定账户收到款项为准。承销团成员未按时缴付发行款的，按规定将违约金通过大额实时支付系统缴入各地财政部门指定账户。支付报文中附言为必录项，填写时应当注明缴款机构名称、债券名称及资金用途，如：××公司2014年地方政府债券（五期）发行款（或逾期违约金）。

（一）河北省收款账户信息。

户　　名：河北省财政厅

开户银行：国家金库河北省分库

账　　号：030000000002271001

汇入行行号：011121020015

（二）山西省收款账户信息。

户　　名：山西省财政厅

开户银行：国家金库山西省分库

账　　号：040000000002278001

汇入行行号：011161002008

（三）湖北省收款账户信息。

户　　名：湖北省财政厅

开户银行：国家金库湖北省分库

账　　号：170000000002271001

汇入行行号：011521000105

（四）陕西省收款账户信息。

户　　名：陕西省财政厅地方财政库款

开户银行：国家金库陕西省分库

账　　号：260000000002271001

汇入行行号：011791020018

（五）青海省收款账户信息。

户　　名：青海省财政厅

开户银行：国家金库青海省分库

账　　号：280000000002271008

汇入行行号：011851001004

三、其他

除上述有关规定外，本次发行工作按《财政部关于印发〈财政部代理发行 2014 年地方政府债券发行兑付办法〉的通知》（财库［2014］41 号）、《财政部关于印发〈财政部代理发行 2014 年地方政府债券招标发行规则〉的通知》（财库［2014］42 号）规定执行。

附件：

2012—2014 年记账式国债承销团成员名单

序号	机构代码	机构名称	序号	机构代码	机构名称
甲类成员：			24	1041	徽商银行股份有限公司
1	1001	中国工商银行股份有限公司	25	1055	长沙银行股份有限公司
2	1002	中国农业银行股份有限公司	26	1092	齐商银行股份有限公司
3	1003	中国银行股份有限公司	27	1095	洛阳银行股份有限公司
4	1004	中国建设银行股份有限公司	28	1100	恒丰银行股份有限公司
5	1005	交通银行股份有限公司	29	1107	宁波鄞州农村合作银行
6	1006	中信银行股份有限公司	30	1115	国家开发银行股份有限公司
7	1007	中国光大银行股份有限公司	31	2000	中国银河证券股份有限公司
8	1010	上海浦东发展银行股份有限公司	32	2001	中信建投证券股份有限公司
9	1015	北京银行股份有限公司	33	2003	国泰君安证券股份有限公司
10	1017	南京银行股份有限公司	34	2007	华泰证券股份有限公司
11	2041	平安证券有限责任公司	35	2012	申银万国证券股份有限公司
12	2047	中信证券股份有限公司	36	2048	光大证券股份有限公司
13	5008	中国邮政储蓄银行股份有限公司	37	2049	国信证券股份有限公司
乙类成员：			38	2050	招商证券股份有限公司
14	1009	华夏银行股份有限公司	39	2057	东方证券股份有限公司
15	1011	兴业银行股份有限公司	40	2059	中国国际金融有限公司
16	1012	招商银行股份有限公司	41	2078	国海证券股份有限公司
17	1013	平安银行股份有限公司	42	2080	安信证券股份有限公司
18	1014	中国民生银行股份有限公司	43	2082	第一创业证券有限责任公司
19	1016	上海银行股份有限公司	44	4001	中国人寿保险（集团）公司
20	1020	广发银行股份有限公司	45	5003	江苏常熟农村商业银行股份有限公司
21	1021	天津银行股份有限公司	46	5011	北京农村商业银行股份有限公司
22	1022	河北银行股份有限公司	47	5014	上海农村商业银行股份有限公司
23	1023	杭州银行股份有限公司			

注：另外 3 家记账式国债承销团成员暂不参与 2014 年地方政府债券发行招投标，包括汇丰银行（中国）有限公司、渣打银行（中国）有限公司、摩根大通银行（中国）有限公司。

财政部关于代理发行2014年地方政府债券（六期）有关事宜的通知

2014年7月7日 财库［2014］82号

黑龙江、河南、重庆、湖南省（市）财政厅（局），2012—2014年记账式国债承销团成员，中央国债登记结算有限责任公司、中国证券登记结算有限责任公司、中国外汇交易中心、上海证券交易所、深圳证券交易所：

为筹集财政资金，支持地方经济和社会发展，根据2014年地方政府债券发行安排，经分别与黑龙江、河南、重庆、湖南省（市）人民政府协商，财政部决定代理发行2014年地方政府债券（六期）（以下简称本期债券）。现就本期债券发行工作有关事项通知如下：

一、发行条件

（一）发行场所。通过全国银行间债券市场、证券交易所债券市场发行。

（二）品种和数量。本期债券为3年期固定利率附息债，计划发行面值总额为234亿元，其中黑龙江、河南、重庆、湖南省（市）额度分别为51亿元、70亿元、39亿元、74亿元。各省（市）额度以2014年地方政府债券（六期）名称合并发行、合并托管上市交易。

（三）时间安排。2014年7月14日招标，7月15日开始计息，招标结束至7月17日进行分销，7月21日起上市交易。

（四）招标方式。招标总量234亿元，采用单一价格招标方式，标的为利率。

（五）兑付安排。利息按年支付，每年7月15日（节假日顺延，下同）支付利息，2017年7月15日偿还本金并支付最后一次利息。财政部代为办理本期债券还本付息。

（六）发行手续费。承销面值的0.05%。

二、发行款缴纳

承销团成员于2014年7月17日前（含7月17日），按照承销额度及缴款通知书上确定金额将发行款通过大额实时支付系统缴入各地财政部门指定账户。缴款日期以各地财政部门指定账户收到款项为准。承销团成员未按时缴付发行款的，按规定将违约金通过大额实时支付系统缴入各地财政部门指定账户。支付报文中附言为必录项，填写时应当注明缴款机构名称、债券名称及资金用途，如：××公司2014年地方政府债券（六期）发行款（或逾期违约金）。

（一）黑龙江省收款账户信息。

户　　名：黑龙江省财政厅

开户银行：国家金库黑龙江省分库

账　　号：080000000002271001

汇入行行号：011261001004

（二）河南省收款账户信息。

户　　名：待报解预算收入

开户银行：国家金库河南省分库

账　　号：160000000002278001

汇入行行号：011491001005

（三）重庆市收款账户信息。

户　　名：重庆市财政局

开户银行：国家金库重庆分库

账　　号：22000000000227100019

汇入行行号：011653010001

（四）湖南省收款账户信息。

户　　名：湖南省财政厅预算存款户

开户银行：中华人民共和国国家金库湖南省分库

账　　号：18000000000227101

汇入行行号：011551000011

三、其他

除上述有关规定外，本次发行工作按《财政部关于印发〈财政部代理发行2014年地方政府债券发行兑付办法〉的通知》（财库［2014］41号）、《财政部关于印发〈财政部代理发行2014年地方政府债券招标发行规则〉的通知》（财库［2014］42号）规定执行。

附件：

2012—2014年记账式国债承销团成员名单

序号	机构代码	机构名称	序号	机构代码	机构名称
甲类成员：			24	1041	徽商银行股份有限公司
1	1001	中国工商银行股份有限公司	25	1055	长沙银行股份有限公司
2	1002	中国农业银行股份有限公司	26	1092	齐商银行股份有限公司
3	1003	中国银行股份有限公司	27	1095	洛阳银行股份有限公司
4	1004	中国建设银行股份有限公司	28	1100	恒丰银行股份有限公司
5	1005	交通银行股份有限公司	29	1107	宁波鄞州农村合作银行
6	1006	中信银行股份有限公司	30	1115	国家开发银行股份有限公司
7	1007	中国光大银行股份有限公司	31	2000	中国银河证券股份有限公司
8	1010	上海浦东发展银行股份有限公司	32	2001	中信建投证券股份有限公司
9	1015	北京银行股份有限公司	33	2003	国泰君安证券股份有限公司
10	1017	南京银行股份有限公司	34	2007	华泰证券股份有限公司
11	2041	平安证券有限责任公司	35	2012	申银万国证券股份有限公司
12	2047	中信证券股份有限公司	36	2048	光大证券股份有限公司
13	5008	中国邮政储蓄银行股份有限公司	37	2049	国信证券股份有限公司
乙类成员：			38	2050	招商证券股份有限公司
14	1009	华夏银行股份有限公司	39	2057	东方证券股份有限公司
15	1011	兴业银行股份有限公司	40	2059	中国国际金融有限公司
16	1012	招商银行股份有限公司	41	2078	国海证券股份有限公司
17	1013	平安银行股份有限公司	42	2080	安信证券股份有限公司
18	1014	中国民生银行股份有限公司	43	2082	第一创业证券有限责任公司
19	1016	上海银行股份有限公司	44	4001	中国人寿保险（集团）公司
20	1020	广发银行股份有限公司	45	5003	江苏常熟农村商业银行股份有限公司
21	1021	天津银行股份有限公司	46	5011	北京农村商业银行股份有限公司
22	1022	河北银行股份有限公司	47	5014	上海农村商业银行股份有限公司
23	1023	杭州银行股份有限公司			

注：另外3家记账式国债承销团成员暂不参与2014年地方政府债券发行招投标，包括汇丰银行（中国）有限公司、渣打银行（中国）有限公司、摩根大通银行（中国）有限公司。

财政部关于代理发行2014年地方政府债券（七期）有关事宜的通知

2014年7月7日 财库［2014］83号

黑龙江、河南、重庆、湖南省（市）财政厅（局），2012—2014年记账式国债承销团成员，中央国债登记结算有限责任公司、中国证券登记结算有限责任公司、中国外汇交易中心、上海证券交易所、深圳证券交易所：

为筹集财政资金，支持地方经济和社会发展，根据2014年地方政府债券发行安排，经分别与黑龙江、河南、重庆、湖南省（市）人民政府协商，财政部决定代理发行2014年地方政府债券（七期）（以下简称本期债券）。现就本期债券发行工作有关事项通知如下：

一、发行条件

（一）发行场所。通过全国银行间债券市场、证券交易所债券市场发行。

（二）品种和数量。本期债券为5年期固定利率附息债，计划发行面值总额为234亿元，其中黑龙江、河南、重庆、湖南省（市）额度分别为50亿元、70亿元、40亿元、74亿元。各省（市）额度以2014年地方政府债券（七期）名称合并发行、合并托管上市交易。

（三）时间安排。2014年7月14日招标，7月15日开始计息，招标结束至7月17日进行分销，7月21日起上市交易。

（四）招标方式。招标总量234亿元，采用单一价格招标方式，标的为利率。

（五）兑付安排。利息按年支付，每年7月15日（节假日顺延，下同）支付利息，2019年7月15日偿还本金并支付最后一次利息。财政部代为办理本期债券还本付息。

（六）发行手续费。承销面值的0.1%。

二、发行款缴纳

承销团成员于2014年7月17日前（含7月17日），按照承销额度及缴款通知书上确定金额将发行款通过大额实时支付系统缴入各地财政部门指定账户。缴款日期以各地财政部门指定账户收到款项为准。承销团成员未按时缴付发行款的，按规定将违约金通过大额实时支付系统缴入各地财政部门指定账户。支付报文中附言为必录项，填写时应当注明缴款机构名称、债券名称及资金用途，如：××公司2014年地方政府债券（七期）发行款（或逾期违约金）。

（一）黑龙江省收款账户信息。

户　　名：黑龙江省财政厅

开户银行：国家金库黑龙江省分库

账　　号：080000000002271001

汇入行行号：011261001004

（二）河南省收款账户信息。

户　　名：待报解预算收入

开户银行：国家金库河南省分库

账　　号：160000000002278001

汇入行行号：011491001005

（三）重庆市收款账户信息。

户　　名：重庆市财政局

开户银行：国家金库重庆分库

账　　号：22000000000227100019

汇入行行号：011653010001

（四）湖南省收款账户信息。

户　　名：湖南省财政厅预算存款户

开户银行：中华人民共和国国家金库湖南省分库

账　　号：18000000000227101

汇入行行号：011551000011

三、其他

除上述有关规定外，本次发行工作按《财政部关于印发〈财政部代理发行2014年地方政府债券发行兑付办法〉的通知》（财库［2014］41号）、《财政部关于印发〈财政部代理发行2014年地方政府债券招标发行规则〉的通知》（财库［2014］42号）规定执行。

附件：

2012—2014年记账式国债承销团成员名单

序号	机构代码	机构名称	序号	机构代码	机构名称
甲类成员：			24	1041	徽商银行股份有限公司
1	1001	中国工商银行股份有限公司	25	1055	长沙银行股份有限公司
2	1002	中国农业银行股份有限公司	26	1092	齐商银行股份有限公司
3	1003	中国银行股份有限公司	27	1095	洛阳银行股份有限公司
4	1004	中国建设银行股份有限公司	28	1100	恒丰银行股份有限公司
5	1005	交通银行股份有限公司	29	1107	宁波鄞州农村合作银行
6	1006	中信银行股份有限公司	30	1115	国家开发银行股份有限公司
7	1007	中国光大银行股份有限公司	31	2000	中国银河证券股份有限公司
8	1010	上海浦东发展银行股份有限公司	32	2001	中信建投证券股份有限公司
9	1015	北京银行股份有限公司	33	2003	国泰君安证券股份有限公司
10	1017	南京银行股份有限公司	34	2007	华泰证券股份有限公司
11	2041	平安证券有限责任公司	35	2012	申银万国证券股份有限公司
12	2047	中信证券股份有限公司	36	2048	光大证券股份有限公司
13	5008	中国邮政储蓄银行股份有限公司	37	2049	国信证券股份有限公司
乙类成员：			38	2050	招商证券股份有限公司
14	1009	华夏银行股份有限公司	39	2057	东方证券股份有限公司
15	1011	兴业银行股份有限公司	40	2059	中国国际金融有限公司
16	1012	招商银行股份有限公司	41	2078	国海证券股份有限公司
17	1013	平安银行股份有限公司	42	2080	安信证券股份有限公司
18	1014	中国民生银行股份有限公司	43	2082	第一创业证券有限责任公司
19	1016	上海银行股份有限公司	44	4001	中国人寿保险（集团）公司
20	1020	广发银行股份有限公司	45	5003	江苏常熟农村商业银行股份有限公司
21	1021	天津银行股份有限公司	46	5011	北京农村商业银行股份有限公司
22	1022	河北银行股份有限公司	47	5014	上海农村商业银行股份有限公司
23	1023	杭州银行股份有限公司			

注：另外3家记账式国债承销团成员暂不参与2014年地方政府债券发行招投标，包括汇丰银行（中国）有限公司、渣打银行（中国）有限公司、摩根大通银行（中国）有限公司。

财政部关于代理发行2014年地方政府债券（八期）有关事宜的通知

2014年7月7日 财库［2014］84号

河北、山西、黑龙江、河南、重庆、云南、陕西省（市）财政厅（局），2012—2014年记账式国债承销团成员，中央国债登记结算有限责任公司、中国证券登记结算有限责任公司、中国外汇交易中心、上海证券交易所、深圳证券交易所：

为筹集财政资金，支持地方经济和社会发展，根据2014年地方政府债券发行安排，经分别与河北、山西、黑龙江、河南、重庆、云南、陕西省（市）人民政府协商，财政部决定代理发行2014年地方政府债券（八期）（以下简称本期债券）。现就本期债券发行工作有关事项通知如下：

一、发行条件

（一）发行场所。通过全国银行间债券市场、证券交易所债券市场发行。

（二）品种和数量。本期债券为7年期固定利率附息债，计划发行面值总额为198亿元，其中河北、山西、黑龙江、河南、重庆、云南、陕西省（市）额度分别为30亿元、21亿元、25亿元、36亿元、20亿元、39亿元、27亿元。各省（市）额度以2014年地方政府债券（八期）名称合并发行、合并托管上市交易。

（三）时间安排。2014年7月18日招标，7月21日开始计息，招标结束至7月23日进行分销，7月25日起上市交易。

（四）招标方式。招标总量198亿元，采用单一价格招标方式，标的为利率。

（五）兑付安排。利息按年支付，每年7月21日（节假日顺延，下同）支付利息，2021年7月21日偿还本金并支付最后一次利息。财政部代为办理本期债券还本付息。

（六）发行手续费。承销面值的0.1%。

二、发行款缴纳

承销团成员于2014年7月23日前（含7月23日），按照承销额度及缴款通知书上确定金额将发行款通过大额实时支付系统缴入各地财政部门指定账户。缴款日期以各地财政部门指定账户收到款项为准。承销团成员未按时缴付发行款的，按规定将违约金通过大额实时支付系统缴入各地财政部门指定账户。支付报文中附言为必录项，填写时应当注明缴款机构名称、债券名称及资金用途，如：××公司2014年地方政府债券（八期）发行款（或逾期违约金）。

（一）河北省收款账户信息。

户　　名：河北省财政厅

开户银行：国家金库河北省分库

账　　号：030000000002271001

汇入行行号：011121020015

（二）山西省收款账户信息。

户　　名：山西省财政厅

开户银行：国家金库山西省分库

账　　号：040000000002278001

汇入行行号：011161002008

（三）黑龙江省收款账户信息。

户　　名：黑龙江省财政厅
开户银行：国家金库黑龙江省分库
账　　号：080000000002271001
汇入行行号：011261001004

（四）河南省收款账户信息。
户　　名：待报解预算收入
开户银行：国家金库河南省分库
账　　号：160000000002278001
汇入行行号：011491001005

（五）重庆市收款账户信息。
户　　名：重庆市财政局
开户银行：国家金库重庆分库
账　　号：22000000000227100019
汇入行行号：011653010001

（六）云南省收款账户信息。
户　　名：云南省财政厅
开户银行：国家金库云南省分库
账　　号：240000000002278001
汇入行行号：011731002002

（七）陕西省收款账户信息。
户　　名：陕西省财政厅地方财政库款
开户银行：国家金库陕西省分库
账　　号：260000000002271001
汇入行行号：011791020018

三、其他

除上述有关规定外，本次发行工作按《财政部关于印发〈财政部代理发行 2014 年地方政府债券发行兑付办法〉的通知》（财库［2014］41 号）、《财政部关于印发〈财政部代理发行 2014 年地方政府债券招标发行规则〉的通知》（财库［2014］42 号）规定执行。

附件：

2012—2014 年记账式国债承销团成员名单

序号	机构代码	机构名称	序号	机构代码	机构名称
甲类成员：			24	1041	徽商银行股份有限公司
1	1001	中国工商银行股份有限公司	25	1055	长沙银行股份有限公司
2	1002	中国农业银行股份有限公司	26	1092	齐商银行股份有限公司
3	1003	中国银行股份有限公司	27	1095	洛阳银行股份有限公司
4	1004	中国建设银行股份有限公司	28	1100	恒丰银行股份有限公司
5	1005	交通银行股份有限公司	29	1107	宁波鄞州农村合作银行
6	1006	中信银行股份有限公司	30	1115	国家开发银行股份有限公司
7	1007	中国光大银行股份有限公司	31	2000	中国银河证券股份有限公司
8	1010	上海浦东发展银行股份有限公司	32	2001	中信建投证券股份有限公司
9	1015	北京银行股份有限公司	33	2003	国泰君安证券股份有限公司
10	1017	南京银行股份有限公司	34	2007	华泰证券股份有限公司
11	2041	平安证券有限责任公司	35	2012	申银万国证券股份有限公司
12	2047	中信证券股份有限公司	36	2048	光大证券股份有限公司
13	5008	中国邮政储蓄银行股份有限公司	37	2049	国信证券股份有限公司

续表

序号	机构代码	机构名称	序号	机构代码	机构名称
乙类成员：			38	2050	招商证券股份有限公司
14	1009	华夏银行股份有限公司	39	2057	东方证券股份有限公司
15	1011	兴业银行股份有限公司	40	2059	中国国际金融有限公司
16	1012	招商银行股份有限公司	41	2078	国海证券股份有限公司
17	1013	平安银行股份有限公司	42	2080	安信证券股份有限公司
18	1014	中国民生银行股份有限公司	43	2082	第一创业证券有限责任公司
19	1016	上海银行股份有限公司	44	4001	中国人寿保险（集团）公司
20	1020	广发银行股份有限公司	45	5003	江苏常熟农村商业银行股份有限公司
21	1021	天津银行股份有限公司	46	5011	北京农村商业银行股份有限公司
22	1022	河北银行股份有限公司	47	5014	上海农村商业银行股份有限公司
23	1023	杭州银行股份有限公司			

注：另外3家记账式国债承销团成员暂不参与2014年地方政府债券发行招投标，包括汇丰银行（中国）有限公司、渣打银行（中国）有限公司、摩根大通银行（中国）有限公司。

关于浦发银行等五家银行开展储蓄国债（电子式）网上银行销售业务的通知

2014 年 8 月 7 日 财库［2014］101 号

2012—2014 年储蓄国债承销团成员：

为进一步推进储蓄国债（电子式）网上银行销售工作，按照《财政部 中国人民银行关于进一步推进储蓄国债（电子式）网上银行销售工作有关事宜的通知》（财库［2014］61 号，以下简称《通知》）有关规定，财政部、中国人民银行决定将浦发银行、兴业银行、民生银行、徽商银行和北京农商行纳入储蓄国债（电子式）网上银行销售业务机构名单。

上述五家银行要高度重视，切实加强组织领导，严格按照《通知》要求做好相关工作。同时，要进一步加大宣传、培训力度，确保相关工作顺利开展。

财政部关于代理发行 2014 年地方政府债券（九期）有关事宜的通知

2014 年 8 月 7 日　财库［2014］102 号

辽宁、安徽、厦门、贵州、西藏、云南省（区、市）财政厅（局），2012—2014 年记账式国债承销团成员，中央国债登记结算有限责任公司、中国证券登记结算有限责任公司、中国外汇交易中心、上海证券交易所、深圳证券交易所：

为筹集财政资金，支持地方经济和社会发展，根据 2014 年地方政府债券发行安排，经分别与辽宁、安徽、厦门、贵州、西藏、云南省（区、市）人民政府协商，财政部决定代理发行 2014 年地方政府债券（九期）（以下简称本期债券）。现就本期债券发行工作有关事项通知如下：

一、发行条件

（一）发行场所。通过全国银行间债券市场、证券交易所债券市场发行。

（二）品种和数量。本期债券为 3 年期固定利率附息债，计划发行面值总额为 242 亿元，其中辽宁、安徽、厦门、贵州、西藏、云南省（区、市）额度分别为 40 亿元、69 亿元、6 亿元、45 亿元、5 亿元、77 亿元。各省（区、市）额度以 2014 年地方政府债券（九期）名称合并发行、合并托管上市交易。

（三）时间安排。2014 年 8 月 15 日招标，8 月 18 日开始计息，招标结束至 8 月 20 日进行分销，8 月 22 日起上市交易。

（四）招标方式。招标总量 242 亿元，采用单一价格招标方式，标的为利率。

（五）兑付安排。利息按年支付，每年 8 月 18 日（节假日顺延，下同）支付利息，2017 年 8 月 18 日偿还本金并支付最后一次利息。财政部代为办理本期债券还本付息。

（六）发行手续费。承销面值的 0.05%。

二、发行款缴纳

承销团成员于 2014 年 8 月 20 日前（含 8 月 20 日），按照承销额度及缴款通知书上确定金额将发行款通过大额实时支付系统缴入各地财政部门指定账户。缴款日期以各地财政部门指定账户收到款项为准。承销团成员未按时缴付发行款的，按规定将违约金通过大额实时支付系统缴入各地财政部门指定账户。支付报文中附言为必录项，填写时应当注明缴款机构名称、债券名称及资金用途，如：××公司 2014 年地方政府债券（九期）发行款（或逾期违约金）。

（一）辽宁省收款账户信息。

户　　名：辽宁省财政厅

开户银行：国家金库辽宁省分库

账　　号：060000000002271001

汇入行行号：011221001018

（二）安徽省收款账户信息。

户　　名：待报解预算收入

开户银行：国家金库安徽省分库

账　　号：120000000002278001

汇入行行号：011361001001

（三）厦门市收款账户信息。

户　　名：厦门市财政局
开户银行：国家金库厦门市分库
账　　号：40000000000327101
汇入行行号：011393013020

（四）贵州省收款账户信息。

户　　名：贵州省财政厅基本户
开户银行：国家金库贵州省分库
账　　号：23000000002271001
汇入行行号：011701000014

（五）西藏自治区收款账户信息。

户　　名：地方财政库款
开户银行：国家金库西藏自治区分库
账　　号：25000000002271010
汇入行行号：011770000018

（六）云南省收款账户信息。

户　　名：云南省财政厅
开户银行：国家金库云南省分库
账　　号：24000000002278001
汇入行行号：011731002002

三、其他

除上述有关规定外，本次发行工作按《财政部关于印发〈财政部代理发行2014年地方政府债券发行兑付办法〉的通知》（财库［2014］41号）、《财政部关于印发〈财政部代理发行2014年地方政府债券招标发行规则〉的通知》（财库［2014］42号）规定执行。

财政部关于代理发行 2014 年地方政府债券（十期）有关事宜的通知

2014 年 8 月 7 日　财库［2014］103 号

辽宁、安徽、厦门、湖北、广西、贵州、西藏、云南省（区、市）财政厅（局），2012—2014 年记账式国债承销团成员，中央国债登记结算有限责任公司、中国证券登记结算有限责任公司、中国外汇交易中心、上海证券交易所、深圳证券交易所：

为筹集财政资金，支持地方经济和社会发展，根据 2014 年地方政府债券发行安排，经分别与辽宁、安徽、厦门、湖北、广西、贵州、西藏、云南省（区、市）人民政府协商，财政部决定代理发行 2014 年地方政府债券（十期）（以下简称本期债券）。现就本期债券发行工作有关事项通知如下：

一、发行条件

（一）发行场所。通过全国银行间债券市场、证券交易所债券市场发行。

（二）品种和数量。本期债券为 5 年期固定利率附息债，计划发行面值总额为 247 亿元，其中辽宁、安徽、厦门、湖北、广西、贵州、西藏、云南省（区、市）额度分别为 40 亿元、69 亿元、6 亿元、2 亿元、3 亿元、45 亿元、5 亿元、77 亿元。各省（区、市）额度以 2014 年地方政府债券（十期）名称合并发行、合并托管上市交易。

（三）时间安排。2014 年 8 月 15 日招标，8 月 18 日开始计息，招标结束至 8 月 20 日进行分销，8 月 22 日起上市交易。

（四）招标方式。招标总量 247 亿元，采用单一价格招标方式，标的为利率。

（五）兑付安排。利息按年支付，每年 8 月 18 日（节假日顺延，下同）支付利息，2019 年 8 月 18 日偿还本金并支付最后一次利息。财政部代为办理本期债券还本付息。

（六）发行手续费。承销面值的 0.1%。

二、发行款缴纳

承销团成员于 2014 年 8 月 20 日前（含 8 月 20 日），按照承销额度及缴款通知书上确定金额将发行款通过大额实时支付系统缴入各地财政部门指定账户。缴款日期以各地财政部门指定账户收到款项为准。承销团成员未按时缴付发行款的，按规定将违约金通过大额实时支付系统缴入各地财政部门指定账户。支付报文中附言为必录项，填写时应当注明缴款机构名称、债券名称及资金用途，如：××公司 2014 年地方政府债券（十期）发行款（或逾期违约金）。

（一）辽宁省收款账户信息。

户　　名：辽宁省财政厅

开户银行：国家金库辽宁省分库

账　　号：060000000002271001

汇入行行号：011221001018

（二）安徽省收款账户信息。

户　　名：待报解预算收入

开户银行：国家金库安徽省分库

账　　号：120000000002278001

汇入行行号：011361001001

（三）厦门市收款账户信息。

户　　名：厦门市财政局

开户银行：国家金库厦门市分库

账　　号：40000000000327101

汇入行行号：011393013020

（四）湖北省收款账户信息。

户　　名：湖北省财政厅

开户银行：国家金库湖北省分库

账　　号：170000000002271001

汇入行行号：011521000105

（五）广西壮族自治区收款账户信息。

户　　名：广西壮族自治区财政厅

开户银行：国家金库广西区分库

账　　号：200000000002271001

汇入行行号：011611001009

（六）贵州省收款账户信息。

户　　名：贵州省财政厅基本户

开户银行：国家金库贵州省分库

账　　号：230000000002271001

汇入行行号：011701000014

（七）西藏自治区收款账户信息。

户　　名：地方财政库款

开户银行：国家金库西藏自治区分库

账　　号：250000000002271010

汇入行行号：011770000018

（八）云南省收款账户信息。

户　　名：云南省财政厅

开户银行：国家金库云南省分库

账　　号：240000000002278001

汇入行行号：011731002002

三、其他

除上述有关规定外，本次发行工作按《财政部关于印发〈财政部代理发行 2014 年地方政府债券发行兑付办法〉的通知》（财库［2014］41 号）、《财政部关于印发〈财政部代理发行 2014 年地方政府债券招标发行规则〉的通知》（财库［2014］42 号）规定执行。

关于中信银行等三家银行开展储蓄国债（电子式）网上银行销售业务的通知

2014年8月29日 财库［2014］110号

2012—2014年储蓄国债承销团成员：

为进一步推进储蓄国债（电子式）网上银行销售工作，按照《财政部 中国人民银行关于进一步推进储蓄国债（电子式）网上银行销售工作有关事宜的通知》（财库［2014］61号，以下简称《通知》）有关规定，财政部、中国人民银行决定将中信银行、华夏银行和平安银行纳入储蓄国债（电子式）网上银行销售业务机构名单。

上述三家银行要高度重视，切实加强组织领导，严格按照《通知》要求做好相关工作。同时，要进一步加大宣传、培训力度，确保相关工作顺利开展。

财政部关于代理发行2014年地方政府债券（十一期）有关事宜的通知

2014年9月12日 财库［2014］116号

天津、内蒙古、大连、吉林、宁波、海南省（区、市）财政厅（局），2012—2014年记账式国债承销团成员，中央国债登记结算有限责任公司、中国证券登记结算有限责任公司、中国外汇交易中心、上海证券交易所、深圳证券交易所：

为筹集财政资金，支持地方经济和社会发展，根据2014年地方政府债券发行安排，经分别与天津、内蒙古、大连、吉林、宁波、海南省（区、市）人民政府协商，财政部决定代理发行2014年地方政府债券（十一期）（以下简称本期债券）。现就本期债券发行工作有关事项通知如下：

一、发行条件

（一）发行场所。通过全国银行间债券市场、证券交易所债券市场发行。

（二）品种和数量。本期债券为3年期固定利率附息债，计划发行面值总额为163亿元，其中天津、内蒙古、大连、吉林、宁波、海南省（区、市）额度分别为21亿元、50亿元、9亿元、48亿元、11亿元、24亿元。各省（区、市）额度以2014年地方政府债券（十一期）名称合并发行、合并托管上市交易。

（三）时间安排。2014年9月15日招标，9月16日开始计息，招标结束至9月18日进行分销，9月22日起上市交易。

（四）招标方式。招标总量163亿元，采用单一价格招标方式，标的为利率。

（五）兑付安排。利息按年支付，每年9月16日（节假日顺延，下同）支付利息，2017年9月16日偿还本金并支付最后一次利息。财政部代为办理本期债券还本付息。

（六）发行手续费。承销面值的0.05%。

二、发行款缴纳

承销团成员于2014年9月18日前（含9月18日），按照承销额度及缴款通知书上确定金额将发行款通过大额实时支付系统缴入各地财政部门指定账户。缴款日期以各地财政部门指定账户收到款项为准。承销团成员未按时缴付发行款的，按规定将违约金通过大额实时支付系统缴入各地财政部门指定账户。支付报文中附言为必录项，填写时应当注明缴款机构名称、债券名称及资金用途，如：××公司2014年地方政府债券（十一期）发行款（或逾期违约金）。

（一）天津市收款账户信息。

户　　名：天津市财政局

开户银行：国家金库天津市分库

账　　号：020000000000227101

汇入行行号：011110002002

（二）内蒙古自治区收款账户信息。

户　　名：内蒙古自治区财政厅

开户银行：国家金库内蒙古自治区分库

账　　号：050000000000227101

汇入行行号：011191002007

（三）大连市收款账户信息。

户　　名：大连市财政局
开户银行：国家金库大连分库
账　　号：350100000003271001
汇入行行号：011222002115
（四）吉林省收款账户信息。
户　　名：吉林省财政厅
开户银行：国家金库吉林省分库
账　　号：070000000022710101
汇入行行号：011241010000
（五）宁波市收款账户信息。
户　　名：宁波市财政局
开户银行：国家金库宁波市分库
账　　号：360000000003271001
汇入行行号：011332001002
（六）海南省收款账户信息。
户　　名：海南省财政厅
开户银行：国家金库海南省分库
账　　号：370000000002271001
汇入行行号：011641000015

三、其他

除上述有关规定外，本次发行工作按《财政部关于印发〈财政部代理发行 2014 年地方政府债券发行兑付办法〉的通知》（财库［2014］41 号）、《财政部关于印发〈财政部代理发行 2014 年地方政府债券招标发行规则〉的通知》（财库［2014］42 号）规定执行。

财政部关于代理发行2014年地方政府债券（十二期）有关事宜的通知

2014年9月12日　财库［2014］117号

天津、内蒙古、大连、吉林、宁波、海南省（区、市）财政厅（局），2012—2014年记账式国债承销团成员，中央国债登记结算有限责任公司、中国证券登记结算有限责任公司、中国外汇交易中心、上海证券交易所、深圳证券交易所：

为筹集财政资金，支持地方经济和社会发展，根据2014年地方政府债券发行安排，经分别与天津、内蒙古、大连、吉林、宁波、海南省（区、市）人民政府协商，财政部决定代理发行2014年地方政府债券（十二期）（以下简称本期债券）。现就本期债券发行工作有关事项通知如下：

一、发行条件

（一）发行场所。通过全国银行间债券市场、证券交易所债券市场发行。

（二）品种和数量。本期债券为5年期固定利率附息债，计划发行面值总额为163亿元，其中天津、内蒙古、大连、吉林、宁波、海南省（区、市）额度分别为21亿元、50亿元、9亿元、48亿元、11亿元、24亿元。各省（区、市）额度以2014年地方政府债券（十二期）名称合并发行、合并托管上市交易。

（三）时间安排。2014年9月15日招标，9月16日开始计息，招标结束至9月18日进行分销，9月22日起上市交易。

（四）招标方式。招标总量163亿元，采用单一价格招标方式，标的为利率。

（五）兑付安排。利息按年支付，每年9月16日（节假日顺延，下同）支付利息，2019年9月16日偿还本金并支付最后一次利息。财政部代为办理本期债券还本付息。

（六）发行手续费。承销面值的0.1%。

二、发行款缴纳

承销团成员于2014年9月18日前（含9月18日），按照承销额度及缴款通知书上确定金额将发行款通过大额实时支付系统缴入各地财政部门指定账户。缴款日期以各地财政部门指定账户收到款项为准。承销团成员未按时缴付发行款的，按规定将违约金通过大额实时支付系统缴入各地财政部门指定账户。支付报文中附言为必录项，填写时应当注明缴款机构名称、债券名称及资金用途，如：××公司2014年地方政府债券（十二期）发行款（或逾期违约金）。

（一）天津市收款账户信息。

户　　名：天津市财政局

开户银行：国家金库天津市分库

账　　号：020000000000227101

汇入行行号：011110002002

（二）内蒙古自治区收款账户信息。

户　　名：内蒙古自治区财政厅

开户银行：国家金库内蒙古自治区分库

账　　号：050000000000227101

汇入行行号：011191002007

（三）大连市收款账户信息。

户　　名：大连市财政局
开户银行：国家金库大连分库
账　　号：350100000003271001
汇入行行号：011222002115
（四）吉林省收款账户信息。
户　　名：吉林省财政厅
开户银行：国家金库吉林省分库
账　　号：070000000022710101
汇入行行号：011241010000
（五）宁波市收款账户信息。
户　　名：宁波市财政局
开户银行：国家金库宁波市分库
账　　号：360000000003271001
汇入行行号：011332001002
（六）海南省收款账户信息。
户　　名：海南省财政厅
开户银行：国家金库海南省分库
账　　号：370000000002271001
汇入行行号：011641000015

三、其他

除上述有关规定外，本次发行工作按《财政部关于印发〈财政部代理发行2014年地方政府债券发行兑付办法〉的通知》（财库［2014］41号）、《财政部关于印发〈财政部代理发行2014年地方政府债券招标发行规则〉的通知》（财库［2014］42号）规定执行。

财政部关于代理发行2014年地方政府债券（十三期）有关事宜的通知

2014年9月12日　财库［2014］118号

天津、内蒙、辽宁、大连、吉林、宁波、安徽、厦门、湖南、海南、西藏、贵州省（区、市）财政厅（局），2012—2014年记账式国债承销团成员，中央国债登记结算有限责任公司、中国证券登记结算有限责任公司、中国外汇交易中心、上海证券交易所、深圳证券交易所：

为筹集财政资金，支持地方经济和社会发展，根据2014年地方政府债券发行安排，经分别与天津、内蒙、辽宁、大连、吉林、宁波、安徽、厦门、湖南、海南、西藏、贵州省（区、市）人民政府协商，财政部决定代理发行2014年地方政府债券（十三期）（以下简称本期债券）。现就本期债券发行工作有关事项通知如下：

一、发行条件

（一）发行场所。通过全国银行间债券市场、证券交易所债券市场发行。

（二）品种和数量。本期债券为7年期固定利率附息债，计划发行面值总额为207亿元，其中天津、内蒙、辽宁、大连、吉林、宁波、安徽、厦门、湖南、海南、西藏、贵州省（区、市）额度分别为10亿元、25亿元、21亿元、6亿元、25亿元、6亿元、35亿元、4亿元、38亿元、12亿元、3亿元、22亿元。各省（区、市）额度以2014年地方政府债券（十三期）名称合并发行、合并托管上市交易。

（三）时间安排。2014年9月24日招标，9月25日开始计息，招标结束至9月28日进行分销，9月30日起上市交易。

（四）招标方式。招标总量207亿元，采用单一价格招标方式，标的为利率。

（五）兑付安排。利息按年支付，每年9月25日（节假日顺延，下同）支付利息，2021年9月25日偿还本金并支付最后一次利息。财政部代为办理本期债券还本付息。

（六）发行手续费。承销面值的0.1%。

二、发行款缴纳

承销团成员于2014年9月28日前（含9月28日），按照承销额度及缴款通知书上确定金额将发行款通过大额实时支付系统缴入各地财政部门指定账户。缴款日期以各地财政部门指定账户收到款项为准。承销团成员未按时缴付发行款的，按规定将违约金通过大额实时支付系统缴入各地财政部门指定账户。支付报文中附言为必录项，填写时应当注明缴款机构名称、债券名称及资金用途，如：××公司2014年地方政府债券（十三期）发行款（或逾期违约金）。

（一）天津市收款账户信息。

户　　名：天津市财政局

开户银行：国家金库天津市分库

账　　号：0200000000227101

汇入行行号：011110002002

（二）内蒙古自治区收款账户信息。

户　　名：内蒙古自治区财政厅

开户银行：国家金库内蒙古自治区分库
账　　号：05000000000227101
汇入行行号：011191002007
（三）辽宁省收款账户信息。
户　　名：辽宁省财政厅
开户银行：国家金库辽宁省分库
账　　号：060000000002271001
汇入行行号：011221001018
（四）大连市收款账户信息。
户　　名：大连市财政局
开户银行：国家金库大连分库
账　　号：350100000003271001
汇入行行号：011222002115
（五）吉林省收款账户信息。
户　　名：吉林省财政厅
开户银行：国家金库吉林省分库
账　　号：0700000000022710101
汇入行行号：011241010000
（六）宁波市收款账户信息。
户　　名：宁波市财政局
开户银行：国家金库宁波市分库
账　　号：360000000003271001
汇入行行号：011332001002
（七）安徽省收款账户信息。
户　　名：待报解预算收入
开户银行：国家金库安徽省分库
账　　号：120000000002278001
汇入行行号：011361001001
（八）厦门市收款账户信息。
户　　名：厦门市财政局
开户银行：国家金库厦门市分库
账　　号：40000000000327101
汇入行行号：011393013020
（九）湖南省收款账户信息。
户　　名：湖南省财政厅预算存款户
开户银行：中华人民共和国国家金库湖南省分库
账　　号：18000000000227101
汇入行行号：011551000011
（十）海南省收款账户信息。
户　　名：海南省财政厅
开户银行：国家金库海南省分库
账　　号：370000000002271001
汇入行行号：011641000015
（十一）西藏自治区收款账户信息。
户　　名：地方财政库款
开户银行：国家金库西藏自治区分库
账　　号：250000000002271010
汇入行行号：011770000018
（十二）贵州省收款账户信息。
户　　名：贵州省财政厅基本户
开户银行：国家金库贵州省分库
账　　号：230000000002271001
汇入行行号：011701000014

三、其他

除上述有关规定外，本次发行工作按《财政部关于印发〈财政部代理发行2014年地方政府债券发行兑付办法〉的通知》（财库［2014］41号）、《财政部关于印发〈财政部代理发行2014年地方政府债券招标发行规则〉的通知》（财库［2014］42号）规定执行。

财政部、中国人民银行、证监会关于印发《国债承销团组建工作管理暂行办法》的通知

2014 年 11 月 17 日　财库〔2014〕186 号

中央国债登记结算有限责任公司、中国证券登记结算有限责任公司、中国外汇交易中心、上海证券交易所、深圳证券交易所等有关机构：

为规范国债承销团组建工作，促进国债顺利发行和市场稳定发展，财政部会同中国人民银行、中国证券监督管理委员会制定了《国债承销团组建工作管理暂行办法》，现予以公布。

附件：国债承销团组建工作管理暂行办法

附件：

国债承销团组建工作管理暂行办法

第一章　总　则

第一条　为规范国债承销团组建工作，促进国债顺利发行和市场稳定发展，制定本办法。

第二条　国债承销团按照国债品种组建，包括储蓄国债承销团和记账式国债承销团。

第三条　国债承销团组建应当遵循公开、公平、公正的市场化原则。

第四条　财政部会同中国人民银行（以下简称人民银行）负责组织储蓄国债承销团组建工作，会同人民银行、中国证券监督管理委员会（以下简称证监会）负责组织记账式国债承销团组建工作。

第五条　财政部会同有关部门根据市场环境和国债承销任务等，确定国债承销团成员的目标数量。储蓄国债承销团成员原则上不超过 40 家；记账式国债承销团成员原则上不超过 50 家。

第二章　前期准备

第六条　财政部应当会同有关部门提前公布国债承销团组建通知（以下简称组团通知）和国债承销主协议范本。

组团通知应当包括成员目标数量、报名要求、上一届国债承销团成员业务综合排名等内容，不晚于机构报名截止日前 10 个工作日（含第 10 个工作日）发布。

国债承销主协议范本应当包括财政部和国债承销团成员双方的权利、义务等内容，与组团通知同时发布。

第七条　在组团通知规定的报名截止日期前，财政部负责接收报名参加记账式国债承销团的金融机构的书面报名材料；会同人民银行负责接收报名参加储蓄国债承销团的金融机构的书面报名材料。

第八条　财政部应当就报名参加储蓄国债承销团或记账式国债承销团的金融机构（以下简称报名机构）的重大经营活动、财务风险状况、金融市场表现、近 3 年内在经营活动中有无重大违法记录等事项，以及报名材料中有关数据，征求证监会、中国银行业监督管理委员会（以下

简称银监会)、中国保险监督管理委员会（以下简称保监会）等部门意见。中央国债登记结算有限责任公司、中国证券登记结算有限责任公司、中国外汇交易中心、上海证券交易所、深圳证券交易所等国债托管、交易场所应当根据财政部需要提供有关业务数据。

第三章 选择方式

第九条 财政部应当会同有关部门从具备下列基本条件的报名机构中选择国债承销团成员。

（一）在中国境内依法成立，具有独立法人资格，且经营范围包括债券承销。

（二）财务稳健，资本充足率、偿付能力或者净资本状况等方面指标达到监管标准，具有较强的风险防控能力。

（三）设有专职部门负责国债业务，并具有健全的国债投资和风险管理制度。

（四）有能力履行国债承销协议约定的各项义务。

（五）拟作为储蓄国债承销团成员的，应当为依法开展经营活动，近 3 年内在个人储蓄存款、理财产品销售等经营活动中没有重大违法记录，注册资本不低于人民币 10 亿元或者总资产不低于人民币 300 亿元，营业网点在 50 个以上的存款类金融机构。

（六）拟作为记账式国债承销团成员的，应当为依法开展经营活动，近 3 年内在债券承销、交易等经营活动中没有重大违法记录，注册资本不低于人民币 5 亿元或者总资产不低于人民币 200 亿元的存款类金融机构，或注册资本不低于人民币 10 亿元的非存款类金融机构。

（七）若为上一届国债承销团成员的，应当在上一届国债承销团有效期内未到退团标准或主动退团。

第十条 组建国债承销团，应当在保持原有国债承销团基本稳定的基础上，采用存量考核、增量竞争的方式。

存量考核，是指上一届国债承销团有效期内业务综合排名位于新一届国债承销团成员目标数量 90%（计算结果按四舍五入原则取整）以内的报名机构，如符合本办法规定的基本条件，可以成为新一届国债承销团成员。

增量竞争，是指其他报名机构如符合本办法规定的基本条件，通过专家评审，可以成为新一届国债承销团成员。

第十一条 专家评审的具体流程为：

（一）建立专家库。由金融行业自律性组织和金融市场中介服务机构等按照下列条件推荐专家，财政部、人民银行、证监会、银监会、保监会有关业务司局工作人员不在专家推荐范围之内。

1. 具有较高的业务素质和良好的职业道德，在评审过程中能以客观公正、廉洁自律、遵纪守法为行为准则。

2. 从事相关领域研究或实务工作满 10 年，具备大学（含）以上文化程度，精通国债业务。

3. 本人愿意以独立身份参加评审工作，并接受财政部、人民银行、证监会的指导和监督。

4. 没有违纪违法等不良记录。

财政部会同有关部门对推荐的专家进行确认后，汇总形成专家库。每次组建国债承销团或增补新成员时，财政部应当会同有关部门对专家库进行复核，将不符合基本条件的专家调整出专家库，如有需要适当增补。

（二）组建专家评审委员会。财政部监督检查局派人从专家库中随机抽取专家组成人数为奇数且不少于 7 人的评审委员会，评审委员会成员不能在参与增量竞争的报名机构或其利益关联机构中任职。从专家库中抽取专家时，财政部、人民银行、证监会有关司局派观察员到场监督。

（三）建立评分指标体系。财政部会同有关部门根据国债市场情况和业务发展需要，建立评分指标体系。储蓄国债承销团评分指标包括储蓄国债业务开展情况、储蓄存款业务情况、业务渠道情况、风险防控能力、资本经营状况、研究创新能力等六个方面；记账式国债承销团评分指标包括国债一级市场情况、国债二级市场情况、国债持有情况、其他债券承销交易情况、资本经营及风险防控状况、研究创新能力等六个方面（具体指标体系详见附件1）。

（四）现场评审。评审委员会根据评分标准对符合基本条件的报名机构进行评分，按照得分由高到低提出新一届国债承销团候选增量成员的推荐名单（具体评分方法详见附件2）。如多家机构最终得分相同，且同时进入国债承销团后成员数量超过新一届国债承销团成员的目标数量，则上一届国债承销团成员优先进入；如得分相同机构同为上一届国债承销团成员，上一届国债承销团有效期内业务综合排名居前机构优先进入；如得分相同机构都不是上一届国债承销团成员，则均不进入新一届国债承销团。

专家现场评审时，财政部、人民银行、证监会派观察员到场监督。

第四章　公示与签约

第十二条　财政部会同有关部门，根据存量考核和增量竞争方式产生的结果，形成国债承销团候选成员名单，通过财政部官网和中国债券信息网向社会公示5个工作日。公示期间，如有机构或人员对结果提出异议，财政部会同有关部门对有关情况进行复核确认。

第十三条　财政部应当与国债承销团候选成员按照《中华人民共和国合同法》有关规定，在平等自愿基础上，签订国债承销协议，并向社会公布国债承销团成员名单。国债承销协议有效期原则上不超过3年。

第十四条　财政部应当按照科学、规范、公平、公开和有利于提升国债承销团成员履约水平的原则，对记账式国债承销团成员履约情况进行综合排名；会同人民银行对储蓄国债承销团成员履约情况进行综合排名。综合排名有关事宜应当在国债承销协议中进行约定。

第五章　退出与增补

第十五条　国债承销团成员可以根据国债承销协议的约定，自愿申请退出国债承销团。自收到国债承销团成员退出申请之日起30日内，财政部应会同有关部门予以确认，并向社会公布。

申请退出的国债承销团成员，在获得确认之前，应当按照国债承销协议的约定，继续履行国债承销协议。

第十六条　国债承销团成员出现下列行为的，财政部应当会同有关部门，根据国债承销协议的约定通知其退出国债承销团。

（一）以欺骗、利益输送等不正当手段加入国债承销团的。

（二）财务状况恶化，难以继续履行国债承销团成员义务的。

（三）储蓄国债承销团成员，违规委托其他机构代理销售储蓄国债，盗用储蓄国债名义发售债券或揽储；超额度销售储蓄国债且未及时更正，最终造成当期国债超额发行；出现伪造债权账务记录、出具虚假债权托管证明，泄露投资者账户秘密，发布关于储蓄国债虚假信息等重大违法行为或者严重违反储蓄国债相关管理政策规定行为的。

（四）记账式国债承销团成员，严重不正当投标、操纵二级市场；超承销额度分销，违规向记账式国债承销团其他成员分销；伪造国债账务记录，发布关于记账式国债虚假信息等重大违法行为或者严重违反记账式国债相关管理政策规定行为的。

（五）严重违反国债承销协议其他相关约定行为的。

第十七条　国债承销团成员退出国债承销团，自财政部会同有关部门确认之日起，财政部应当终止与其签订的国债承销协议。

第十八条　财政部可以根据国债发行需要，会同有关部门按照本办法规定的专家评审方式增补国债承销团成员，并将增补情况及时向社会公布。

第六章　附　　则

第十九条　本办法所称有关部门，涉及储蓄国债业务时，是指人民银行；涉及记账式国债业务时，是指人民银行、证监会。

第二十条　本办法自公布之日起施行。

附：1. 国债承销团专家评审指标体系

2. 国债承销团专家评分方法

附 1：

国债承销团专家评审指标体系

一、储蓄国债承销团

评审指标包括 6 个方面：储蓄国债业务开展情况、储蓄存款情况、业务渠道情况、风险防控能力、资本经营状况、其他因素，权重分别为 20%、20%、30%、10%、10%、10%（详见表 1）。

表 1　储蓄国债承销团评审指标

类别	分项指标	权重	权重合计
储蓄国债业务开展情况	2012—2014 年储蓄国债承销量	20%	20%
储蓄存款情况	个人储蓄存款余额	20%	20%
业务渠道情况	营业网点数量	20%	30%
	个人网上银行账户数量	5%	
	个人网上银行业务办理笔数①	5%	
风险防控能力	资本充足率	5%	10%
	拨备覆盖率	5%	
资本经营状况	总资产、注册资本、净资产、利润总额等	10%	10%
其他因素	研究能力、创新能力、获奖情况、信息系统建设、国债承销违规情况等	10%	10%

二、记账式国债承销团

评审指标包括 6 个方面：国债一级市场情况、国债二级市场情况、国债持有情况、其他债券承销交易情况、资本经营及风险防控状况、其他因素，权重分别为 20%、35%、15%、10%、10%、10%（详见表 2）。

表 2　记账式国债承销团评审指标

类别	分项指标	权重	权重合计
国债一级市场情况	承销量	12%	20%
	分销量	3%	
	预发行交易量	3%	
	投标准确度	2%	
国债二级市场情况	现券交易量	10%	35%
	回购交易量	10%	
	关键期限国债做市或尝试做市双边报价量	2%	
	关键期限国债做市或尝试做市请求报价回复率	3%	
	关键期限国债做市或尝试做市成交量②	10%	
国债持有情况	期末持有量	15%	15%
其他债券承销交易情况（地方政府债券③、铁道债、政策性金融债）	承销量	4%	10%
	期末持有量	3%	
	现券交易量	3%	
资本经营及风险防控状况	总资产、注册资本、净资产、利润总额等	10%	10%
其他因素	研究能力、创新能力、获奖情况、信息系统建设、债券市场参与程度及国债承销、交易违规情况等	10%	10%

① 含查询类业务办理笔数。

② 包括双边报价和请求报价成交量。

③ 包括代发代还、自发代还、自发自还地方政府债券。

附 2：

国债承销团专家评分方法

一、储蓄国债承销团

储蓄国债业务开展情况、储蓄存款情况、业务渠道情况、风险防控能力根据报名机构相关业务数据计算得出，资本经营状况、其他因素由评审专家根据报名机构情况打分得出。

（一）前四部分评分指标计算方法。

储蓄国债业务开展情况、储蓄存款情况、业务渠道情况、风险防控能力得分计算方法为：

单项指标得分 =

$$\frac{\text{本机构单项指标数值}}{\text{所有参加增量竞争的报名机构在本项指标中的最大值}} \times 100$$

（二）后两部分评分指标评审方法。

资本经营状况由评审专家根据报名机构的总资产、注册资本、净资产、利润总额等进行评分，最高为 10 分；其他因素由评审专家根据报名机构的研究能力、创新能力、获奖情况、信息系统建设以及国债承销违规情况等进行评分，最高为 10 分。

（三）总分计算方法。

单个专家对某个机构评分 = 资本经营状况得分 + 其他因素得分 + $\sum$ 前四部分单项指标得分 × 本项指标权重

报名机构最终得分为去掉专家评分中的一个最高值和一个最低值后的其他得分的算术平均值。

二、记账式国债承销团

国债一级市场情况、国债二级市场情况、国债持有情况、其他债券承销交易情况根据报名机构相关业务数据计算得出，资本经营及风险防控状况、其他因素由评审专家根据报名机构情况打分得出。

（一）前四部分评分指标计算方法。

国债一级市场情况、国债二级市场情况、国债持有情况、其他债券承销交易情况得分计算方法为：

单项指标得分 =

$$\frac{\text{本机构单项指标数值}}{\text{所有参加增量竞争的报名机构在本项指标中的最大值}} \times 100$$

若参与专家评审的所有报名机构某项指标数值都为 0，则参与专家评审的所有报名机构该项指标得分均为 0。其中，投标准确度计算方法为：

单次投标准确度 =

$$\frac{\text{所有参加增量竞争报名机构中的最小投标偏离值}}{\text{本机构投标偏离值}} \times 100$$

投标偏离值 =

$$\left| \frac{\sum \text{本机构各投标标位（价格或利率）} \times \text{该标位有效投标量}}{\text{本机构有效投标总量}} - \text{票面利率或发行价格} \right|$$

（二）后两部分评分指标评审方法。

资本经营及风险防控状况由评审专家根据报名机构的总资产、注册资本、净资产、利润总额等进行评分，最高为 10 分；其他因素由评审专家根据报名机构的研究能力、创新能力、获奖情况、信息系统建设、债券市场参与程度以及国债承销、交易违规情况等进行评分，最高为 10 分。

（三）总分计算方法。

单个专家对某个机构评分 = 资本经营及风险防控状况得分 + 其他因素得分 + $\sum$ 前四部分单项指标得分 × 本项指标权重

报名机构最终得分为去掉专家评分中的一个最高值和一个最低值后的其他得分的算术平均值。

财政部、中国人民银行关于组建2015—2017年储蓄国债承销团的通知

2014年11月20日 财库［2014］191号

有关金融机构：

根据《财政部、中国人民银行、证监会关于印发〈国债承销团组建工作管理暂行办法〉的通知》（财库［2014］186号，以下简称《办法》），现就组建2015—2017年储蓄国债承销团有关事宜通知如下：

一、目标数量

2015—2017年储蓄国债承销团成员目标数量38家（根据情况可少于38家）。

二、报名要求

自愿接受《2015—2017年储蓄国债承销主协议（范本）》条款约定（详见附件1）的存款类金融机构，可报名参加2015—2017年储蓄国债承销团。报名参加2015—2017年储蓄国债承销团的机构（以下简称报名机构），如为2012—2014年储蓄国债承销团成员，且2012—2014年综合排名（按照储蓄国债综合排名计算办法得出的2012年全年得分、2013年全年得分、2014年前三季度得分的算术平均值进行排序，排名见附件2）位于前34名（含第34名，下同），需提交《2015—2017年储蓄国债承销团报名表》（格式见附件3，以下简称《报名表》）；其他报名机构除提交《报名表》外，还需提交下列材料：

（一）本机构概况；

（二）法人营业执照和金融业务许可证复印件；

（三）上一年度财务决算审计报告复印件；

（四）报名机构基本情况表（格式见附件4）。

报名机构于2014年12月8日前（含12月8日）将加盖本单位公章的上述报名材料寄送到财政部国库司（通信地址：北京市西城区三里河南三巷3号，邮政编码：100820）和中国人民银行国库局（通信地址：北京市西城区成方街32号，邮政编码100800），报名时间以财政部国库司收到报名材料时间为准。

报名机构报名材料相关内容，如与监管部门反馈的情况不符，以监管部门为准。财政部会同中国人民银行将报名机构报名材料准确性等情况提交专家评审委员会，作为评审参考。

三、选择方法

（一）报名机构如为2012—2014年储蓄国债承销团成员，且2012—2014年综合排名位于前34名，并符合《办法》规定的基本条件，直接成为2015—2017年储蓄国债承销团候选成员。

（二）其他符合报名条件的报名机构，数量少于承销团候选成员剩余名额（即目标数量减去直接成为承销团候选成员机构数量）时，全部成为2015—2017年储蓄国债承销团候选成员；数量多于剩余名额时，采用专家评审方式确定成为候选成员。

（三）专家评审委员会由7名专家组成。专

家评审指标体系中2012—2014年储蓄国债承销量、个人网上银行业务办理笔数数据为2012年1月1日至2014年9月30日总量数据；个人储蓄存款余额、营业网点数量、个人网上银行账户数量数据为2014年9月30日时点数据；资本充足率、拨备覆盖率数据为2012年12月31日、2013年12月31日、2014年9月30日时点数据算术平均值。

四、联系方式

财政部国库司国债发行兑付管理处 阎慧 (010) 68552098

中国人民银行国库局国债管理处 张宏 (010) 66194065

特此通知。

附件1：2015—2017年储蓄国债承销主协议(范本)

附件2：2012—2014年储蓄国债承销团成员综合排名情况表

附件3：2015—2017年储蓄国债承销团报名表

附件4：报名机构基本情况表

附件1：

2015—2017年储蓄国债承销主协议（范本）

为明确财政部和2015—2017年储蓄国债承销团成员（以下简称承销团成员）的权利义务，维护双方合法权益，保障储蓄国债发行兑付工作顺利进行，根据《中华人民共和国合同法》等法律法规及国家国债管理有关规定，甲乙双方在平等自愿的基础上签署本协议：

甲方：财政部

乙方：

第一条 本协议所称储蓄国债指财政部在中华人民共和国境内，通过储蓄国债承销团成员面向个人投资者销售的不可流通人民币国债，品种包括但不限于储蓄国债（电子式）和凭证式国债。

第二条 本协议适用于2015—2017年储蓄国债发行兑付过程中，规范甲乙双方的活动和明确甲乙双方的权利义务。

如需对本协议有关条款进行特别约定或对本协议未尽事宜进行补充约定，甲乙双方可以签署补充协议，补充协议构成本协议有效且不可分割的部分，补充协议须符合国家法律、法规和国债管理制度规定。

第三条 甲方的权利和义务：

1. 根据国家法律法规及国务院有关文件等赋予的国债管理职能，会同中国人民银行（以下简称人民银行）制订储蓄国债发行、兑付及其他管理政策，包括但不限于：储蓄国债管理办法、储蓄国债发行额度管理办法、储蓄国债业务规范、储蓄国债承销团综合排名方法等，并对有关政策进行解释。

2. 会同人民银行开展储蓄国债业务创新，制定实施方案，选择承销团成员参与创新试点等。

3. 根据国债发行需要，会同人民银行增补承销团成员。

4. 会同人民银行确定每期储蓄国债发行兑付条件。发行兑付条件包括但不限于：计划发行数量、票面利率、期限、发行时间、发行渠道、发行额度分配和收回机制、手续费率、发行款缴纳时间及方式、到期兑付和提前兑取条款。

5. 会同人民银行定期对乙方储蓄国债相关业务进行综合排名，公布排名结果。排名采用综合评分方法，指标包括储蓄国债净筹资量、退回的已分配发行额度、工作组织情况等方面，指标得分采用标准化评分方法[①]计算。

6. 及时准确披露储蓄国债发行信息，包括但不限于：

（1）通过财政部官方网站公布储蓄国债年度、季度发行计划，包括但不限于发行时间和品种；

（2）不迟于发行开始日前5个工作日（含第5个工作日），通过财政部官方网站公布当期储蓄国债（电子式）发行通知，并请人民银行不迟于发行开始前5个工作日（含第5个工作日）通过其官方网站公布当期凭证式国债发行通知；

（3）不迟于发行开始日前5个工作日（含第5个工作日），通过财政部官方网站发布当期储蓄国债发行公告，向社会公布当期国债主要发行兑付条件和相关信息。

7. 甲方按时收到乙方按照储蓄国债发行通知等有关文件规定足额缴纳的发行款后，应当于应缴款日（储蓄国债（电子式）为当期国债最后一个应缴款日）后5个工作日内（含第5个工作日），向经报备的乙方手续费收款账户支付手续费；如甲方指定账户未按时足额收到乙方发行款，当期储蓄国债所有手续费暂不拨付，待乙方足额缴纳发行款和滞纳金并向甲方报告（或甲方确认）后，甲方于5个工作日内（含第5个工作日）拨付手续费。

8. 及时足额向乙方支付还本付息资金，包括但不限于：

（1）不迟于储蓄国债还本日或付息日前1个工作日（含第1个工作日），向乙方支付当期国债还本付息资金；

（2）储蓄国债（电子式）提前兑取资金清算日后5个工作日内（含第5个工作日），向乙方支付相关提前兑取清算期内产生的提前兑取资金。

9. 每年凭证式国债发行结束后，根据乙方当年凭证式国债实际承销和缴款金额，下发年度凭证式国债计息额度确认书，并据此还本付息。

第四条 乙方的权利和义务：

1. 按照储蓄国债发行兑付管理有关规定，规范开展储蓄国债相关业务。

2. 对储蓄国债发行条件、发行方式和管理制度等提出意见和建议。

3. 按照储蓄国债发行通知等有关文件规定，获取储蓄国债手续费。

4. 通过规定渠道及时获取储蓄国债发行信息，按相关规定参加储蓄国债改革试点工作，优先参加储蓄国债业务考察及培训。

5. 申请退出2015—2017年储蓄国债承销团（以下简称承销团）。

6. 连续参加储蓄国债发行，如因故不能按规定参加储蓄国债发行，应事先向财政部和人民银行报告。

7. 在获得的发行额度内向投资者销售储蓄国债，做好销售组织工作，维护国债信誉；进行国债发行促销宣传，在销售网点设置国债的明显标识、配备宣传材料及咨询人员。

8. 按照储蓄国债发行通知等文件规定，以乙方实际承销金额，按时向甲方指定账户缴纳发行款，并在缴款附言中注明缴款国债简称、缴款批次和乙方机构代码（参见承销团成员确认通知）。

9. 做好储蓄国债到期兑付和提前兑取工作，保证投资者按时足额收到储蓄国债还本付息资金。

10. 制定本单位储蓄国债内部管理规章制度，明确部门分工和岗位职责，规范业务操作，建立风险防范机制，保证国债宣传促销和相关工作人员培训方面的投入；建立储蓄国债销售业绩内部考核奖惩制度，将储蓄国债销售情况作为乙方分支机构工作业绩的重要考核指标。

11. 按照储蓄国债相关制度要求，在本协议生效后首次储蓄国债发行前，建立法人统一管理的储蓄国债业务管理系统、债权托管系统以及统一互联的国债销售网络，并分别开通本单位储蓄

---

① 标准化评分方法下单项指标得分 =

$$\frac{\text{本机构单项指标数值}}{\text{所有承销团成员本项指标数值绝对值中的最大值}}\times 100$$

国债业务管理系统与财政部储蓄国债（电子式）业务管理信息系统和人民银行 TMIS 系统相连的专用通讯线路，保障通讯线路畅通；实现乙方全行或分行内（全国性商业银行至少为分行，城市商业银行为全行）的国债通买通兑和销售额度调剂，对乙方托管债权的真实性、准确性、完整性和安全性负责。

12. 及时跟踪了解储蓄国债发行兑付管理相关信息。

13. 积极配合甲方开展储蓄国债管理工作，按照有关文件规定向甲方准确无误地书面报备相关信息，包括但不限于：

（1）乙方储蓄国债内部管理规章制度；

（2）按照有关规定报备乙方储蓄国债手续费收款账户信息，包括：账户名称、账号、开户行及开户行大额支付系统行号；如乙方变更手续费收款账户信息，应当不迟于启用新收款账户前 15 个工作日（含第 15 个工作日）重新报备；

（3）如乙方名称变更，应于变更后的 15 个工作日内向甲方备案；

（4）乙方开办储蓄国债相关业务的一级分行名单、地址、电话；

（5）乙方储蓄国债牵头联系部门、储蓄国债发行、缴款、兑付业务负责部门，各部门职责、负责人、业务经办人及有关联系信息等，如有变更，及时重新备案。

14. 每年储蓄国债发行结束后 15 个工作日内（含第 15 个工作日），向甲方书面报送乙方当年储蓄国债销售、兑付情况总结报告。

15. 遵守国家法律法规和行业自律规范，接受储蓄国债业务监管部门的监督检查，及时报告乙方出现的重大违法行为或者财务恶化等情况。

第五条 乙方超过其应缴发行款金额向甲方缴纳发行款的，应当按有关规定向甲方递交书面退款申请；甲方在收到乙方退款申请并审核无误后，将多缴资金数额退还乙方。

第六条 乙方向甲方报备手续费收款账户信息有误，导致甲方划出手续费退回的，甲方在收到乙方重新报备手续费收款账户信息之前，不向乙方支付手续费。

第七条 除水灾、地震、战争等不可抗力因素外，违约责任按以下各项执行：

1. 甲方未按本协议规定时间支付手续费的，按违约支付金额，以应支付手续费截止日银行活期存款利率折成日利率，从应支付截止日起，至实际支付日止（不含实际支付日）计算，向乙方支付滞纳金。

2. 甲方未按本协议规定及时足额支付储蓄国债还本付息资金的，按违约支付金额，以当期储蓄国债票面利率的两倍折成日利率，从应支付日起，至实际支付日止（不含实际支付日）计算，向乙方支付滞纳金。凭证式国债如遇发行期内利率变动，计算滞纳金时使用的票面利率以变动前后利率较高的为准（下同）。

3. 乙方违反本协议第四条第 11 款，未能在本协议生效后首次储蓄国债发行前做好储蓄国债信息系统相关准备工作的，2015 年上半年不能参加相关品种国债发行。

4. 乙方未按本协议规定时间缴纳发行款的，按违约缴纳金额，以当期储蓄国债票面利率的两倍折成日利率，从应缴款日起，至实际支付日止（不含实际支付日）计算，按照甲方收款要求向甲方支付滞纳金；甲方收到乙方滞缴发行款滞纳金之前，不向乙方支付手续费。

第八条 乙方有下列行为之一的，甲方有权会同人民银行通报乙方相关情况：

1. 因乙方原因超额度销售储蓄国债，但及时更正，最终未造成当期国债超额发行。

2. 每个自然年度，因乙方原因发生三次以上不能按时准确向财政部储蓄国债（电子式）业务管理系统传输发行总量、提前兑取总量等关键数据的情况。

3. 不积极销售储蓄国债。

4. 因乙方原因未按时足额向投资者支付储蓄国债本金或利息。

5. 违反储蓄国债相关制度规定，并造成不良社会影响。

第九条 乙方有下列行为之一的，甲方有权会同人民银行通知其退出承销团，终止本协议，并向社会公告：

1. 申请机构以欺骗、利益输送等不正当手段加入承销团。

2. 财务状况恶化，难以继续履行承销团成员义务。

3. 违规委托其他机构代理销售储蓄国债，盗用储蓄国债名义发售债券或揽储。

4. 截至2015年6月30日，未能按本协议要求完成储蓄国债信息系统相关准备工作。

5. 因乙方原因发生两次以上超额度销售储蓄国债，但及时更正，最终未造成当期国债超额发行的情况。

6. 因乙方原因超额度销售储蓄国债，且未及时更正。

7. 因乙方原因发生三次以上未按时足额向投资者支付储蓄国债本金或利息的情况。

8. 出现伪造债权账务记录、出具虚假债权托管证明、泄露投资者账户秘密、发布关于储蓄国债的虚假信息等重大违法行为或者严重违反储蓄国债相关管理政策规定的行为。

第十条 本协议称工作日为每周一至周五（不含法定节假日）和国务院办公厅规定为工作日的周六、日。

第十一条 对本协议的修改，由甲乙双方以书面形式做出。如对本协议产生争议，由甲乙双方根据有关规定协商解决。

第十二条 本协议正式文本一式两份，甲乙双方各执一份，具有同等法律效力。

第十三条 本协议自甲、乙双方授权代表签字盖章之日起生效，有效期至2017年12月31日。在此期间，乙方退出承销团的，本协议自财政部会同人民银行确认乙方退出承销团之日起终止。乙方退出承销团后，对其托管的尚未到期的储蓄国债，仍应当按规定继续办理除储蓄国债认购以外的各项业务，并做好相关国债托管和资金清算工作。

甲方代表：　　　　乙方代表：

（签字）　　　　（签字）

（盖章）　　　　（盖章）

签署日期：　　年　　月　　日

附件2：

2012—2014年储蓄国债承销团成员综合排名情况表

排名	承销团成员	排名	承销团成员
1	中国工商银行股份有限公司	20	民生银行股份有限公司
2	中国建设银行股份有限公司	21	青岛银行股份有限公司
3	中国农业银行股份有限公司	22	兴业银行股份有限公司
4	中国邮政储蓄银行股份有限公司	23	河北银行股份有限公司
5	交通银行股份有限公司	24	哈尔滨银行股份有限公司
6	中国银行股份有限公司	25	平安银行股份有限公司
7	招商银行股份有限公司	26	汉口银行股份有限公司
8	北京银行股份有限公司	27	西安银行股份有限公司
9	广发银行股份有限公司	28	天津银行股份有限公司
10	上海银行股份有限公司	29	富滇银行股份有限公司
11	北京农商银行股份有限公司	30	晋商银行股份有限公司
12	中国光大银行股份有限公司	31	乌鲁木齐市商业银行股份有限公司

续表

排名	承销团成员	排名	承销团成员
13	上海浦东发展银行股份有限公司	32	恒丰银行股份有限公司
14	上海农商银行股份有限公司	33	包商银行股份有限公司
15	江苏银行股份有限公司	34	大连银行股份有限公司
16	中信银行股份有限公司	35	杭州银行股份有限公司
17	徽商银行股份有限公司	36	齐鲁银行股份有限公司
18	华夏银行股份有限公司	37	长沙银行股份有限公司
19	南京银行股份有限公司	38	成都银行股份有限公司

附件3：

2015—2017年储蓄国债承销团报名表

<table>
<tr><td colspan="4">机构全称：</td></tr>
<tr><td colspan="4">机构状况及监管指标（2014年9月30日）</td></tr>
<tr><td>注册资本</td><td></td><td>营业网点数量</td><td></td></tr>
<tr><td>总资产</td><td></td><td></td><td></td></tr>
<tr><td colspan="4">其他情况</td></tr>
<tr><td colspan="4">是否为2012—2014年储蓄国债承销团成员：是（　）　　否（　）</td></tr>
<tr><td colspan="4">近3年内在储蓄国债业务、个人储蓄存款、理财产品销售等经营活动中有无重大违法记录：有（　）　　无（　）</td></tr>
<tr><td colspan="2">备注：</td><td colspan="2">公章：</td></tr>
<tr><td colspan="2">联系部门：</td><td colspan="2">联系人及职务：</td></tr>
<tr><td colspan="2">联系电话及传真：</td><td colspan="2">联系地址及邮编：</td></tr>
</table>

注：1. 表中涉及金额以亿元为单位保留两位小数填写；
2. 对于选择项目，请在符合情况的选项后填√；
3. 此表加盖公章有效。

附件4：

报名机构基本情况表

<table>
<tr><td colspan="4">机构全称：</td></tr>
<tr><td colspan="4">财务状况及监管指标</td></tr>
<tr><td></td><td>2012年12月31日</td><td>2013年12月31日</td><td>2014年9月30日</td></tr>
<tr><td>净资产</td><td></td><td></td><td></td></tr>
<tr><td>个人储蓄存款余额</td><td></td><td></td><td></td></tr>
<tr><td>资本充足率</td><td></td><td></td><td></td></tr>
<tr><td>拨备覆盖率</td><td></td><td></td><td></td></tr>
<tr><td></td><td>2012年</td><td>2013年</td><td>2014年前三季度</td></tr>
<tr><td>利润总额</td><td></td><td></td><td></td></tr>
</table>

续表

业务渠道情况			
个人网上银行账户数量（2014年9月30日）		2012年1月1日—2014年9月30日个人网上银行业务办理笔数（含查询业务）	
备注：		公章：	

注：1. 表中涉及金额以亿元为单位保留两位小数填写；

2. 此表加盖公章有效。

财政部、中国人民银行、证监会关于组建2015—2017年记账式国债承销团的通知

2014年11月20日　财库［2014］192号

有关金融机构：

根据《财政部、中国人民银行、证监会关于印发〈国债承销团组建工作管理暂行办法〉的通知》（财库［2014］186号，以下简称《办法》），现就组建2015—2017年记账式国债承销团有关事宜通知如下：

一、目标数量

2015—2017年记账式国债承销团成员包括甲类成员和乙类成员，目标数量50家（根据情况可少于50家），其中甲类成员目标数量20家（根据情况可少于20家）。

二、报名要求

自愿接受《2015—2017年记账式国债承销主协议（范本）》条款约定（详见附件1）的金融机构，可报名参加2015—2017年记账式国债承销团。报名参加2015—2017年记账式国债承销团的机构（以下简称报名机构），如为2012—2014年记账式国债承销团成员，且2012—2014年综合排名（按照记账式国债综合排名计算办法得出的2012年全年得分、2013年全年得分、2014年前三季度得分的算术平均值进行排序，排名见附件2）位于前45名（含第45名，下同），需提交《2015—2017年记账式国债承销团报名表》（格式见附件3，以下简称《报名表》）；其他报名机构除提交《报名表》外，还需提交下列材料：

（一）本机构概况；

（二）法人营业执照和金融业务许可证复印件；

（三）上一年度财务决算审计报告复印件；

（四）报名机构经营及债券承销、交易情况表（格式见附件4）。

报名机构应于2014年12月8日前（含12月8日）将加盖本单位公章的上述报名材料寄送到财政部国库司（通信地址：北京市西城区三里河南三巷3号，邮政编码：100820），报名时间以财政部国库司收到报名材料时间为准。

报名机构报名材料相关内容，如与监管部门反馈的情况不符，以监管部门为准。财政部将报名机构报名材料准确性等情况提交专家评审委员会，作为评审参考。

三、选择方法

（一）报名机构如为2012—2014年记账式国债承销团成员，且综合排名位于前45名，并符合《办法》规定的基本条件，直接成为2015—2017年记账式国债承销团候选成员。其中，综合排名前30名（含第30名）的机构，可报名成为2015—2017年记账式国债承销团甲类候选成员。若报名甲类成员的机构不超过20家，报名机构全部成为甲类候选成员；若超过20家，按照2012—2014年综合排名进行排序，前20名（含第20名）成为甲类候选成员。

（二）其他符合报名条件的报名机构，数量少于承销团候选成员剩余名额（即目标数量减去直接成为承销团候选成员机构数量）时，全部成为2015—2017年记账式国债承销团乙类候选成员；数量多于剩余名额时，采用专家评审方式确定剩余乙类候选成员。

（三）专家评审委员会由7名专家组成。专家评审指标体系中承销量、分销量、预发行交易量、现券交易量、回购交易量、关键期限国债做市或尝试做市双边报价量及成交量数据为2012年1月1日至2014年9月30日总量数据；期末持有量数据为2012年12月31日、2013年12月31日、2014年9月30日时点数据算术平均值；关键期限国债做市或尝试做市请求报价回复率为2013年1月1日至2014年9月30日回复笔数除以2013年1月1日至2014年9月30日收到请求笔数；投标准确度为2012年1月1日至2014年9月30日各期次关键期限国债投标准确度算术平均值。

四、联系方式

联系人：财政部国库司国债发行兑付管理处潘淑珍

咨询电话：（010）68552230

特此通知。

三、财政部办公厅文件

财政部关于公布2014年第二季度国债发行计划的通知

2014年4月2日　财办库［2014］72号

储蓄国债承销团成员、记账式国债承销团成员，中国外汇交易中心、上海证券交易所、深圳证券交易所，中央国债登记结算有限责任公司、中国证券登记结算有限责任公司：

现公布2014年第二季度国债发行计划（见附件）。执行中如有变动，以届时国债发行文件为准。

附件：2014年第二季度国债发行计划表

表1　2014年第二季度储蓄国债发行计划

月份	品种	期限（年）	发行起始日	付息方式
4月	电子式	3	4月10日	按年付息
		5		
5月	凭证式	3	5月10日	到期一次还本付息
		5		
6月	电子式	3	6月10日	按年付息
		5		

表2　2014年第二季度记账式贴现国债发行计划

月份	期限（天）	招标日期	付息方式
4月	273	4月18日	到期一次还本利息
5月	273	5月9日	到期一次还本付息

表3　2014年第二季度记账式附息国债发行计划

月份	期限（年）	招标日期	新发/续发	付息方式
4月	7	4月2日	新发	按年付息
	3	4月9日	续发	按年付息
	1	4月11日	新发	按年付息
	10	4月16日	续发	按半年付息
	5	4月23日	新发	按年付息
	20	4月25日	新发	按半年付息
5月	3	5月7日	续发	按年付息
	7	5月14日	续发	按年付息
	10	5月21日	续发	按半年付息
	50	5月23日	新发	按半年付息
	5	5月28日	续发	按年付息
6月	7	6月4日	续发	按年付息
	1	6月11日	新发	按年付息
	10	6月18日	新发	按半年付息

财政部关于公布2014年第1次地方政府债券代理发行计划的通知

2014 年 6 月 6 日 财办库［2014］182 号

现公布 2014 年第 1 次地方政府债券代理发行计划。执行中如有变动，以届时地方政府债券发行文件为准。

附件：

2014 年第 1 次地方政府债券代理发行计划表

地区	3 年期债券		5 年期债券	
	发行额（亿元）	招标日期	发行额（亿元）	招标日期
甘肃	45	6 月 13 日（周五）	45	6 月 13 日（周五）
新疆	44		44	
福建	46		46	
广西	43		43	
四川	80		80	
合计	258		258	

财政部关于公布2014年第2次地方政府债券代理发行计划的通知

2014年6月11日 财办库［2014］211号

记账式国债承销团成员，中央国债登记结算有限责任公司、中国证券登记结算有限责任公司、中国外汇交易中心、上海证券交易所、深圳证券交易所：

现公布2014年第2次地方政府债券代理发行计划。执行中如有变动，以届时地方政府债券发行文件为准。

附件：

2014年第2次地方政府债券代理发行计划表

地区	发行额（亿元）	期限（年）	招标日期
甘肃	23	7	6月20日（周五）
新疆	22		
福建	24		
广西	22		
四川	40		
青海	21		
湖北	31		
合计	183		

财政部关于公布2014年第3次地方政府债券代理发行计划的通知

2014年6月20日 财办库［2014］250号

记账式国债承销团成员，中央国债登记结算有限责任公司、中国证券登记结算有限责任公司、中国外汇交易中心、上海证券交易所、深圳证券交易所：

现公布2014年第3次地方政府债券代理发行计划。执行中如有变动，以届时地方政府债券发行文件为准。

附件：

2014年第3次地方政府债券代理发行计划表

地区	3年期债券		5年期债券	
	发行额（亿元）	招标日期	发行额（亿元）	招标日期
青海	43	6月27日（周五）	43	6月27日（周五）
湖北	61		62	
山西	42		42	
陕西	55		55	
河北	59		59	
合计	260		261	

财政部关于公布2014年第三季度国债发行计划的通知

2014年7月2日　财办库［2014］285号

储蓄国债承销团成员、记账式国债承销团成员，中国外汇交易中心、上海证券交易所、深圳证券交易所，中央国债登记结算有限责任公司、中国证券登记结算有限责任公司：

现公布2014年第三季度国债发行计划（见附件）。执行中如有变动，以届时国债发行文件为准。

附件：

2014年第三季度国债发行计划表

表1　2014年第三季度储蓄国债发行计划

月份	品种	期限（年）	发行起始日	付息方式
7月	电子式	3	7月10日	按年付息
		5		
8月	电子式	3	8月10日	按年付息
		5		
9月	凭证式	3	9月10日	到期一次还本付息
		5		

表2　2014年第三季度记账式贴现国债发行计划

月份	期限（天）	招标日期	付息方式
7月	182	7月25日	到期一次还本利息
8月	182	8月22日	到期一次还本付息
9月	182	9月12日	到期一次还本付息

表3　2014年第三季度记账式附息国债发行计划

月份	期限（年）	招标日期	新发/续发	付息方式
7月	7	7月2日	新发	按年付息
	1	7月9日	新发	按年付息
	10	7月16日	续发	按半年付息
	2	7月18日	新发	按年付息
	30	7月23日	新发	按半年付息
8月	7	8月6日	续发	按年付息
	20	8月8日	新发	按半年付息
	1	8月13日	新发	按年付息
	2	8月15日	新发	按年付息
	10	8月20日	续发	按半年付息
9月	7	9月3日	续发	按年付息
	3	9月10日	新发	按年付息
	10	9月17日	新发	按半年付息
	1	9月19日	新发	按年付息

财政部关于公布2014年第4次地方政府债券代理发行计划的通知

2014年7月7日 财办库［2014］291号

记账式国债承销团成员，中央国债登记结算有限责任公司、中国证券登记结算有限责任公司、中国外汇交易中心、上海证券交易所、深圳证券交易所：

现公布2014年第4次地方政府债券代理发行计划。执行中如有变动，以届时地方政府债券发行文件为准。

附件：

2014年第4次地方政府债券代理发行计划表

地区	3年期债券		5年期债券	
	发行额（亿元）	招标日期	发行额（亿元）	招标日期
河南	70	7月14日（周一）	70	7月14日（周一）
重庆	39		40	
黑龙江	51		50	
湖南	74		74	
合计	234		234	

地区	发行额（亿元）	期限（年）	招标日期
河南	36	7	7月18日（周五）
重庆	20		
黑龙江	25		
云南	39		
山西	21		
陕西	27		
河北	30		
合计	198		

财政部关于公布2014年第5次地方政府债券代理发行计划的通知

2014年8月6日　财办库［2014］371号

记账式国债承销团成员，中央国债登记结算有限责任公司、中国证券登记结算有限责任公司、中国外汇交易中心、上海证券交易所、深圳证券交易所：

现公布2014年第5次地方政府债券代理发行计划。执行中如有变动，以届时地方政府债券发行文件为准。

附件：

2014年第5次地方政府债券代理发行计划表

地区	发行额（亿元）	期限（年）	招标日期
云南	77	3	8月15日（周五）
厦门	6		
辽宁	40		
安徽	69		
贵州	45		
西藏	5		
合计	242		

地区	发行额（亿元）	期限（年）	招标日期
云南	77	5	8月15日（周五）
厦门	6		
辽宁	40		
安徽	69		
贵州	45		
西藏	5		
湖北	2		
广西	3		
合计	247		

关于停止参与 2014 年财政部代理发行地方债招投标的通知

2014 年 8 月 11 日　财办库［2014］374 号

平安证券有限责任公司、中信证券股份有限公司、中国银河证券股份有限公司、中信建投证券股份有限公司、国信证券股份有限公司：

你公司在 2014 年地方债发行投标中，未达到最低投标量或最低承销量的情况累计已达到 4 次。按照《财政部关于印发〈代理发行 2014 年地方政府债券招标发行规则〉的通知》（财库［2014］42 号）相关规定，现通知你公司自本通知印发之日起，停止参与 2014 年财政部代理发行地方债招投标。

财政部关于公布2014年第6次地方政府债券代理发行计划的通知

2014年9月9日　财办库［2014］409号

记账式国债承销团成员，中央国债登记结算有限责任公司、中国证券登记结算有限责任公司、中国外汇交易中心、上海证券交易所、深圳证券交易所：

现公布2014年第6次地方政府债券代理发行计划。执行中如有变动，以届时地方政府债券发行文件为准。

附件：

2014年第6次地方政府债券代理发行计划表

地区	3年期债券		5年期债券	
	发行额（亿元）	招标日期	发行额（亿元）	招标日期
吉林	48	9月15日（周一）	48	9月15日（周一）
内蒙古	50		50	
天津	21		21	
海南	24		24	
大连	9		9	
宁波	11		11	
合计	163		163	

地区	发行额（亿元）	期限（年）	招标日期
吉林	25	7	9月24日（周三）
湖南	38		
厦门	4		
辽宁	21		
安徽	35		
贵州	22		
西藏	3		
内蒙古	25		
天津	10		
海南	12		
大连	6		
宁波	6		
合计	207		

财政部关于公布2014年第四季度国债发行计划的通知

2014年10月11日 财办库［2014］435号

储蓄国债承销团成员、记账式国债承销团成员，中国外汇交易中心、上海证券交易所、深圳证券交易所，中央国债登记结算有限责任公司、中国证券登记结算有限责任公司：

现公布2014年第四季度国债发行计划（见附件）。执行中如有变动，以届时国债发行文件为准。

附件：

2014年第四季度国债发行计划表

表1 2014年第四季度储蓄国债发行计划

月份	品种	期限（年）	发行起始日	付息方式
10月	电子式	3	10月10日	按年付息
		5		
11月	凭证式	3	11月10日	到期一次还本付息
		5		

表2 2014年第四季度记账式贴现国债发行计划

月份	期限（天）	招标日期	付息方式
10月	91	10月10日	到期一次还本付息
	91	10月27日	到期一次还本付息
12月	91	12月12日	到期一次还本付息

表3 2014年第四季度记账式附息国债发行计划

月份	期限（年）	招标日期	新发/续发	付息方式
10月	10	10月15日	续发	按半年付息
	1	10月17日	新发	按年付息
	7	10月22日	新发	按年付息
	30	10月24日	新发	按半年付息
	5	10月29日	新发	按年付息
11月	3	11月3日	续发	按年付息
	7	11月14日	续发	按年付息
	10	11月19日	续发	按半年付息
	50	11月21日	新发	按半年付息
	5	11月26日	续发	按年付息
12月	7	12月3日	续发	按年付息
	1	12月10日	新发	按年付息
	10	12月17日	新发	按半年付息
	2	12月24日	新发	按年付息

四、地方政府债券公告

2014 年北京市政府债券（一期）发行结果公告

2014 年 8 月 21 日

经国务院批准，2014 年北京市开展地方政府债券自发自还试点。根据《财政部关于印发〈2014 年地方政府债券自发自还试点办法〉的通知》（财库［2014］57 号）的规定，经北京市人民政府同意，北京市财政局于 2014 年 8 月 21 日招标发行了 2014 年北京市政府债券（一期）（以下简称“本期债券”）。现将有关事项公告如下：

一、本期债券通过 2014 年北京市政府债券承销团面向社会各类投资者发行。

二、本期债券为记账式固定利率付息债，计划发行面值为 42 亿元，实际发行面值为 42 亿元。

三、本期债券期限为 5 年，经招标确定的票面年利率为 4.00%。

四、本期债券于 2014 年 8 月 22 日开始计息，利息按年支付，每年 8 月 22 日（节假日顺延，下同）支付利息。2019 年 8 月 22 日偿还本金并支付最后一年利息。本期债券还本付息事宜由北京市财政局办理。

五、本期债券可于招投标结束至缴款日进行分销，承销机构间不得分销。分销机构根据市场情况自定分销价格。

特此公告。

2014年北京市政府债券（二期）发行结果公告

2014年8月21日

经国务院批准，2014年北京市开展地方政府债券自发自还试点。根据《财政部关于印发〈2014年地方政府债券自发自还试点办法〉的通知》（财库［2014］57号）的规定，经北京市人民政府同意，北京市财政局于2014年8月21日招标发行了2014年北京市政府债券（二期）（以下简称“本期债券”）。现将有关事项公告如下：

一、本期债券通过2014年北京市政府债券承销团面向社会各类投资者发行。

二、本期债券为记账式固定利率付息债，计划发行面值为31.5亿元，实际发行面值为31.5亿元。

三、本期债券期限为7年，经招标确定的票面年利率为4.18%。

四、本期债券于2014年8月22日开始计息，利息按年支付，每年8月22日（节假日顺延，下同）支付利息。2021年8月22日偿还本金并支付最后一年利息。本期债券还本付息事宜由北京市财政局办理。

五、本期债券可于招投标结束至缴款日进行分销，承销机构间不得分销。分销机构根据市场情况自定分销价格。

特此公告。

2014 年北京市政府债券（三期）发行结果公告

2014 年 8 月 21 日

经国务院批准，2014 年北京市开展地方政府债券自发自还试点。根据《财政部关于印发〈2014 年地方政府债券自发自还试点办法〉的通知》（财库［2014］57 号）的规定，经北京市人民政府同意，北京市财政局于 2014 年 8 月 21 日招标发行了 2014 年北京市政府债券（三期）（以下简称“本期债券”）。现将有关事项公告如下：

一、本期债券通过 2014 年北京市政府债券承销团面向社会各类投资者发行。

二、本期债券为记账式固定利率付息债，计划发行面值为 31.5 亿元，实际发行面值为 31.5 亿元。

三、本期债券期限为 10 年，经招标确定的票面年利率为 4.24%。

四、本期债券于 2014 年 8 月 22 日开始计息，利息按半年支付，每年 8 月 22 日、2 月 22 日（节假日顺延，下同）支付利息。2024 年 8 月 22 日偿还本金并支付最后一年利息。本期债券还本付息事宜由北京市财政局办理。

五、本期债券可于招投标结束至缴款日进行分销。承销机构间不得分销。分销机构根据市场情况自定分销价格。

特此公告。

2014 年上海市政府债券（一期）发行结果公告

2014 年 9 月 11 日

经国务院批准，2014 年上海市开展地方政府债券自发自还试点。根据《财政部关于印发〈2014 年地方政府债券自发自还试点办法〉的通知》（财库［2014］57 号）的规定，经上海市人民政府同意，上海市财政局于 2014 年 9 月 11 日招标发行了 2014 年上海市政府债券（一期）（以下简称“本期债券”）。现将有关事项公告如下：

一、本期债券通过 2013—2014 年上海市政府债券承销团面向社会各类投资者发行。

二、本期债券为记账式固定利率附息债，计划发行面值为 504 亿元，实际发行面值为 504 亿元。

三、本期债券期限 5 年，经招标确定的票面年利率为 4.01%。

四、本期债券于 2014 年 9 月 12 日开始计息，利息按年支付，每年的 9 月 12 日（节假日顺延，下同）支付利息，2019 年 9 月 12 日偿还本金并支付最后一年利息。本期债券还本付息事宜由上海市财政局办理。

五、本期债券可以于招投标结束至 9 月 16 日进行分销，承销机构间不得分销，承销机构根据市场情况自定分销价格。

特此公告。

2014 年上海市政府债券（二期）发行结果公告

2014 年 9 月 11 日

经国务院批准，2014 年上海市开展地方政府债券自发自还试点。根据《财政部关于印发〈2014 年地方政府债券自发自还试点办法〉的通知》（财库［2014］57 号）的规定，经上海市人民政府同意，上海市财政局于 2014 年 9 月 11 日招标发行了 2014 年上海市政府债券（二期）（以下简称“本期债券”）。现将有关事项公告如下：

一、本期债券通过 2013—2014 年上海市政府债券承销团面向社会各类投资者发行。

二、本期债券为记账式固定利率附息债，计划发行面值为 37.8 亿元，实际发行面值为 378 亿元。

三、本期债券期限 7 年，经招标确定的票面年利率为 422%。

四、本期债券于 2014 年 9 月 12 日开始计息，利息按年支付，每年的 9 月 12 日（节假日顺延，下同）支付利息，2021 年 9 月 12 日偿还本金并支付最后一年利息。本期债券还本付息事宜由上海市财政局办理。

特此公告。

2014 年上海市政府债券（三期）发行结果公告

2014 年 9 月 11 日

经国务院批准，2014 年上海市开展地方政府债券自发自还试点。根据《财政部关于印发〈2014 年地方政府债券自发自还试点办法〉的通知》（财库［2014］57 号）的规定，经上海市人民政府同意，上海市财政局于 2014 年 9 月 11 日招标发行了 2014 年上海市政府债券（三期）（以下简称“本期债券”）。现将有关事项公告如下：

一、本期债券通过 2013—2014 年上海市政府债券承销团面向社会各类投资者发行。

二、本期债券为记账式固定利率附息债，计划发行面值为 37.8 亿元，实际发行面值为 378 亿元。

三、本期债券期限 10 年，经招标确定的票面年利率为 433%。

四、本期债券于 2014 年 9 月 12 日开始计息，利息按年支付，每年的 9 月 12 日（节假日顺延，下同）支付利息，2024 年 9 月 12 日偿还本金并支付最后一年利息。本期债券还本付息事宜由上海市财政局办理。

五、本期债券可以于招投标结束至 9 月 16 日进行分销，承销机构间不得分销，承销机构根据市场情况自定分销价格。

特此公告。

2014 年江苏省政府债券（一期）发行结果的公告

2014 年 7 月 24 日

经国务院批准，2014 年江苏省开展地方政府债券自发自还试点。根据《财政部关于印发〈2014 年地方政府债券自发自还试点办法〉的通知》（财库［2014］57 号）的规定，经江苏省人民政府同意，江苏省财政厅于 2014 年 7 月 24 日招标发行了 2014 年江苏省政府债券（一期）（以下简称“本期债券”）。现将有关事项公告如下：

一、本期债券通过 2014 年江苏省政府债券承销团面向社会各类投资者发行。

二、本期债券为记账式固定利率附息债，计划发行面值为 69.6 亿元，实际发行面值为 69.6 亿元。

三、本期债券期限为 5 年，经招标确定的票面利率为 4.06%。

四、本期债券于 2014 年 7 月 25 日开始计息，利息按年支付，每年 7 月 25 日（节假日顺延，下同）支付利息，2019 年 7 月 25 日偿还本金并支付最后一年利息。本期债券还本付息事宜由江苏省财政厅办理。

五、本期债券可以于 7 月 25 日至 7 月 29 日进行分销，承销机构间不得分销。分销机构根据市场情况自定分销价格。

特此公告。

2014 年江苏省政府债券（二期）发行结果的公告

2014 年 7 月 24 日

经国务院批准，2014 年江苏省开展地方政府债券自发自还试点。根据《财政部关于印发〈2014 年地方政府债券自发自还试点办法〉的通知》（财库［2014］57 号）的规定，经江苏省人民政府同意，江苏省财政厅于 2014 年 7 月 24 日招标发行了 2014 年江苏省政府债券（二期）（以下简称“本期债券”）。现将有关事项公告如下：

一、本期债券通过 2014 年江苏省政府债券承销团面向社会各类投资者发行。

二、本期债券为记账式固定利率附息债，计划发行面值为 52.2 亿元，实际发行面值为 52.2 亿元。

三、本期债券期限为 7 年，经招标确定的票面利率为 4.21%。

四、本期债券于 2014 年 7 月 25 日开始计息，利息按年支付，每年 7 月 25 日（节假日顺延，下同）支付利息，2021 年 7 月 25 日偿还本金并支付最后一年利息。本期债券还本付息事宜由江苏省财政厅办理。

五、本期债券可以于 7 月 25 日至 7 月 29 日进行分销，承销机构间不得分销。分销机构根据市场情况自定分销价格。

特此公告。

2014年江苏省政府债券（三期）发行结果的公告

2014年7月24日

经国务院批准，2014年江苏省开展地方政府债券自发自还试点。根据《财政部关于印发〈2014年地方政府债券自发自还试点办法〉的通知》（财库［2014］57号）的规定，经江苏省人民政府同意，江苏省财政厅于2014年7月24日招标发行了2014年江苏省政府债券（三期）（以下简称“本期债券”）。现将有关事项公告如下：

一、本期债券通过2014年江苏省政府债券承销团面向社会各类投资者发行。

二、本期债券为记账式固定利率附息债，计划发行面值为52.2亿元，实际发行面值为52.2亿元。

三、本期债券期限为10年，经招标确定的票面利率为4.29%。

四、本期债券于2014年7月25日开始计息，利息按半年支付，每年7月25日、1月25日（节假日顺延，下同）支付利息，2024年7月25日偿还本金并支付最后一年利息。本期债券还本付息事宜由江苏省财政厅办理。

五、本期债券可以于7月25日至7月29日进行分销，承销机构间不得分销。分销机构根据市场情况自定分销价格。

特此公告。

2014年浙江省政府债券（一期）发行结果公告

2014年8月19日

经国务院批准，2014年浙江省开展地方政府债券自发自还试点。根据《财政部关于印发〈2014年地方政府债券自发自还试点办法〉的通知》（财库［2014］57号）的规定，经浙江省人民政府同意，浙江省财政厅于2014年8月19日招标发行了2014年浙江省政府债券（一期）（以下简称“本期债券”），现将有关事项公告如下：

一、本期债券通过2014—2015年浙江省政府债券承销团面向社会各类投资者发行。

二、本期债券为记账式固定利率附息债，计划发行面值为54.8亿元，实际发行面值为54.8亿元。

三、本期债券期限5年，经招标确定的票面年利率为3.96%。

四、本期债券于2014年8月20日开始计息，利息按年支付，每年的8月20日（节假日顺延，下同）支付利息，2019年8月20日偿还本金并支付最后一年利息。本期债券还本付息事宜由浙江省财政厅办理。

五、本期债券可以于8月20日至8月22日进行分销，承销机构间不得分销，承销机构根据市场情况自定分销价格。

特此公告。

2014年浙江省政府债券（二期）发行结果公告

2014年8月19日

经国务院批准，2014年浙江省开展地方政府债券自发自还试点。根据《财政部关于印发〈2014年地方政府债券自发自还试点办法〉的通知》（财库［2014］57号）的规定，经浙江省人民政府同意，浙江省财政厅于2014年8月19日招标发行了2014年浙江省政府债券（二期）（以下简称“本期债券”），现将有关事项公告如下：

一、本期债券通过2014—2015年浙江省政府债券承销团面向社会各类投资者发行。

二、本期债券为记账式固定利率附息债，计划发行面值为41.1亿元，实际发行面值为41.1亿元。

三、本期债券期限7年，经招投标确定的票面年利率为4.17%。

四、本期债券于2014年8月20日开始计息，利息按年支付，每年的8月20日（节假日顺延，下同）支付利息，2021年8月20日偿还本金并支付最后一年利息。本期债券还本付息事宜由浙江省财政厅办理。

五、本期债券可以于8月20日至8月22日进行分销，承销机构间不得分销，承销机构根据市场情况自定分销价格。

特此公告。

2014年浙江省政府债券（三期）发行结果公告

2014年8月19日

经国务院批准，2014年浙江省开展地方政府债券自发自还试点。根据《财政部关于印发〈2014年地方政府债券自发自还试点办法〉的通知》（财库［2014］57号）的规定，经浙江省人民政府同意，浙江省财政厅于2014年8月19日招标发行了2014年浙江省政府债券（三期）（以下简称“本期债券”），现将有关事项公告如下：

一、本期债券通过2014—2015年浙江省政府债券承销团面向社会各类投资者发行。

二、本期债券为记账式固定利率附息债，计划发行面值为41.1亿元，实际发行面值为41.1亿元。

三、本期债券期限10年，经招投标确定的票面年利率为4.23%。

四、本期债券于2014年8月20日开始计息，利息按半年支付，每年的2月20日、8月20日（节假日顺延，下同）支付利息，2024年8月20日偿还本金并支付最后一年利息。本期债券还本付息事宜由浙江省财政厅办理。

五、本期债券可以于8月20日至8月22日进行分销，承销机构间不得分销，承销机构根据市场情况自定分销价格。

特此公告。

2014 年江西省地方政府债券（一期）发行结果的公告

2014 年 8 月 5 日

经国务院批准，2014 年江西省开展地方政府债券自发自还试点。根据《财政部关于印发〈2014 年地方政府债券自发自还试点办法〉的通知》（财库［2014］57 号）的规定，经江西省人民政府同意，江西省财政厅于 2014 年 8 月 5 日招标发行了 2014 年江西省地方政府债券（一期）（以下简称“本期债券”）。现将有关事项公告如下：

一、本期债券通过 2014 年江西省地方政府债券承销团面向社会各类投资者发行。

二、本期债券为记账式固定利率附息债，计划发行面值为 57.2 亿元，实际发行面值为 57.2 亿元。

三、本期债券期限为 5 年，经招标确定的票面年利率为 4.01%。

四、本期债券于 2014 年 8 月 6 日开始计息，利息按年支付，每年 8 月 6 日（节假日顺延，下同）支付利息，2019 年 8 月 6 日偿还本金并支付最后一次利息。本期债券还本付息事宜由江西省财政厅办理。

五、本期债券可以于 2014 年 8 月 6 日至 8 月 8 日进行分销，承销机构间不得分销。分销机构根据市场情况自定分销价格。

特此公告。

2014 年江西省地方政府债券（二期）发行结果的公告

2014 年 8 月 5 日

经国务院批准，2014 年江西省开展地方政府债券自发自还试点。根据《财政部关于印发〈2014 年地方政府债券自发自还试点办法〉的通知》（财库［2014］57 号）的规定，经江西省人民政府同意，江西省财政厅于 2014 年 8 月 5 日招标发行了 2014 年江西省地方政府债券（二期）（以下简称“本期债券”）。现将有关事项公告如下：

一、本期债券通过 2014 年江西省地方政府债券承销团面向社会各类投资者发行。

二、本期债券为记账式固定利率附息债，计划发行面值为 42.9 亿元，实际发行面值为 42.9 亿元。

三、本期债券期限为 7 年，经招标确定的票面年利率为 4.18%。

四、本期债券于 2014 年 8 月 6 日开始计息，利息按年支付，每年 8 月 6 日（节假日顺延，下同）支付利息，2021 年 8 月 6 日偿还本金并支付最后一次利息。本期债券还本付息事宜由江西省财政厅办理。

五、本期债券可以于 2014 年 8 月 6 日至 8 月 8 日进行分销，承销机构间不得分销。分销机构根据市场情况自定分销价格。

特此公告。

2014 年江西省地方政府债券（三期）发行结果的公告

2014 年 8 月 5 日

经国务院批准，2014 年江西省开展地方政府债券自发自还试点。根据《财政部关于印发〈2014 年地方政府债券自发自还试点办法〉的通知》（财库［2014］57 号）的规定，经江西省人民政府同意，江西省财政厅于 2014 年 8 月 5 日招标发行了 2014 年江西省地方政府债券（三期）（以下简称“本期债券”）。现将有关事项公告如下：

一、本期债券通过 2014 年江西省地方政府债券承销团面向社会各类投资者发行。

二、本期债券为记账式固定利率附息债，计划发行面值为 42.9 亿元，实际发行面值为 42.9 亿元。

三、本期债券期限为 10 年，经招标确定的票面年利率为 4.27%。

四、本期债券于 2014 年 8 月 6 日开始计息，利息按半年支付，每年 2 月 6 日、8 月 6 日（节假日顺延，下同）支付利息，2024 年 8 月 6 日偿还本金并支付最后一次利息。本期债券还本付息事宜由江西省财政厅办理。

五、本期债券可以于 2014 年 8 月 6 日至 8 月 8 日进行分销，承销机构间不得分销。分销机构根据市场情况自定分销价格。

特此公告。

2014年山东省政府债券（一期）发行结果公告

2014年7月11日

经国务院批准，2014年山东省开展地方政府债券自发自还试点。根据《财政部关于印发〈2014年地方政府债券自发自还试点办法〉的通知》（财库［2014］57号）的规定，经山东省人民政府同意，山东省财政厅于2014年7月11日招标发行了2014年山东省政府债券（一期）（以下简称“本期债券”）。现将有关事项公告如下：

一、本期债券通过2014年山东省政府债券承销团面向社会各类投资者发行。

二、本期债券为记账式固定利率附息债，计划发行面值为54.8亿元，实际发行面值为54.8亿元。

三、本期债券期限为5年，经招标确定的票面年利率3.75%。

四、本期债券于2014年7月14日开始计息，利息按年支付，每年7月14日（节假日顺延，下同）支付利息，2019年7月14日偿还本金并支付最后一次利息。本期债券还本付息事宜由山东省财政厅办理。

五、本期债券可于招投标结束至缴款日进行分销，承销机构间不得分销。分销机构根据市场情况自定分销价格。

特此公告。

2014 年山东省政府债券（二期）发行结果公告

2014 年 7 月 11 日

经国务院批准，2014 年山东省开展地方政府债券自发自还试点。根据《财政部关于印发〈2014 年地方政府债券自发自还试点办法〉的通知》（财库［2014］57 号）的规定，经山东省人民政府同意，山东省财政厅于 2014 年 7 月 11 日招标发行了 2014 年山东省政府债券（二期）（以下简称“本期债券”）。现将有关事项公告如下：

一、本期债券通过 2014 年山东省政府债券承销团面向社会各类投资者发行。

二、本期债券为记账式固定利率附息债，计划发行面值为 41.1 亿元，实际发行面值为 41.1 亿元。

三、本期债券期限为 7 年，经招标确定的票面年利率 3.88%。

四、本期债券于 2014 年 7 月 14 日开始计息，利息按年支付，每年 7 月 14 日（节假日顺延，下同）支付利息，2021 年 7 月 14 日偿还本金并支付最后一次利息。本期债券还本付息事宜由山东省财政厅办理。

五、本期债券可于招投标结束至缴款日进行分销，承销机构间不得分销。分销机构根据市场情况自定分销价格。

特此公告。

2014 年山东省政府债券（三期）发行结果公告

2014 年 7 月 11 日

经国务院批准，2014 年山东省开展地方政府债券自发自还试点。根据《财政部关于印发〈2014 年地方政府债券自发自还试点办法〉的通知》（财库［2014］57 号）的规定，经山东省人民政府同意，山东省财政厅于 2014 年 7 月 11 日招标发行了 2014 年山东省政府债券（三期）（以下简称“本期债券”）。现将有关事项公告如下：

一、本期债券通过 2014 年山东省政府债券承销团面向社会各类投资者发行。

二、本期债券为记账式固定利率附息债，计划发行面值为 41.1 亿元，实际发行面值为 41.1 亿元。

三、本期债券期限为 10 年，经招标确定的票面年利率 3.93%。

四、本期债券于 2014 年 7 月 14 日开始计息，利息按半年支付，每年 7 月 14 日、1 月 14 日（节假日顺延，下同）支付利息，2024 年 7 月 14 日偿还本金并支付最后一次利息。本期债券还本付息事宜由山东省财政厅办理。

五、本期债券可于招投标结束至缴款日进行分销，承销机构间不得分销。分销机构根据市场情况自定分销价格。

特此公告。

2014 年广东省政府债券（一期）发行结果公告

2014 年 6 月 23 日

经国务院批准，2014 年广东省开展地方政府债券自发自还试点。根据《财政部关于印发〈2014 年地方政府债券自发自还试点办法〉的通知》（财库［2014］57 号）的规定，经广东省人民政府同意，广东省财政厅于 2014 年 6 月 23 日招标发行了 2014 年广东省政府债券（一期）（以下简称“本期债券”）。现将有关事项公告如下：

一、本期债券通过 2013—2014 年广东省政府债券承销团面向社会各类投资者发行。

二、本期债券为记账式固定利率附息债，计划发行面值为 59.2 亿元，实际发行面值为 59.2 亿元。

三、本期债券期限为 5 年，经招标确定的票面年利率 3.84%。

四、本期债券于 2014 年 6 月 24 日开始计息，利息按年支付，每年 6 月 24 日（节假日顺延，下同）支付利息，2019 年 6 月 24 日偿还本金并支付最后一次利息。本期债券还本付息事宜由广东省财政厅办理。

五、本期债券可于 6 月 24 日至 6 月 26 日进行分销，承销机构间不得分销。分销机构根据市场情况自定分销价格。

特此公告。

2014 年广东省政府债券（二期）发行结果公告

2014 年 6 月 23 日

经国务院批准，2014 年广东省开展地方政府债券自发自还试点。根据《财政部关于印发〈2014 年地方政府债券自发自还试点办法〉的通知》（财库［2014］57 号）的规定，经广东省人民政府同意，广东省财政厅于 2014 年 6 月 23 日招标发行了 2014 年广东省政府债券（二期）（以下简称“本期债券”）。现将有关事项公告如下：

一、本期债券通过 2013—2014 年广东省政府债券承销团面向社会各类投资者发行。

二、本期债券为记账式固定利率附息债，计划发行面值为 44.4 亿元，实际发行面值为 44.4 亿元。

三、本期债券期限为 7 年，经招标确定的票面年利率 3.97%。

四、本期债券于 2014 年 6 月 24 日开始计息，利息按年支付，每年 6 月 24 日（节假日顺延，下同）支付利息，2021 年 6 月 24 日偿还本金并支付最后一次利息。本期债券还本付息事宜由广东省财政厅办理。

五、本期债券可于 6 月 24 日至 6 月 26 日进行分销，承销机构间不得分销。分销机构根据市场情况自定分销价格。

特此公告。

2014 年广东省政府债券（三期）发行结果公告

2014 年 6 月 23 日

经国务院批准，2014 年广东省开展地方政府债券自发自还试点。根据《财政部关于印发〈2014 年地方政府债券自发自还试点办法〉的通知》（财库［2014］57 号）的规定，经广东省人民政府同意，广东省财政厅于 2014 年 6 月 23 日招标发行了 2014 年广东省政府债券（三期）（以下简称“本期债券”）。现将有关事项公告如下：

一、本期债券通过 2013—2014 年广东省政府债券承销团面向社会各类投资者发行。

二、本期债券为记账式固定利率附息债，计划发行面值为 44.4 亿元，实际发行面值为 44.4 亿元。

三、本期债券期限为 10 年，经招标确定的票面年利率 4.05%。

四、本期债券于 2014 年 6 月 24 日开始计息，利息按半年支付，每年 6 月 24 日、12 月 24 日（节假日顺延，下同）支付利息，2024 年 6 月 24 日偿还本金并支付最后一次利息。本期债券还本付息事宜由广东省财政厅办理。

五、本期债券可于 6 月 24 日至 6 月 26 日进行分销，承销机构间不得分销。分销机构根据市场情况自定分销价格。

特此公告。

深圳市2014年政府债券（一期）发行结果公告

2014年10月23日

经国务院批准，2014年深圳市开展地方政府债券自发自还试点。根据《财政部关于印发〈2014年地方政府债券自发自还试点办法〉的通知》（财库［2014］57号）的规定，经深圳市人民政府同意，深圳市财政委员会于2014年10月23日招标发行了深圳市2014年政府债券（一期）（以下简称“本期债券”）。现将有关事项公告如下：

一、本期债券通过深圳市2014年政府债券承销团面向社会各类投资者发行。

二、本期债券为记账式固定利率附息债，计划发行面值为16.8亿元，实际发行面值为16.8亿元。

三、本期债券期限为5年，经招标确定的票面年利率为3.63%。

四、本期债券2014年10月24日开始计息，利息按年支付，利息支付为每年10月24日（节假日顺延，下同），2019年10月24日偿还本金并支付最后一年利息。本期债券还本付息事宜由深圳市财政委员会办理。

五、本期债券可于招投标结束后至10月28日进行分销。承销机构间不得分销。分销机构根据市场情况自定分销价格。

特此公告。

深圳市2014年政府债券（二期）发行结果公告

2014年10月23日

国务院批准，2014年深圳市开展地方政府债券自发自还试点。根据《财政部关于印发〈2014年地方政府债券自发自还试点办法〉的通知》（财库［2014］57号）的规定，经深圳市人民政府同意，深圳市财政委员会于2014年10月23日招标发行了深圳市2014年政府债券（二期）（以下简称“本期债券”）。现将有关事项公告如下：

一、本期债券通过深圳市2014年政府债券承销团面向社会各类投资者发行。

二、本期债券为记账式固定利率附息债，计划发行面值为12.6亿元，实际发行面值为12.6亿元。

三、本期债券期限为7年，经招标确定的票面年利率为3.79%。

四、本期债券2014年10月24日开始计息，利息按年支付，利息支付为每年10月24日（节假日顺延，下同），2021年10月24日偿还本金并支付最后一年利息。本期债券还本付息事宜由深圳市财政委员会办理。

五、本期债券可于招投标结束后至10月28日进行分销。承销机构间不得分销。分销机构根据市场情况自定分销价格。

特此公告。

深圳市2014年政府债券（三期）发行结果公告

2014 年 10 月 23 日

经国务院批准，2014 年深圳市开展地方政府债券自发自还试点。根据《财政部关于印发〈2014 年地方政府债券自发自还试点办法〉的通知》（财库［2014］57 号）的规定，经深圳市人民政府同意，深圳市财政委员会于 2014 年 10 月 23 日招标发行了深圳市 2014 年政府债券（三期）（以下简称“本期债券”）。现将有关事项公告如下：

一、本期债券通过深圳市 2014 年政府债券承销团面向社会各类投资者发行。

二、本期债券为记账式固定利率附息债，计划发行面值为 12.6 亿元，实际发行面值为 12.6 亿元。

三、本期债券期限为 10 年，经招标确定的票面年利率为 3.81%。

四、本期债券 2014 年 10 月 24 日开始计息，利息按半年支付，利息支付为每年 10 月 24 日、4 月 24 日（节假日顺延，下同），2024 年 10 月 24 日偿还本金并支付最后一年利息。本期债券还本付息事宜由深圳市财政委员会办理。

五、本期债券可于招投标结束后至 10 月 28 日进行分销。承销机构间不得分销。分销机构根据市场情况自定分销价格。

特此公告。

2014 年青岛市政府债券（一期）发行结果的公告

2014 年 8 月 18 日

经国务院批准，2014 年青岛市开展地方政府债券自发自还试点。根据《财政部关于印发〈2014 年地方政府债券自发自还试点办法〉的通知》（财库［2014］57 号）的规定，经青岛市人民政府同意，青岛市财政局于 2014 年 8 月 18 日招标发行了 2014 年青岛市政府债券（一期）（以下简称“本期债券”），现将有关事项公告如下：

一、本期债券通过 2014 年青岛市政府债券承销团面向社会各类投资者发行。

二、本期债券为记账式固定利率附息债，计划发行面值为 10 亿元，实际发行面值为 10 亿元。

三、本期债券期限为 5 年，经招标确定的票面年利率为 3.96%。

四、本期债券于 2014 年 8 月 19 日开始计息，利息按年支付，每年 8 月 19 日（节假日顺延，下同）支付利息，2019 年 8 月 19 日偿还本金并支付最后一年利息，本期债券还本付息事宜由青岛市财政局办理。

五、本期债券可以于 2014 年 8 月 19 日至 8 月 21 日进行分销，承销机构间不得分销，分销机构根据市场情况自定分销价格。

特此公告。

2014 年青岛市政府债券（二期）发行结果的公告

2014 年 8 月 18 日

经国务院批准，2014 年青岛市开展地方政府债券自发自还试点。根据《财政部关于印发〈2014 年地方政府债券自发自还试点办法〉的通知》（财库［2014］57 号）的规定，经青岛市人民政府同意，青岛市财政局于 2014 年 8 月 18 日招标发行了 2014 年青岛市政府债券（二期）（以下简称“本期债券”），现将有关事项公告如下：

一、本期债券通过 2014 年青岛市政府债券承销团面向社会各类投资者发行。

二、本期债券为记账式固定利率附息债，计划发行面值为 7.5 亿元，实际发行面值为 7.5 亿元。

三、本期债券期限为 7 年，经招标确定的票面年利率为 4.18%。

四、本期债券于 2014 年 8 月 19 日开始计息，利息按年支付，每年 8 月 19 日（节假日顺延，下同）支付利息，2021 年 8 月 19 日偿还本金并支付最后一年利息，本期债券还本付息事宜由青岛市财政局办理。

五、本期债券可以于 2014 年 8 月 19 日至 8 月 21 日进行分销，承销机构间不得分销，分销机构根据市场情况自定分销价格。

特此公告。

2014 年青岛市政府债券（三期）发行结果的公告

2014 年 8 月 18 日

经国务院批准，2014 年青岛市开展地方政府债券自发自还试点。根据《财政部关于印发〈2014 年地方政府债券自发自还试点办法〉的通知》（财库［2014］57 号）的规定，经青岛市人民政府同意，青岛市财政局于 2014 年 8 月 18 日招标发行了 2014 年青岛市政府债券（三期）（以下简称“本期债券”），现将有关事项公告如下：

一、本期债券通过 2014 年青岛市政府债券承销团面向社会各类投资者发行。

二、本期债券为记账式固定利率附息债，计划发行面值为 7.5 亿元，实际发行面值为 7.5 亿元。

三、本期债券期限为 10 年，经招标确定的票面年利率为 4.25%。

四、本期债券于 2014 年 8 月 19 日开始计息，利息按半年支付，每年 8 月 19 日、2 月 19 日（节假日顺延，下同）支付利息，2024 年 8 月 19 日偿还本金并支付最后一年利息，本期债券还本付息事宜由青岛市财政局办理。

五、本期债券可以于 2014 年 8 月 19 日至 8 月 21 日进行分销，承销机构间不得分销，分销机构根据市场情况自定分销价格。

特此公告。

2014年宁夏回族自治区政府债券（一期）发行结果的公告

2014年8月11日

经国务院批准，2014年宁夏回族自治区开展地方政府债券自发自还试点。根据《财政部关于印发〈2014年地方政府债券自发自还试点办法〉的通知》（财库［2014］57号）的规定，经宁夏回族自治区人民政府同意，宁夏回族自治区财政厅于2014年8月11日招标发行了2014年宁夏回族自治区政府债券（一期）（以下简称“本期债券”），现将有关事项公告如下：

一、本期债券通过2014年宁夏回族自治区政府债券承销团面向社会各类投资者发行。

二、本期债券为记账式固定利率附息债，计划发行面值为22亿元，实际发行面值为22亿元。

三、本期债券期限为5年，经招标确定的票面年利率为3.98%。

四、本期债券于2014年8月12日开始计息，利息按年支付，每年8月12日（节假日顺延，下同）支付利息，2019年8月12日偿还本金并支付最后一年利息，本期债券还本付息事宜由宁夏回族自治区财政厅办理。

五、本期债券可以于8月12日至8月14日进行分销，承销机构间不得分销，分销机构根据市场情况自定分销价格。

特此公告。

2014 年宁夏回族自治区政府债券（二期）发行结果的公告

2014 年 8 月 11 日

经国务院批准，2014 年宁夏回族自治区开展地方政府债券自发自还试点。根据《财政部关于印发〈2014 年地方政府债券自发自还试点办法〉的通知》（财库［2014］57 号）的规定，经宁夏回族自治区人民政府同意，宁夏回族自治区财政厅于 2014 年 8 月 11 日招标发行了 2014 年宁夏回族自治区政府债券（二期）（以下简称“本期债券”），现将有关事项公告如下：

一、本期债券通过 2014 年宁夏回族自治区政府债券承销团面向社会各类投资者发行。

二、本期债券为记账式固定利率附息债，计划发行面值为 16.5 亿元，实际发行面值为 16.5 亿元。

三、本期债券期限为 7 年，经招标确定的票面年利率为 4.17%。

四、本期债券于 2014 年 8 月 12 日开始计息，利息按年支付，每年 8 月 12 日（节假日顺延，下同）支付利息，2021 年 8 月 12 日偿还本金并支付最后一年利息，本期债券还本付息事宜由宁夏回族自治区财政厅办理。

五、本期债券可以于 8 月 12 日至 8 月 14 日进行分销，承销机构间不得分销，分销机构根据市场情况自定分销价格。

特此公告。

2014 年宁夏回族自治区政府债券（三期）发行结果的公告

2014 年 8 月 11 日

经国务院批准，2014 年宁夏回族自治区开展地方政府债券自发自还试点。根据《财政部关于印发〈2014 年地方政府债券自发自还试点办法〉的通知》（财库［2014］57 号）的规定，经宁夏回族自治区人民政府同意，宁夏回族自治区财政厅于 2014 年 8 月 11 日招标发行了 2014 年宁夏回族自治区政府债券（三期）（以下简称“本期债券”），现将有关事项公告如下：

一、本期债券通过 2014 年宁夏回族自治区政府债券承销团面向社会各类投资者发行。

二、本期债券为记账式固定利率附息债，计划发行面值为 16.5 亿元，实际发行面值为 16.5 亿元。

三、本期债券期限为 10 年，经招标确定的票面年利率为 4.26%。

四、本期债券于 2014 年 8 月 12 日开始计息，利息按半年支付，每年 2 月 12 日、8 月 12 日（节假日顺延，下同）支付利息，2024 年 8 月 12 日偿还本金并支付最后一年利息，本期债券还本付息事宜由宁夏回族自治区财政厅办理。

五、本期债券可以于 8 月 12 日至 8 月 14 日进行分销，承销机构间不得分销，分销机构根据市场情况自定分销价格。

特此公告。

第五篇

附　　录

2014年地方政府债市场年度分析报告

中央国债登记结算有限责任公司

一、中债地方政府债指数大幅上涨，收益率曲线明显下行

2014年，国内经济基本面较为疲弱，经济向好预期逐渐降温，加之中国人民银行采取预调微调货币政策，在保持流动性总量适度充裕的同时引导市场利率下行，资金面整体稳中趋松，债券市场呈现出明显的“牛市”格局，中债地方政府债指数持续上涨，地方政府债收益率曲线整体下行。

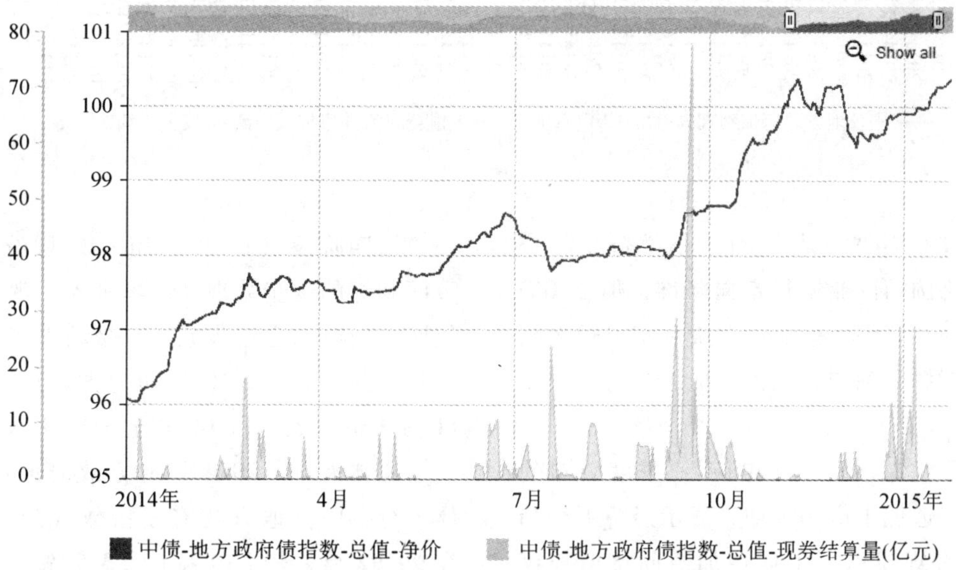

图1 2014年中债地方政府债指数（净价）

数据来源：中央结算公司

整体来看，2014年地方政府债收益率走势分为四个阶段。

第一阶段（1—5月份）：受春节提现、财政存款上缴及新股IPO等因素影响，2014年初资金面较为紧张，7天回购利率平均维持在4.5%以上水平。其中，7天回购利率在1月20日最高冲至10%。为了缓解资金紧张局面，中国人民银行通过SLF、SLO等新型货币政策工具向市场提供短期流动性，有效缓解市场的紧张情绪。从基本面看，2014年以来中国经济表现疲软。其中，3月份公布的1—2月规模以上工业增加值增速降至8.6%，4月份公布的进出口数据远不及市场预期。中国人民银行宣布自4月25日起下调农村商业银行及农村合作银行存款准备金率，坚定了市场对经济下行和货币政策偏宽松的预期。受此影响，地方政府债收益率大幅下行。其中，10年期地方政府债收益率从年初的5.0%下行至5月底的4.5%，下行幅度约50BP，奠定了债券市场的“小牛”行情。

第二阶段（6—7月份）：尽管中国人民银行

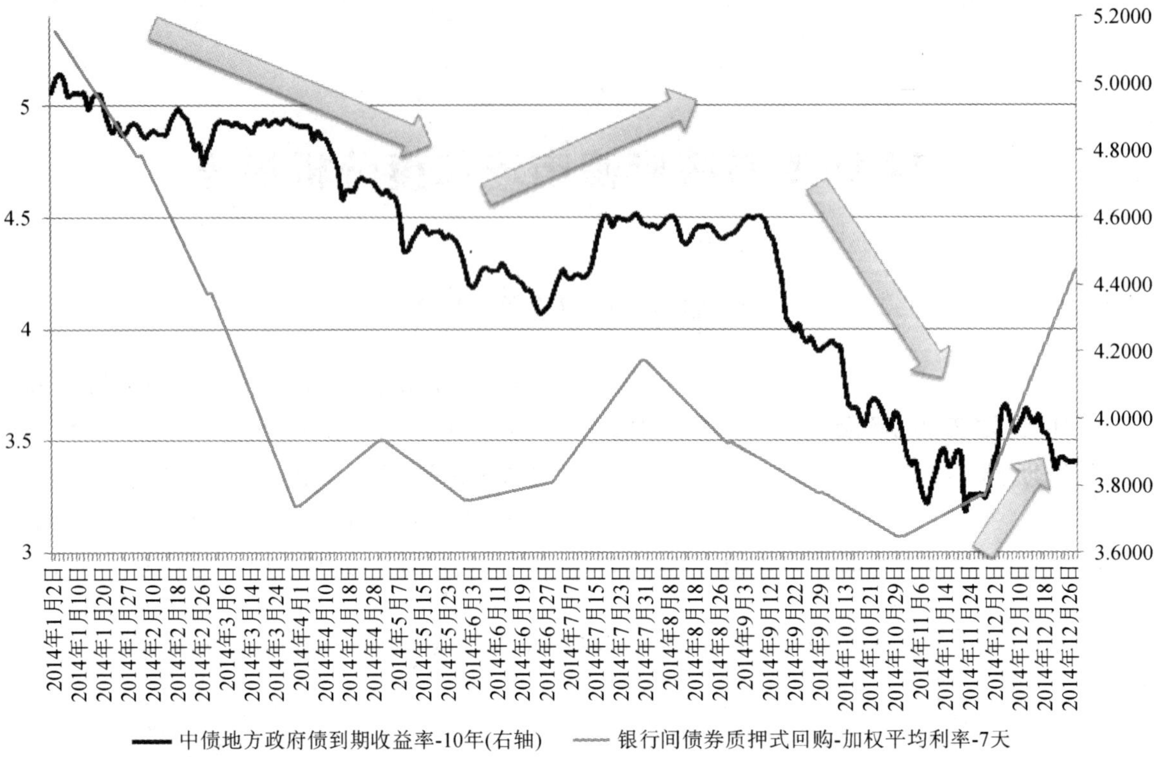

图 2

在 6 月中旬宣布对“三农”和“小微企业”贷款达到一定比例的商业银行定向降准，但受 IPO 重启、银行分红等因素影响，资金利率出现大幅上行，债券市场受到较大压力，地方政府债收益率出现反弹。

第三阶段（8—11 月下旬）：三季度公布的多项经济数据远低于市场预期，显示经济下行趋势，如 8 月份规模以上工业增加值同比增长仅 6.9%，创下了 2008 年 12 月以来最低值；8 月份和 9 月份的货币金融数据、信贷和社会融资规模也远不及市场预期。为了支持经济发展，中国人民银行通过下调正回购利率、实施 MLF、PSL 等货币政策工具向市场释放流动性。在基本面、政策面和资金面的支持下，市场收益率一路下行，“牛市”行情拉开序幕。11 月 21 日，中国人民银行宣布不对称降息并再次下调回购利率 10BP，带动地方政府债收益率下行至年内最低点。8—11 月份，10 年期地方政府债收益率从 4.58% 下行至 3.77%，下行 81BP。

第四阶段（11 月下旬—12 月份）：随着政策面利好的逐步兑现，市场进入了观望期。临近年底，资金面也逐步紧张，带动市场收益率出现一些反弹。其中，10 年期地方政府债收益率较 11 月份最低点上行 14BP 至 3.87% 水平。

总体来看，2014 年地方政府债市场价格整体上行，中债地方政府债指数（净价）年末收在 99.92 点，较上年末上涨 3.97%。

二、地方政府债发行量较 2013 年增加

2014 年，财政部代理发行以及自发自还地方政府债共 43 次，发行量达到 4000 亿元，较 2013 年增长了 14%。从发行的期限结构来看，中短期品种发行量占比继续下降，长期品种发行量占比明显增长。其中，3 年期及 5 年期债券的发行量占比分别由 2013 年的 40.49% 及 50.20% 下降到 28.93% 及 40%，而 7 年期品种的发行量占比则由 2013 年的 9.31% 提高到 22.89%。

表 1 **2013 年、2014 年地方政府债发行期限结构比较**

发行期限	2013 年				2014 年			
	财政部代理发行		自发代还		财政部代理发行		自发自还	
	发行量（亿元）	占当年地方政府债发行量比重（%）	发行量（亿元）	占当年地方政府债发行量比重（%）	发行量（亿元）	占当年地方政府债发行量比重（%）	发行量（亿元）	占当年地方政府债发行量比重（%）
3 年	1417	40.49%	0	0.00%	1157	28.93%	0	0.00%
5 年	1431	40.89%	326	9.31%	1163	29.08%	436.8	10.92%
7 年	0	0.00%	326	9.31%	588	14.70%	327.6	8.19%
10 年	0	0.00%	0	0.00%	0	0.00%	327.6	8.19%
总计	2848	81.37%	652	18.63%	2908	72.70%	1092	27.30%

数据来源：中央结算公司

从发行利率的角度看，整个发行利率的区间在 3.63% -4.50%，从各期限平均利率来看，2014 年各期限品种发行的平均利率与 2013 年相当。

表 2 **2013 年、2014 年发行频率和发行利率比较**

期限	发行频率		利率区间		平均利率	
	2013 年	2014 年	2013 年	2014 年	2013 年	2014 年
3 年	6	5	3.53% -4.34%	4.00% -4.15%	4.02%	4.08%
5 年	12	15	3.66% -4.45%	3.63% -4.28%	4.03%	3.99%
7 年	6	13	4.00% -4.18%	3.79% -4.5%	4.08%	4.13%
10 年	0	10	—	3.81% -4.33%	—	4.17%
合计	24	43	3.53% -4.45%	3.63% -4.5%	4.04%	4.09%

数据来源：中央结算公司

三、地方政府债余额继续增长

2014 年末，在中央结算公司托管的地方政府债余额达到 11623.5 亿元，比上年末增长 34.9%。

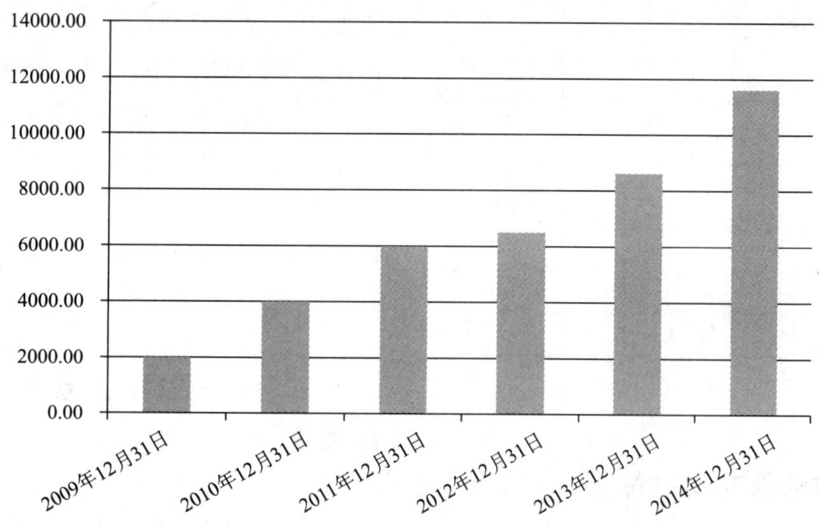

图 3 2009—2014 年地方政府债余额变化（亿元）

数据来源：中央结算公司

（一）5年期以下品种余额占比减少

从地方政府债的待偿期看，1—3年和3—5年的地方政府债余额占比分别较上年减少了6.4个和4.87个百分点，而1年以下和5—7年余额占比增加了3.23个和5.22个百分点。

表3 2013年、2014年地方政府债托管量期限比较表

剩余期限	2013年末		2014年末	
	托管量（亿元）	占比（%）	托管量（亿元）	占比（%）
1年以下	992.5	11.52%	1714	14.75%
1—3年	4138.5	48.03%	4839	41.63%
3—5年	3014.5	34.99%	3501.3	30.12%
5—7年	470.5	5.46%	1241.6	10.68%
7—10年	—	—	327.6	2.82%
合计	8616.0		11623.5	

数据来源：中央结算公司

（二）商业银行仍是地方政府债的主要持有者

从2013年及2014年的投资者持有结构看，商业银行仍是地方政府债的主要持有者，持有占比高达98.7%，其余类型机构的持有量均较小。

表4 2013年、2014年各机构持有量占比

成员属性	2013年末（亿元）	占比（%）	2014年末（亿元）	占比（%）	2014年末较2013年末持有量增幅(%)
商业银行	8482.2	98.45	11471.80	98.7	0.24
特殊结算成员	100.9	0.98	98.35	0.85	-0.13
信用社	22.8	0.26	22.10	0.19	-0.07
保险机构	8.7	0.10	6.60	0.06	-0.04
基金	1.1	0.01	17.10	0.15	0.14
证券公司	0.3	0.00	1.75	0.02	0.02
其他投资者	0	0	5.80	0.05	0.05
总计	8616		11623.50		

数据来源：中央结算公司

四、地方政府债交易结算量明显上升

2014年，银行间债券市场地方政府债结算笔数6066笔，较2013年增长14.58%；结算面额2.39万亿元，较2013年增长35.88%。

表5 2014年地方政府债交易结算量

业务类别	结算面额（亿元）	结算笔数（笔）	面额同比增长（%）	笔数同比增长（%）
现券交易	1063.5	791	-53.93%	-23.80%
买断式回购	213.61	137	19.94%	-2.14%
质押式回购	22618.9	5850	49.79%	42.13%
合计	23896.01	6066	35.88%	14.58%

数据来源：中央结算公司

（一）现券交易结算量有所下降

2014年，银行间债券市场地方政府债现券交易结算笔数791笔，较2013年下降23.8%；结算面额0.11万亿元，较2013年下降53.93%。在参与地方政府债现券交易的各类机构中，商业银行的交易占比为73.95%，其次是证券公司，占比为22.2%。从债券流向来看，商业银行、基金类是净买入机构，分别净买入92.8亿元和16亿元；证券公司、信用社、保险机构和特殊结算成员是净卖出机构，分别净卖出84.25亿元、15.8亿元、11.7亿元和2.95亿元。

（二）质押式回购交易结算量大幅增长

2014年，地方政府债质押式回购交易结算5850笔，较2013年增长42.13%；结算面额2.26万亿元，较2013年增长49.67%。在参与质押式回购交易的各类机构中，商业银行的交易占比为92.86%，其次是基金类和信用社，两者的占比分别为3.33%和2.9%。

（三）买断式回购同比小幅增长

2014年，地方政府债买断式回购交易结算137笔，较2013年下降2.14%；结算面额213.61亿元，较2013年增长19.94%。

五、进一步完善地方政府债市场的发展建议

（一）加强地方政府债券相关信息披露透明度

2014年5月19日，财政部下发了《关于印发〈2014年地方政府债券自发自还试点办法〉的通知》，通知规定上海、浙江等十省区市的地方政府可以试点地方政府债自发自还。8月31日通过的《预算法修正案》为地方政府自主发债提供了法律保障。10月2日国务院办公厅下发了《国务院关于加强地方政府性债务管理意见》，明确规定剥离融资平台公司的政府融资职能，未来地方政府举债将只能采取发行政府债券的方式，并且对地方政府债务实行规模控制和预算管理。

此举意味着对地方政府的相关信息披露，特别是财务信息的公开、标准化披露提出了更高的要求。2014年12月12日，国务院批转了财政部《权责发生制政府综合财务报告制度改革方案》（以下简称"方案"），其中提到将在2015年制定发布财务报告编制办法和操作指南等实施层面的相关制度，建议在《方案》的具体实施过程中对财务信息采集和披露的标准化方式予以考量。在未来地方政府将主要通过发行债券来融资的背景下，迫切需要建立起公开、透明、标准化的地方政府财务信息库，这是根本化解地方债务风险、健康发展地方经济的基础条件。

目前我国财政部在企业财务信息标准化建设方面的工作已颇有成效，制定发布了基于XBRL（可扩展商业报告语言）技术的企业会计准则通用分类标准，并已在大型中央企业、银行、保险公司以及百家地方大型企业中得到应用。建议对于我国地方政府的财务信息也要实现规范化、标准化的公开披露机制，不仅是技术层面的标准化，更需实现财务报告在业务层面的标准化。2014年美国《数字问责和透明度法案》（DATA法案）已通过立法，其要求各个联邦机构报送开支信息需采用协调一致的标准化数据，将目前零散的开支信息转换为公开且可方便访问的数据。另外，巴西财政部已强制要求州政府和市政府采用XBRL向其报送数据。建议在结合国内外诸多成功经验的基础上，尽快建立起适合于我国地方政府财务报告的通用标准及披露制度，利用XBRL的高效、标准、开放、利于后续深度应用等优势，提高对各级政府债务的监管效率和水平，使地方政府债市场不但在国内发展壮大、也为其迈向国际化作必要准备。

（二）进一步完善做市商制度，丰富做市商评价指标体系

从二级市场的交易活跃度来看，地方政府债的报价和成交较为冷清，流动性较低，投资主体较为单一，主要局限于自身流动性较为充裕的大中型银行，根据表3的统计结果，每年超过98%的地方政府债是被商业银行所持有。因此，建议通过各种鼓励、考核措施，如将地方政府债纳入国库现金管理抵押品品种，将地方政府债的做市频率、做市的期限品种以及做市量综合纳入做市商的年度考核指标中，提高做市商做市积极性，增加流动性，最大程度地促进地方政府债市场的价格发现功能。

（三）有效推动地方政府债发行的市场化定价

机构投资者愿意以较低的利率认购地方政府债的行为，普遍被认为是非市场定价因素主导的结果，即承销商为维护和增强与地方政府的良好关系，以便从中获得更多的优惠政策，从而对投资收益作出让步，如此会对定价机制的健康运行造成负面影响。因此，需要从监管角度，通过引入考核机制加强承销团队伍的规范化管理；引导建立市场化的信用评级机制；建立异常发行利率的判断标尺，如地方政府债收益率曲线，是衡量和反应地方政府债一、二级市场整体情况的重要依据，其可作为地方政府债发行定价基准，并为监管部门的市场监测或窗口指导提供依据。

（执笔人：债券信息部焦裕龙、钮黛）

2014年地方政府债发行情况表

品　种	面　值（亿元）		期　限	发行价格（元）	票面利率（%）	发行时间	发行场所	发债地区
	计划发行	实际发行						
财政部代发一期	258.00	258.00	3年	100.000	4.00	6月16日	银行间、交易所	福建、广西、四川、新疆、甘肃
财政部代发二期	258.00	258.00	5年	100.000	3.99	6月16日	银行间、交易所	福建、广西、四川、新疆、甘肃
财政部代发三期	183.00	183.00	7年	100.000	4.10	6月23日	银行间、交易所	福建、湖北、广西、四川、甘肃、新疆、青海
财政部代发四期	260.00	260.00	3年	100.000	4.01	6月30日	银行间、交易所	河北、山西、湖北、陕西、青海
财政部代发五期	261.00	261.00	5年	100.000	4.12	6月30日	银行间、交易所	河北、山西、湖北、陕西、青海
财政部代发六期	234.00	234.00	3年	100.000	4.15	7月15日	银行间、交易所	黑龙江、河南、重庆、湖南
财政部代发七期	234.00	234.00	5年	100.000	4.28	7月15日	银行间、交易所	黑龙江、河南、重庆、湖南
财政部代发八期	198.00	198.00	7年	100.000	4.50	7月21日	银行间、交易所	河北、山西、黑龙江、河南、重庆、云南、陕西
财政部代发九期	242.00	242.00	3年	100.000	4.10	8月18日	银行间、交易所	辽宁、安徽、厦门、贵州、西藏、云南
财政部代发十期	247.00	247.00	5年	100.000	4.16	8月18日	银行间、交易所	辽宁、安徽、厦门、湖北、广西、贵州、西藏、云南
财政部代发十一期	163.00	163.00	3年	100.000	4.14	9月16日	银行间、交易所	天津、内蒙古、大连、吉林、宁波、海南
财政部代发十二期	163.00	163.00	5年	100.000	4.15	9月16日	银行间、交易所	天津、内蒙古、大连、吉林、宁波、海南
财政部代发十三期	207.00	207.00	7年	100.000	4.12	9月25日	银行间、交易所	天津、内蒙古、辽宁、大连、吉林、宁波、安徽、厦门、湖南、海南、西藏、贵州
广东省政府债券（一期）	59.20	59.20	5年	100.00	3.84	6月23日	银行间、交易所	
广东省政府债券（二期）	44.40	44.40	7年	100.00	3.97	6月23日	银行间、交易所	
广东省政府债券（三期）	44.40	44.40	10年	100.00	4.05	6月23日	银行间、交易所	
山东省政府债券（一期）	54.80	54.80	5年	100.00	3.75	7月11日	银行间、交易所	
山东省政府债券（二期）	41.10	41.10	7年	100.00	3.88	7月11日	银行间、交易所	
山东省政府债券（三期）	41.10	41.10	10年	100.00	3.93	7月11日	银行间、交易所	
江苏省政府债券（一期）	69.60	69.60	5年	100.00	4.06	7月24日	银行间、交易所	

续表

品　种	面　值（亿元）		期　限	发行价格（元）	票面利率（%）	发行时间	发行场所	发债地区
	计划发行	实际发行						
江苏省政府债券（二期）	52.20	52.20	7年	100.00	4.21	7月24日	银行间、交易所	
江苏省政府债券（三期）	52.20	52.20	10年	100.00	4.29	7月24日	银行间、交易所	
江西省政府债券（一期）	57.20	57.20	5年	100.00	4.01	8月5日	银行间、交易所	
江西省政府债券（二期）	42.90	42.90	7年	100.00	4.18	8月5日	银行间、交易所	
江西省政府债券（三期）	42.90	42.90	10年	100.00	4.27	8月5日	银行间、交易所	
宁夏回族自治区政府债券（一期）	22.00	22.00	5年	100.00	3.98	8月11日	银行间、交易所	
宁夏回族自治区政府债券（二期）	16.50	16.50	7年	100.00	4.17	8月11日	银行间、交易所	
宁夏回族自治区政府债券（三期）	16.50	16.50	10年	100.00	4.26	8月11日	银行间、交易所	
青岛市政府债券（一期）	10.00	10.00	5年	100.00	3.96	8月18日	银行间、交易所	
青岛市政府债券（二期）	7.50	7.50	7年	100.00	4.18	8月18日	银行间、交易所	
青岛市政府债券（三期）	7.50	7.50	10年	100.00	4.25	8月18日	银行间、交易所	
浙江省政府债券（一期）	54.80	54.80	5年	100.00	3.96	8月19日	银行间、交易所	
浙江省政府债券（二期）	41.10	41.10	7年	100.00	4.17	8月19日	银行间、交易所	
浙江省政府债券（三期）	41.10	41.10	10年	100.00	4.23	8月19日	银行间、交易所	
北京市政府债券（一期）	42.00	42.00	5年	100.00	4.00	8月21日	银行间、交易所	
北京市政府债券（二期）	31.50	31.50	7年	100.00	4.18	8月21日	银行间、交易所	
北京市政府债券（三期）	31.50	31.50	10年	100.00	4.24	8月21日	银行间、交易所	
上海市政府债券（一期）	50.40	50.40	5年	100.00	4.01	9月12日	银行间、交易所	
上海市政府债券（二期）	37.80	37.80	7年	100.00	4.22	9月12日	银行间、交易所	
上海市政府债券（三期）	37.80	37.80	10年	100.00	4.33	9月12日	银行间、交易所	
深圳市政府债券（一期）	16.80	16.80	5年	100.00	3.63	10月24日	银行间、交易所	
深圳市政府债券（二期）	12.60	12.60	7年	100.00	3.79	10月24日	银行间、交易所	
深圳市政府债券（三期）	12.60	12.60	10年	100.00	3.81	10月24日	银行间、交易所	
合计	4000.00	4000.00						

2014 年地方政府债券还本付息条件

以下地方政府债券于还本付息日（节假日顺延）归还本金并支付最后一次利息。

地方政府债券名称	还本付息日	期限	年利率
2011 年地方政府债券（二期）	7 月 12 日	3 年	3.93%
2011 年地方政府债券（三期）	8 月 2 日	3 年	4.07%
2011 年地方政府债券（五期）	8 月 23 日	3 年	4.01%
2011 年地方政府债券（七期）	10 月 18 日	3 年	3.67%
2011 年上海市政府债券（一期）	11 月 16 日	3 年	3.10%
2011 年广东省政府债券（一期）	11 月 21 日	3 年	3.08%
2011 年浙江省政府债券（一期）	11 月 22 日	3 年	3.01%
深圳市 2011 年政府债券（一期）	11 月 28 日	3 年	3.03%

数据来源：财政部网站

1988 年以来银行储蓄存款利率变动情况表

单位:%

年度	活期	3 个月	6 个月	1 年	2 年	3 年	5 年	8 年
1988 年 9 月 1 日以前	2.88		6.12	7.20		8.28	9.36	10.44
1988 年 09 月 01 日	2.88		6.48	8.64	9.18	9.72	10.80	12.42
1989 年 02 月 01 日	2.88	7.56	9.00	11.34	12.24	13.14	14.94	17.64
1990 年 04 月 15 日	2.88	6.30	7.74	10.08	10.98	11.88	13.68	16.20
1990 年 08 月 21 日	2.16	4.32	6.48	8.64	9.36	10.08	11.52	13.68
1991 年 04 月 01 日	1.80	3.24	5.40	7.56	7.92	8.28	9.00	10.08
1993 年 05 月 15 日	2.16	4.86	7.20	9.18	9.90	10.80	12.06	14.58
1993 年 07 月 11 日	3.15	6.66	9.00	10.98	11.70	12.24	13.86	17.10
1996 年 05 月 01 日	2.97	4.86	7.20	9.18	9.90	10.80	12.06	
1996 年 08 月 23 日	1.98	3.33	5.40	7.47	7.92	8.28	9.00	
1997 年 10 月 23 日	1.71	2.88	4.14	5.67	5.94	6.21	6.66	
1998 年 03 月 25 日	1.71	2.88	4.14	5.22	5.58	6.21	6.66	
1998 年 07 月 01 日	1.44	2.79	3.96	4.77	4.86	4.95	5.22	
1998 年 12 月 07 日	1.44	2.79	3.33	3.78	3.96	4.14	4.50	

续表

年度	活期	3个月	6个月	1年	2年	3年	5年	8年
1999年06月10日	0.99	1.98	2.16	2.25	2.43	2.70	2.88	
2002年02月21日	0.72	1.71	1.89	1.98	2.25	2.52	2.79	
2004年10月29日	0.72	1.71	2.07	2.25	2.70	3.24	3.60	
2006年08月19日	0.72	1.80	2.25	2.52	3.06	3.69	4.14	
2007年03月18日	0.72	1.98	2.43	2.79	3.33	3.96	4.41	
2007年05月19日	0.72	2.07	2.61	3.06	3.69	4.41	4.95	
2007年07月21日	0.81	2.34	2.88	3.33	3.96	4.68	5.22	
2007年08月22日	0.81	2.61	3.15	3.60	4.23	4.95	5.49	
2007年09月15日	0.81	2.88	3.42	3.87	4.50	5.22	5.76	
2007年12月21日	0.72	3.33	3.78	4.14	4.68	5.40	5.85	
2008年10月09日	0.72	3.15	3.51	3.87	4.41	5.13	5.58	
2008年10月30日	0.72	2.88	3.24	3.60	4.14	4.77	5.13	
2008年11月27日	0.36	1.98	2.25	2.52	3.06	3.60	3.87	
2008年12月23日	0.36	1.71	1.98	2.25	2.79	3.33	3.60	
2010年10月20日	0.36	1.91	2.20	2.50	3.25	3.85	4.20	
2010年12月26日	0.36	2.25	2.50	2.75	3.55	4.15	4.55	
2011年02月09日	0.40	2.60	2.80	3.00	3.90	4.50	5.00	
2011年04月06日	0.50	2.85	3.05	3.25	4.15	4.75	5.25	
2011年07月07日	0.50	3.10	3.30	3.50	4.40	5.00	5.50	
2012年06月08日	0.40	2.85	3.05	3.25	4.10	4.65	5.10	
2012年07年06日	0.35	2.60	2.80	3.00	3.75	4.25	4.75	
2014年11月22日	035	2.35	2.55	2.75	3.35	4.00	4.75	

注：1999年11月1日起开征利息所得税，税率为20%；2007年8月15日起，利息所得税调减为5%；2008年10月9日起，暂免征收利息所得税。

数据来源：中国人民银行相关公告

2014 年国家开发银行金融债券（人民币）发行情况表

序号	债券简称	债券代码	实际发行量（亿元）	发行人简称	发行日期	付息方式	票面利率（%）	债券期限	起息日	到期日
	总计		22980.52							
1	14 国开 01	140201	770.00	国开行	2014-01-09	附息式固定利率	5.6957	3 年	2014-01-14	2017-01-14
2	14 国开 02	140202	630.00	国开行	2014-01-09	附息式固定利率	5.7500	5 年	2014-01-14	2019-01-14
3	14 国开 03	140203	670.00	国开行	2014-01-09	附息式固定利率	5.7900	7 年	2014-01-14	2021-01-14
4	14 国开 04	140204	490.00	国开行	2014-01-14	附息式固定利率	5.0100	1 年	2014-01-20	2015-01-20
5	14 国开 05	140205	510.00	国开行	2014-01-14	附息式固定利率	5.9000	10 年	2014-01-20	2024-01-20
6	14 国开 06	140206	100.00	国开行	2014-02-28	附息式固定利率	4.8700	2 年	2014-03-04	2016-03-04
7	14 国开 07	140207	290.00	国开行	2014-04-01	附息式固定利率	4.7600	1 年	2014-04-08	2015-04-08
8	14 国开 08	140208	710.00	国开行	2014-04-01	附息式固定利率	5.2462	3 年	2014-04-08	2017-04-08
9	14 国开 09	140209	900.00	国开行	2014-04-01	附息式固定利率	5.4400	5 年	2014-04-08	2019-04-08
10	14 国开 10	140210	590.00	国开行	2014-04-01	附息式固定利率	5.6101	7 年	2014-04-08	2021-04-08
11	14 国开 11	140211	470.00	国开行	2014-04-01	附息式固定利率	5.6700	10 年	2014-04-08	2024-04-08
12	14 国开 12	140212	240.00	国开行	2014-05-05	附息式固定利率	4.5000	1 年	2014-05-09	2015-05-09
13	14 国开 13	140213	310.00	国开行	2014-06-03	附息式固定利率	4.0900	1 年	2014-06-09	2015-06-09
14	14 国开 14	140214	370.00	国开行	2014-06-03	附息式固定利率	4.7700	7 年	2014-06-09	2021-06-09
15	14 国开 15	140215	300.00	国开行	2014-06-10	附息式固定利率	4.9000	10 年	2014-06-12	2024-06-12
16	14 国开 16	140216	270.00	国开行	2014-06-24	附息式固定利率	4.5000	3 年	2014-06-26	2017-06-26
17	14 国开 17	140217	80.00	国开行	2014-06-27	附息式固定利率	5.2400	15 年	2014-07-04	2029-07-04
18	14 国开 18	140218	184.00	国开行	2014-07-04	附息式固定利率	4.2100	1 年	2014-07-10	2015-07-10
19	14 国开 19	140219	360.00	国开行	2014-07-22	附息式固定利率	4.9200	5 年	2014-07-24	2019-07-24
20	14 国开 20	140220	340.00	国开行	2014-08-05	附息式固定利率	4.6900	3 年	2014-08-07	2017-08-07
21	14 国开 21	140221	440.00	国开行	2014-08-05	附息式固定利率	5.1000	7 年	2014-08-07	2021-08-07
22	14 国开 22	140222	410.00	国开行	2014-08-19	附息式固定利率	5.0200	10 年	2014-08-21	2024-08-21
23	14 国开 23	140223	260.00	国开行	2014-09-05	附息式固定利率	4.1900	1 年	2014-09-15	2015-09-15
24	14 国开 24	140224	320.00	国开行	2014-09-16	附息式固定利率	4.8300	5 年	2014-09-19	2019-09-19
25	14 国开 25	140225	449.42	国开行	2014-10-14	附息式固定利率	4.3300	3 年	2014-10-17	2017-10-17
26	14 国开 27	140227	430.00	国开行	2014-11-18	附息式固定利率	4.0800	5 年	2014-11-20	2019-11-20
27	14 国开 28	140228	400.00	国开行	2014-11-18	附息式固定利率	4.1800	7 年	2014-11-20	2021-11-20
28	14 国开 29	140229	460.00	国开行	2014-11-18	附息式固定利率	4.2200	10 年	2014-11-20	2024-11-20
29	14 国开 30	140230	272.00	国开行	2014-12-01	附息式固定利率	3.7500	1 年	2014-12-04	2015-12-04

数据来源：中国债券信息网

2014 年中国进出口银行金融债券发行情况表

序号	债券简称	债券代码	实际发行量（亿元）	发行人简称	发行日期	付息方式	票面利率（%）	债券期限	起息日	到期日
1	14 进出 02	140302	110.00	进出口行	2014-01-23	附息式固定利率	5.4400	3 年	2014-02-10	2017-02-10
2	14 进出 03	140303	180.00	进出口行	2014-01-27	附息式固定利率	5.4800	5 年	2014-01-28	2019-01-28
3	14 进出 04	140304	70.00	进出口行	2014-01-27	附息式固定利率	5.3800	3 年	2014-02-14	2017-02-14
4	14 进出 05	140305	110.00	进出口行	2014-01-27	附息式固定利率	5.2673	2 年	2014-02-17	2016-02-17
5	14 进出 09	140309	60.00	进出口行	2014-02-20	附息式固定利率	5.2613	5 年	2014-02-24	2019-02-24
6	14 进出 10	140310	140.00	进出口行	2014-02-28	附息式固定利率	4.9300	3 年	2014-03-03	2017-03-03
7	14 进出 11	140311	120.00	进出口行	2014-02-28	附息式固定利率	4.8352	2 年	2014-03-04	2016-03-04
8	14 进出 12	140312	150.00	进出口行	2014-02-28	附息式固定利率	5.1000	5 年	2014-03-05	2019-03-05
9	14 进出 16	140316	60.00	进出口行	2014-03-13	贴现		6 月	2014-03-17	2014-09-17
10	14 进出 17	140317	130.00	进出口行	2014-03-13	附息式固定利率	4.5500	1 年	2014-03-18	2015-03-18
11	14 进出 18	140318	70.00	进出口行	2014-03-13	附息式固定利率	5.2700	5 年	2014-03-21	2019-03-21
12	14 进出 19	140319	60.00	进出口行	2014-03-19	贴现		6 月	2014-03-20	2014-09-20
13	14 进出 20	140320	130.00	进出口行	2014-03-19	附息式固定利率	4.8300	1 年	2014-03-24	2015-03-24
14	14 进出 22	140322	120.00	进出口行	2014-03-31	附息式固定利率	5.2393	3 年	2014-04-02	2017-04-02
15	14 进出 23	140323	140.00	进出口行	2014-03-31	附息式固定利率	5.4300	5 年	2014-04-02	2019-04-02
16	14 进出 27	140327	180.00	进出口行	2014-04-23	附息式固定利率	4.6200	1 年	2014-04-24	2015-04-24
17	14 进出 30	140330	240.00	进出口行	2014-05-09	附息式固定利率	4.8500	7 年	2014-05-13	2021-05-13
18	14 进出 31	140331	120.00	进出口行	2014-05-15	附息式固定利率	4.8700	3 年	2014-05-19	2017-05-19
19	14 进出 32	140332	180.00	进出口行	2014-05-15	附息式固定利率	5.0000	5 年	2014-05-19	2019-05-19

续表

序号	债券简称	债券代码	实际发行量（亿元）	发行人简称	发行日期	付息方式	票面利率（%）	债券期限	起息日	到期日
20	14 进出 35	140335	120.00	进出口行	2014-06-06	附息式固定利率	4.5600	3 年	2014-06-10	2017-06-10
21	14 进出 37	140337	67.00	进出口行	2014-06-16	附息式固定利率	4.4500	2 年	2014-06-23	2016-06-23
22	14 进出 38	140338	68.00	进出口行	2014-06-16	贴现		1 年	2014-06-23	2015-06-23
23	14 进出 43	140343	60.00	进出口行	2014-07-10	贴现		4 月	2014-07-14	2014-11-14
24	14 进出 44	140344	160.00	进出口行	2014-07-10	附息式固定利率	4.8941	5 年	2014-07-14	2019-07-14
25	14 进出 45	140345	60.00	进出口行	2014-07-25	贴现		6 月	2014-08-01	2015-02-01
26	14 进出 47	140347	180.00	进出口行	2014-08-01	附息式固定利率	4.6914	3 年	2014-08-05	2017-08-05
27	14 进出 50	140350	180.00	进出口行	2014-08-08	附息式固定利率	5.0800	7 年	2014-08-12	2021-08-12
28	14 进出 52	140352	75.00	进出口行	2014-08-15	贴现		1 年	2014-08-22	2015-08-22
29	14 进出 57	140357	120.00	进出口行	2014-09-05	附息式固定利率	4.2564	1 年	2014-09-10	2015-09-10
30	14 进出 58	140358	60.00	进出口行	2014-09-05	附息式固定利率	4.8900	5 年	2014-09-10	2019-09-10
31	14 进出 62	140362	180.00	进出口行	2014-09-18	附息式固定利率	4.8000	7 年	2014-09-23	2021-09-23
32	14 进出 63	140363	60.00	进出口行	2014-09-25	贴现		3 月	2014-10-09	2015-01-09
33	14 进出 67	140367	60.00	进出口行	2014-10-17	贴现		6 月	2014-10-21	2015-04-21
34	14 进出 68	140368	205.10	进出口行	2014-10-17	附息式固定利率	4.2000	3 年	2014-10-21	2017-10-21
35	14 进出 69	140369	150.00	进出口行	2014-10-17	附息式固定利率	4.3400	5 年	2014-10-21	2019-10-21
36	14 进出 73	140373	160.00	进出口行	2014-10-24	附息式固定利率	4.3800	7 年	2014-10-28	2021-10-28
37	14 进出 74	140374	60.00	进出口行	2014-10-31	贴现		6 月	2014-11-04	2015-05-04
38	14 进出 76	140376	50.00	进出口行	2014-10-31	附息式固定利率	4.3800	10 年	2014-11-04	2024-11-04
39	14 进出 77	140377	60.00	进出口行	2014-11-28	贴现		6 月	2014-12-02	2015-06-02
40	14 进出 78	140378	150.00	进出口行	2014-11-28	附息式固定利率	3.8147	3 年	2014-12-02	2017-12-02

数据来源：中国债券信息网

2014年中国农业发展银行金融债券发行情况表

序号	债券简称	债券代码	实际发行量（亿元）	发行人简称	发行日期	付息方式	票面利率（%）	债券期限	起息日	到期日
1	14农发01	140401	150.00	农发行	2014-01-14	附息式固定利率	5.6700	3年	2014-01-17	2017-01-17
2	14农发02	140402	150.00	农发行	2014-01-14	附息式固定利率	5.7800	5年	2014-01-17	2019-01-17
3	14农发03	140403	50.00	农发行	2014-01-14	附息式固定利率	5.9000	7年	2014-01-20	2021-01-20
4	14农发04	140404	50.00	农发行	2014-01-24	附息式固定利率	5.0900	1年	2014-02-10	2015-02-10
5	14农发07	140407	190.00	农发行	2014-02-14	附息式固定利率	5.2700	3年	2014-02-19	2017-02-19
6	14农发08	140408	110.00	农发行	2014-02-14	附息式固定利率	5.4000	5年	2014-02-19	2019-02-19
7	14农发09	140409	200.00	农发行	2014-02-14	附息式固定利率	5.5500	7年	2014-02-20	2021-02-20
8	14农发10	140410	200.00	农发行	2014-02-19	附息式固定利率	4.7600	1年	2014-02-26	2015-02-26
9	14农发18	140418	190.00	农发行	2014-03-10	附息式固定利率	5.3600	5年	2014-03-13	2019-03-13
10	14农发21	140421	230.00	农发行	2014-03-17	附息式固定利率	5.1000	3年	2014-03-20	2017-03-20
11	14农发22	140422	220.00	农发行	2014-03-17	附息式固定利率	5.2500	5年	2014-03-21	2019-03-21
12	14农发23	140423	180.00	农发行	2014-03-17	附息式固定利率	5.4800	10年	2014-03-21	2024-03-21
13	14农发24	140424	220.00	农发行	2014-03-24	附息式固定利率	5.2000	3年	2014-03-27	2017-03-27
14	14农发27	140427	160.00	农发行	2014-03-24	附息式固定利率	5.5900	10年	2014-03-28	2024-03-28
15	14农发28	140428	200.00	农发行	2014-03-27	附息式固定利率	5.5500	7年	2014-04-03	2021-04-03
16	14农发29	140429	190.00	农发行	2014-04-03	附息式固定利率	4.7900	1年	2014-04-10	2015-04-10
17	14农发30	140430	190.00	农发行	2014-04-10	附息式固定利率	4.7500	1年	2014-04-16	2015-04-16
18	14农发31	140431	200.00	农发行	2014-04-21	附息式固定利率	4.9400	2年	2014-04-24	2016-04-24
19	14农发32	140432	210.00	农发行	2014-04-28	附息式固定利率	5.0000	2年	2014-05-05	2016-05-05
20	14农发33	140433	200.00	农发行	2014-05-08	附息式固定利率	4.8300	3年	2014-05-14	2017-05-14
21	14农发34	140434	210.00	农发行	2014-05-12	附息式固定利率	4.7700	3年	2014-05-15	2017-05-15
22	14农发35	140435	210.00	农发行	2014-05-12	附息式固定利率	4.8200	5年	2014-05-15	2019-05-15
23	14农发36	140436	210.00	农发行	2014-05-26	附息式固定利率	4.4500	1年	2014-06-05	2015-06-05
24	14农发37	140437	200.00	农发行	2014-06-05	附息式固定利率	4.1300	1年	2014-06-11	2015-06-11
25	14农发38	140438	200.00	农发行	2014-07-14	附息式固定利率	4.7200	3年	2014-07-16	2017-07-16
26	14农发39	140439	200.00	农发行	2014-07-14	附息式固定利率	4.9500	5年	2014-07-16	2019-07-16
27	14农发40	140440	200.00	农发行	2014-07-17	附息式固定利率	4.9200	3年	2014-07-21	2017-07-21
28	14农发41	140441	200.00	农发行	2014-07-17	附息式固定利率	5.0700	5年	2014-07-21	2019-07-21
29	14农发42	140442	160.00	农发行	2014-07-17	附息式固定利率	5.2700	7年	2014-07-22	2021-07-22
30	14农发43	140443	260.00	农发行	2014-08-18	附息式固定利率	4.3000	1年	2014-08-21	2015-08-21
31	14农发44	140444	170.00	农发行	2014-08-25	附息式固定利率	4.4000	1年	2014-09-02	2015-09-02
32	14农发45	140445	300.00	农发行	2014-10-09	附息式固定利率	4.6100	5年	2014-10-13	2019-10-13
33	14农发46	140446	290.00	农发行	2014-10-09	附息式固定利率	4.5400	3年	2014-10-13	2017-10-13

资料来源：中国债券信息网

2014 年商业银行金融债券发行情况表

序号	债券简称	债券代码	实际发行量（亿元）	发行人简称	发行日期	付息方式	票面利率（%）	债券期限	起息日	到期日
	总计		834.00							
1	14 威海商行债 01	1420002	5.00	威海市商业银行	2014-02-17	附息式固定利率	6.0000	5 年	2014-02-19	2019-02-19
2	14 三峡银行债	1420003	20.00	重庆三峡银行	2014-02-27	附息式固定利率	6.7000	3 年	2014-02-28	2017-02-28
3	14 桂林银行 01	1420004	5.00	桂林银行	2014-03-20	附息式固定利率	6.3000	3 年	2014-03-21	2017-03-21
4	14 厦门银行 01	1420005	10.00	厦门银行	2014-03-21	附息式固定利率	6.2900	3 年	2014-03-24	2017-03-24
5	14 三峡银行债 02	1420007	10.00	重庆三峡银行	2014-04-25	附息式固定利率	6.6000	3 年	2014-04-28	2017-04-28
6	14 绍兴银行 01	1420008	15.00	绍兴银行	2014-05-14	附息式固定利率	6.4000	3 年	2014-05-15	2017-05-15
7	14 齐商银行 01	1420010	5.00	齐商银行	2014-05-27	附息式固定利率	5.9000	5 年	2014-06-03	2019-06-03
8	14 洛阳银行 01	1420012	45.00	洛阳银行	2014-06-06	附息式固定利率	5.6300	3 年	2014-06-09	2017-06-09
9	14 洛阳银行 02	1420013	5.00	洛阳银行	2014-06-06	附息式固定利率	5.7500	5 年	2014-06-09	2019-06-09
10	14 威海商行债 02	1420014	25.00	威海市商业银行	2014-06-23	附息式固定利率	5.8000	5 年	2014-06-24	2019-06-24
11	14 江苏银行 01	1420015	15.00	江苏银行	2014-07-22	附息式固定利率	5.3000	3 年	2014-07-24	2017-07-24
12	14 江苏银行 02	1420016	75.00	江苏银行	2014-07-22	附息式固定利率	5.4400	5 年	2014-07-24	2019-07-24
13	14 潍坊银行 01	1420017	20.00	潍坊银行	2014-08-06	附息式固定利率	5.6500	3 年	2014-08-08	2017-08-08
14	14 厦门银行 02	1420018	20.00	厦门银行	2014-08-21	附息式固定利率	5.5700	3 年	2014-08-22	2017-08-22
15	14 长安银行	1420019	10.00	长安银行	2014-08-25	附息式固定利率	5.5400	3 年	2014-08-27	2017-08-27
16	14 北湾银行债	1420020	20.00	广西北部湾银行	2014-09-12	附息式固定利率	6.0800	3 年	2014-09-15	2017-09-15
17	14 金华银行 01	1420021	6.00	金华银行	2014-09-17	附息式固定利率	5.6500	3 年	2014-09-22	2017-09-22
18	14 金华银行 02	1420022	4.00	金华银行	2014-09-17	附息式固定利率	5.9000	5 年	2014-09-22	2019-09-22
19	14 北湾银行债 02	1420025	10.00	广西北部湾银行	2014-09-25	附息式固定利率	6.1000	5 年	2014-09-26	2019-09-26
20	14 苏州银行 01	1420026	10.00	苏州银行	2014-09-30	附息式固定利率	5.2000	3 年	2014-10-09	2017-10-09
21	14 苏州银行 02	1420027	10.00	苏州银行	2014-09-30	附息式固定利率	5.4300	5 年	2014-10-09	2019-10-09
22	14 桂林银行 02	1420029	25.00	桂林银行	2014-10-27	附息式固定利率	5.6000	3 年	2014-10-29	2017-10-29
23	14 柳州银行小微 01	1420030	5.00	柳州银行	2014-10-27	附息式固定利率	5.5800	3 年	2014-10-30	2017-10-30

续表

序号	债券简称	债券代码	实际发行量（亿元）	发行人简称	发行日期	付息方式	票面利率（%）	债券期限	起息日	到期日
24	14 乐山银行 01	1420031	10.00	乐山商行	2014-10-30	附息式固定利率	5.4000	3 年	2014-10-31	2017-10-31
25	14 乐山银行 02	1420032	15.00	乐山商行	2014-10-30	附息式固定利率	5.7000	5 年	2014-10-31	2019-10-31
26	14 嘉兴银行 01	1420033	5.00	嘉兴银行	2014-11-05	附息式固定利率	5.4000	3 年	2014-11-06	2017-11-06
27	14 嘉兴银行 02	1420034	5.00	嘉兴银行	2014-11-05	附息式固定利率	5.7000	5 年	2014-11-06	2019-11-06
28	14 河北银行 01	1420035	10.00	河北银行	2014-11-05	附息式固定利率	4.7000	3 年	2014-11-06	2017-11-06
29	14 河北银行 02	1420036	10.00	河北银行	2014-11-05	附息式固定利率	4.9000	5 年	2014-11-06	2019-11-06
30	14 阜新银行	1420037	20.00	阜新银行	2014-11-17	附息式固定利率	5.4700	3 年	2014-11-20	2017-11-20
31	14 台州银行 01	1420041	15.00	台州银行	2014-12-05	附息式固定利率	4.9000	3 年	2014-12-09	2017-12-09
32	14 哈尔滨银行 01	1420045	20.00	哈尔滨银行	2014-12-15	附息式固定利率	4.6000	3 年	2014-12-17	2017-12-17
33	14 富滇银行 01	1420048	20.00	富滇银行	2014-12-23	附息式固定利率	5.1000	3 年	2014-12-24	2017-12-24
34	14 芜湖农商债	1421001	10.00	芜湖扬子农商行	2014-03-17	附息式固定利率	6.0000	5 年	2014-03-17	2019-03-17
35	14 滨海农商 01	1421005	15.00	天津滨海农商行	2014-06-19	附息式固定利率	5.8000	5 年	2014-06-20	2019-06-20
36	14 杭联农商债	1421009	10.00	杭州联合银行	2014-09-11	附息式固定利率	5.7000	3 年	2014-09-15	2017-09-15
37	14 大连农商三农债 01	1421012	6.00	大连农商银行	2014-10-17	附息式固定利率	5.9000	3 年	2014-10-20	2017-10-20
38	14 鹿城农商债 01	1421014	10.00	鹿城农商银行	2014-10-23	附息式固定利率	5.7000	3 年	2014-10-27	2017-10-27
39	14 海口农商债	1421015	8.00	海口农商行	2014-11-20	附息式固定利率	5.4000	3 年	2014-11-21	2017-11-21
40	14 瑞丰农商小微债 01	1421016	15.00	瑞丰银行	2014-11-27	附息式固定利率	5.0000	3 年	2014-12-01	2017-12-01
41	14 三井住友债	1426001	10.00	三井住友银行中国公司	2014-04-29	附息式固定利率	5.8000	2 年	2014-05-05	2016-05-05
42	14 浙商银行债	1428002	45.00	浙商银行股份公司	2014-03-10	附息式固定利率	5.7000	5 年	2014-03-11	2019-03-11
43	14 渤海银行 01	1428017	50.00	渤海银行	2014-10-21	附息式固定利率	4.6000	2 年	2014-10-22	2016-10-22
44	14 渤海银行 02	1428018	50.00	渤海银行	2014-10-21	附息式固定利率	4.7000	3 年	2014-10-22	2017-10-22
45	14 渤海银行 03	1428021	50.00	渤海银行	2014-11-05	附息式固定利率	4.3000	2 年	2014-11-06	2016-11-06
46	14 渤海银行 04	1428022	50.00	渤海银行	2014-11-05	附息式固定利率	4.4000	3 年	2014-11-06	2017-11-06

数据来源：中国债券信息网